# WIENER SCHMUCK

## Tendenzen 1936–1991

*Verena Formanek*

*Edition Tusch*

*Hochschule für angewandte Kunst in Wien*

*Impressum:*

*Schutzumschlag: Anna Heindl*
*„Rahmen und Ornament", Armband, Silber, Flixoflexband,*
*Ohrschmuck, Silber, Gold, synthetischer Rubin, 1989*
*Photo: Christoph Scharff*
*Gegenüberliegende Seite: Klasse Eugen Mayer, 1951*

*Redaktion: Erika Patka*

*Graphik: Marianne Friedl*

*Photos: Zentralwerkstätte für Photographie an der Hochschule für angewandte Kunst in Wien (Elisabeth Kohlweiss, Thomas Rönner, Marcelo Wiegele - Slama); Daniel, Did, Matthias Hermann, Horst, Gert Mosettig, B. v. Orsuw, Chris Pfaff, Christoph Scharff, Ingeborg Strobl, Robert Zahornicky; sowie von den Künstlern zur Verfügung gestellt.*

*Herausgegeben von der Hochschule für angewandte Kunst in Wien*


*Druck: Tusch-Druck Ges.m.b.H.*
*7201 Neudörfl/Leitha, Bickfordstraße 21*

*ISBN 3-85063-196-6*

## *Vorwort*

*Die folgende Studie ist von einer Künstlerin resp. Kunstbeobachterin geschrieben und konzentriert daher die Erfahrung Schmuck auf das künstlerische Sein mit dem Randphänomen der Trägerschaft oder marktorientierter Verkonsumierung. Schmuck ist demnach Gestaltung kreativer Provenienz, Beleg für die Argumentation, daß Design immer auch ein Aspekt der Kunstarbeit ist und nicht durch jene willkürlich gezogene Grenze von funktionalem Gebrauch und autonomer Gestion getrennt. Gerade Schmuck aber belegt auch quer durch die Geschichte und wohl auch heute die These von Kunst als gefrorene Interdependenz zwischen geschaffenem Ding und gesellschaftlichem Sein, ähnlich in der Komplexität, und konkret in der Konzentration auf Realitäten gesellschaftlichen Befindens, gesellschaftlicher Zustände, kurzum: spezifischen Zeitgeistes. Und wie immer in der Feindiagnose ist diese Korrelation nur am konkreten Gegenstand einerseits und der topographischen Nähe seines Entstehungsortes andererseits abzulesen, quasi Legitimation einer methodisch präformierten Regionalität, die weit genauer als alle temporalen Synchronitäten, vor Ort und auf den Stadtraum beschränkt, Zustände, gesellschaftliche wie ästhetische, darzustellen imstande ist. Dieses Zeit-Ort-Geist-Phänomen ist gewiß auch aus der Anonymität abrufbar (wie beim Billigschmuck der Hippie-Generation), konzentriert sich aber im gehobenen Niveau auf Individualpersonen, deren Arbeit mit ihnen identifizierbar ist und die manchmal sogar einen Detailaspekt von „Schule" erkennbar werden lassen. Daß dabei Analogien zu internationalen Tendenzen möglich sind, ist evident, ebenso gibt es aber auch Besonderheiten des regionalen Kontexts, der gerade in Wien wie immer in der künstlerischen Aussage stark individualisiert ist und jedweder Teamarbeit gegenüber skeptisch. Markt und Marketing haben demgegenüber - konträr zu aktuell protegierten Vermutungen - keinen Stellenwert, artikulieren somit Individualität als gegebene, nicht gemachte. Und dementsprechend ist die Beobachtung von Verena Formanek eine individualisierte, auf individuelle künstlerische Persönlichkeiten gerichtete, die mit ihrer Kunst im Medium Schmuck die letzten fünf Dezennien entscheidend geprägt haben.*

Prof. Dr. Manfred Wagner

Lehrkanzel für Kultur- und Geistesgeschichte

Eugen Mayer in seiner Meisterklasse in Wien.
Vor ihm sitzend seine spätere Frau, Margarethe Hirsch

**Eugen Mayer**
*„Kirschblüten", Brosche, Silber, Perlmutt, 1946/47*

## *Schmuck aus Wien*

*Schmuck aus Wien impliziert sofort ein fast süßliches bis verträumtes Bild. Die naheliegendste Assoziation wäre Jahrhundertwende, doch was war dann? Eine Antwort auf diese Frage könnte Schmuck als Aussage eines Weltbildes, als seismographische Wiedergabe von Zeitgefühl bilden. Gerade der Gegenstand Schmuck gibt Wunsch- und Wertvorstellungen der Menschen wieder wie kaum ein anderes Objekt. Denn dieser „sinnlose" Zierat, der vor allem soziologisch an Bedeutung gewinnt, ist durch Träume und Vorstellungen menschlichen Seins geprägt. Eingebettet in kulturgeschichtliche Rituale wird Schmuck zum Zeichen, Symbol, zum Kommunikationscode des Alltags.*

## *Momentaufnahme 1936*

*Beginnen wir mit 1936, als Prof. Eugen Mayer die Werkstätte für Metall an der Wiener Kunstgewerbeschule übernahm, Schmuckarbeiten zu betrachten. Es fällt frappierend auf, daß gerade in einer solchen Zeit, in der alle Wertvorstellungen durch ein brutales System rundum zusammenbrachen, die Arbeiten der damaligen Studenten in einer sanften Isolation entstanden. Ein introvertiertes, auf formal ornamentale sowie figurative Motive konzentriertes Bild von Schmuck taucht auf. Internationale Tendenzen wirken weit weg. Die längst eingesetzte Industrialisierung und der, dem einstigen Gründungsgedanken entsprechende Anspruch der Wiener Kunstgewerbeschule, Vorbilder und Prototypen für die Industrie zu entwerfen, ist nicht vorhanden. Aus heutiger Sicht betrachtet, war es* schmuckhafter *und tragbarer Schmuck in Form von Broschen, Ringen, Armbändern, Haarschmuck und Halsketten ohne eine literarische Umsetzung oder beispielsweise eine konzeptuelle subtile Aufforderung des Widerstandes gegen die politischen Umstände. Priorität ist in die sensible Verarbeitung von verschiedenen unedlen Materialien, meist Messing (bedingt durch den*

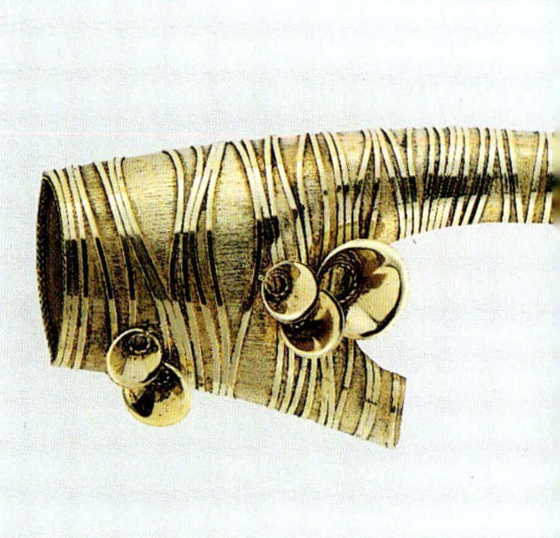

*ökonomischen Druck) und die formalen Proportionsverhältnisse von Raum und Fläche gelegt worden. Dieses Verdienst ist dem Leiter der Schmuckklasse Eugen Mayer zuzuschreiben.*

**Der Lehrer Eugen Mayer**

*Aufhebung von Wertbelastung, die Verbannung der naturgetreuen Wiedergabe und eine plastische skulpturale Sicht scheinen wesentlich für die Schmuckauffassung von Eugen Mayer zu sein. Künstlerische Intuition, Durchbrechung der Fläche zugunsten einer Gestaltung, die* „... gar nicht raumverdrängend, sondern raumgliedernd, wie soll ich sagen (nicht raumnehmend) ..." *ist, erklären den Prozeß des Künstlers. Gestalt und Inhalt sind gleichgesetzt, nicht voneinander getrennt. Darin könnte das Geheimnis der Aura und die Aktualität der damaligen Schmuckarbeiten des Lehrers sowie der Studenten liegen. Mayer weiter* „Es sollten also die Blechplastiken zunächst oft nichts anderes als mehr oder weniger gelungene Versuche darstellen - aus mitunter relativ einfachen, also *ganz abstrakten* planimetrischen Figuren wie Kreisflächen, Rechtecken, etc., etc., durch biegen und teilen (wölben und einschneiden) raumplastisch vollkommene *Körper* darzustellen." *Die vorherrschenden Motive von teilweise abstrahierten Blumen, Blattoberflächen und Zweigen seiner Schülerinnen wie u. a. Lieselotte Beyer, Ingrid Kleedorfer, Anna Maria Gruber, Gertraude Glanner geben den Einfluß Mayers wieder. So meint dieser:* „Daß hiebei noch *nebenbei* Vorstellungen von Mensch, Tier und Pflanzen (also Organismen) wachgerufen werden sollten, geschah nicht, um originell oder witzig zu sein, sondern in der Erkenntnis, daß sich der Mensch leichter in ein mehr wesensverwandtes Leben hineindenken, einfühlen kann, als in

Schülerarbeiten Meisterklasse Eugen Mayer, Broschen: linke Seite von oben nach unten: *Hans Roithner,* Messing, 1952/53; *Ingrid Kleedorfer,* Messing, 1956/57; *Wilhelmine Kaiser,* Messing, Perlmutt, Perle, 1950/51; *Ingrid Kleedorfer,* Silber montiert, 1957/58
rechte Seite von oben nach unten: *Gertraude Glanner,* Silber getrieben, 1956/57; *Anna Dunker,* Messing, 1949/50; *Hans Roithner,* Silber montiert, 1953/54; *Charlotte Kernstock,* Messing, Perlmutt, nach 1940

eine noch so vollkommene, einfache, gesetzmäßig, klare Form, wie etwa die einer Schraubenfläche oder Kugel etc."

*Wesentliche Beschäftigung der formalen Gestaltung maß Mayer der Grundform Blech und der Bearbeitung der Oberfläche bei:* „So kam es auch schließlich, daß ich in diesem sonderbaren (soll ich nicht sagen wunderbaren) Etwas - die vollkommenste und immateriellste Gestalt eines plastischen Werkstoffes überhaupt, gewissermaßen formbare Oberfläche für sich gefunden habe. Hand in Hand mit dem langsam fortschreitenden Verständnis für dieses Material mit dem Erfühlen und schließlichen Erleben der hier sich so gewissermaßen absolut gegenstandslos manifestierenden Oberfläche, dämmerte mir die Erkenntnis, daß *Plastik* beziehungsweise Form *letzten Endes nur gesetzmäßige Spannung im Raum ist, also Ober(Flächen)Energie, materialisierte Ober(Flächen)Strömung,* die, wenn sie hiebei Licht und Schatten oder Farbe hervorruft, auch malerisch (mit den Augen) erfaßt werden kann. Meine *Blechplastiken* sollen also hauptsächlich beweisen, daß Plastik nicht, wie wir meist zu denken oder nachzusagen gewohnt sind, *einen Rauminhalt, also eine Masse haben muß, oder daß Plastik absolut einen kubisch allseits begrenzten Raum einschließen muß, . . .* "

*Betrachtet man einen Teil der Arbeiten der damaligen Schmuckklasse, so fällt sofort ein Phänomen auf: diese Schmuckstücke könnten ebenfalls Entwürfe der neunziger Jahre sein. Eine Nähe zu aktuellen Arbeiten wie beispielsweise der Bundesrepublik, die aus ganz anderen Beweggründen wieder zum* Schmuck als Schmuck *gestaltet sind, ist spürbar. Grundsätzliche Ansatzpunkte verlieren niemals an Bedeutung, wenngleich sie auch nicht immer so pathetisch formuliert sind. Mayers folgende Ansicht läßt verstehen, daß seine Studenten (u. a. Werner Schmeiser, Hans Roithner) mit Betrachtungsweisen, die prägend für empfindsame Gestaltung sind, konfrontiert waren. Mayer:* „Die gezeigten Blechgebilde könnten ja ebensogut aus unermeßbar dünnerem Material hergestellt, ja sogar durchsichtig sein - ihre plastische Existenz, ihre Form, ihr plastischer Wert und ihr Rhythmus, kurz ihr Gehalt (nicht Inhalt) ließe sich doch (auch im Finstern) *begreifen,* nachfühlen, miterleben (Tastsinn)."

### ***Frauen und Schmuck***

*Kulturgeschichtlich gesehen ist die Symbiose Frauen und Schmuck kaum voneinander zu trennen. Einerseits sind Frauen unbestritten die*

Schmuck von Margareta Mayer (geb. Hirsch),
KURIER 16. 12. 1961

*wesentlichsten Adressaten für Schmuck, dient doch traditionell das edle Geschmeide teilweise ihrer Verschönerung, der Erhöhung des Werts für eine gesellschaftliche Position sowie als erotisches Lockmittel. Andererseits sind Frauen im zwanzigsten Jahrhundert auch Produzenten, selbst Goldschmiedinnen. Für die Anerkennung ihrer Vorstellungen von Schmuck müssen sie in Wien jedoch einiges über sich ergehen lassen. So schreibt Eugen Mayer als Repräsentant der damaligen Zeit:* „Frauen beispielsweise machen sich über Schmuck wohl meist überhaupt keine besonderen oder tiefgehenden Gedanken, sondern sie tragen ihn einfach, wenn sie das Gefühl haben, er steht ihnen irgendwie, das heißt, er zeigt Qualität, welche sie besitzen oder besitzen mögen. Das hängt meist nicht mit Geschmack oder Kultur zusammen, sie wollen einfach beneidenswert aussehen, aber wenn auch nicht immer ganz direkt, so doch auf Umwegen, der Männer wegen. Und das ist doch rührend nett von ihnen."

*Bedenkt man, daß über die Hälfte seiner Studierenden Frauen sind, so scheint das nur ein schnell hingesagtes Statement zu sein, denn die Schmuckarbeiten sind ja von dem Geist geprägt, den er selber lehrte. Zwei Frauen seiner Schmuckklasse erreichen internationale Reputation!*

### ***Frauen in der Schmuckkunst***

Jesus Elisabeth Guennaibim Defner, Halskette, Electrum (Si-Goldlegierung), Elfenbeinflügel, Feingold, schwarzer Mondstein, Opaltropfen, Smaragdnavette, Elsternschädel, Federn, schwarzer Opal, um 1980

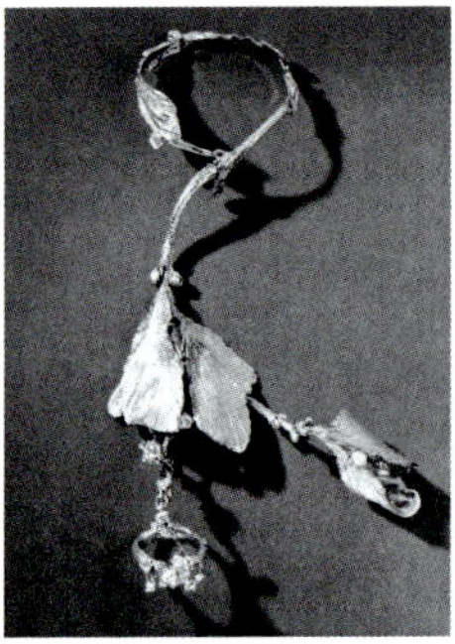

Jesus Elisabeth Guennaibim Defner, Handschmuck aus zwei Ringen, Armband, Ginkoblatt, Feingold, Diamanten, Perlen, schwarzer Opal, Diamond Award, 1970

*Jesus Elisabeth Guennaibim Defner, Schülerin von Eugen Mayer, erlangt internationale Anerkennung als Schmuckkünstlerin. 1961 absolviert Defner mit Diplom an der Wiener Akademie für angewandte Kunst. Klare, geometrische Formen in Verbindung mit Kristallen sind nur wenigen bekannt - weil nie veröffentlicht - die Anfangsphase ihrer Schmuckarbeiten. Gemeinsam mit Helfried Kodré gründet sie nach dem Diplom ihre eigene Werkstätte und beginnt sich mit neuen Techniken und Formen auseinanderzusetzen. Defners sensible Arbeiten beschäftigen sich mit der Tier- und Pflanzenwelt. Um die Leichtigkeit der Blätter - wiederkehrendes Motiv sind u. a. Ginkoblätter - in Metall umzusetzen, führt Defner die Weiterentwicklung der damals verpönten Gußtechnik fort, die ihr ermöglicht, das spröde Metall an die organischen Formen des Körpers anzupassen. 1964 stellt sie gemeinsam mit Helfried Kodré und dem Künstlerpaar Schrage (Keramik) im Eitelbergersaal des Österreichischen Museums für angewandte Kunst, Wien, aus. Durch diese erfolgreiche Ausstellung gelingt der Arbeitsgemeinschaft Defner/ Kodré der internationale Durchbruch. Die bis dato zurückgezogene - teilweise regelrecht isolierte - Arbeitsweise erweist sich als überraschender Impuls für die internationale Schmuckszene. Die*

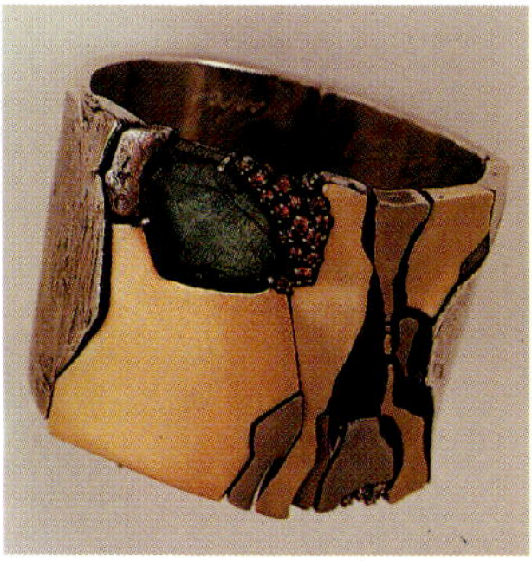

Helfried Kodré, Armband, Feingold, Weißgold auf Silber, Turmalin, Rubine, Brillanten, 1970/71

*eigenständige Formensprache wird interessiert aufgenommen, wie beispielsweise die klare Kreisbrosche von Helfried Kodré im Kontext zu den eher malerisch ausgerichteten Schmuckarbeiten eines Hermann Jünger in München. 1970 gewinnt Defner mit der Schmuckarbeit* Handschmuck *den Diamond-International Award. In Defners Schmuck werden verschiedenste Materialien eingearbeitet. Zum einen cabouchongeschliffene Edel- wie Halbedelsteine (z. B. Mondsteine, Rubine) sowie Brillanten, als auch Fundstücke wie u. a. Rattenschädel, Tannenzweige und Nachtigallenschädel, die sie in selbst produzierten Legierungen abgießt und in bemerkenswerte Metallverbindungen - zarte, fast unsichtbare Scharniere - zu Halsketten formt. Manchmal könnten*

*ihre Arbeiten an Kultgegenstände erinnern, an Fetische, an geheimnisvolle Amulette. Dieser Ausgangspunkt Defners wird bis in die neunziger Jahre konsequent weitergeführt und ergibt die Objekte* Zauberstäbe *und eine aktuelle Schmuckedition, deren Prinzip auf Magneten basiert, die sie 1990 in einer Wiener Schmuckgalerie präsentiert.*
*Erika Leitner aus derselben Wiener Schule unter Eugen Mayer kommend, verändert das Element Draht. Leitner kreiert flächenhafte Netzwerke aus Drahtverbindungen - die sie strickt. Konzeptuelle Aussagen in ihrem Schmuck sind nicht von Bedeutung. Eher könnte die traditionelle Auseinandersetzung im Schmuck, aus Einzelteilen eine Reihung zu erzeugen, für sie wichtig sein, und somit entwickelte sie eine verfremdete Technik für ihre Schmuckarbeiten: Golddraht spielerisch und unkonventionell zu gestalten mit dem Ziel, Strukturen, Oberflächen zu erzeugen. Doch es werden viele Schmuckmacherinnen folgen, die ganz verschiedene Ansatzpunkte in ihrer Arbeit haben. Betrachtet man gleichzeitig die internationale Situation der Frau als Schmuckträgerin, so fällt auf, daß - vermutlich als Antwort auf die Depression der zwanziger Jahre - in den USA durch die Medien Film und Modefotografie ein neues glamouröses Frauenbild mit glänzendem, kostbar scheinendem Schmuck auftaucht: doch ist es meist nur Attrappe. Glitzernde Geschmeide imitieren den Schein von Reichtum, und das ist mit Straszschmuck, Bakelit oder Stahl leicht und fantasievoll zu erreichen. Klare Linien, geometrische Formen bestimmen die Endphase des Art Deco. Euphorisch inspiriert vom Maschinenzeitalter und der amerikanischen Wolkenkratzerarchitektur entsteht abstrahiert Schmuck in Garnituren, der symmetrisch und im* Complet *getragen wird. Coco Chanel oder Elsa Schiaparelli, deren Namen später immer bedeutender werden, bestimmen in den vierziger und fünfziger Jahren wesentlich die stylistische Frauenlinie.*

*So wird kurzfristig ein Teil der Ansichten Eugen Mayers sehr schnell überholt durch die Dynamik der Zeit. Die traditionellen Grenzen von bildender und angewandter Kunst verschwimmen. Bildende Künstler wie Man Ray, Max Ernst, Meret Oppenheim, Henry Moore und viele andere entwerfen auch - Schmuck.*

Coco Chanel, aus C. Reunolds Milbank,
Couture, New York 1985

**Schmuck als Kunst**

*Skulpturale Beziehungen zu Raum und Fläche sprengen die traditionellen Vorstellungen des ausschließlich dekorierenden Schmucks für die* netten *Frauen. Es entsteht der zeitgenössische Schmuck mit einem eigenständigen autonomen Konzept.*

*Der Goldschmied ist nicht nur der ausführende, von der Muse geküßte Handwerker, sondern selbständiger Künstler. Einer dieser neuen Künstlergeneration, die sich über das Medium Schmuck als autonome Kunstrichtung ausdrückt, war ebenfalls Schüler von Eugen Mayer an der Wiener Akademie für angewandte Kunst und prägt die Schmucklandschaft wesentlich.*

**Peter Skubic, ein Schmuckkünstler**

*Peter Skubic, heute Leiter der Schmuck- und Bildhauerklasse der Fachhochschule in Köln, ist Repräsentant dieser neuen*

*Künstlergeneration. Skubic setzte Schmuck unter Spannung. Edelstahl ist für ihn das bevorzugte Material. Einzelne in faszinierender Präzision ausgeführte, matt geschliffene Metallteile werden durch Zugfedern verbunden. Die Assoziation der Bevorzugung von Technik liegt nahe, doch entsteht jede der Arbeiten mit einem Konzept. Skubic zu seinen Arbeiten:* „Am häufigsten aber verwende ich den schwer zu bearbeitenden Edelstahl. Es ist die kühle Distanz der grauen Farbe, die man durch Schwarzverchromen bis zum Nihilistischen hin steigern kann,

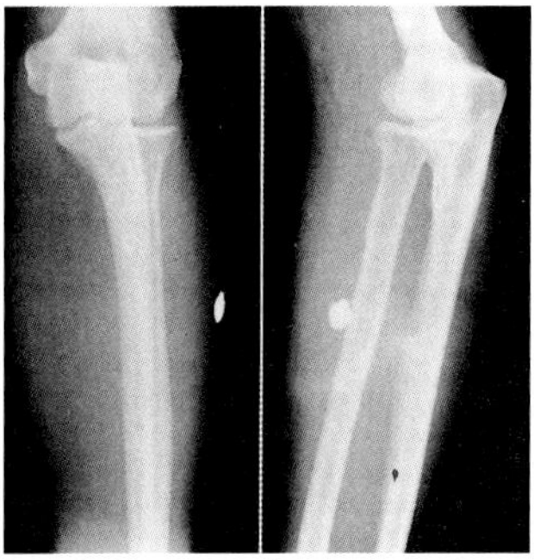

Peter Skubic, „schmuck unter der haut", Schmuckplättchen Chrom-Nickelstahl, Aktion am 4. November 1975

Peter Skubic, Brosche 1980, Edelstahl/Magnete

als Reaktion zur Emotionalität des Goldes. Wegen der lästigen Vorgabe für die Gestaltung verzichte ich weitgehend auf Edelsteine, mit Ausnahme gelegentlich eingesetzter Synthesen wegen der Zeitbezogenheit des Materials, sowie Edelstahl. Entscheidend scheint mir auch für meine Kriterien die Ablehnung vordergründig dekorativer Wirkung durch Schmuck. Vom Inhalt her sind meine Arbeiten der letzten Zeit aus Teilen zusammengesetzte Quaderformen, räumliche Körper, die unter mechanischer Spannung stehen. Mir ist diese Spannung wichtig. Sie hat die Bedeutung von Kraftpaketen-Batterien. Diese Spannung erfüllt die Funktion, die losen Einzelteile in der geplanten Form zusammenzuhalten. Auch die Funktion der Tragbarkeit, wenn es Broschen sind, also die Doppelnadel, steht unter Spannung und ist demontierbar. Bei den großen Objekten kommt dazu, daß sie zerlegt auf kleinem Raum gestapelt aufbewahrt werden können."

*In den siebziger Jahren entsteht seine - im traditionellen Kontext betrachtet - ungewöhnlichste konzeptuelle Arbeit:* Schmuck unter der Haut. *Im Wiener Umraum der stärksten und radikalsten Auseinandersetzung mit dem Körper (beispielsweise der Künstler des Aktionismus wie Hermann Nitsch, Günther Brus) läßt sich Skubic seinen Schmuck operativ unter die Haut einpflanzen. Später wird das Schmuckstück wieder entfernt und in das Objekt* Kultwagen *eingesetzt und somit zur - Kleinplastik.*

***Die sechziger Jahre***

*Nach den kurvigen, plastischen fünfziger Jahren sind die sechziger Jahre wesentlich prägender für den Schmuck. Im sozialen und politischen Umraum der Zeit fordert der Goldschmied - jetzt Schmuckkünstler genannt - eine radikale Neudefinition. In Holland entwickeln Emmy van Leersum und Gijs Bakker* Object to wear *(Trage-Objekt) aus elementaren geometrischen Grundformen. Nur der Schnitt der Metallsäge in ein Edelstahlrohr ist Gestaltungsprinzip für einen Armreifen. So, wie die zurückgebliebene Druckstelle eines auf der Haut festgebundenen Fadens zum Schmuck deklariert wird.*

*Serienschmuck als logische Konsequenz der Aufhebung von Wertbelastung und die damit verbundene neue Verwendung von schmuckunüblichen Materialien wie Plexiglas, Plastik, Holz, Textilien, bemaltes Blech tauchen auf, vor allem in England.*

*Ungefähr zur selben Zeit arbeitet in Wien Manfred Nisslmüller an vergoldeten Messingringen, die die Beziehung Körper/Schmuck hinterfragen. Nisslmüller setzt bewußt seine Fingerringe gegen den organischen Körper ein, entwickelt Doppelringe, die auf Mittelfinger und Ringfinger gleichzeitig zu tragen sind.*

edlen Metallen geschult). Die Herausforderung wird begeistert angenommen. Alles kann zu Schmuck verarbeitet oder sogar nur in neue Kontexte gestellt werden. Fundstücke, Verfremdungen von Vorhandenem im Sinne des Du Champschen Ready-made, werden zu Schmuck.

**Die Wiener Antwort**

Wiener Schmuckkünstler gehen reservierter mit diesen Tendenzen um. Sie verlassen niemals das Terrain von hoher handwerklicher Tradition. 1964 werden in einer namhaften Wiener Galerie am Graben die Ergebnisse eines Symposiums mit dem Titel Schmuck aus Stahl präsentiert. Die anläßlich dieses Symposiums erfolgten Konfrontationen mit ausländischen Schmuckmachern werden zwar interessiert aufgenommen, doch bleibt eine typische Formensprache bestehen. Am Beispiel Fritz Maierhofers, der eine enge Verbindung mit England hatte, ist das deutlich zu erkennen.

Seit 1970 entwickelt der Wiener Fritz Maierhofer Schmuckarbeiten, die zwar Materialkombinationen mit Werkstoffen wie Acrylglas, Gold, Silber und Edelstahl beinhalten, aber auf eine hohe handwerkliche Ausfertigung Wert legten. Acrylglas wird zur zeitgenössischen Intarsienarbeit, auf den Millimeter genau eingepaßt, gibt den Schmuckarbeiten eine neue Farbigkeit in den leuchtenden Tönen Orange, Rot und Grün. Maierhofers Arbeiten bestechen durch ihre konstruktive Form, erinnern eher an die Produkte der Präzisionsdrehbank eines Radiotechnikers oder Feinmechanikers. Die notwendige und elementare Voraussetzung, handwerkliche Fähigkeiten und Können zu besitzen, sind für den zeitgenössischen Goldschmied Maierhofer selbstverständlich. Damit verbindet sich aber keinesfalls der Zwang, bestimmte festgefahrene Formen zu übernehmen. Maierhofer verfügt über ein Instrumentarium technischer Möglichkeiten, das es ihm erlaubt, seine künstlerischen

*Intentionen in Farbe, Material und Form auszudrücken.*

*Ebenfalls ist, mit diesem hohen handwerklichen Anspruch, Gert Mosettig in Wien tätig. Mosettig, der sich selbst als* Autodidakten *bezeichnet, ist ein Fanatiker der handwerklichen Präzision. In seinem Katalog 1989 anläßlich seiner Einzelausstellung in Hanau (Deutschland) erschienen, heißt es weiter zum Thema handwerkliche Präzision:* „aber sie ist ihm nie Selbstzweck, sondern immer Mittel zum Zweck: im Vordergrund steht die künstlerische Idee.“ *Mosettig:* „zwei wochen nachdenken und einen

Fritz Maierhofer, Brosche, Ring abnehmbar, Acryl, Silber, 1971

tag in der werkstatt halte ich für ein gesundes verhältnis . . . ‚techne' im klassischen sinn; kunst, handwerk, einsicht in einem.“ *Der Umraum, in dem Mosettigs Arbeiten entstehen, ist seine faszinierende Werkstatt. Auf kleinsten Raum sind die diffizilsten technischen Präzisionsmaschinen aufgebaut. Mosettig dazu:* „meine werkstatt ist das resultat einer mehr als 20jährigen sammeltätigkeit von werkzeug - und werkzeugmaschinen eine ansammlung von dingen die ich nicht wirklich brauche aber die ein klima erzeugen das ich ganz sicher brauche um arbeiten zu können ich finde die ästhetische komponente von werkzeug sehr anziehend und wichtiges gutes werkzeug hat nichts überflüssiges und ist nie häßlich es strahlt atmosphäre aus da ich hauptsächlich geometrische formen verwende war es naheliegend mit werkzeugmaschinen zu arbeiten wie sie feinmechaniker benützen . . .

ich habe leute die einen würfel feilen können immer bewundert und die sinnhaftigkeit als übung für die handhabe der feile nie bezweifelt empfand das aber immer als artistik zirkusreif aber unbrauchbar für mich die technologie der feinmechanik hingegen wurde zu meiner plattform . . . " *Mosettigs Schmuck ist intelligent zusammengefügt, niemals verlötet, sondern technisch gepreßt, verschraubt und genietet. Die Verwendung von Edelmetallen schließt er aus und verwendet bewußt in seinem Schmuck Halbfabrikate. So entstehen Schmuckstücke*

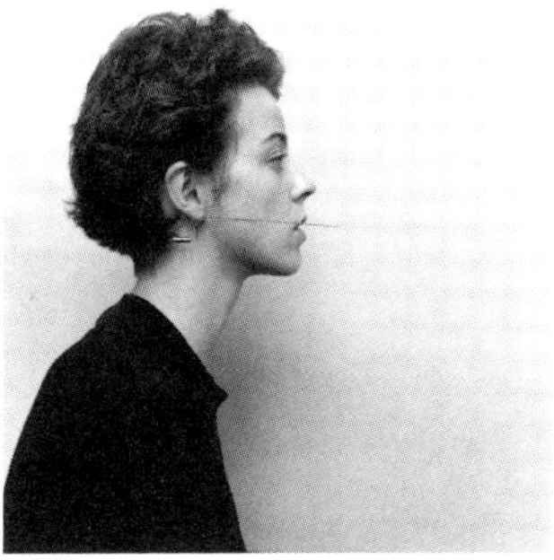

Gert Mosettig, UNTERTITEL: OHRSCHMUCK
Stahl, Messing, 1985

*aus geklügelten Verbindungen in Form von verschiedensten Scharnieren und Schrauben. Aus psychologischer Sicht könnte manche der Arbeiten Mosettigs eine gewisse Aggressivität ausdrücken, etwa wenn die spitzen Edelstahldrähte seines Ohrschmucks hervorragen.*
*Doch es ist Ausdruck einer Zeit, die sich schon längst vom Image des Süßlichen im Wiener Schmuck entfernt hat. Eine Frau in der handwerklich künstlerisch orientierten Gruppe in Wien ist Veronika Schwarzinger, die anfänglich auch die Technik in den Vordergrund ihrer Auffassung von Schmuck stellt.*

## ***Technik und Dekoration***

*Schwarzingers bevorzugtes Material ist ebenfalls Edelstahl. Form ergibt sich aus der Funktion wie etwa bei ihren* beweglichen Nadeln, *die beides verbinden. Von einem Studienaufenthalt in Amsterdam an der Rietveldakademie zurückgekehrt, präsentiert Schwarzinger 1979 ihre Arbeiten dem überraschten Wiener Publikum. Das Thema Brosche wird in eine neue Formensprache gebracht und zur Nadel mit zwei Enden. Diese intelligente Lösung fordert vom Träger/der Trägerin Kreativität,*

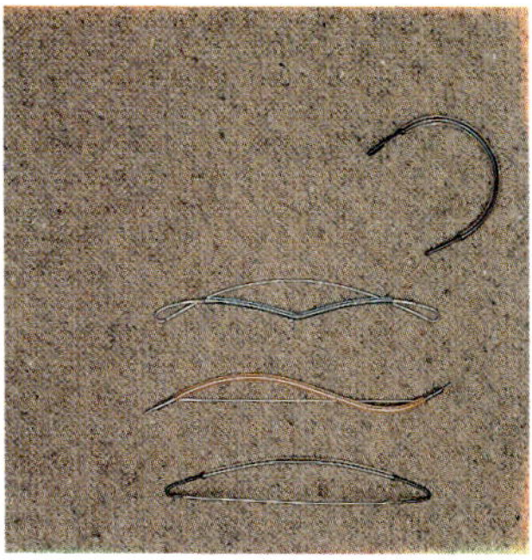

Veronika Schwarzinger, „Glasnadel", Zugfeder, farbiges Bleiglas gebogen, Edelstahl, 1980

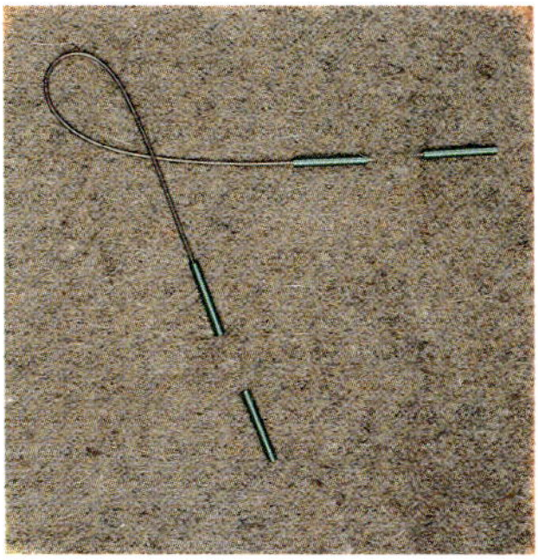

Veronika Schwarzinger, „Bewegliche Nadel", Edelstahlfeder, Aluminium eloxiert, 1982

*um die Form der Nadel immer wieder individuell zu verändern. Gleichzeitig wird aber die Nadel zum Schmuckstück mit der Zugfeder, die die Bewegung ermöglicht. Dieses Element benützt Schwarzinger in länglichen Anstecknadeln, die eine zarte Zugfeder, ihrer Funktion entsprechend, in eine klare durchsichtige Rohrglashülle eingebaut haben. Schwarzinger zu ihren Arbeiten:* „Für mich soll ein Schmuckstück keine Vorderseite und Rückseite haben. Alles muß klar ersichtlich sein. Die Rückseite soll nicht verschmäht *irgendwie* zur Anbringung dienen. Im Grunde habe ich das System umgedreht und die Rückseite zur Vorderseite erklärt mit allen faszinierenden Details. Gleichzeitig wird diese Technik aber zur Dekoration . . ."

*Veronika Schwarzinger gehört jener Generation von Schmuckkünstlerinnen an, die internationale Reputation erlangen.*

*Gemeinsam mit Verena Formanek gründet sie in Wien ein Schmuckforum, in dem der zeitgenössische Schmuck seinen Platz findet. Dort werden unter anderem österreichische Schmuckkünstler/innen ausgestellt, die eine starke Eigenständigkeit in ihren Arbeiten aufweisen. So entsteht eine Vielfalt von Schmuckauffassungen, die den achtziger Jahren entsprechend eine pluralistische Ebene verwirklichen.*

***Ausstrahlungen***

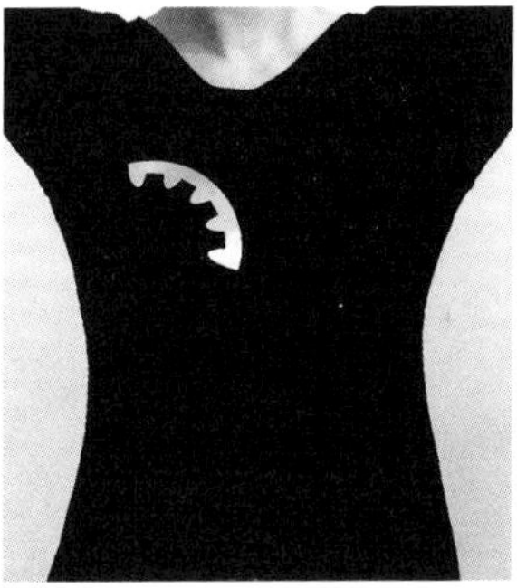

Anna Heindl, „Busenrahmen", Brosche, Edelstahl, 1989

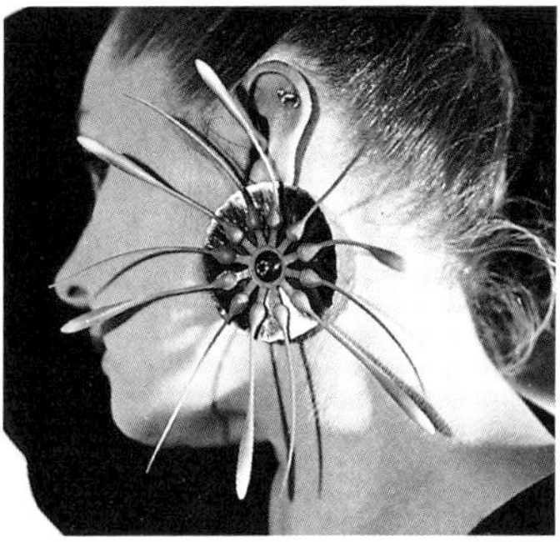

Cora Egg, „Blüte", Ohrschmuck, Silber, Kunststoff, 1983

*ist der Titel einer Ausstellung (1991), die einen Teil der Wiener Schmuckszene zusammenfaßt. 36 Namen erscheinen nun auf der Titelseite des Katalogs und sind Zeichen dieser belebten Schmuckwelt. Anna Heindl, die ebenfalls zur Generation der siebziger Jahre gehört, ist wie Veronika Schwarzinger Absolventin der nunmehrigen Hochschule für angewandte Kunst unter dem Meisterklassenleiter Prof. Franz Hagenauer (1962-1976).*

*Anna Heindl verändert ihre Auffassung von Schmuck zugunsten eines die Weiblichkeit in den Vordergrund stellenden Themas. Anfänglich sind* es Portraits, *dann* Torsi *in Email auf Silber und Gold, die sie in Bezug zu Frauen stellt. Rote Stöckelschuhe werden abstrahiert als Rubin eingesetzt. Schmuck darf wieder dekorativ werden, ohne seitenlange Konzepte hinzuzuziehen. International gesehen ist die Diskussion um die*

*Tabuisierung von Gold und Edelsteinen aufgehoben, da sie in eine konzeptuelle Sackgasse führte. Kreativität kann bestimmte Materialien nicht auslassen, sie wird immer neugierig alles miteinbeziehen.*
*Konsequent geht Heindl ihren Weg. Nach der Ausstellung* Landschaft und Garten, *die auf die Künstlichkeit der menschlichen Ästhetisierung eingeht, entdeckt sie die Wurzeln der Wiener Tradition und entwirft ihre Schmuckedition* Rahmen und Ornament. *Alte Vorlagen von Halbfabrikaten der Wiener Werkstätte werden im zeitgenössischen Kontext der*

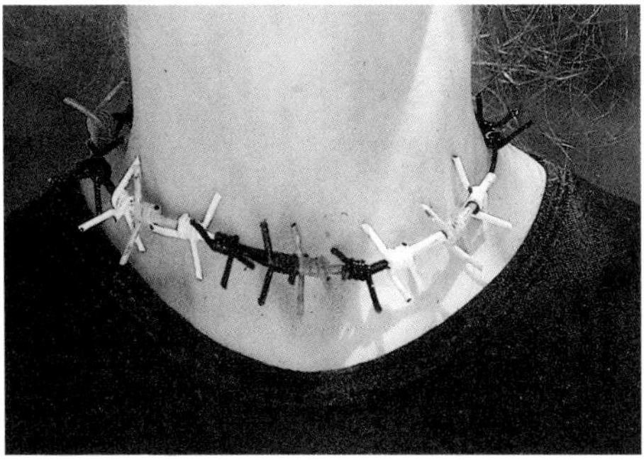

Eva Afuhs, „Stacheldrahtkette", lackiertes Metall, 1983

*Postmoderne zu aktuellem Schmuck. Stilelemente wie Rahmen und Blätter werden verbunden mit Korallen und Edelsteinen und in der bekannten hohen handwerklichen Wiener Goldschmiedetradition zu tragbarem dekorativen Schmuck. Heindls Schmuck schmiegt sich an den Körper der Frau wie etwa als* Busenrahmen *(1989).*
*Neben ihr gibt es eine Vielzahl von kreativen Schmuckkünstlerinnen, die unterschiedlichst auf das Thema Schmuck reagieren.*
*Eva Afuhs bleibt in der konzeptuellen Ebene und verwendet das Thema Aggression/Selbstverteidigung für ihren Schmuck. Ausgehend von der Möglichkeit, sich als Frau zu verteidigen, entwirft sie Schmuck, der aggressivst Narben hinterließe, wenn er als Hilfsmittel eingesetzt würde. Der Stacheldraht als Halskette weist aber auch gleichzeitig auf die eigene Verletzbarkeit hin.*

*Neben Gabriele Kutschera und Cora Egg, die noch in der Meisterklasse Hagenauer studierten, ist die neue Generation wie Eva Afuhs, Sonja Bischur, Kristine Böhmig, Andreas Donhauser, Heide-Marie Gasser, Anita Münz und viele andere an der Hochschule für angewandte Kunst nun in der Meisterklasse Prof. Carl Auböck zu finden. Entgegen dem neuen Konzept der Meisterklasse, das jetzt Produktgestaltung-Metall heißt und die Industrialisierung aller Sparten der Metallverarbeitungen miteinbezieht, wird doch auch weiterhin Schmuck produziert.*
*Gabriele Kutscheras künstlerischem Anspruch liegt* „die Sehnsucht zugrunde, ein möglich pures Zeichen oder Symbol zu finden für die Prozesse der Selbstwerdung, des in Beziehungtretens mit dem anderen, und des in Spannunghaltens durch ein drittes Element, das man auch als den inneren Halt oder geistigen Überbau verstehen kann. Wesentlich erscheint der fortwährende Prozeß des sich Öffnens und Abgrenzens, des Spannens und Entspannens, des Ein- und Ausatmens. Formgebend wirkt die Konfrontation. Was interessiert ist die Spur oder Form, die diese Prozesse hinterlassen - ein Zeichen setzen."
Im Gegensatz zu Gabriele Kutschera könnten die Arbeiten von Cora Egg gesehen werden, deren Bezugspunkte zum Schmuck die vordergründige Dekoration in Verbindung mit Mode ist. Inszenierungen, Stimmungen zu erzeugen ist ihre große Stärke. Blumenmotive, die sie ganz einfach aus Kunststoff verwendet, werden unkonventionell und stilvoll in Edelmetall gefaßt.

### Schmuckkunst der neunziger Jahre

*Betrachtet man die international seit den sechziger Jahren eingeleiteten Forderungen der Schmuckmacher, als Künstler akzeptiert zu werden, so ist das mit dem Medium Schmuck niemandem bahnbrechend gelungen. Nur wenn der Bereich Schmuck gänzlich verlassen wurde, wie bei dem heute international anerkannten Wiener Künstler Manfred Wakolbinger, der mit Anna Heindl eine Arbeitsgemeinschaft gebildet und mit Schmuck begonnen hatte, bis er schließlich seine skulpturalen Objekte auf der Documenta in Kassel ausstellte, und dem es damit gelang, die Akzeptanz der Kunstwelt zu erreichen. Diese Situation ist im Phänomen der Verknüpfung von Markt - und Medienwelt und der damit verbundenen Abgrenzung zu sehen. Die Kriterien der Käufer bleiben davon stark beeinflußt und Schmuckkünstler reagieren mit einer Spaltung ihrer Schmuckauffassungen. Ein Teil besinnt sich auf die*

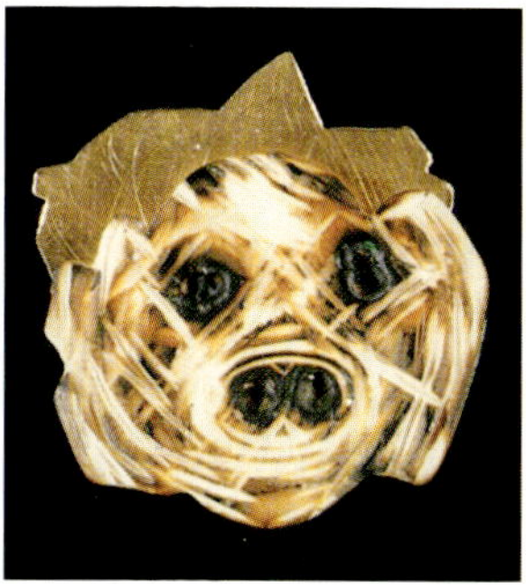

Werner Büttner, Manfred Bischoff, „Schweinewolke", Ohrschmuck, Elfenbein, Gold, 1985

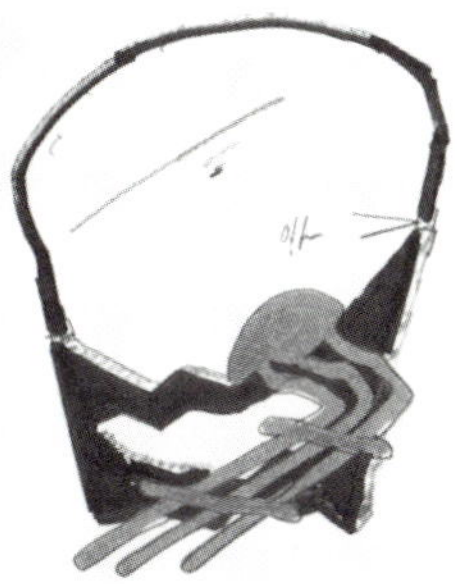

Werner Büttner, Manfred Bischoff, „Das Netz des Schönen", Halsschmuck, Gold, Silber, 1985

*traditionellen Ebenen des Schmucks und ein anderer arbeitet grenzüberschreitend weiter. Während in Deutschland der in Fachkreisen renommierte Einzelgänger der Schmuckszene, Manfred Bischoff, den Versuch startet, ein gemeinsames Schmuckprojekt mit dem Künstler Werner Büttner in München zu präsentieren, bleibt die Aufwertung durch den additiven berühmten Künstlerkollegen für eine breitere Öffentlichkeit unbeachtet. Viele bejahen die aktuelle Entwicklung, doch bleiben kritische Stimmen zur Situation der eingeleiteten Tendenz* Neue Innerlichkeit *bestehen. Jens-Rüdiger Lorenzen, Professor an der Fachhochschule Pforzheim, meint, nur dann* „einen Rückzug aus der vehementen und notwendig gewesenen Experimentierphase der siebziger Jahre, die nur dann ihre Berechtigung und Bedeutung und damit ihre Wirkung behalten kann, wenn die Ergebnisse und

Erkenntnisse und auch Mißerfolge dieser Phase Basis für neue Frage- und hoffentlich auch Lösungsmöglichkeiten sind" *zu begrüßen. Alle kontroversiellen Standpunkte zu diesem Thema bestärken die Wiener Schmuckmacher, ihre Arbeiten so zu entwerfen und auszuführen, wie es ihnen individuell gefällt. Kategorisierungen sind vom Träger, Kritiker oder Käufer vorzunehmen. Und der kann nun auswählen in einem breitem Spektrum. Die Variationen sind mannigfaltig und reichen vom exklusiven Einzelstück einer Anna Heindl, der grenzüberschreitenden skulpturalen*

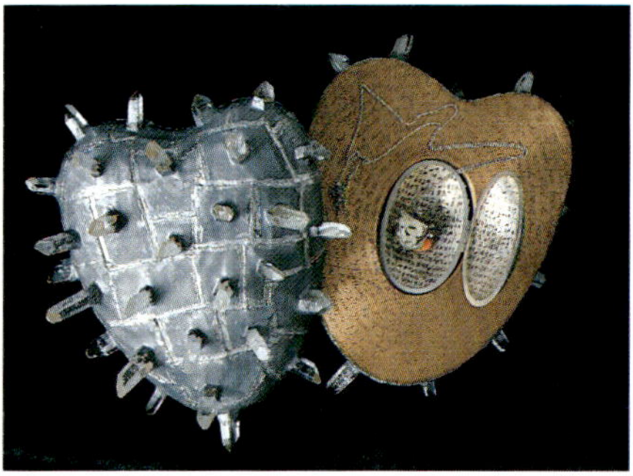

Ulrike Johannsen, „Reisereliquiar", Blei, Bergkristalle, Kupfer geätzt, Silber, Plexiglas, Magnetverschluß, 1990

*Arbeit Manfred Nisslmüllers bis hin zum designten Schmuck in Kleinserien.*

*Desirée Schellerer bemerkt beobachtend in ihrem Aufsatz des Katalogs* Schmuck in Plural, *anläßlich einer Ausstellung 1991 in Innsbruck erschienen:* „Vor allem jüngere Schmuckmacher zelebrieren das üppige Ornament und schwelgen in opulenten, oft kunstvoll gearbeiteten Formen . . . Neue Herstellungsverfahren wie computergesteuerte Produktionen werden erfolgreich erprobt oder verpönte - weil in der Schmuckindustrie *verbrauchte* Methoden wie Gußtechniken - neu adaptiert.

Überhaupt geht es heute vielen Schmuckkünstlern weniger um eine imaginär autonome Künstlerposition, als darum, Schmuck von ganz persönlicher intimer Bedeutung zu machen. Die Sehnsucht nach einer neuen Romantik ist deutlich zu spüren. Man lehnt den mitunter distanzierten Charakter des Neuen Schmucks ab und betont hingegen, was mit Schmuck sich so oft verknüpft: persönliche Geschichten, Begebenheiten, Gefühle, Leidenschaft, Geheimnisse. Daraus spricht vielleicht auch die Sehnsucht nach dem mit den eigenen Projektionen aufgeladenen Gegenstand, der zum Fetisch werden kann. Schließlich ist in diesem Kontrast zwischen öffentlichem Manifest und Intimität auch ein Moment der Spannung im Schmuck begründet."

Ulrike Johannsen, Einladungskarte „In der Höhle des Löwen" anläßlich der Installation „Reisereliquiar", V&V, 1990

*Beispielhaft für diese neue Auffassung sind die Schmuckarbeiten und Objekte von Ulrike Johannsen. Einer Schatzkammer gleich, die sie noch dazu* Höhle des Löwen *benennt, kreiert Johannsen eine vollkommen individuelle Formensprache. Vorhandene Symbole werden neu interpretiert und in aufwendiger Goldschmiedetradition ausgeführt. Wenn der Betrachter das Objekt* Bleiernes Herz *mit den stacheligen Kristallen anfaßt, so begibt er sich auf eine Reise von Gefühlen und Assoziationen. Öffnet er das in zwei Teilen mit einem geheimnisvoll versteckten Magnetverschluß gearbeitete Herz, so entdeckt er eine Kette, die die Symbole von Tod und Geburt wiedergeben. Eine Sanduhr ohne Sand - durchbrochen mit ausgesägten Zeichen - lassen die Zeit in unserer Fantasiewelt durchrinnen. Traumatische Geschichten werden von Johannsen erzählt und in naturalistischen Figuren ausgedrückt. Die*

**Margareta Sideris (geb. Hirsch)**
*Korallenast mit Taube, Brosche, Koralle, Naturperle, Gold 18krt, nach 1963*

**Anna Storno**
*Brosche, Messing, 1948/49*

**Werner Schmeiser**
*Ring, Messing, Türkis, nach 1940*

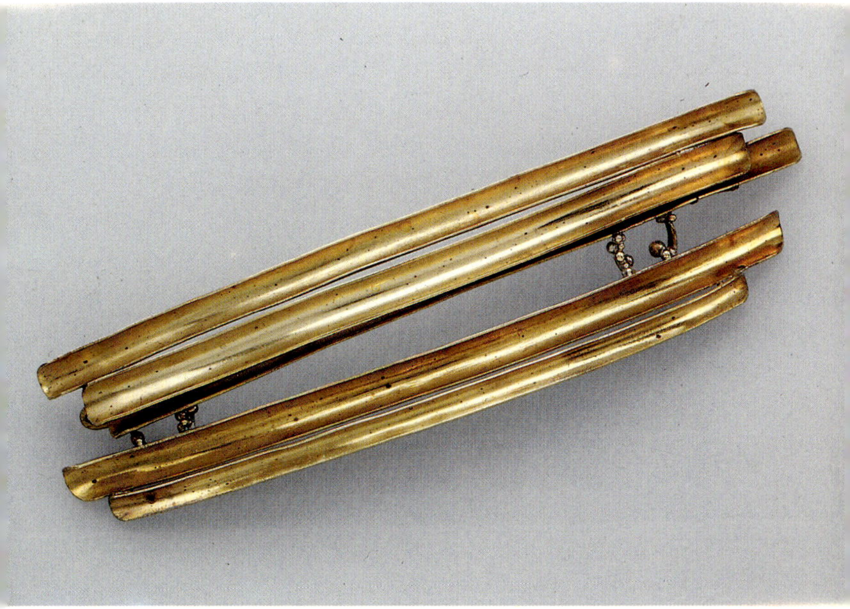

**Peter Skubic**
*Idol VI, Schmuckobjekt, Edelstahl, Messing, 1986*

**Verena Formanek**
*Edition Figurativer Schmuck,*
*„Hexe auf dem Besen", „Blume",*
*Aluminium gelötet, gesprayt,*
*Silber, Edelstahl, 1983/84*

**Margarethe Haberl**
*Serie Dolphin, Glasur Porzellan, Fertigteil, „One of the books", 1986*

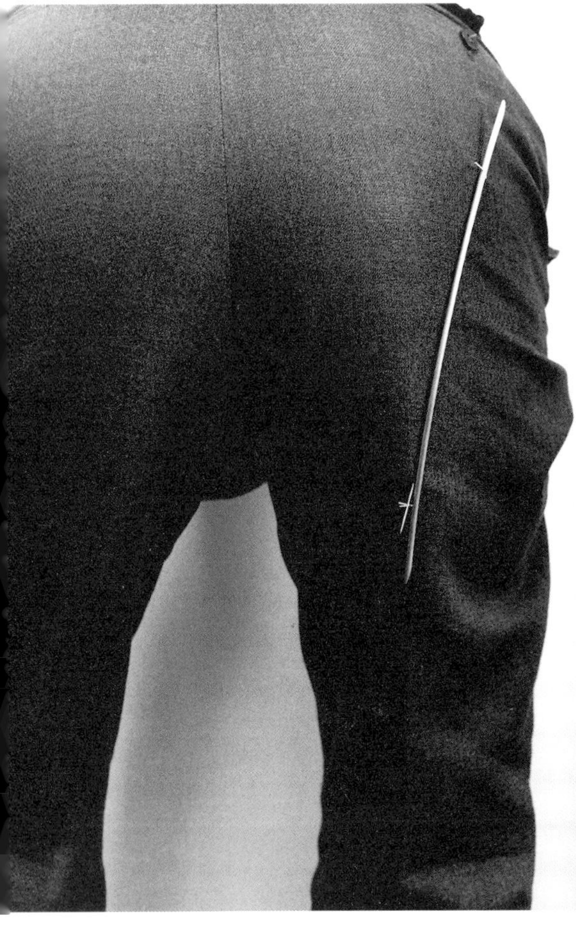

**Gert Mosettig**
*UNTERTITEL:*
*UM GOTTES WILLEN*
*Brosche, Stahl, 15. 4. 1985*

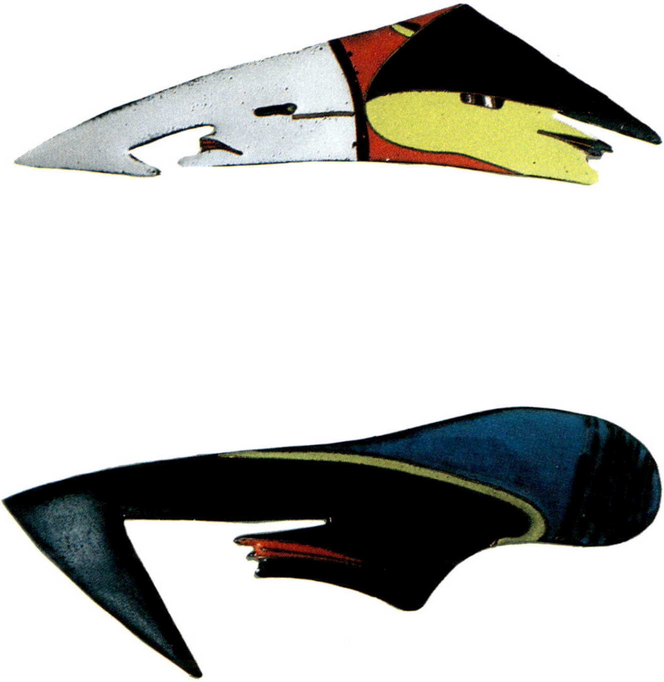

**Anita Münz**
*„Gesichter", Email auf Stahl, matt geschliffen, 1983/84*

**Fritz Maierhofer**
*Ansteckskulptur, Gold/Silber oxydiert, 1987*

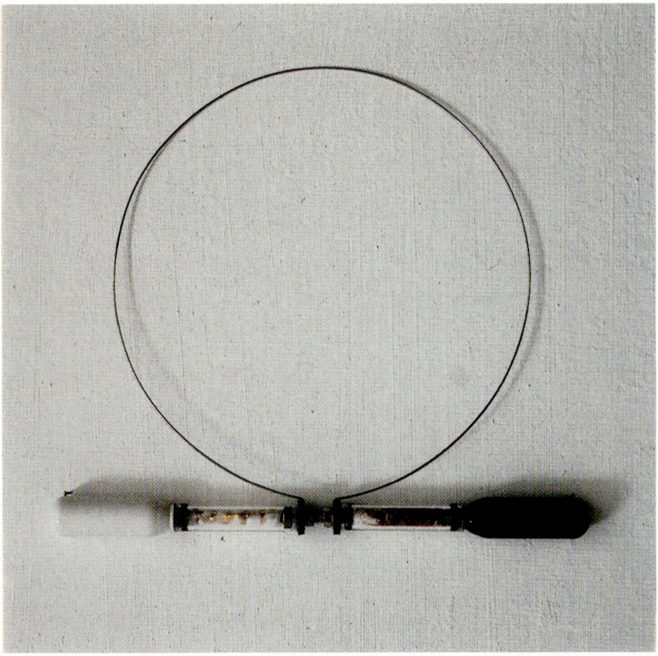

**Tomas Hoke**
*Stigma Projekt, WV Nr. 286,
Halsreifen, Stahl, Gummi,
Plexiglas, Feingold, Blut 0+,
1986*

**Gabriele Kutschera**
*Edition Insignien, Brosche, geschmiedeter Stahl, Gelbgold, Turmalin, 1991*

**Heidemarie Gasser**
*Oberarmreif,*
*Eisen geschmiedet, 1987,*
*„es verwundet und vergeht*
*selbst-eisen rostrote spuren“*

**Jakob Scheid**
*Brille, Stahlspiegel, 1986*

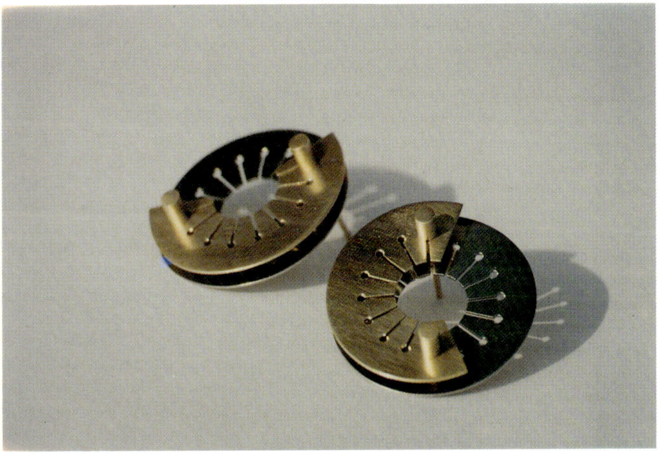

**Melitta Moschik**
*double discs, Ohrstecker*
*Gelb/Weißgold, 1990*

**Ute Neuber**
*Hut- und Taschenserie,*
*Ausstellung Poschauko/*
*Hohenbüchle, 1988*

**Cora Egg**
*Silber-Seestern, Brosche,*
*galvanisiert, gefärbt, 1988*

***Andreas Donhauser***
*Ringturm, Edelstahl geschwärzt,*
*Achate, 1991*

**Marion Kuzmany**
*Brosche, Plexiglas, Thermoplast, Blattgold gesägt, 1990*

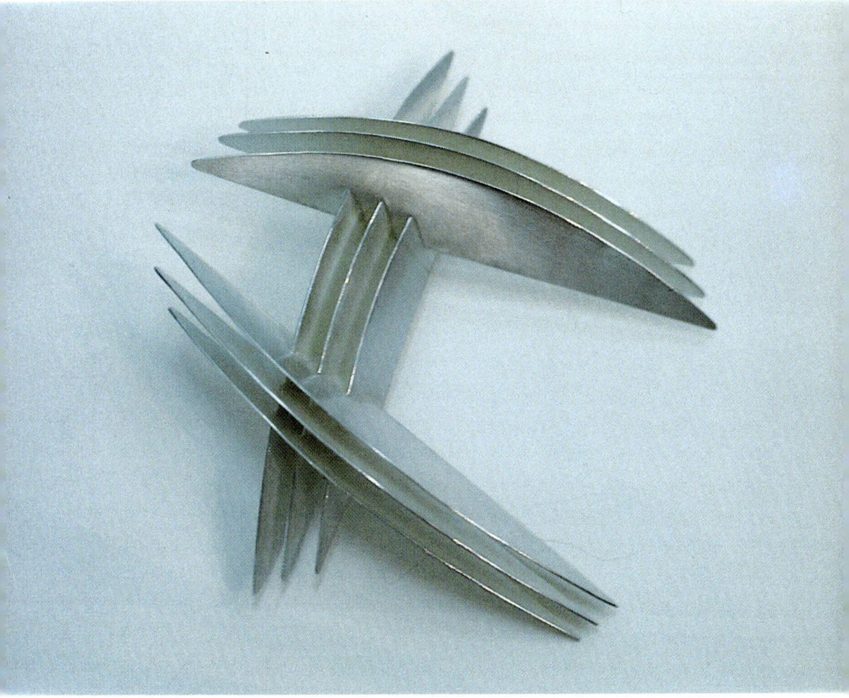

**Josef Symon**
*„Drei Richtungen", Brosche, Silber, 1990*

**Michael Ramharter**
*„Barockserie", Brosche, Silber vergoldet, Citrin, Eisenverpackung, 1991*

**Kristine Böhmig**
*Hautcollier, Plexiglas, Foto, 1988*

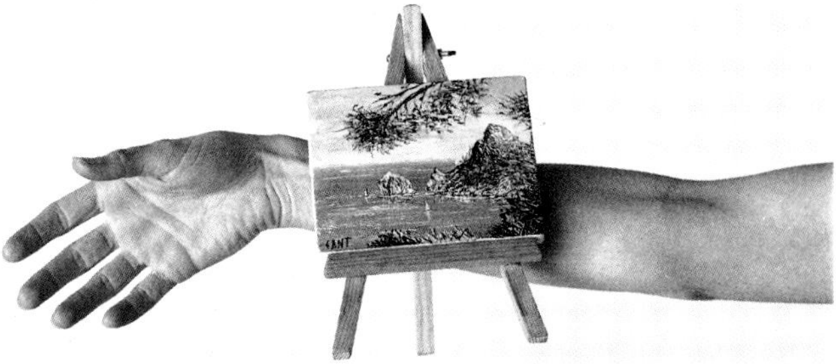

**Ingeborg Strobl**
*Foto*
*Der Künstler schmückt sich mit seinem Werk, 1987*

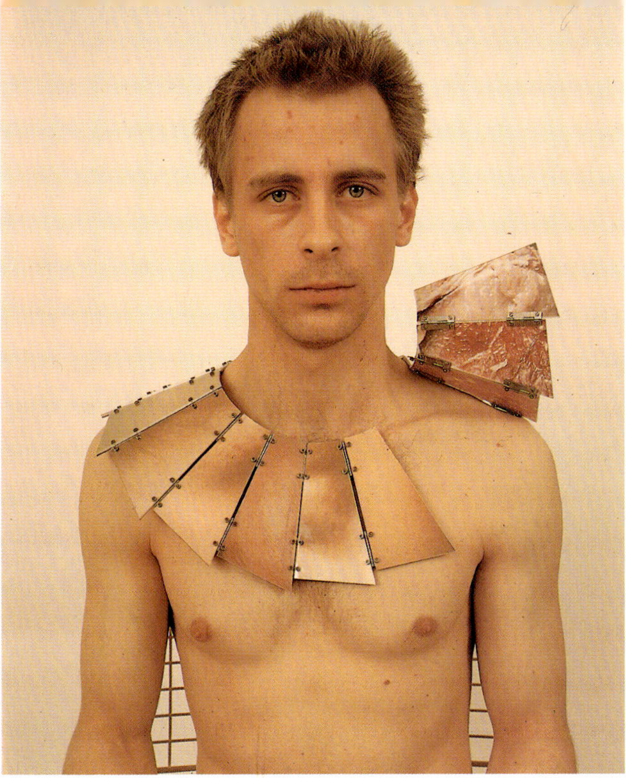

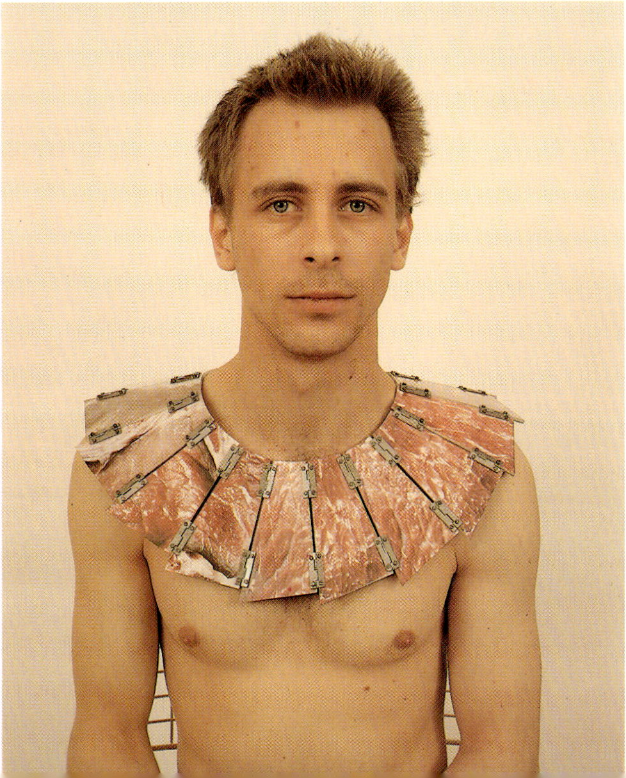

***Veronika Schwarzinger***
*Ringe, Weißgold, Turmalin, 1989*

**Sonja Bischur**
*Halsschmuck: mnd. smuk, „Dem Körper sich Anschmiegendes", 1991, Hartriegel und Chiffon*

**Anna Heindl**
*Busenrahmen, Silber geschwärzt, Gold, Korallenrosen, 1989*
*Ring: Rahmen, Silber geschwärzt, Gold, 1989*

Beck'sche Schwarze Reihe
Band 59

NIGEL HARRIS

# Die Ideologien in der Gesellschaft

*Eine Untersuchung über Entstehung, Wesen und Wirkung*

VERLAG C. H. BECK MÜNCHEN

Aus dem Englischen übertragen von Norbert Wölfl (Kapitel I bis IV)
und Edwin Ortmann (Kapitel V bis Schluß)
Titel der Originalausgabe: ‚Beliefs in Society' (C. A. Watts, London)


ISBN 3 406 02459 2
Einbandentwurf von Rudolf Huber-Wilkoff, München

Druck: Georg Appl, Wemding
Printed in Germany

# Inhalt

# Vorwort

Das Thema dieses Buches ist weitgespannt, und eine Vielzahl von Einzelthemen wird in einer Weise angeschnitten, die auf zahlreiche Spezialisten auf den verschiedenen Gebieten bestenfalls irritierend wirken kann. Dennoch ist es manchmal wichtig, den Versuch zu unternehmen, eine Anzahl Elemente zusammenzufassen, um das Ganze besser zu begreifen. Wenig vom Inhalt ist originell; aber um den Text von langweiligen Fußnoten zu entlasten, habe ich oft auf den eigentlich nötigen Hinweis auf wichtige und einschlägige Arbeiten verzichtet. Zitierte Textstellen wurden mit entsprechenden Hinweisen versehen und können leicht in der kurzen Bibliographie am Schluß des Buches aufgefunden werden.

Ich bin drei Helfern zu großem Dank verpflichtet, die dieses Buch im Manuskript gelesen und mit wertvollen Ratschlägen zu seiner Vervollkommnung beigetragen haben: Tirril Harris, Jim Kincaid und Robert Looker. Irrtümer gehen allein zu meinen Lasten.

*Nigel Harris*

# I

## Das Problem: der verworrene Katalog

> *Wir leben in einer Zeit des Chaos; Meinungen bilden ein Wirrwarr, Parteien ein Durcheinander; die Sprache für neue Ideen wurde noch nicht geschaffen; nichts ist schwieriger, als sich in Bezug auf Religion, Philosophie und Politik klar auszudrücken. Man spürt eine bestimmte Sache, man kennt sie, man lebt für sie, und notfalls stirbt man auch für sie – aber man vermag sie nicht beim Namen zu nennen. Das Problem unserer Zeit besteht darin, Dinge und Menschen zu klassifizieren. Denn der Katalog der Welt ist in Verwirrung geraten.*
>
> Alphonse de Lamartine

*Ideologie* ist heute ein Modewort. In dem täglichen Wortbombardement von Presse, Rundfunk und Fernsehen hat dieser Begriff eine komplexe Bedeutung.

Zu welcher Folgerung neigen wir, wenn wir lesen: „Diese Entscheidung wird nicht von der Realität, sondern von reiner Ideologie bestimmt"? Erstens nehmen wir an, daß die Entscheidung irrational, dem vorliegenden Problem nicht gemäß sei. Zweitens, und das ergibt sich aus unserer ersten Folgerung, wäre uns vermutlich klar, daß das Problem nach Ansicht des Autors relativ leicht zu identifizieren sei, – daß jeder vernünftige Mensch sofort erkennen müßte, welche Entscheidungsmöglichkeiten angemessen wären. Es wird jedoch unterstellt, daß die Entscheidung, im Gegensatz zu dem, was vernünftige Leute tun würden, töricht war. Es ist weiterhin möglich, daß die Entscheidung in systematischem Zusammenhang mit anderen Ideen steht und daß dieses System somit auf die vorliegende Entscheidung Einfluß hat, die nun kein isolierter Akt von Torheit mehr ist. Man kann vernünftigerweise auch folgern, daß der Autor das System selbst für töricht hält. Daraus dürfen wir schließen, daß die Entscheidung nach Meinung des Autors einem irrationalen Gedankensystem „entspringt". Das System kann man nicht nur als unerwünscht ansehen (in dem Sinne, daß man mit den Zielen des Systems nicht übereinstimmt), sondern sogar als fehlerhaft (das heißt, jeder vernünftige Mensch muß erkennen, daß dieses System der Logik oder Erfahrung widerspricht).

In diesem Zusammenhang bedeutet das Etikett „ideologisch" eine besonders harte Verurteilung, weil es dem Urheber der betreffenden Entscheidung auch hinsichtlich gar nicht berührter Punkte jede Entscheidungsfähigkeit abspricht. Wir müssen darauf vertrauen, daß dem Kritiker genau bekannt ist, welches die anderen Entscheidungsmöglichkeiten sind.

Während unser erstes Beispiel für die Anwendung dieses Begriffs das gebräuchlichste ist und die stärkste Abwertung enthält, gibt es doch auch eine anerkennende Anwendung. So stellt die Aussage „Diese Entscheidung war nicht durch wirtschaftlichen Eigennutz, sondern durch reine Ideologie bestimmt" das Gegenstück zur ersten Anwendung dieses Begriffes dar. Wieder taucht der Bezug auf ein System auf, doch ist es diesmal ein ethisches und nicht ein irrationales und falsches System – „Ideologie" scheint hier einen Komplex von Ideen zu bedeuten, der sich scharf und eindeutig von oberflächlichen materiellen Interessen unterscheidet. So könnten wir in unserem Beispiel „Ideologie" durch einen Begriff wie „systematische Selbstlosigkeit" ersetzen, wobei auf eine Reihe anderer unausgesprochener Urteile angespielt wird, die sämtlich ethischer Art sind. Die erste und die zweite Anwendung des Begriffs brauchen einander nicht unbedingt auszuschließen, wenn wir von der Auffassung ausgehen, daß Moral irrational oder falsch sei, wo sie den materiellen Interessen des Menschen zuwiderläuft. In beiden Fällen müssen wir jedoch annehmen, daß sich relativ leicht feststellen läßt, was das Gegenteil von „Ideologie" ist: im ersten Beispiel wäre es die „reale Praxis", im zweiten „eigennützige wirtschaftliche Interessen". „Ideologie" erhält nämlich in beiden Fällen der Anwendung einen Sinn erst aus der Gegenüberstellung. Es wird dabei vorausgesetzt, daß wir alle wissen, was „Realität" oder „Interesse" in der Praxis bedeutet, und somit leicht das Gegenteil davon zu ermitteln vermögen. Ein guter Teil dieses Buches befaßt sich damit, einige Zweifel hinsichtlich dieser Annahme anzumelden, insbesondere aber Zweifel hinsichtlich der Möglichkeit, „Realität" und „Ideologie" als zwei verschiedene Bereiche voneinander zu trennen. Denn was für uns Realität ist, das ist für den anderen Ideologie, und umgekehrt.

### *Gesunder Menschenverstand*

Ein allen derartigen Diskussionen zugrundeliegendes philosophisches Problem betrifft die Beziehungen menschlicher Gedanken zur Welt als einem Ganzen und zu den Handlungen, die sich daraus ergeben. Die Erklärung, die uns der gesunde Menschenverstand zu diesen Beziehungen liefert, bringt uns nicht weiter. Es gibt mindestens zwei derartige Erklärungen, die man in groben Zügen etwa so fassen könnte:

1. Wir sehen uns die Welt gründlich und genau an, sammeln und messen alle verfügbaren Fakten, arbeiten sodann die handgreiflichste Lösung aus und setzen sie in die Tat um. Man setzt dabei stillschweigend voraus, daß es nur eine begrenzte Anzahl von Fakten gibt, daß diese eindeutig und relativ leicht zu ermitteln sind, und daß – wenn die Vorbereitungen richtig getroffen wurden – sich eine Lösung ergibt. Jeder vernünftige Mensch wird sich der betreffenden Beweisführung anschließen und freiwillig der Lösung zustimmen, da sie auf Grund der gegebenen Fakten „auf der Hand liegt". Im Extremfall kann sich aus dieser Anschauung ergeben, daß einem vernünftigen Menschen praktisch überhaupt keine andere Wahl bleibt. Die Fakten würden insofern ihre eigene Lösung diktieren; vernünftige Menschen agieren in diesem Prozeß lediglich als Katalysatoren. Verallgemeinernd könnte man sagen, daß Geschichte, wenn sie von vernünftigen Menschen gemacht wird, unerbittlich und unausweichlich wird, ein von selbst ablaufender Prozeß, in dem vernünftige Menschen nur als passive Bindeglieder zwischen Fakten und Handlungen in Erscheinung treten. Natürlich läuft die Geschichte nicht so ab, weil von Zeit zu Zeit Entscheidungen von unvernünftigen Menschen getroffen werden. Das Bindeglied wird fehlerhaft, weil das Urteilsvermögen unvernünftiger Menschen „getrübt" ist, oder weil sie die Fakten unvollkommen untersuchen. Als Elemente, die zur „Trübung" des Urteilsver-

mögens führen, betrachtet man Emotionen, Vorurteile oder Unterordnung unter eines der in der Gesellschaft wirksamen versteckten Interessen oder unter Fakten, die von der „tatsächlichen Situation" abweichen.

2. Wir haben Ideale und streben ihre Verwirklichung an. Es wird allgemein angenommen, daß „Ideale" Ziele seien, die in ihrer reinen Form unrealisierbar sind. Indem wir jedoch versuchen, sie zu verwirklichen, gelingt es uns trotzdem, die Welt ein wenig in ihrem Sinne zu verändern und ihnen anzunähern. Die „Ideale" sind gegeben. Man weiß nicht woher sie kommen, aber sie sind da. Es wird oft gesagt, es sei gut, Ideale zu besitzen, obgleich aus dieser rudimentären Erklärung nicht hervorgeht, warum.

Das erste Argument hört man am häufigsten; allerdings tragen viele Leute je nach Gelegenheit beide vor. Ich würde sagen, daß beide Modelle von den Beziehungen zwischen Ideen, Welt und Handlungen ein wenig töricht sind, nicht zuletzt deshalb, weil sie keineswegs dem entsprechen, was wir bei einiger Überlegung als den richtigen Weg zu gewissen Schlüssen und entsprechenden Handlungen ansehen. Für die meisten von uns ist eine Entscheidung ein äußerst komplexer Prozeß, bei dem Zufälle und ad-hoc-Erwägungen eine Rolle spielen und bei dem wir es mit einer Vielzahl verschiedener, oft implizierter Überlegungen zu tun haben.

Es ist unnötig, das weiter auszuführen; aber es ist doch nützlich, gewisse spezifische Schwächen beider Modelle zur Kenntnis zu nehmen. Im ersten Beispiel erhält man von den „Fakten" keine Antwort. Für viele Menschen ergeben die unendlich vielen möglichen Fakten eine Vielzahl verschiedener Antworten und Möglichkeiten. Auch die Definition des „Faktum" liegt nicht auf der Hand; denn wir müssen mit gewissen Vorbegriffen von dem, wonach wir suchen, an die Welt herangehen, mit einem gewissen Rahmen für die Analyse, der abgrenzt, was wir als „Faktum" anzusehen haben, und mit bestimmten Zielvorstellungen, aus denen sich ergibt, was für uns die relevanten Fakten sind. Die Charakterisierung der Fakten ist ein Problem für sich; denn im Zuge dieser Charakterisierung beleuchten wir zugleich die verschiedenen Beziehungen zwischen den Fakten. Ganz allgemein existieren sie für uns nur, wenn wir von einer Zielvorstellung ausgehen und Gründe haben, etwas ein „Faktum“ zu nennen. Diese Zielvorstellung ist überhaupt entscheidend dafür, was als Faktum gilt.

Menschen, die Entscheidungen treffen, stellen diese natürlich gern als selbstverständlich hin, als etwas, das jeder vernünftige Mensch unter den gegebenen Umständen getan hätte. Wenn man die Leute davon überzeugt, daß eine getroffene Entscheidung selbstverständlich war, so vermeidet man eine öffentliche Diskussion der diese Entscheidung bestimmenden Voraussetzungen und schützt die eigene Autorität vor Angriffen. Doch wenn wir diese Art des Vorgehens als den Lauf der Welt akzeptieren, so stellen wir uns lediglich hinter die jeweiligen „Entscheidungsmacher“, ganz gleich, was diese auch entscheiden mögen. Dann mußte das, was geschehen ist, eben geschehen; was geschieht, ist unvermeidbar; was sein muß, das muß eben sein. Da die Gesellschaft auf eine bestimmte Art organisiert ist, trifft die jeweilige Autorität – welche es auch immer sein mag – stets die richtigen Entscheidungen. Damit bringen wir indirekt zum Ausdruck, daß wir konservativ oder apathisch sind.

Auch die zweite Erklärung ist nicht viel befriedigender, da sie für gewöhnlich nicht detailliert genug dargestellt wird, um ernstgenommen zu werden. Sie läßt den Menschen wohl einen gewissen Spielraum – die „Unausweichlichkeit“ des ersten Beispiels fehlt. Aber sie bietet keinerlei Handhabe für die Beurteilung der Richtigkeit von Entscheidungen. Was man gemeinhin „Ideale“ nennt, kommt aus dem Unfaßbaren, weist keinerlei Rechtfertigung auf und ist nur unvollkommen auf die Welt bezogen. Es gibt keine Begründung dafür, warum Menschen Ideale besitzen, warum sie sich von ihnen leiten lassen und warum das gut ist.

Jede Darstellung der Beziehungen zwischen Ideen und Welt muß erkennen lassen, woher diese Ideen kommen, wie sie entstehen, welchem Wandel sie unterliegen, wie sie sich zu dem verhalten, was wir tun – und was noch wichtiger ist: zu den ungleich anderen Dingen, die andere tun. Wenn „Ideologien“ systematisch geordnete Ideale oder „Interessen“ sind, die das Urteilsvermögen trüben, so müssen wir wissen, warum es sie gibt. Doch in diesem Stadium finden wir vielleicht eher Zugang zu diesem Problem, wenn wir die Definition untersuchen, die prominente Sozialwissenschaftler für Ideologien gefunden haben.

*Sozialwissenschaft*

In der vorangegangenen, vom „gesunden Menschenverstand“ bestimmten Definition der „Ideologie“ wurde festgestellt, daß diesem Begriff ein mehr oder minder stark abwertender Beigeschmack anhaftet, und daß er von einem deutlichen Kontrast zur „Realität“ bestimmt ist. Dieselben Elemente pflegen in sozialwissenschaftlichen Definitionen wiederzukehren, von denen wir nur einige wenige hier untersuchen können. So wird beispielsweise selbst in Julius Goulds verhältnismäßig neutraler Formulierung die Ideologie indirekt der Simplifizierung beschuldigt: Ideologie sei „ein Modell von Glaubenssätzen und Begriffen (sowohl tatsächlicher wie auch normativer Natur) zur Beschreibung komplexer sozialer Phänomene mit dem Ziel der Ausrichtung und Vereinfachung sozialpolitischer Alternativen, vor die sich Einzelne und Gruppen gestellt sehen“ (1964, S. 315).

Talcott Parsons untersucht sehr genau das Gegenstück: die „Realität“. Er sagt, daß die „wesentlichen Kriterien einer Ideologie Abweichungen von sozialwissenschaftlicher Objektivität“ seien. „Das Kriterium der Verzerrung ist insofern gegeben, als über die Gesellschaft Aussagen gemacht werden, die sich vermittels wissenschaftlicher Methoden als eindeutig irrig erweisen lassen; dagegen kann man von Selektivität sprechen, wo die Aussagen zwar auf der entsprechenden Ebene ‚wahr‘ sind, aber insgesamt keine ausgewogene Darstellung der gültigen Wahrheit geben“ (1959, S. 25). Hier bedeutet also „Realität“ das, was die Soziologen in ihrer Gesamtheit (als Individuen neigen sie nämlich dazu, einander zu widersprechen) vermutlich als solche hinstellen, und die Ideologie ist ideologisch insofern, als sie von dem abweicht, was die Sozialwissenschaftler als Realität anerkennen. Damit wird Ideologie ausdrücklich als Irrtum hingestellt, wenn dieser Irrtum auch verschiedenerlei Gestalt annehmen kann. Wir müssen annehmen, daß ein Sozialwissenschaftler eben als Sozialwissenschaftler nicht an einer Ideologie teilhaben kann; die Wahrheit ist für eine einzige Klasse von

Menschen reserviert, und was sie gemeinsam zur Wahrheit erheben, definiert gleichzeitig den Irrtum.

Eine Anzahl von Sozialwissenschaftlern hat sich weniger mit substantiellen Definitionen der Ideologie befaßt, sondern mehr mit der Kritik am Stil der Männer, die sie als Ideologen bezeichnen. Nach Aussage von Edward Shils (1958, S. 450) ist Ideologie erfüllt von Mißtrauen, aggressiv, sie unterminiert bestehende politische Institutionen, sie ist dogmatisch, doktrinär, totalitär und futuristisch. Das ist ein eindrucksvolles Sündenregister, doch Shils erklärt nicht ausdrücklich, *warum* das Sünden sind. Vielleicht sind Mißtrauen oder Aggressivität in bestimmten Situationen die richtige Haltung; vielleicht bedürfen gewisse bestehende politische Institutionen der Unterminierung, und so weiter. Hier werden stillschweigend politische Urteile gefällt, anstatt sie ausdrücklich zu begründen. Bei Stark (1958, S. 90 f.) erreicht die abwertende Definition einen neuen Höhepunkt. Nach seiner Darstellung ist Ideologie nämlich „eine aus der rechten Bahn geworfene Denkungsart ..., etwas Zweifelhaftes, das man überwinden und aus dem Denken verbannen sollte“, etwas psychologisch „Deformiertes“; dagegen eine Denkweise, die sich an die *„Fakten* der Realität“ hält, ist „wie ein reines Wasser, kristallklar und durchsichtig; ideologische Ideen sind ein schmutziger Fluß, schlammig und verseucht von den Verunreinigungen, die in ihn hineingeflossen sind“. Alles schön und gut, nur geht daraus leider nicht hervor, wie man die rechte Wahrheit vom verderblichen Irrtum unterscheidet. Stark zeigt auch nicht viel Mitgefühl für jene armen Opfer des Irrtums, die in ideologischer Verblendung befangen sind.

Erikson (1958, S. 22) teilt nicht diese barocke Vorstellung von Sünde, sondern konzentriert sich vielmehr auf das psychologische Element. Er sagt, Ideologie sei „eine unbewußte Tendenz, die der Religion und dem wissenschaftlichen wie auch dem politischen Denken zugrunde liegt: die Tendenz, zu einer bestimmten Zeit Tatsachen den Ideen und Ideen den Tatsachen zu unterwerfen, um so ein Weltbild zu schaffen, das überzeugend genug ist, das kollektive und individuelle Einheitsbewußtsein zu nähren“. Anscheinend wird die Realität hier entsprechend ideologischen Wünschen zurechtgebogen, wobei Wunschdenken das vorherrschende Motiv ist. Es bleibt unklar, warum die Leute nur auf einem solchen Umweg zu einem „Einheitsbewußtsein“ gelangen sollten, und warum ihnen ein solches Bewußtsein abgeht; es bedeutet jedoch, daß die Persönlichkeit eines ideologisch ausgerichteten Menschen unzulänglich ist und daß der Beweis für diese Unzulänglichkeit in der Anhänglichkeit an eine Ideologie liegt. Andere haben die psychologische Interpretation noch viel weiter entwickelt, so daß soziale Bewegungen überhaupt auf persönlichkeitsbedingte Absonderlichkeiten zurückzuführen seien. Talcott Parsons (1951, S. 357) sagt sogar: „Ideologien haben Funktionen, die denen der Rationalisierung im Persönlichkeitssystem direkt entsprechen.“ Die Rationalisierung kann gewisse Unzulänglichkeiten verdecken, Persönliches verdrängen oder über die eigenen Sorgen hinwegtrösten als „eine schablonenhafte Reaktion auf die schablonenhaften Spannungen, die sich aus einer gesellschaftlichen Rolle ergeben“ (Sutton u. a., 1956, S. 307).

Hier wie auch in den früheren Beispielen wären vernünftige Menschen ohne weiteres fähig, die „Realität“ zu erkennen; das Gesunde und „Normale“ wird als vollkommen klar hingestellt; denn nur dann läßt sich das „Abnorme“ identifizieren. Der „Normale“, so wird unterstellt, identifiziert die Realität auf ganz bestimmte Weise, so daß jeder, der sie anders identifiziert, schon von der Begriffsbestimmung her „abnorm“ sei. Auf individueller Ebene wäre Ideologie dann eher ein Problem für den Psychiater als für eine ernsthafte intellektuelle Untersuchung. Im Zusammenhang mit der zuerst erwähnten Definition der Ideologie nach dem gesunden Menschenverstand wurde bereits festgestellt, daß schon die Anwendung des Wortes auf einen eindeutigen Fehler von seiten des Ideologen hindeutet. Hier wird ausgedrückt, daß man sich mit ihm nicht auseinanderzusetzen brauche, da er offensichtlich krank sei, und auf eine Krankheit reagiert man mit Behandlung, nicht mit Argumenten.

Gemäß diesen letzten Definitionen ist Ideologie ganz eindeutig das, was Geertz eine „radikale intellektuelle Entartung“ nennt (1964, S. 50). Das Wort wird bei ihm ausschließlich abwertend gebraucht und könnte durch Begriffe wie „falsch“, „unkorrekt“ oder „ungültig“ umschrieben werden. Selbst weniger negative Verwendungen dieses Wortes setzen immer noch die klare (und verhältnismäßig offenkundige) Unterscheidung zwischen „Realität“ und „Ideologie“ voraus. Mannheim, dessen Standardwerk *Ideologie und Utopie* eine äußerst bedeutsame Diskussionsbasis für die meisten modernen Untersuchungen über Ideologie darstellt, definiert seine Ideologie als Überzeugungen, in denen die Interessen einer besonderen sozialen Gruppe zum Ausdruck kommen; in dieser Form liefert sie nur ein beschränktes und verzerrtes Bild der Realität; denn was man über die Realität erfahren kann, erhält man nur durch eine Synthese aller Teilansichten der verschiedenen Gruppen.

Apter bringt Ideologie mit einem vermutlich nicht ideologischen, sondern eher psychischen Bedürfnis in Zusammenhang, dem Bedürfnis nach „Ehre“ oder „Würde“. So, sagt er, „verbindet die Ideologie bestimmte Handlungen und alltägliche Praktiken mit tieferem Sinn und verleiht dadurch dem sozialen Verhalten einen ehrenhafteren und würdigeren Anstrich“ (1964, S. 16). Er sagt nichts darüber, warum die Menschen dieser Verbindung bedürfen, woher sie kommt und ob sie variabel ist oder nicht. Otto Hintze entwickelt dieselbe Idee ausführlicher:

„Wo immer bestimmte Interessen entschieden verfochten werden, pflegt sich auch eine Ideologie zu entwickeln, um diesen Interessen einen Sinn, eine Unterstützung und Rechtfertigung zu geben. Und diese ‚Ideologie‘ ist ebenso real wie die realen Interessen selbst; denn Ideologie ist ein unabdingbarer Bestandteil des Lebensprozesses, der sich im Tun ausdrückt. Und umgekehrt: wo immer Ideen die Welt erobern sollen, bedürfen sie des Hebelarms echter Interessen, obgleich Ideen diese Interessen häufig mehr oder weniger weit von ihrem ursprünglichen Ziel ablenken werden.“ (1931, nach Bendix, 1960, S. 69)

Aber auch dies ist ziemlich schwierig, da wir keine Ahnung haben, warum Ideologie „ein unabdingbarer Bestandteil des Lebensprozesses“ sein muß und warum jemand seine Interessen maskieren sollte, um die Verfolgung dieser Interessen mit fremden, offenbar nebensächlichen Elementen zu belasten. Im Lichte des zuvor Gesagten erscheint „Realität“ hier unter dem Deckmantel von „Interessen“. Es scheint sich dabei um Dinge zu handeln, die ohnehin getan würden, unabhängig davon, was die

Betreffenden glauben. Die Aussagen verlieren ihre Bedeutung für die echten Leitmotive der betreffenden Person. Geertz (1964) sagt, ideologische Aussagen entsprächen dem Ausruf „Au!" wenn wir uns eine Zehe anstoßen; der Begriff „Au!" steht nach Klang und Form in keinem direkten Zusammenhang mit dem Schmerz in der Zehe. Ähnlich drücken in manchen heutigen ethischen Theorien moralische Aussagen innere Gefühle und nicht eigentlich verstandesmäßige Vorgänge aus.

Wieder einmal unterstreichen diese Definitionen demnach die klare Unterscheidung zwischen „Realität" oder Interessen und Ideen. Dennoch können wir mit vollem Recht verschiedener Meinung darüber sein, worin unsere Interessen bestehen, und „Interessen" lassen sich nur im Rahmen eines allgemeinen Ideengebäudes definieren, das auch etwas enthalten kann, was man „Ideologie" nennt. Man kann seine „Interessen" ohne allgemeine Betrachtungen über ethische, politische und soziale Werte weder klar erkennen noch definieren. Interessen sind nichts anderes als die Ideen, die manche Leute haben. Es wäre nicht einmal zu paradox, zu sagen, die Ideen der Menschen seien ihre Interessen, und Ideologien drückten Interessen so aus, wie die Menschen sie eben sehen. Es bleibt auch unklar, warum Interessen normalerweise ohne Sinn sein sollen, so daß man Ideologien schaffen muß, um ihnen einen Sinn zu geben. Ebenso wenig leuchtet ein, warum die Menschen pompöse Formen brauchen, um ihre Interessen respektabel erscheinen zu lassen. Vielleicht ist die Entwicklung von Ideologien gerade das Bewußtwerden der „Interessen" oder die Entdeckung dessen, was man für seine Interessen hält.

Einige andere Autoren sehen einen Bezug zwischen Aktion und „Ideologien". Friedrich (1965, S. 612) betrachtet Ideologien als „Syndrome aktions-orientierter Ideen". Um diese Aussage voll würdigen zu können, müßte man wissen, welches die verschiedenen Arten von Ideen sind; denn ob Aktion die natürliche Folge einer bestimmten zum Ausdruck gebrachten Idee ist oder nicht, hängt doch sehr von der Person ab, die diese Aussage macht, sowie von dem Zusammenhang, in dem die Idee zum Ausdruck gebracht wird. Bell (1961, S. 394) geht mit seinem eigenartigen Vergleich noch weiter: „Ideologie ist die Umsetzung von Ideen in gesellschaftlichen Hebeldruck." Hier scheint sich Ideologie auf die Bedeutung bestimmter Feststellungen im besonderen Zusammenhang zu beziehen, oder es könnte auch sein (wie es bei Bell ganz allgemein der Fall zu sein scheint), daß Ideologie den Gebrauch von Ideen für manipulierte Zwecke bedeutet. Somit wären Ideen nur solange Ideen, bis jemand sie mehr oder weniger zynisch (das jedenfalls ist aus Bells Darstellung zu folgern) dazu benutzt, andere zu einem bestimmten Tun zu veranlassen; an diesem Punkt werden dann „Ideologien" daraus. Nun ist überhaupt nicht klar, warum Handeln in einem engeren Zusammenhang mit Ideologie stehen sollte als Nichthandeln, warum man andere Einstellungen als „aktionsfrei" ansehen soll, oder warum zynische Propaganda das einzige Beispiel ideologischer Aussagen sein soll. *Menschen* und nicht „Ideen" tun etwas; in diesem Zusammenhang kann sich Ideologie also nur auf die Nutzbarmachung von Ideen durch Menschen beziehen und nicht auf die Ideen selbst.

Bell gibt seine Definition als Teil einer umfassenderen Argumentation. Er behauptet, zwischen den beiden Weltkriegen hätte eine tiefere politische Glaubensüberzeugung existiert, die heute in den westlichen Ländern geschwunden sei. Das sei das „Ende der Ideologie" gewesen. Dieses Beispiel mutet schon fast erotisch an: eine Jugendleidenschaft zwischen den beiden Kriegen, der dann in der Nachkriegswelt eine mit komfortabler Sicherheit verbundene Desillusionierung folgte. Wären wir böswillig, so könnten wir seine Idee vom „Ende der Ideologie" sogar als *post coitum tristis*-Definition bezeichnen. Vielleicht sollte man Bells polemisches Eintreten für den westlichen Konservativismus nicht allzu ernst nehmen, aber es war doch von Einfluß, weil es gewisse westliche Trends rechtfertigen konnte. Wenn man aber „Ideologie" mit der Tätigkeit von Scharlatanen gleichsetzt, übersieht man das Wichtigste, nämlich das Publikum. Es geht gar nicht darum, wie oder warum skrupellose Männer am Werke sind – sie bleiben, ob Bell sie Ideologen nennen will oder nicht –, sondern warum das Publikum auf sie reagiert. Was das betrifft, so hat uns Bell wenig Hinweise zu bieten. „Ideologien veranlassen Menschen zum Handeln, weil sie irgendwie (sic!) die Leidenschaften aufputschen. Das ist der

Quell ihrer Macht“ (1965, S. 591). Aber *was* genau ist dieser Quell? Bell bewegt sich im Kreise und führt uns lediglich zum Ausgangspunkt zurück, was irreführend als logische Folge dargestellt wird.

Eine Dimension übersieht Bell: die Bedeutung der betreffenden Aussagen für das Publikum. Die Untersuchung solcher Aussagen würde nämlich das Eingeständnis einer Dimension rationalen Erfassens einschließen und Bell zwingen, seine politischen Voraussetzungen ausdrücklich und in klarer Sprache darzulegen und eindeutig gegen andere Meinungen zu argumentieren. Bell müßte damit die politische Arena betreten, die er stillschweigend zu verdammen sucht. Nicht der *Stil* der Ideologien ist nämlich entscheidend, sondern der *Inhalt* einiger bestimmter Ideologien (für Bell vor allen Dingen des Kommunismus und in zweiter Linie des Faschismus). Um es zeitgemäß auszudrükken: der Kalte Krieg wirft seinen Schatten. Da Bells Beweisführung ausschließlich für ein ohnehin schon überzeugtes Publikum bestimmt ist, kommt die Opposition nicht zu Worte. Es handelt sich hier überhaupt nicht um eine „Debatte“, um eine Untersuchung der Fragen, um die es wirklich geht, nämlich der unterschiedlichen Absichten zweier Gruppen (Russen und Amerikaner), sondern lediglich um die psychologische Abnormität der Gegenseite. Mit einem Verrückten streitet man nicht; man sperrt ihn ein (das jedenfalls wäre die logische Folgerung).

Die allgemeine Sprache der Diskussion weist schon auf die Form der Verurteilung hin. Man betrachte beispielsweise Bells Feststellung: „Für die Hohenpriester, die Interpreten der Ideologie, sind die Spannungen“ (die sich aus der Konfrontation mit der ‚Realität‘ ergeben) „verhüllt; denn eine der Hauptaufgaben dieser Volksredner besteht darin, für eine scheinbar kontinuierliche Linie in der Gültigkeit der Doktrin zu sorgen“ (1965, S. 597). Das ist nichts weiter als leeres Gewäsch vom gleichen Schlag wie Starks Behandlung der „Ideologie“, stellenweise bemäntelt durch hochtrabende pseudowissenschaftliche Ausdrucksweise. Bell versucht nicht einmal, seine Terminologie zu rechtfertigen, weil er bei seinem Publikum dieselbe politische Überzeugung voraussetzt. Die Verurteilung des Stils ist Ersatz für

Argumente gegen politische Ziele und verdeckt eine Vorliebe für die Randprobleme der Methodologie.

Andere Soziologen haben sich dagegen sehr viel ernsthafter darum bemüht, die dornigen Probleme der Ideologie in den Griff zu bekommen. Mannheim behandelt in seiner bereits erwähnten Untersuchung den breiteren Bereich der Kultur, mit dem wir uns im nächsten Kapitel befassen werden. Auch Geertz zeigt eine allgemeinere Perspektive auf, wenn er behauptet, „Symbol-Systeme“ (zu denen er die Ideologien rechnet) seien „äußere Informationsquellen, anhand derer sich Schablonen für das menschliche Leben finden lassen: außerhalb der Person liegende Mechanismen für die Erfassung, das Verständnis, die Beurteilung und Manipulation der Welt. Kulturschablonen – religiöse, philosophische, ästhetische, wissenschaftliche, ideologische – sind ‚Programme‘; sie stellen die Plattform oder das Schema für die Organisation sozialer und psychologischer Prozesse dar“ (1964, S. 62).

## *Entlarvung*

In einigen der bisher erwähnten Definitionen von „Ideologie“ scheint es den Autoren weniger um die Erfassung eines Vorgangs der realen Welt und menschlicher Überzeugungen gegangen zu sein, sondern mehr um die Hervorkehrung ihrer eigenen Auffassung. Der Begriff „Ideologie“ wird als Synonym für „falsch“ gebraucht, aber auf versteckte Weise, damit die Autorität und Objektivität des Autors sich als logische Folgerung und nicht als Behauptung darbiete. Die „ideologische“ Aussage wird somit nicht auf ihre Gültigkeit hin untersucht, sondern mehr, um sie mit einer nicht näher umschriebenen Begründung abtun zu können. Es wird sogar noch mehr damit bezweckt: die Aussage soll überhaupt der Möglichkeit einer vernünftigen Diskussion entzogen werden. Die Aussage ist demnach nicht Ausdruck einer Weltanschauung, sondern ein Krankheitssymptom und Beweis für die krankhafte Entartung des „Ideologen“. Als ein Symptom bedarf die Aussage ärztlicher Untersuchung und nicht der Diskussion. Wer also das für richtig hält, was diese Autoren „Ideologie“ nennen, kann nicht mitdiskutieren und hat kein Recht auf demokratische Meinungsäußerung. Er wird in einem intellektuellen Ghetto isoliert, man läßt ihm bestenfalls erstauntes Mitgefühl zuteil werden, nimmt ihn jedoch nicht ernst.

Freud, der selbst manchmal dazu neigte, die Aussagen anderer lediglich als die konfusen Symptome einer tiefgreifenden Erkrankung des „Unterbewußtseins" zu betrachten, beschreibt einmal die Methode, mit der man einem Menschen jegliche Hoffnung nehmen kann, ernstgenommen zu werden. Wenn uns ein Mensch begegnet, sagt Freud, der behauptet, der Mittelpunkt der Erde bestehe aus Marmelade, so werden wir wahrscheinlich auf eine ganz bestimmte Weise widersprechen. Unser verstandesmäßiger Widerspruch wird sich äußern in einer Umlenkung unseres Interesses; statt uns mit der Frage selbst zu befassen, ob das Erdinnere tatsächlich aus Marmelade besteht oder nicht, werden wir uns wohl fragen, was für ein Mensch das sein muß, der sich eine solche Idee in den Kopf setzt (nach Merton, 1957, S. 458). Wir fragen also nicht „Stimmt das?" sondern „Wie kann man nur so etwas glauben?"

Bei Ideologien ist die Frage jedoch schwieriger. Es geht da nicht um so schlichte Absurditäten wie bei der aus Marmelade bestehenden Erde. Es ist vielmehr wahrscheinlich, daß Meinungsverschiedenheiten zwischen unterschiedlichen, aber dicht beisammenliegenden Auffassungen auftreten, die höchst diffizile Fragen von Macht und Einfluß berühren. Die Annahme, alle Menschen seien vernünftig, wird plötzlich unhaltbar, und die grundlegende Annahme der Übereinstimmung wird hinfällig.

„Entlarvung" – man nimmt Aussagen nicht mehr als Ausdruck ihres scheinbaren Gehalts hin, sondern betrachtet sie als Symptome eines verborgenen Motivs – ist das Kennzeichen eines Zeitalters des Zweifels, der Skepsis, tiefgehender sozialer Spaltungen, die sich über lange Zeiträume hinziehen und durch umfassenden Einsatz von Propaganda und Werbung noch verschlimmert werden, wodurch selbst die Worte, deren wir uns bedienen, die Währung auf dem Markt der Ideen, entwertet zu werden scheinen. Zynismus, nämlich die Überzeugung, alle Menschen seien hinter dem Geld her und ihre Aussagen müsse man dementsprechend bewerten, wäre eine Abwehrhaltung. Aber andere, intellektuellere Formen der Entlarvung sind noch stärker verbreitet. Ihnen zufolge wird alles, was man sagt, lediglich zu einem Symptom ererbter psychischer Triebe, der Kindheit, verborgener Wünsche und Ängste, des sozial-ökonomischen Status, der Klasse, eines zynischen Machtkampfes oder zuletzt gar zum Ausdruck des „Blutes" oder der „Rasse" des einzelnen.

Die sogenannte „Realität" gilt als die „eigentliche Basis" des oberflächlichen Geschwätzes. Diese „Realität" ist ein Ersatz für Gewißheiten, die durch die Zeit und die äußeren Umstände ausgehöhlt wurden. Das Dahinschwinden eines Komplexes allgemeinverbindlicher Auffassungen darüber, wie wir leben und was wir erstreben sollten, wurde beim Auftreten der modernen Industriegesellschaft von vielen Kommentatoren beschrieben. Dieser Vorgang vermittelt angeblich das Gefühl, daß die alten Gewißheiten nicht nur ungültig, sondern gar bedeutungslos geworden seien. In seinem hervorragenden Buch *Le Dieu Caché* spricht Lucien Goldmann vom Übergangsstadium zwischen zwei vorherrschenden „Welt-Visionen", das bei großen Schriftstellern ein Gefühl der Bedeutungslosigkeit des Daseins hervorrufe: „... alle Formen des Bewußtseins drücken ein provisorisches, mobiles Gleichgewicht zwischen dem Individuum und seiner sozialen Umwelt aus; läßt sich dieses Gleichgewicht verhältnismäßig leicht herstellen und ist es verhältnismäßig stabil, oder läßt es sich ziemlich einfach von einer Form in eine andere überführen, so neigen die Menschen dazu, nicht über die Probleme nachzudenken, die sich aus ihrer Beziehung zur Umwelt ergeben. Im sozialen wie auch im individuellen Bereich ist es das kranke Organ, das Aufmerksamkeit erheischt, und gerade in Perioden sozialer und politischer Krisen werden sich die Menschen am meisten der Rätselhaftigkeit ihres Erdendaseins bewußt" (1964, S. 48).

Unter dem Einfluß des Unbehagens werden dann auch Moral, Religion und Philosophie in Zweifel gezogen. In der Politik spiegelt sich die Verwirrung des Menschen. Sinn und Unsinn sind nur noch schwer zu unterscheiden – der Katalog wird verworren. Die Verwirrung veranlaßt die Menschen, nach neuen Richtlinien zu suchen und die alten zu überprüfen. Bei der Sichtung vergangener Überzeugungen wird man sich der sozialen und persönlichen Wurzeln seiner Überzeugungen bewußt, der historischen Relativität von Meinung und Wissen, des Vorhandenseins der „Ideologien“ in allem, was zuvor „gesunde Vernunft“ oder „Realität“ war. Diejenigen, die den alten Ideologien am engsten verbunden sind, werden sich ihrer selbst am wenigsten bewußt und sind am wenigsten in der Lage, Ideologie als Antwort auf einen ganz bestimmten Problemkomplex zu erkennen. Max Weber bemerkt, daß wichtige Neuerungen in bestehenden Glaubenssystemen sich meist nicht im Zentrum eines kulturellen Systems, sondern an seiner Peripherie ergeben; denn die Möglichkeit, den Sinn der Welt in Frage zu stellen, setze die Fähigkeit voraus, sich noch über den Lauf der Dinge wundern zu können.

In diesem Sinne steht „Ideologie“ somit nicht im Gegensatz zu „Realität“ oder gesundem Menschenverstand. Im Gegenteil: gesunder Menschenverstand erscheint ja geradezu „ideologisch“, wenn man ihn im Lichte einer bestimmten historischen und sozialen Situation sieht. Wenn man sagt, die Anschauung eines Menschen von der Realität sei „ideologisch“, so bedeutet das hier, daß sie seiner Position im sozialen Gefüge oder im Lauf der Geschichte entspricht. Doch mit dieser Aussage verneint man die absolute Gültigkeit, die manche Leute ihrer Weltanschauung zuzuschreiben pflegen, und gerade diese Verneinung ist es, die man als subversiv betrachtet hat. Sie untergräbt nämlich die Gewißheit, daß man das Wahre und einzig Wahre glaubt, und bedroht die etablierte Ordnung, die von sich behauptet, die Wahrheit zu verkörpern. Dieses Urteil ist streng genommen nicht ganz korrekt, weil es einschließt, daß das Wort „Ideologie“ nur von Radikalen gegen den Status quo gebraucht worden ist, während die Geschichte des Wortes zeigt, daß dies nicht der Fall war. Als Napoleon das Wort gegen Destutt de Tracy gebrauchte (*Eléments d'idéologie,* 1801 ff.), bedeutete es die Verteidigung der neuerrichteten imperialen Ordnung gegen den Republikanismus der „Ideologen“. Auch heute wird dieses Wort im Westen wieder hauptsächlich in bezug auf die Ansichten führender Sowjets und im Gegensatz zu den „realistischen“ und vernünftigen Ansichten des Westens gebraucht. In diesem Falle bedeutet „Ideologie“ lediglich die irrigen Ansichten des jeweiligen Opponenten.

Erst bei Karl Marx und seinen Nachfolgern, einschließlich Karl Mannheim (der selbst, streng genommen, allerdings kein Marxist ist), wird dieser Begriff eigentlich subversiv, ein Mittel der Anfechtung der Gültigkeit von Aussagen zur Verteidigung des Status quo. Marx selbst bestätigt kühn diese radikale Anschauung: „Die Gedanken der herrschenden Klasse sind in jeder Epoche die herrschenden Gedanken, d. h. die Klasse, welche die herrschende *materielle* Macht der Gesellschaft ist, ist zugleich ihre herrschende *geistige* Macht ... Zu einer Zeit zum Beispiel und in einem Lande, wo königliche Macht, Aristokratie und Bourgeoisie sich um die Herrschaft streiten, wo also die Herrschaft geteilt ist, zeigt sich als herrschender Gedanke die Doktrin von der Teilung der Gewalten, die nun als ein ‚ewiges Gesetz' ausgesprochen wird." (1845–47/1953, 373–374)

*Terminologie*

Wenn wir uns damit abfinden, daß man nicht bestimmte Ansichten als „ideologisch" abstempeln kann (wonach andere Ansichten „nichtideologisch" wären), so wird ebenfalls klar, daß in der Debatte zwischen Rechts und Links weder die Terminologie noch bestimmte Ansichten ausschließlich der einen oder der anderen Seite zugehören. Die Semantik faßt den historischen Wandel der Wortbedeutungen zusammen und damit auch den sich verlagernden Gehalt der in der Diskussion gebrauchten Worte. Ein nicht unübliches Element in diesem Kampf um die Oberhand ist die Aushöhlung von Grundkonzeptionen der einen Seite. Das muß nicht notwendigerweise eine bewußte Taktik sein, mit der ein Widersacher den anderen seiner Konzeptionen berauben will, sondern eine natürliche Folge der Kontroverse selbst. Damit wird es zu einer heiklen Aufgabe, sich durch die komplexe politische Geschichte hindurchzutasten. Diesen Punkt berührt Mannheim mit folgender Beobachtung: „Es vibrieren in jeder Wortbedeutung und gerade in der jeweils aktuellen Vieldeutigkeit eines jeden Begriffes die Polaritäten der in diesen Bedeutungsnuancen implizit vorausgesetzten und auch hier sich bekämpfenden feindlichen, aber gleichzeitig vorhandenen Lebenssysteme" (1965, S. 75).

Ähnlich können in politischen Kontroversen Definitionen von

Worten oder scheinbare Verallgemeinerungen auftauchen, die nicht nur den Sinn einer Konzeption umschreiben sollen, sondern die gleichzeitig überzeugen und eine vernünftige Diskussion bestimmter Ereignisse verhindern sollen. Was die scheinbare Verallgemeinerung betrifft, so betrachte man nur die häufig ausgesprochene Versicherung, daß sich „nie etwas durch Gewalt erreichen läßt". Darauf erwidert John Strachey sehr überzeugend, die Geschichte beweise, daß nie etwas ohne Gewaltanwendung erreicht wurde. Oder nehmen wir die beliebte konservative Bemerkung: „Politik ist die Kunst des Möglichen oder des Kompromisses"; damit sollen doch nur Figuren wie Napoleon oder Lenin aus der „Politik" verbannt werden.

Wir können politische Machtverlagerungen aus der Mehrdeutigkeit gewisser zentraler Begriffe ablesen. Das Wort „Demokratie" wurde beispielsweise im Verlauf der Geschichtsschreibung viel gebraucht und mißbraucht, wie eine für die UNESCO vorbereitete Sammlung von Definitionen zeigt (siehe Naess und andere, 1956). Die Definitionen erstrecken sich auf ein weites Gebiet, angefangen von „Kontrolle des Staates oder der Gesellschaft durch die Mehrheit des Volkes" bis zur einfachen Volksverbundenheit; oder, moderner ausgedrückt, „liberal" bis „was heute in Großbritannien oder in den USA oder anderswo herrscht". Es war sicher nur natürlich, daß die gehobene Mittelklasse der viktorianischen Zeit den ersten Begriff fürchtete, aber weniger verständlich wäre die Angst vor den abgemilderten Erscheinungsformen. Durch die völlige Identifizierung von „Demokratie" mit beispielsweise dem britischen House of Commons beraubt sich die Sprache wirksamer Kriterien zur Beurteilung dieser Institution. Das Reale wird zum Idealen umdefiniert. Die Opposition muß daher logischerweise stets „antidemokratisch" sein, selbst wenn sie im House of Commons eine breitere Vertretung des Volkes anstrebt.

Das Wort „Sozialismus" war demselben Prozeß ausgesetzt. Man könnte sogar sagen, das Wort „Sozialismus" komme in der Geschichte nur vor, weil das Wort „Demokratie" seiner eigentlichen Bedeutung beraubt wurde. Ursprünglich wurde der „Sozialismus" mit Recht von der besitzenden Klasse gefürchtet, da er eine Kontrolle der Wirtschaft und der Gleichheit durch die Mehrheit des Volkes versprach. Eine Antwort darauf war die Formulierung, Freiheit sei von Besitz abhängig, und Sozialismus sei daher unvereinbar mit Freiheit (worauf die Sozialisten antworteten, Freiheit sei ausgeschlossen, wo eine kleine Minderheit im Besitz des ganzen verfügbaren Eigentums sei, und der Sozialismus sei die einzige Möglichkeit, Freiheit für die Mehrheit zu erreichen). Doch dieselben Prozesse der Aushöhlung, die den Begriff „Demokratie" beeinträchtigten, verwischten auch die Vorstellung von „Sozialismus". Aus Gleichheit wurde „Chancengleichheit", ein Ziel, das – wie Mallock, ein britischer Konservativer, völlig richtig erläutert – ein System sozialer Ungleichheit voraussetzt; Chancengleichheit bedeutete die gleiche Möglichkeit für alle, ungleichen Lohn zu bekommen, oder der Begriff wurde bedeutungslos. So symbolisiert „Gleichheit" in abgewandelter Form Bindung an eine ungleiche Gesellschaft, also das genaue Gegenteil des ursprünglichen Sinnes. In ähnlicher Weise wurde aus der Mehrheitskontrolle über die Wirtschaft eine staatliche Kontrolle der Wirtschaft, wobei die Illusion einer Beteiligung der Mehrheit mit Hilfe der dürftigen Mythologie von der repräsentativen Regierungsform aufrechterhalten wird. Doch selbst das erwies sich als unzureichend; so bedeutet „sozialistisch" für die heutigen sozialdemokratischen Parteien kaum mehr als „volksverbunden". Dieser Wortsinn ist kaum noch von der abgemilderten Bedeutung des Begriffs „demokratisch" zu unterscheiden. Diese letzte Definition – sozialistisch ist gleich volksverbunden – ist auch aus Joseph Chamberlains Erklärung aus den siebziger Jahren des vorigen Jahrhunderts ersichtlich: „Die Armengesetzgebung ist Sozialismus; das Erziehungsgesetz ist Sozialismus ... und jegliche gesetzgeberische Maßnahme, mit deren Hilfe sich die Gemeinde der Verantwortung und Verpflichtung gegenüber den Armen zu entledigen sucht, ist Sozialismus".

So bleibt von einer Konzeption nur wenig übrig, wenn sie dem Säurebad politischer Debatte ausgesetzt wird, in deren Verlauf es zumindest die eine Seite für opportun hält, die Grundforderungen der Gegenseite so umzudefinieren, daß jeder Widerspruch ausgeschaltet wird. Übrig bleibt nur ein verwaschenes Gebilde, das es jedem erlaubt, sich fast auf jeder Basis mit einer Konzeption zu identifizieren, selbst wenn die Ausgangspunkte, von denen aus sich zwei Leute mit demselben Begriff identifizieren, einander entgegengesetzt sein mögen. Die Veränderungen vollziehen sich nicht willkürlich oder zufällig; denn sie sind ein wesentlicher Bestandteil der Auseinandersetzung. Wenn es konservativen Kräften gelingt, die Forderungen der Gegenseite auf einen bloßen Appell an das Wohlwollen zurückzuführen, ist der Kampf schon so gut wie zu Ende, und die konservativen Kräfte haben gewonnen.

Der ganze Fragenkomplex der Überzeugungen steckt voll derartiger terminologischer Fußangeln. So gibt es bei der zuvor untersuchten zentralen Dichotomie „Realität – Ideologie" oft Überschneidungen und Verwässerungen durch wesentlich ältere Dichotomien – zwischen Faktum und Wert, Vernunft und Leidenschaft, Wissenschaft und Glauben, und so fort. Viele Verfechter der „Realität" greifen unausgesprochen ältere Dichotomien auf und damit auch die entsprechenden Attribute. Zum Beispiel wurde traditionell behauptet, „Fakten", „Vernunft" und „Wissenschaft" ergäben sich als unverfälschte Beschreibungen einer völlig eindeutigen Welt aus der Sicht objektiver Beobachter, die frei von jeglichem persönlichem Interesse an dem betrachteten Objekt sind. In diesem Sinne, so wird gefolgert, ist der einzig zutreffende Ausdruck „Beschreibung", und dazu ist nur ein unbeteiligter Außenstehender imstande. Jede andere Ausdrucksweise ist entweder ein Irrtum oder verdächtig. Wo Aussagen die Welt zu beschreiben scheinen, aber aus einer engagierten Position stammen, muß man den Inhalt der Aussage in das rein beschreibende Element, die „wissenschaftliche Komponente" und eine „Wertkomponente" oder „ideologische Komponente" zerlegen. Das erste wird oft als eine Technik, als Element der Methodologie, aufgefaßt. Doch scheint diese Lösung am Problem vorbeizugehen. Die Perspektive eines jeden Beobachters, objektiv oder auch nicht, enthält irgendwelche Gesichtspunkte, und die darin enthaltenen „Wertungen" lassen sich nicht eindeutig herausfiltern. Die formelle Technik der Argumentation ist hier irrelevant. Logik ist ganz allgemein nichtideologisch, oder vielleicht unideologisch, und jede Folge zusammenhängender Sätze bedient sich der Logik (oder sollte es zumindest tun), wie jeder einzelne Satz sich der Grammatik bedient. Doch das sagt nichts darüber aus, wozu der Satz verwandt wird, was er enthält und bedeutet. Die Aussage läßt sich nicht nach der Reinheit der darin enthaltenen Logik bestimmen. In ähnlicher Weise gibt es keinerlei Grund dafür, daß ein Außenstehender eher in der Lage sein sollte als ein Beteiligter, die Wahrheit auszudrücken, es sei denn, wir nehmen an, daß stets die vorgefundene Situation zu akzeptieren sei und nichts darüber ausgesagt werden könne, wie sie sich vermutlich ändern wird.

Es gibt natürlich weite Bereiche von Aussagen, die für uns im Augenblick keine ideologischen Folgerungen enthalten. „Die Katze liegt auf der Decke" ist eine Aussage, die an keine wesentlichen Probleme rührt. Glaubte man jedoch, Aussagen über wesentliche Fragen auf eine solche Ebene reduzieren zu können, so würde man den eigentlichen Gehalt dieser Fragen ignorieren.

Doch dieser oberflächliche Abstecher in die ausgreifendere Diskussion über Fakten und Werte führt uns nicht ans Ende des terminologischen Dickichts. Entscheidende Worte und stereotype Beschreibungen tauchen nämlich in der Diskussion über Glaubenshaltungen anderer immer wieder auf. Wir könnten einige der Schlüsselbegriffe mit ihren alternativen Formulierungen aufführen:

*Der Ideologe* (das heißt der Mensch, mit dessen Ansicht der Sprecher nicht übereinstimmt) ist *dogmatisch* (seinen Überzeugungen treu), *doktrinär* (kompromißlos und klar), *stur* (prinzipientreu), *aggressiv* (eifrig, enthusiastisch), *messianisch* (voller Hoffnung auf eine endgültige Lösung), *apokalyptisch* (er fürchtet eine kommende Katastrophe), *totalitär* (die Überzeugungen weisen einen inneren Zusammenhang auf und sind verhältnismäßig umfassend), er hat eine *Gehirnwäsche* durchgemacht (man hat ihn überzeugt), er hängt an *Mythen und Illusionen* (er glaubt, was er sagt) und so weiter.

Diese Zuordnungen wurden nicht systematisch vorgenommen, aber sie vermitteln doch einen Eindruck von diesem scharfsinnigen Versuch, die Gültigkeit des Gesagten auszuhöhlen und dem auszuweichen, was das *argumentum ad hominem* bedeutet. Selbst überzeugte Verfechter der scharfen Trennung zwischen

„Faktum" und „Wert" unternehmen oft nicht einmal den Versuch, bezüglich der Ansichten, mit denen sie nicht übereinstimmen, in dieser Art vorzugehen, wie man am Beispiel vieler Kenner der Sowjetunion in den USA sieht. Die entgegengesetzten Begriffe, die der Sprecher zu diesen abwertenden Attributen zu bieten hat, lassen sich genausogut mit anderen abwertenden Begriffen in Verbindung bringen:

*Der Realist* (das heißt der Sprecher und seine Gesinnungsgenossen) ist *flexibel* (prinzipienlos), *pragmatisch* (engstirnig, konservativ), *vorsichtig* (feige), *er verfolgt vernünftige Interessen* (ihm fehlt die Phantasie), *er blickt nicht weiter in die Zukunft, als sich nach den vorliegenden Anhaltspunkten rechtfertigen läßt* (ist ohne Ziel und unvorbereitet) und so weiter.

Das Spiel läßt sich endlos fortsetzen. Man kann keine Regeln für die Debatte festlegen, wenn es um wirkliche Lebensfragen geht. Höflichkeit nützt den meisten nur, wenn es sich um verhältnismäßig geringfügige Streitfragen handelt – wenn, wie britische Parlamentssprecher gern feststellen, beide Parteien sich hinsichtlich der Grundfragen einig sind. Unserer Liste abwertender Begriffe könnten wir noch jene Attribute hinzufügen, die sich besonders bei individuellen Abweichungen anwenden lassen – *tendenziös, voreingenommen* und so weiter. Sie lassen sich, wenn man will, in „wahrhaftig", „zielstrebig", „unbeugsam" ummünzen.

Soll der Begriff „Ideologie" in einer Weise verwendet werden, die einige (wenn auch nicht alle) dieser Fußangeln vermeidet, so müßten wir versuchen, die Ansichten der Menschen einmal im Zusammenhang der Gesamtkultur zu betrachten. Wir werden am Ende dieses Buches noch einmal auf das Problem der Definition von „Ideologie" zurückkommen; denn sie läßt sich endgültig nicht ohne Berücksichtigung der Absichten dessen, der den Begriff verwendet, formulieren. Hier wollen wir versuchen, „Ideologie" als Ausdruck der Absichten einer sozialen Gruppe zu fassen. Damit erkennen wir an, daß die eigene Einschätzung der Ideologie mit ins Spiel kommt, ob man ihre Zwecke nun für sinnvoll hält oder nicht. „Absicht" oder „Zweck" steht hier anstelle dessen, was andere „Interesse" genannt haben. Dieser Begriff läßt sich unabhängig von Ideologie nicht definieren. Es stimmt nicht, daß ursprünglich Absichten vorhanden waren und daß dann jemand Ideologien schuf, um diese Absichten der Welt anzupassen, mit der man es zu tun hatte. Die Definition der Absicht ergibt sich vielmehr im Verlauf der Erforschung der Welt; man erkennt, welche Absichten man verfolgen sollte, wie man auch entdeckt, wo die wahren Interessen liegen und gleichzeitig Erfahrungen sammelt, indem man sich bemüht, spezifische Probleme zu bewältigen. Ideologien sind nicht versteckte Beschreibungen der Welt, sondern vielmehr echte Beschreibungen der Welt von einem bestimmten Gesichtspunkt aus, wie überhaupt alle Beschreibungen der Welt von einem ganz bestimmten Blickwinkel aus erfolgen.

Aber wie können wir von einer bestimmten Weltanschauung sprechen, ohne gleichzeitig andere, entgegengesetzte Anschauungen zu postulieren? Wir können es nicht. Wir müssen somit etwas postulieren, was wir bisher als „Realität" bezeichnet haben, doch dabei müssen wir gleichzeitig ganz ehrlich eingestehen, daß auch dieser andere Gesichtspunkt nur einer von vielen ist. Es ist gar nicht die „Realität", sondern *unsere* Realität – im Gegensatz zur Realität der *anderen,* die wir diskussionshalber als „Ideologie" bezeichnen. Daher setzt alles, was auf den folgenden Seiten gesagt wird, eine spezifische, wertende und, wenn man will, „ideologische" Perspektive der Welt und anderer Ideologien als selbstverständlich voraus. Wenn diese Perspektive als spezifisch bezeichnet wird, so bedeutet das nicht, daß sie nicht den üblichen Kriterien von Wahrheit und Irrtum unterliege, sondern nur, daß sie lediglich mit einer einzigen echten Anschauung gekoppelt ist. Die Züge dieser Anschauung werden in den folgenden Kapiteln erkennbar. Aber vielleicht muß von vornherein gesagt werden: im Gegensatz zu vielen Darstellungen der Ideologie, in denen die soziale Gruppe, die als endgültiger Rahmen für die Analyse von Überzeugungen herangezogen wird, *der Nationalstaat* ist (für gewöhnlich als „Gesellschaft" bezeichnet), sind in diesem Buch *die sozialen Klassen* gemeint. Vom ersten Standpunkt aus wird die „nationale Ideologie" mit der Gesellschaft als Ganzem identifiziert, wobei man die Überzeugungen von Untergruppen innerhalb der Gesellschaft als relativ nebensächlich betrachtet; hier jedoch muß die eine sogenannte „nationale Ideologie" tragende Gruppe gesondert identifiziert werden. Der erste Standpunkt betrachtet Konflikte zwischen Nationalstaaten als die entscheidende Konfliktzone, während hier zwischenstaatliche Konflikte als Konflikte zwischen den herrschenden Gruppen verschiedener Nationalstaaten und als nur eine Art des Konfliktes angesehen werden, denn ebenso wichtig ist der Konflikt innerhalb der Gesellschaft. Eine ganze Anzahl von Gründen spricht für diese Annahme; ihre Auswahl wird, so hoffe ich, im Folgenden gerechtfertigt. Diese Annahme ist jedoch Bestandteil einer allgemeineren Gesellschaftstheorie, die hier nicht näher untersucht werden kann. Sie faßt soziale Klassen auf als das Produkt eines Konkurrenzkampfes um knappe Unterhaltsmittel und eine soziale Arbeitsteilung; die wichtigsten innerhalb der Gesellschaft wirkenden Überzeugungen werden erkannt in Verbindung mit diesem Existenzkampf und damit den Klassen. Das hindert uns nicht, Überzeugungen von Untergruppen oder auch gemeinsame Überzeugungen der Mehrheit einer Gesellschaft zu erkennen; es impliziert aber, daß man solche Überzeugungen am besten im Zusammenhang mit dem kontinuierlichen Problem der grundlegenden Rivalität innerhalb der Gesellschaft sieht. Goldmann drückt seine methodologische Prämisse folgendermaßen aus: „Es gibt gewisse soziale Gruppen (und die empirische Forschung zeigt, daß es sich bei diesen Gruppen im Laufe der Geschichte meist um soziale Klassen handelte), deren Bestrebungen und Bedürfnisse entweder auf die völlige Umstrukturierung aller zwischenmenschlichen Beziehungen sowie der Beziehungen zwischen Mensch und Natur, oder auf die totale Konservierung sozialer Strukturen und bestehender Werte abzielen" (1967, S. 904). Aus dieser Annahme ergibt sich eine wichtige Folgerung; denn die konservative Auffassung von einer integrierten und harmonischen Gesellschaft wird ganz bewußt zugunsten der radikalen Vorstellung von der Gesellschaft als einer Arena aufgegeben, in der soziale Gruppen unter ungefähr gleichen Bedingungen miteinander in Wettstreit treten („gleich" in dem Sinne, daß man ihnen gleiche Aufmerksamkeit zollen soll, nicht gleich im Hinblick auf die eigentliche Macht). Hier braucht jedoch nur der allgemeine Sinn dieser Ausführungen aufgezeigt zu werden: die relative „Realität“ im Gegensatz zu anderen Ideologien, anderen „Realitäten“; doch auf dieses Thema kommen wir später noch zurück.

Mannheims „besondere“ und „allgemeine“ Ideologie lassen sich nicht trennen, da jede „allgemeine“ Ideologie zugleich auch eine „besondere Ideologie“ ist: die Auffassungen, die man der Gesellschaft als ganzer zuschreiben kann, sind gleichzeitig die von einer in der Gesellschaft vorherrschenden Gruppe formulierten Auffassungen, und die Ansichten einer jeden untergeordneten sozialen Gruppe können im Prinzip, unter gewissen Umständen, zu einer „allgemeinen“ Ideologie werden. Wir werden in diesem Zusammenhang beim Gebrauch des Wortes „Ideologie“ verschiedene Akzente unterscheiden, aber das sollte uns vorerst nicht davon abhalten, sie einem gemeinsamen Konzept einzugliedern.

Hier wird ferner davon ausgegangen, daß Ideen den Menschen zugeordnet sind. Es gibt keine Ideologien an sich, sondern nur Menschen, die Ideen haben, oder Gruppen, die gemeinsame Ideen haben, von denen viele für den Einzelnen völlig bedeutungslos sein können; Sinn haben sie nur für jemanden, für den die Zugehörigkeit zu einer Gruppe gilt. So betrachtet, sind Ideen Bestandteil der Menschengeschichte und nicht nur Elemente, die unvollkommen mit dem verknüpft sind, was die Menschen ohnehin getan hätten. Isoliert betrachtet, müssen Ideen unweigerlich zu einem Ritual werden, das zum Tun der Menschen nur in einem zufälligen Zusammenhang steht. Dann müssen Erklärungen dafür vorgebracht werden, daß Ideen nur Dekorationen eines ablaufenden Prozesses oder Maskierungen der *wirklichen* Antriebskräfte seien. In diesem Buch aber haben die *wirklichen* Triebkräfte keine Priorität vor der Ideologie, sondern sie sind teils darin einbegriffen, teils werden sie durch die Ideologie erst aufgedeckt.

Löst man Ideen von den Menschen, die sie haben, so begeht man unter anderem den Fehler, eine bestimmte Gruppe von Ideen der *ganzen* Gesellschaft zuzuschreiben. Einen analogen Fehler begeht man, wenn man Nationalstaaten so darstellt, als seien es die Völker. So verkünden Zeitungen manchmal: „England ist über Deutschland verstimmt“, obgleich vielleicht den meisten Einwohnern Englands die elementarsten Details der Streitfrage gar nicht bewußt sind. Wenn man einzelne Ideen der Gesellschaft als ganzer zuschreibt, so verdeckt man nicht nur die gewaltigen innerhalb einer jeden Gesellschaft vorhandenen Unterschiede, das fortgesetzte Wirken von Häresie und Widerspruch, sondern man stellt sich auch selbst hinter die Gruppe, die dieses Glaubenssystem formuliert. Die herrschende Gruppe in einem Staat hat ein natürliches Interesse daran, den Eindruck eines Bildes nationaler Einigkeit nicht nur nach außen, sondern auch gegenüber den eigenen Bürgern zu erwecken; denn diese Einigkeit oder, modern ausgedrückt, dieser Konsensus, legitimiert angeblich die Herrschaft der dominierenden Gruppe und beweist, daß sie im Recht ist. Da wir oft den Gesichtspunkt der Geschichte für den Gesichtspunkt solcher Gruppen halten, gewinnen wir häufig den Eindruck, als sei die Vergangenheit über lange Zeiträume hinweg von großen, einheitlichen und unwandelbaren Orthodoxien beherrscht gewesen. Wir übersehen dabei, daß diese Orthodoxien oft nicht mehr sind als das, was die herrschende Gruppe gern glauben wollte, nämlich ein Idealbild. Die Orthodoxie ignoriert die Revolten, die ihre Vorherrschaft gefährden. Sie sucht den ständig sich vollziehenden Wandel zu verbergen, der die Orthodoxie in ihr Gegenteil verwandeln kann, während ihre Protagonisten fest und in unverbrüchlicher Treue den ursprünglichen Postulaten anhängen. Das Christentum begann als die Lehre der Armen, der Handwerker (der Freien wie der Sklaven), die im wesentlichen Außenseiter waren, Fremde in der römischen Gesellschaft, Gegner von Wohlstand und sozialen Unterschieden, ohne Priesterschaft und – für manche Gläubige – gleichbedeutend mit kleinen kommunistischen Gemeinden, in denen jedes Eigentum Gemeinbesitz war und die Gemeinde mehr galt als die Familie. Und doch wurde daraus eine Lehre, die sich verband mit der Aufrechterhaltung kaiserlicher Macht, mit den Reichen, den Privilegierten, denen es nichts ausmachte, mit ihren Taschen voller Geld inmitten der Armut zu leben – also mit sozialen Unterschieden, die für einige prominente Gläubige gleichbedeutend waren mit dem Status quo. Dieser Wandel entzieht sich jedoch dem Blick, wenn man im Christentum eine kontinuierliche und einheitliche Orthodoxie sieht, wenn man die in die Geschichte eingegangenen Worte der Großen akzeptiert, ohne dabei die Meinung der Hörer erkunden zu wollen.

Das nun folgende Kapitel versucht einige der hier kurz gestreiften Themen ausführlicher zu behandeln, und zwar als Einleitung zur Untersuchung gewisser historischer Glaubensüberzeugungen. Außerdem soll eine Anzahl von Glaubenshaltungen unserer Zeit untersucht werden.

## II

# Kultur als Tugend und Alptraum

*Wir haben Angst davor, den Einzelmenschen auf Konto seiner eigenen Vernunft leben und handeln zu lassen; denn wir argwöhnen, daß dieses Konto beim Einzelnen recht klein ist und er besser daran täte, sich der allgemeinen Bank, des Kapitals der Völker und Zeiten zu bedienen ... Denn auch dem Vorurteil wohnt Vernunft inne und es hat ein Motiv, diese Vernunft zu aktivieren, sowie eine innere Kraft, die Beständigkeit verleiht. In der Not ist ein Vorurteil stets zur Hand; es nimmt schon vorher den Geist mit Weisheit und Tugend gefangen und läßt den Menschen im Augenblick der Entscheidung weder zögern noch zweifeln, weder verblüfft noch wankelmütig sein. Das Vorurteil macht dem Menschen die Tugend zur Gewohnheit, – nicht eine Reihe zusammenhangloser Handlungen.*
Edmund Burke, *Betrachtungen über die Französische Revolution*

*Die Tradition aller toten Geschlechter lastet wie ein Alp auf dem Gehirn der Lebenden.*
Karl Marx, *Der 18. Brumaire des Louis Bonaparte*

Die Ideologie wird am besten untersucht im Zusammenhang mit der gesamten Kultur. Doch der Versuch einer auch nur rudimentären Darstellung der Rolle der Kultur in unserem Leben sprengt nicht nur den Rahmen dieses kleinen Buches; sie ist letztlich unmöglich, da wir selbst in dieser Kultur beheimatet sind und sie deshalb nur „von innen heraus“ betrachten können. Analog dazu ist auch eine umfassende Aussage über die Sprache als Ganzes unmöglich, da wir uns dazu des Mittels der Sprache bedienen müssen und zu ihrer Beschreibung sprachlicher Begriffe bedürfen.

Einige mehr oder weniger nützliche Verallgemeinerungen muß man jedoch wagen, wobei vorausgesetzt werden muß, daß derjenige, der sie vornimmt, zugleich in einem bestimmten Verhältnis zur Kultur steht. Die Geistesgeschichte muß den historischen Bezugspunkt des Beobachters als gegeben hinnehmen. So setzen beispielsweise meine Aussagen über das antike Griechenland als selbstverständlich voraus, daß ich meine Urteile vom Standpunkt Großbritanniens in den sechziger Jahren dieses Jahrhunderts, von der westlichen Kultur oder von einer ähnlichen Grundlage aus fälle.

## *Kultur*

Gehen wir einmal davon aus, daß Kultur aus einer ungeheuren Reihe von Begriffssystemen bestehe, von denen sich viele ständig wandeln und gegenseitig durchdringen. Diese Systeme stehen in einer symbolischen Beziehung zu unserer Erfahrung und formen sie gleichzeitig so, daß wir erkennen, was für uns wichtig ist. Zunächst nehmen wir die Dinge mit unseren Sinnen wahr, wir identifizieren die Objekte vor unserem tatsächlich vorhandenen kulturellen Hintergrund.

Diese Aussage bedeutet jedoch noch sehr wenig. Es gibt nämlich eine große Anzahl verschiedener Systeme, von denen einige sehr allgemein, andere sehr spezifisch sind. Einige – vielleicht sogar alle – der spezifischen Systeme sind dadurch gekennzeichnet, daß sie nicht unserer unmittelbaren Erfahrung entsprechen; was wir glauben und was wir sehen, deckt sich nicht. Rührt diese Nichtentsprechung an etwas, das wir für wichtig halten, so suchen wir das eine oder andere Element anzupassen – wir ändern entweder das, was wir glauben, oder das, was wir sehen. Das Auftreten von Nichtübereinstimmungen ist daher die ideenbildende Dimension des Wandels, der Grund für Überzeugungsänderungen. Ist diese Anpassung radikal genug, so wirkt sie sich vielleicht auch auf die allgemeineren Systeme aus, die selbst nicht in unmittelbarem Widerspruch zur Erfahrung stehen.

Wir würden mit den vorliegenden Ausführungen zu weit vom Thema abkommen, wenn wir mit einer Diskussion darüber begännen, was den Unterschied zwischen allgemeinen und spezifischen Systemen ausmacht, zwischen „übergeordneten" und „untergeordneten" Systemen; doch es ist wichtig, wenigstens die Art dieser Unterscheidung ungefähr anzudeuten. Ein Punkt wurde bereits erwähnt – untergeordnete Systeme stehen in direktem Zusammenhang mit unserer unmittelbaren Erfahrung, sie unterliegen dem Kriterium der Übereinstimmung mit dieser Erfahrung. Unter „übergeordneten Systemen“ verstehe ich jene Begriffs-Schemata, die überhaupt erst die Erfahrung ermöglichen, die rohe, nicht identifizierte Daten so ordnen, daß sie innerhalb untergeordneter Systeme verständlich werden. Die Systematik oder Taxonomie beispielsweise klassifiziert die Angaben, während ergänzende Theorien Auskunft über die Beziehungen zwischen den bezeichneten Objekten geben. Dann wurde die Trennung zwischen Systemen höherer und niederer Ordnung nur teilweise vollzogen, da das System der Klassifizierung von Objekten bereits rudimentäre Auskunft über die Beziehungen zwischen den Objekten gibt. Dennoch entspricht eine ganze Anzahl verschiedener, einander widersprechender untergeordneter Systeme einer einzigen Systematik.

Historisch gesehen, wurden die übergeordneten Systeme von vergangenen Generationen entsprechend ihrer Erfahrung verfeinert, aber wir haben längst vergessen, warum sie für bestimmte Gegenstände gerade die auf uns überkommenen Begriffe gewählt haben. Was wir von übergeordneten Systemen wissen, erreicht uns in Form logischer Postulate, Axiome oder scheinbar willkürlicher Regeln, ohne die wir überhaupt keine Untersuchung der Welt vornehmen können. So gibt es auf die Frage „Warum nennen wir weiße Dinge ‚weiß‘?“ keine Antwort. Wir wissen nicht, warum einst irgendwelche Menschen zur Bezeichnung einer bestimmten Qualität eine bestimmte Lautfolge wählten, die im Laufe eines unendlichen Zeitraums umgeformt wurde, bis das „weiß“ daraus wurde, das wir kennen. Wir können nur sagen: angenommen, wir gebrauchen das Wort „weiß“, so gibt es für seine Anwendung ganz bestimmte Regeln, ohne die wir außerstande sind, weiße Gegenstände zu identifizieren.

Übergeordnete Systeme schließen demnach Systeme der Logik ein, deren Anwendungsregeln wir schon sehr früh erlernen. Untergeordnete Systeme betreffen mehr bestimmte Anwendungen dieser Logik, Assoziationen, die wir treffen oder auch nicht.

Im großen und ganzen sind sich die Menschen der untergeordneten Systeme wohl bewußt; denn man muß sie ständig anhand der Erfahrung überprüfen, um festzustellen, ob sie sich nicht als Irrtum entpuppen. Die untergeordneten Systeme sind es, über die gestritten wird, die sich wandeln, die je nach der sozialen Gruppe oder auch nach Art der Studien und der geschichtlichen Epochen variieren. Von den übergeordneten Systemen untersuchen die Philosophen vielleicht gerade die Spitze des Eisberges und erklären einige der Regeln, die unserem alltäglichen Gebrauch untergeordneter Systeme zugrundeliegen.

Wozu brauchen wir eigentlich solche Begriffssysteme? Sie ordnen sehr rasch unsere Erfahrung, damit wir unsere Einstellung gegenüber unmittelbaren Ereignissen nicht jeweils bewußt von Grund auf erarbeiten müssen. Eine solche Ordnung ist lebenswichtig, wenn wir wissen müssen, was wir tun oder unterlassen müssen, um zu überleben. Für Burke (siehe das Zitat am Anfang) umfaßt der Begriff „Vorurteil" einige dieser Systeme. Reden, schreiben, diskutieren, argumentieren, die Erfahrung des Lesens oder Erlebens von Dramen oder Filmen, das Betrachten von Bildern, stellen oft ganz unmittelbar den Prozeß der eigenen Neufestlegung in neuen Systemen oder der Bekräftigung alter Systeme, der Auffindung dessen dar, was wir „die Wahrheit" nennen.

Kenneth Burke erklärt Kultur als „Formen symbolischer Handlung" (1941, S. 8). Die Symbole verkörpern den Sinn, den wir oder unsere Vorfahren Ereignissen oder Objekten unterlegen, die Bestandteil von Ereignissen sind. Es wäre jedoch falsch, in Symbolen in jedem Fall irreale Reflektionen über eine Realität zu sehen, mit der wir uns direkt befassen sollten, also einen Ersatz für die Realität; denn wir vermögen keine andere Realität zu erkennen als eine solche, die sich uns in Kulturbegriffen darbietet, nämlich in Form der Symbole, die wir zu ihrer Bezeichnung verwenden. In übergeordneten Systemen besteht Realität in den Symbolen, die wir gebrauchen.

In untergeordneten Systemen erkennen wir die Rolle der Symbolik viel deutlicher. Eine Gemeinschaft wird durch ihr Oberhaupt, einen König, ein Gremium oder durch eine Gruppe symbolisiert, die über Besitz verfügt, eine ganz bestimmte Rolle spielt, Titel trägt und so weiter. Kenneth Burke vertritt die Auffassung, eine soziale Krise sei der Zeitpunkt, an dem das, was wir bisher für das Symbol der ganzen Gesellschaft ansahen, sich als schwerer Hemmschuh für die Gemeinschaft erweist, – an dem aus dem Symbol der Einigkeit ein Symbol der Uneinigkeit wird.

Es wurde vorhin erwähnt, daß wir unsere Systeme brauchen als Maßstab für Handlungen, die zu unserem Überleben notwendig sind. Doch wenn in einer Gemeinschaft die Probleme der rein physischen Existenz erst einmal gelöst sind, wenn die Technik der Bodennutzung, der Wetterbeobachtung und der Verwendung des Saatgutes erst einmal für die Gesellschaft einen mehr oder weniger großen Überschuß ergibt, dann bekommt der Begriff Existenz eine wesentlich kompliziertere und vielschichtigere Bedeutung. Was man als „lebensnotwendig" betrachtet, kann je nach Individuum, Gruppe, Klasse oder Gesellschaft verschieden sein, wie auch „Armut" eine sehr unterschiedliche Bedeutung haben kann. Ebenso wie die Bedeutung von „Überleben" sozial und historisch variieren kann, unterscheiden sich auch die damit zusammenhängenden Begriffe. So variiert auch, was die Einzelnen als „Problem" ansehen, als Aufgabe, entsprechend ihrer Auffassung von den Grundvoraussetzungen der Existenz. Die Art des Problems gibt an, was man als sein Interesse oder seinen Lebenszweck betrachtet.

Aufgrund der ungeheuren Vielfalt möglicher Kultursysteme, von denen jedes auf eine einmalige Konstellation der geschichtlichen Ereignisse und natürlichen und geographischen Besonderheiten zugeschnitten ist, entsteht auch eine immense Vielfalt möglicher menschlicher Reaktionen auf ein bestimmtes Problem. In anderer Hinsicht fügen sich diese Reaktionen natürlich in eine feststehende Skala ein, da es für jedes konkrete Problem tatsächlich nur eine begrenzte Anzahl möglicher Lösungen gibt; wer es mit Lösungen versucht, die außerhalb dieses Bereichs liegen, muß entweder beweisen, daß er eine wirklich neue, überraschende Lösung anzubieten hat, die frühere Lösungen mit einschließt oder übertrifft, oder man muß ihn vor den möglichen Folgen eines Irrsinns schützen. Wer seinen Durst mit Gift stillt, beweist damit entweder eine neue Methode, die üblen Folgen einer bisher als Gift eingestuften Flüssigkeit zu überwinden, oder er begeht Selbstmord (falls er sich nicht einfach irrt).

Jedes neu auftauchende Problem wird somit von Menschen aufgegriffen, die einer langen kulturellen Tradition angehören, einer Tradition, die im großen und ganzen unbewußter Besitz von uns allen ist und die sich in ihrer Gesamtheit ganz und gar nicht unzweideutig darstellt. Gramsci (1957, S. 59) nennt die Menschen „das Produkt eines historischen Prozesses, der in uns unendlich viele Spuren hinterläßt, aber leider kein Inventarverzeichnis". Wir kennen die Zusammenhänge, Anspielungen und Andeutungen nicht (oder haben keine Zeit, ihnen nachzugehen), die in unserer und anderer Leute Sprachgebrauch vorkommen. Wir bedienen uns – unter anderem – der Literaturkritiker und Psychoanalytiker, um diesen Dingen eine mögliche Bedeutung zu unterlegen. Autoren sind deshalb nicht unbedingt gute Führer durch ihr eigenes Werk; Literaturkritiker sind wichtige Kommentatoren, oder können es zumindest sein. Es ist gar nicht ausgeschlossen, daß ein Autor selbst die Bedeutung seines Werks nicht erkennt, daß uns aber ein kluger Kritiker sagen kann, warum wir auf eine bestimmte Weise darauf reagieren.

Gramscis „Spuren" sollen uns die Lösung eines Problems liefern, und wir können im voraus nie sagen, worin dieses Problem bestehen wird. Da uns die Gabe der Prophezeiung nicht gegeben ist, sammelt die Menschheit gemeinsam die Antworten der Vergangenheit, auch wenn die entsprechenden Fragen vielleicht längst schon in Vergessenheit geraten sind. Lévi-Strauss (1966, S. 16–36) entwickelt diese Idee sehr treffend am Beispiel des *bricoleur*. Dieser Mensch sammelt Kuriositäten und verwahrt sie, obwohl er vielleicht nicht weiß, welchem Zweck die „Kuriositäten" in ihrer ursprünglichen Form dienten oder wozu er sie künftig wird gebrauchen können.

Wir können die Wirkungsweise untergeordneter Systeme oder Fragmente von Systemen, „Spuren", beobachten, wenn wir auf ein bestimmtes Problem stoßen und gezwungen sind, es zu lösen. Dabei blättern wir dann sozusagen unsere geistige Kartei von Lösungsmöglichkeiten durch. Nehmen wir an, wir bekommen einen elektrischen Schlag beim Reparieren eines Stekkers, oder wir stellen fest, daß alle Lampen ausgehen, dann beginnen wir, verschiedene Hypothesen zu untersuchen, Erklärungen des vorliegenden Fehlers, um unsere Reparaturbemühungen gezielter anzusetzen. Die Hypothesen werden sich auf viele verschiedene Systeme erstrecken, auf Theorien mechanischer Mängel, elektrischer Stromkreise, Wasserrohrdefekte, Temperaturveränderungen und Rost. Wir werden dabei sowohl unsere Erfahrung als auch das zu Rate ziehen, wessen wir uns nicht mehr bewußt sind – die „Spuren". Vielleicht rufen die „Spuren" eine „Ahnung" in uns wach, an deren Herkunft wir uns nicht mehr erinnern können, die aber das Problem löst. Vielleicht erinnern wir uns sogar an einen heilsamen Stoß, oder wir gelangen zu sehr abwegigen Hypothesen, Spuren einer vortechnischen Kultur: daß der Geist der Maschine gekränkt wurde, daß wir gesündigt haben und hier die Strafe dafür erleiden. Vielleicht beraten wir uns mit anderen, um den Bereich möglicher Hypothesen zu erweitern oder Anleihen bei den Spuren anderer zu machen, die uns davon zu überzeugen suchen, daß ihre Hypothesen zutreffender seien; damit versuchen sie, unser System durch ein anderes zu ersetzen und so weiter. Der ganze Prozeß wird also rasch einen weiten Bereich verschiedenartiger Meinungssysteme durchqueren, verschiedenartiger Vorstellungen von der Beschaffenheit der Welt.

Die zentrale Aufgabe der Kultur besteht somit darin, uns eine Vielzahl verschiedener partieller oder zusammenhängender Systeme zur Ordnung unserer Erfahrungen bereitzustellen, damit wir durch Identifizierung der Objekte und Zuordnung einer systematischen Bedeutung in die Lage versetzt werden, die Probleme zu lösen, die sich uns bei unserem Bemühen um „Überleben" stellen. Dasselbe Objekt mag dabei im Rahmen der verschiedenen Systeme eine jeweils andere Identifizierung erfahren. Ein Stuhl ist ein Stuhl nur im Rahmen eines Systems, das einen sehr weiten Bereich bestimmter Konventionen umfaßt, zu denen eben das Sitzen als häusliche und soziale Gewohnheit gehört. Im Rahmen eines anderen Systems mag ein Stuhl ein bedeutungsloses Objekt sein, da er keinerlei Beziehung zum Zweck dieses Systems hat; die Leute, die sich dieses Systems bedienen, haben entweder keine Erfahrung mit Stühlen und der Art ihres Gebrauchs, oder das System kann so beschaffen sein – beispielsweise der „Kernphysik“ genannte Komplex – daß ein Stuhl als Stuhl darin keine Funktion hat (obgleich er für den Physiker als Menschen nützlich sein mag). Auf dem Markt kann ein Stuhl eine Ware wie jede andere sein, bei Sotherby, dem bekannten Antiquitätenhändler, eine Antiquität, anderswo Bestandteil einer Einrichtung oder ein Stück Handwerkskunst (im Kontext der Geschichte der Wohnkultur, der Schreinerei, der Metallbearbeitung oder auch der allgemeinen Geschichte – vielleicht als Teil der Epoche wie „Louis XIV“, verknüpft mit anderen Dingen wie Mode, Frisuren, Literatur oder sogar Kriegen); er kann auch Teil des Lebenswerks eines berühmten Künstlers, ein Beispiel technischer Entwicklung, ein philosophisches Exempel, Altmetall zum Einschmelzen für Rüstungszwecke sein (in diesem Fall wären verwandte Objekte etwa eiserne Geländer, bronzene Statuen und so weiter), oder einfach nur Holz zum Feuermachen. Die Frage „Was ist ein Stuhl wirklich?“ ist bedeutungslos, wenn damit gemeint ist: „Was ist ein Stuhl außerhalb jeglichen Systems?“ Erst das System, dem der Begriff „Stuhl“ zu jeder Zeit angehört, verleiht ihm einen Sinn und ordnet ihn vergleichbaren Objekten zu. Es gibt so viele Systeme, in denen ein Stuhl eine Rolle spielen könnte, wie wir Bedürfnisse haben – Bedürfnisse, zu deren Befriedigung ein Stuhl auf irgendeine Weise beitragen könnte.

Die Frage könnte jedoch auch bedeuten: „Was ist ein Stuhl im allgemeinsten System, das wir kennen?“ Dann wird eine empirische Frage daraus: „Welche allgemeine Meinung haben die Leute augenblicklich von Stühlen?“ Auf dieser Ebene können wir ohne zu zögern sagen, ein Stuhl sei für uns ein Gegenstand zum Darauf-Sitzen, wenngleich andere Leute irgendwo auf der Welt oder in der Vergangenheit in einem Stuhl nicht mehr als ein Bündel Brennholz gesehen haben mögen, ungeeignet zum Drauf-Sitzen und höchstens gut zum Entzünden eines Feuers, oder um ihn einem Feind über den Schädel zu schlagen. Wenn Objekte von einer Kultur auf eine andere übertragen werden, verlieren sie in bezug auf ihre ursprüngliche Funktion ihren „Sinn“ – neulich erschien eine Witzzeichnung, die primitive Eingeborenenfrauen darstellte, die Büstenhalter als Hüte auf dem Kopf trugen.

Andererseits kann das Wort selbst – mehr noch als das Objekt, das dieses Wort bezeichnet – in vielen verschiedenen Systemen gleichzeitig wirken. Bleiben wir bei unserem Beispiel „Stuhl"; wir kennen sehr wohl die Bedeutung dieses Begriffs in einer Reihe anderer Systeme: Lehrstuhl für Philosophie, „Chairman" (Vorsitzender) einer Versammlung, etwas abgelegener Sitz im Unterhaus.

Die hier angeführten Beispiele sind verhältnismäßig simpel, da sie die Existenz von Objekten voraussetzen, die von dem Wort „Stuhl" klar und unmißverständlich symbolisiert werden. Aber unzählige andere Systeme setzen keine so eindeutig umschriebenen Objekte voraus; in diesen Fällen haben wir tatsächlich nur das Symbol. Wenn wir Begriffe wie Gott, Gesellschaft, Bruttosozialprodukt oder Unterbewußtsein gebrauchen, so gibt es darunter nichts, was wir ähnlich konkret wie „Stuhl" bestimmen können. Und doch sind viele dieser Begriffe nicht weniger essentiell, und sie gewinnen mit der Entwicklung der modernen Gesellschaft noch an Bedeutung. Einige dieser Begriffe symbolisieren die Wechselwirkungen zwischen riesigen Kollektiven von Menschen; schon aus diesem Grunde wäre es falsch, sie auf eine Stufe mit Begriffen wie „Stuhl" zu stellen. Die Systeme, deren wir uns zum Verständnis sozialer Existenz bedienen, unterscheiden sich grundlegend von Systemen, mit deren Hilfe wir andere Existenzformen zu begreifen suchen. Der Mensch neigt dazu, alle Systeme als gleichrangig anzusehen; wenn sich gesellschaftliche Zusammenbrüche ereignen, ist man deshalb ebenso schockiert und verwirrt, als hätten unbelebte Gegenstände plötzlich ein Eigenleben erhalten – elektrischen Geräten wohnt wirklich ein böser Geist inne, der besänftigt werden muß. Wenn eine Regierung so schwankend wird wie die Menschen, die sie bilden, wenn sich die scheinbare Objektivität von Institutionen in bloße widersprüchliche Subjektivitäten einer unkoordinierten Masse Einzelner auflöst, dann ist es kein Wunder, wenn einige Betrachter das „Gefühl der Sinnlosigkeit" überkommt. Die Stabilität der sozialen Ordnung wird als ebenso sicher angesehen wie die Stabilität der natürlichen Ordnung.

Das Wesen dessen, was ein „System“ ausmacht, ist natürlich problematisch; der kritische Einwand wäre wahrscheinlich gerechtfertigt, daß ich das Wort System zur Beschreibung so vieler Dinge verwende, daß es selbst fast sinnlos wird. Ich habe bereits angedeutet, daß Systeme der Logik und Klassifizierung Bestandteile übergeordneter Systeme sind, wenngleich sie bei mancher Klassifizierung eng mit untergeordneten Systemen und der unmittelbaren Erfahrung verflochten sind. Aber auch untergeordnete Systeme werden schon auf einer bestimmten Ebene der Abstraktion formuliert; doch entspricht ihre Formulierung dem Wesen eines bestimmten Problems, dem sich die Menschen gegenübersehen. Obgleich man erwarten könnte, in verschiedenen Systemen gleichartige Grundzüge wiederzufinden, muß man doch ebenso damit rechnen, daß man nichts Generelles über diese Systeme aussagen kann, weil sie direkt auf verschiedenartige Probleme ausgerichtet sind. Bei der Schaffung neuer untergeordneter Systeme bedient man sich unweigerlich gewisser Strukturen, die sich aus bereits gebräuchlichen Systemen ergeben – wir sehen ein neues Problem teilweise im Licht alter, vertrauter Probleme. Die „Begriffs“-Bestimmung neuer Probleme kann gleichermaßen bei unserer Vorstellung vom Wesen natürlicher Ereignisse wie sozialer Beziehungen Anleihen machen; denn beide Bereiche lassen sich, allgemein gesehen, letztlich nicht klar voneinander trennen. Der Einfluß, der eine gegebene Anzahl von Variablen in eine bestimmte Beziehung zueinander, nämlich in ein „System“, zwingt, geht offenbar zum Teil von den Objekten selbst aus, die dieses System analysieren soll. Allerdings ist ebenso wahr, daß solche Systeme nicht statisch sind; sie werden ständig durch neue Erfahrungen modifiziert. Eine Neuerung in der Technologie des Motors kann eine Vielzahl von Systemen beeinflussen, die mit Autos, Straßenverkehr, Feiertagen, Mechanik, Handelsvertretern usw. zu tun haben.

Es dürfte klar sein, daß diese Systeme nicht individuell geschaffen werden. Wir erben die meisten Systeme im Verlauf unserer Erziehung als Schöpfung vergangener Generationen, auch wenn die Gesellschaft, in der wir heute leben, sie vielleicht modifiziert oder sie ausdrücklich aufgibt. Mannheim sagt (1965,

S. 5): „Streng genommen ist es in der Tat ungenau, wenn man sagt, daß das einzelne Individuum denkt. Korrekter wäre der Hinweis, daß es bloß daran teilnimmt, das weiterzudenken, was andere Menschen vor ihm gedacht haben ... Es findet eine fertige Situation vor und in dieser Situation findet es vorgeformte Denk- und Verhaltensmodelle vor." Der Mensch fängt nicht von vorn an, mit einer *tabula rasa,* in einer Art von kulturellem Naturzustand, sondern er trifft auf Verhältnisse, die ihm aus der Vergangenheit überliefert werden. Lévi-Strauss (1966, S. 95) fand in diesem Zusammenhang eine recht einleuchtende Analogie:

„... der Mensch ist wie ein Spieler, der sich an einen Tisch setzt und Karten aufnimmt, die er nicht erfunden hat; denn das Kartenspiel ist eine Gegebenheit der Geschichte und Zivilisation. Weiterhin ist jedes Spiel das Ergebnis einer bestimmten Verteilung der Karten, die den Spielern jeweils unbekannt ist. Man hat die Karten zu akzeptieren, die einem zugeteilt werden, doch jede Gesellschaft vollzieht nach Maßgabe mehrerer Systeme eigene Interpretationen ... Wir wissen alle, daß verschiedene Spieler mit denselben Karten nicht dieselbe Partie spielen, wenngleich die Spielregeln den Spielen, die man mit ein- und demselben Blatt spielen kann, Grenzen setzen."

So können wir in gewissem Rahmen wählen und überlegen, wir können bei einigen untergeordneten Systemen das eine akzeptieren, das andere zurückweisen, bestimmte Elemente hervorheben und andere ignorieren. Wir sind nicht in einem festen Schema eines ideellen Determinismus befangen. Die Art unserer Erfahrung ist aufgrund der Systeme, die wir besitzen, sicherlich von Bedeutung, doch nicht das System bestimmt die Objekte unserer Erfahrung. Sicherlich werden unsere Ziele bestimmt durch die kulturelle Tradition, der wir angehören, doch bezüglich vieler untergeordneter Systeme können wir das Erbe auch ablehnen. Kultur ist nicht eine verordnete Zwangsjacke, sondern eine vielfältige Garderobe, von der wir manche Kleidungsstücke ablegen können – und es auch tun – weil sie uns in unserer Bewegungsfreiheit behindern. Aus dieser Metapher könnte man vielleicht irrtümlich folgern, daß sich unter den Kleidern ein bestimmtes Individuum verbirgt. Doch im Rahmen der Systeme entwickelt sich die Eigenart des Individuums erst mit den Kleidern. Wir lernen unsere Lebensziele durch die Anwendung der Systeme kennen, wie wir das zum Überleben Erforderliche durch ein Zusammenwirken von Systemen und Erfahrungen erlernen. In dem einen Zeitalter ist das Entzünden eines Feuers eine wesentliche Voraussetzung des Überlebens; in dem anderen ist es der Bau eines Kraftwerks. In beiden Fällen haben wir es mit sehr unterschiedlichen Systemen zu tun.

Daraus geht hervor, daß Erfahrung dem Wesen nach nicht passiv oder kontemplativ ist, sondern durch das geformt wird, was wir erreichen wollen. Schon im ersten Kapitel wurde angedeutet, daß die umgekehrte Annahme ein wesentliches Element bei der Entkräftung mancher Definitionen von Ideologie ist. Hindernisse, die sich unseren Handlungen oder Leistungen in den Weg stellen, dienen der Umformung unserer untergeordneten Systeme, der Akzentverschiebung bei einigen Elementen, der Neuschaffung anderer Elemente. Genauer gesagt: unser Erfolg oder Mißerfolg beim Versuch, gesteckte Ziele zu erreichen, kann den „Sinn“ des Systems umwerten, seine Verwendbarkeit für unsere Zwecke in Frage stellen. Neuerungen können auf diese Weise gerechtfertigt oder entwertet werden. Für die meisten untergeordneten Systeme ist der praktische „Erfolg“ eine wesentliche Bedingung.

Die Frage nach dem „Erfolg“, seine Definition, führt uns zurück auf dieselbe Reihe sich gegenseitig definierender Begriffe, die wir bereits erwähnten: Daseinsbehauptung, Zweck, Interesse und Daseinsprobleme. Im allgemeinen kann man diese Begriffe nur in einem spezifischen historischen Zusammenhang sehen, in bezug auf eine bestimmte Gruppe, einen bestimmten Menschen; denn all diese Begriffe weisen unter verschiedenartigen Umständen unterschiedliche unmittelbare Bezüge auf. Andererseits muß man darauf achten, daß die Formulierung nicht zu einer bloßen Tautologie wird: Überzeugungen, insbesondere untergeordnete Systeme, verschwanden, weil sie „unzureichend“ waren – der einzige Beweis für ihre Unzulänglichkeit wäre dann die Tatsache ihres Verschwindens. Wenn eine Gesellschaft durch ein Erdbeben zugrundeging, so kann man nicht allein aus diesem Ergebnis schließen, daß die Überzeugungen der Mitglieder dieser Gesellschaft „unzulänglich" gewesen seien.

Es ist jedoch ebenso schwierig, den Zweck eines gegebenen Systems genau zu lokalisieren, so daß auch hier der „Erfolg" wieder problematisch wird. Man kann die Zwecke, denen bestimmte Systeme dienen, ändern, man kann unterschiedliche Zwecke im Auge haben, während man scheinbar demselben System treu bleibt, so daß auch die Umstände, die ein System konstituieren, variieren. Außerdem stehen verschiedene Arten von Überzeugungen der praktischen Überprüfung näher oder ferner, und einige untergeordnete Systeme lassen sich im normalen Lauf der Ereignisse kaum entwerten. Ist ein System erst einmal geschaffen und wird es mit bestimmten etablierten Institutionen in Verbindung gebracht, mit der Erhaltung von Prestige, Macht und Status bestimmter Gruppen, so werden diese Gruppen fast unweigerlich im Zuge der Sicherung der eigenen Macht versuchen, das System gegen eine mögliche Entkräftung abzuschirmen. So weit das geschieht, streben sie natürlich danach, das System immer mehr seines Inhalts zu berauben.

Man muß zwischen praktischem Test und logischer Widerlegung unterscheiden; denn diese ist hier nur teilweise relevant. Da die Wurzeln der Ideologie in der Existenz einer sozialen Gruppe und nicht eines Individuums liegen, kann hier eine Kritik nach logischen Gesichtspunkten nur von verhältnismäßig geringer Bedeutung sein. Was eine Ideologie zerstört, ist die Zerstörung oder Transformation der Gruppe oder das Verschwinden der Zwecke, denen die Ideologie ursprünglich diente. So ist zum Beispiel das in neuerer Zeit zu verzeichnende Abnehmen der Massengläubigkeit im Christentum nicht eine Folge religiöser Skepsis, sondern die religiöse Skepsis selbst ist eines der Symptome des Glaubensschwundes. Die Argumente, die Zweifel an der Gültigkeit des christlichen Standpunkts aufwerfen, sind sehr alt, älter jedenfalls als der moderne Glaubensschwund. Diese Entwicklung ist vielmehr Teil eines langfristigen Glaubenswandels, einer Veränderung in der Beurteilung der Mittel, mit deren Hilfe der Mensch das erreichen kann, was ihm als wichtig erscheint, vielleicht auch ein Wandel dieser Dinge selbst. Die rein logische Kritik ist relativ wirkungslos, da sich die intellektuelle Selbstverteidigung der Kirchen mit der Zeit solchen Einwänden anpassen kann. Der Christ kann sich von überkommenen christlichen Glaubenssätzen lösen, die sich als zweifelhaft erweisen, und doch um so treuer an Grundwahrheiten festhalten, die sich empirisch nicht widerlegen lassen: Gott lebt, Christus war sein Sohn, der erste Mensch (jetzt vorsichtshalber geistig verstanden) war Adam, und so weiter.

Ein analoger Fall unserer Zeit ist die Lage des Marxismus-Leninismus in der Sowjetunion. Einige westliche Kommentatoren neigen zu der Auffassung, der Marxismus-Leninismus werde mit der „Realität" konfrontiert und erweise sich so als ungültig, weshalb er von den Führern der Sowjetunion allmählich aufgegeben wird. Das alles klingt ein wenig dramatisch und krampfhaft, obgleich sich nur wenige Kommentatoren ausführlich darüber äußern, warum sich die „Realität" erst so spät herausstellt (seit Beginn der Revolution sind immerhin über fünfzig Jahre vergangen). Doch die Postulate des Marxismus-Leninismus sind ebenso wenig wie die des Christentums direkten logischen oder empirischen Widerlegungsversuchen unzugänglich. Es geht ihnen vielmehr wie allen im Abstieg begriffenen Ideologien: mit dem Verschwinden der ursprünglichen Gruppe verblaßt allmählich der Glaube, und zurück bleiben nur unzusammenhängende Erinnerungen. Ist eine gewisse Zeit vergangen, so schauen die Menschen auf die Vergangenheit zurück und wundern sich darüber, was für kurioses Zeug ihre Vorgänger geglaubt haben, ohne zu begreifen, warum sie es glaubten: deshalb sind sie nicht in der Lage zu erkennen, warum sie selbst etwas anderes glauben.

Wo immer es möglich ist, muß man sich natürlich bei der Widerlegung an die üblichen Spielregeln halten. Wenn man bei bestimmten Postulaten klar beweisen kann, daß sie weder mit logischen Kriterien der deduktiven Beweisführung noch mit dem verfügbaren empirischen Beweismaterial in Einklang zu bringen sind, dann ist das ein *prima facie*-Beweis für die Unglaubwürdigkeit der betreffenden Postulate. Wenn jedoch andere weiterhin an diese Postulate glauben, so muß man weiterforschen; denn es ist wahrscheinlich, daß die Postulate etwas anderes bedeuten, als man selbst meint, oder daß sie Zwecken dienen, bei denen ihr Wahrheitsgehalt nebensächlich ist. Man muß aber auch erkennen, daß eine große Anzahl von Postulaten sich dieser Art der Beurteilung entzieht. So werden die Postulate der Astrologie in manchen Teilen der Welt immer akzeptiert, und zwar von intelligenten Menschen, die ebenso skeptisch sind wie der aufgeklärte Westen. In unserer eigenen Gesellschaft ist die Astrologie nicht deshalb verschwunden, weil sie widerlegt wurde – es wäre sogar logisch möglich, wenn auch unwahrscheinlich, heute noch ein System lebensfähiger astrologischer Theorien auszuarbeiten –, sondern vielmehr aus Gründen, die einer detaillierten Erforschung bedürfen; die Menschen haben sich eben anderen Dingen zugewandt.

### *Ideologien*

Aus den bisherigen Ausführungen wird deutlich, wie hier „Ideologie" verstanden werden soll: als eine Art untergeordnetes System oder als ein Systemkomplex innerhalb des allgemeinen Bereichs der Kultur. Ideologien zeichnen sich dadurch aus, daß sie uns ein Ordnungsschema für soziale Erfahrung bieten, also eine Erfahrung, die nur im Rahmen einer Gesellschaft und nicht im Bereich des isolierten Individuums oder der Beziehungen unbelebter Objekte zueinander verständlich wird. Genauer ausgedrückt: Ideologien beziehen sich auf die sozialen Konflikte, auf die Ziele konkurrierender Gruppen. Das ist zwar eine etwas willkürliche Vereinfachung des Problems, aber sie ist notwendig, um überhaupt etwas darüber auszusagen. Die Beziehungen von Ideologien zu anderen Arten von Systemen, beispielsweise zu den Wissenschaften, oder ihre Auswirkungen auf den Umgang mit unbelebten Objektiven werden hierbei bewußt außer acht gelassen.

Die Generallinie dieser Konzeption verdanke ich Geertz. Er beschreibt Ideologien als „höchst charakteristische Landkarten der problematischen sozialen Realität und Matrizen zur Prägung eines Kollektivgewissens" (1964, S. 64). So liefern Ideologien innerhalb der Gesellschaft ein mehr oder weniger zusammenhängendes Ordnungsschema für unsere Erfahrung in direktem Zusammenhang mit unserem bewußten Tun und Lassen bei der Verfolgung gleichbleibender Ziele.

Die wichtigsten sozialen Gruppen bilden die stabilen Kernpunkte, um die herum Ideologien entstehen. Für die neuen Mitglieder solcher Gruppen prägen die Ideologien die Erfahrung. Sie bieten ein einheitliches Ordnungsschema für bruchstückhafte Erfahrung, lassen in bezug auf die dominierenden Zwecke erkennen, was bejaht und was abgelehnt werden muß und liefern die richtige Perspektive. Zweck, Erfahrung, Terminologie, künftiges Handeln – das alles ist in den höchstentwickelten Ideologien zu einer einzigen Perspektive verschmolzen. Streng genommen *verleiht* Ideologie den eigenständigen Ereignissen nicht einen Sinn – sie *verkörpert* diese Ereignisse, wie wir sie wahrnehmen, oder wie sie uns zumindest dann erscheinen, wenn wir in vollem Umfang an der betreffenden Ideologie teilhaben. Haben wir nicht in vollem Umfang teil, so können wir die Aussage über unsere Wahrnehmung verschieben, bis wir aus einer Quelle, der wir vertrauen, ein autoritatives Urteil erhalten haben. Unser Drang, gefühlsmäßige Vorgänge auf bestimmte Art zu erklären, drückt unserer Erklärung, unserem Engagement auch sprachlich sein Siegel auf: „Wenn man eine Situation nach dem Prinzip der Reglementierung beurteilt, dann *verleiht* man ihr ein anderes Wesen, als wenn man sie von der Planwirtschaft ausgehend beurteilt“ (Kenneth Burke, 1941, S. 7).

Die Beschaffenheit der Gruppe, die der Ideologie als Basis dient – aus ihr und nicht aus der exzentrischen Philosophie eines einzelnen geht die „Ideologie“ hervor –, kann sich aus einer unendlichen Vielzahl unterschiedlicher Einflüsse ergeben. Das Vorhandensein eines Problems, das einer Anzahl von Menschen gemeinsam ist, kann eine Gruppe entstehen lassen (und die Definition dessen, was ihr Problem ist, enthüllt das gemeinsame Ziel, das diese Anzahl Menschen verfolgt). Es wurde bereits gesagt, daß solche Gruppen in der modernen Gesellschaft letztlich gewissen spezifischen Strukturgegebenheiten unterliegen, die größere Klassen schaffen.

Eine Gruppe entdeckt jedoch erst bei der Bemühung, ein gemeinsames Problem zu lösen, ein gemeinsames Ziel. Im Zuge dieses Entdeckungsprozesses schafft sie entsprechende theoretische Formulierungen für das was sie anstrebt, für den Grund, aus dem sie es tut und inwiefern sie sich von deren Gruppen unterscheidet; sie schafft eine „Ideologie". Mit einer Ideologie kann die Gruppe fast zu einer gesonderten Gemeinde mit einer mehr oder minder scharfen Trennung zwischen Mitgliedern und Nichtmitgliedern werden. Die Rechtfertigung für die Mitgliedschaft mag mehr oder weniger differenziert sein, sie muß jedoch in zentraler Beziehung zu dem betreffenden Glaubenssystem stehen: Gott hat die Gruppe erwählt, sie ausgezeichnet vor den Heiden (oder Barbaren oder Ausländern oder Fremden oder Laien oder Primitiven oder Dummen, Unwissenden, Minderwertigen, Arroganten), sie über alle Menschen erhoben, um ein Beispiel zu geben, oder um sie vielleicht sogar zur Autorität und zu Führern aller anderen zu machen. Je nach der strukturellen Beschaffenheit der Gesellschaft, in deren Rahmen das gemeinsame Interesse der Mitglieder definiert wird, mag die Gruppe nun erklären, ihr Sonderinteresse sei allgemeingültige Richtschnur, oder ihre Sonderinteressen lägen im Interesse aller. Sowohl die Nazis als auch die Zionisten behaupteten, die Interessen bestimmter Gruppen zu vertreten – der Deutschen und der Juden – doch andere soziale Gruppen könnten sogar behaupten, die Interessen der gesamten Menschheit zu vertreten und Universalisten zu sein. Als die Industriearbeiter die Sozialdemokratie gründeten, behaupteten sie, nicht nur die Interessen der Fabrikarbeiter, sondern der gesamten Menschheit zu verkörpern (Gegner der Sozialdemokratie konterten natürlich mit der Gegenbehauptung, die Sozialdemokratie vertrete nur ein „Sonderinteresse", wobei sie unterstellten, sie selbst hätten keines).

Doch was auf soziale Gruppen zutrifft, muß nicht unbedingt auf ihre einzelnen Mitglieder zutreffen. Mannheim (1936) stellt fest, jedes einzelne Mitglied habe nur an gewissen Ausschnitten des „Denksystems" der Gruppe Anteil, wobei das ganze System nicht im mindesten eine Summe dieser Einzelerfahrungen darstelle. Innerhalb einer jeden solchen Gruppe, sagt Bendix, werden einige gegenüber der Ideologie naiv, andere zynisch eingestellt sein, doch die Mehrzahl wird sie einfach hinnehmen und sie etwa so gebrauchen, wie wir uns der Sprache bedienen, ohne über den Sinn nachzudenken (1956/63, S. 342, Fußnote). Ideologie ist für die Gruppe, was das Bewußtsein für den Einzelnen ist; und wie das Individuum nicht in vollem Umfang Sinn und Ursprung dessen kennt, was es selbst glaubt (es wurde vergessen, nicht von ihm, das es vermutlich nie gewußt hat, sondern von seiner Gruppe oder von der Menschheit), so wird eine Gruppe nie die Bedeutung dessen erfassen, was die außerhalb der Gruppensituation Stehenden mit ihren Überzeugungen vielleicht verbinden.

In einer komplexen Gesellschaft werden nebeneinander mehrere verschiedene Tendenzen existieren, vielleicht in den Rahmen einer gemeinsamen Terminologie gestellt, die sich von einer dominierenden Ideologie herleitet. Die Unterscheidungsmerkmale zwischen Zugehörigkeit und Nichtzugehörigkeit zur Gruppe lassen sich nicht im voraus bestimmen, und einige davon mögen recht willkürlich erscheinen. Soviel ich weiß, gibt es keine Gesellschaft, die einen Unterschied zwischen Rothaarigen und Nichtrothaarigen macht, aber man könnte sich eine solche Gesellschaft ohne weiteres vorstellen – und man könnte sich die Vielzahl von Korrelationen zwischen Haarfarbe und Verhaltensweise, die da zu „entdecken“ wären, vorstellen. Um die Diskriminierung könnte sich eine generelle Struktur volkstümlicher Ansichten entwickeln, und es könnten zur Verifizierung dieser Ansichten sogar die Sozialwissenschaften herangezogen werden; man kann sich ein Lehrbuch vorstellen, in dem versichert wird: „Im Verlauf einer Anzahl erschöpfender Tests ließ sich kein Zusammenhang zwischen rotem Haar und Gewalttätigkeit an sich feststellen, aber andererseits beinhaltet unsere Definition von ‚Gewalttätigkeit‘ auch nur die extremen Formen einer solchen Verhaltensweise. Es könnte angesichts der mit der roten Haarfarbe zusammenhängenden Hautempfindlichkeit (siehe Smorg und Hausen, 1432) sein, daß eine erhöhte Reizbarkeit vorliegt, insbesondere bei heißem Wetter, die ihrerseits zu einer erhöhten Bereitschaft für gemäßigte Gewalttätigkeit führt.“ Andere würden Romane, Stücke, Gedichte und Filmdrehbücher verfassen, die – falls es sich um eine sehr generelle Diskriminierung handelt – die entscheidende Bedeutung der Haarfarbe als selbstverständlich voraussetzen würden. Bewegt sich die Diskriminierung auf einer niederen Ebene, so würden Thriller mit Themen der Unsicherheit experimentieren

– das Waisenkind, das entdeckt, daß die Eltern rothaarig waren, der mysteriöse Kahlkopf oder der demaskierte Perückenträger, der Schurke, der sein Haar färbte und so weiter. Die Haarfarbe würde zu den Vorstellungen gehören, die uns der „gesunde Menschenverstand“ über die Welt und andere Leute eingibt, und die Rothaarigen (ich habe diese Form der Diskriminierung völlig willkürlich gewählt) würden vermutlich ihrerseits eine oppositionelle Gruppe bilden, die mit der Zeit vielleicht sogar zu einer Verehrung der roten Haarfarbe gelangt (falls sie selbstbewußt ist) oder sich ihrer systematisch schämt (falls sie nicht selbstbewußt ist) – Gott hat die Seinen mit Haaren von der Farbe der aufgehenden Sonne gesegnet, auf daß die Menschen über Seine Güte nachdenken, und deshalb sollte eine solche Haarlocke das Allerheiligste eines jeden Altars schmükken; oder aber: ein Fluch hat alle Rothaarigen befallen, so daß jedem Kind gleich bei der Geburt das Haupt geschoren werden soll und alle Menschen ihr Leben lang Kopfbedeckungen tragen müssen.

In dieser willkürlichen Unterscheidung mag zwar Logik sein, doch sie hat in dieser Form praktisch nie existiert, da zu einer ausgeprägten Gruppenidentifizierung eine Reihe von sich überschneidenden Unterscheidungsmerkmalen gehört, die sich gegenseitig unterstützen und von denen zumindest eines in direkter Beziehung zur allgemeinen Gesellschaftsstruktur und ihrer Arbeitsteilung stehen muß. Sollte jemandem mein Beispiel jedoch an den Haaren herbeigezogen erscheinen, so möge er nur die Bedeutung der Hautfarbe bedenken, um sich darüber klarzuwerden, wie leicht eine willkürliche Unterscheidung eine so große Rolle spielen kann und wie die weiße Vorherrschaft und der Kult der „Negritude“ als einander entsprechende Variable zusammenpassen (wie Zionismus und Antisemitismus). Im Falle der Hautfarbe kommen vielerlei Unterscheidungsmerkmale hinzu: zwischen Imperialisten und Unterdrückten, zwischen Reichen und Armen, Mächtigen und Schwachen, Entwickelten und Unterentwickelten; in den Vereinigten Staaten scheiden sich so die Arbeitenden und – teilweise – die Arbeitslosen voneinander, die Gebildeten und Gelernten von den Ungebildeten und Ungelernten, die Bewohner angenehmer Wohngebiete am

Stadtrand von den Slumbewohnern der Großstädte. Die Farbe ist daher nur ein kleines Symptom einer starken sozialen Spaltung.

Der Bildung bedeutenderer Gruppen liegt somit die Gesamtorganisation einer Gesellschaft zugrunde, ihre Differenzierung im Sinne von Klassen und ihre Arbeitsteilung innerhalb der Volkswirtschaft. Man könnte einen Grenzfall postulieren, in dem die Gruppe und die gesamte Gesellschaft nahezu dasselbe sind, doch muß diese Gesellschaft dann selbstverständlich sehr klein und primitiv sein, von einer gemeinsamen Betätigung leben, vielleicht in einer verhältnismäßig statischen, vorwiegend landwirtschaftlich orientierten Wirtschaftsordnung. Doch selbst hier würden zwischen Männern und Frauen, zwischen Tätigen und Alten Unterschiede entstehen, und jede noch so kleine Verschiebung im Zustand der Gemeinschaft würde ihre stabile Weltanschauung erschüttern.

Es ist daher am nützlichsten, Ideologien als eine von vielen verschiedenen Systemformen zu betrachten, die zur Bewältigung eines bestimmten Problemkomplexes geschaffen wurden, nämlich der innerhalb einer bestimmten Gesellschaft auftretenden Probleme. Analog dazu sind die Wissenschaften selbst Systeme, die aus der allgemeinen Kultur entstanden und auf einen ganz besonderen, eng begrenzten Erfahrungsbereich ausgerichtet sind, um spezifische Probleme innerhalb dieses Bereichs zu lösen. Ist eine Wissenschaft erst einmal geschaffen, so lassen sich ihre Erkenntnisse von ihrem eng umgrenzten Gebiet auf die allgemeine Kultur zurückführen, wobei wichtige Begriffe in unserer Alltagssprache neu gefaßt werden und die Aufmerksamkeit des Nichtwissenschaftlers in neue Bahnen gelenkt wird; er erhält neue Modelle zur Analyse seiner Erfahrungen auf Gebieten, die der Wissenschaft selbst recht fern liegen. Ein Beispiel dafür ist der Begriff „Körper“, der dem täglichen Sprachschatz entnommen wurde, um als spezieller Begriff der Newtonschen Physik eingegliedert zu werden und von da aus wieder in die Alltagssprache zurückzukehren – Nichtphysiker haben somit zwei ganz verschiedene Vorstellungen von „Körper“ zur Verfügung.

Auch Ideologien können denselben Kreis durchlaufen. Ein Begriff kann der allgemeinen Kultur entnommen werden, um von einer besonderen sozialen Gruppe in speziellem Sinn verwendet zu werden und dann wieder zur allgemeinen Kultur zurückzukehren. Dieser Kreislauf sagt noch nichts über die tatsächliche Bedeutung dieser Gruppe aus; denn sie kann zunächst eine unter vielen Gruppen sein, um zuletzt doch die in der Gesellschaft dominierende Gruppe zu werden. Sie würde damit der Gesellschaft die dominierende Ideologie liefern, in deren Begriffen die meisten anderen Gruppen ihre Ansichten ausdrücken. Ideologien können auf diese Weise beginnen, einen sehr weiten Bereich der ererbten Kultur zu durchsetzen, die Geschichte des eigenen Volkes, der Gesellschaft und der Welt umzuschreiben und sich auf eine Vielfalt von Betätigungsgebieten auszubreiten. Wie weit dieser Prozeß gehen kann, würde sich erst durch eine empirische Untersuchung einzelner Beispiele ermitteln lassen, aber man darf wohl die Behauptung bestimmter Herrscher anzweifeln, sie hätten die gesamte Kultur umgeformt. Das Leben der einfachen Menschen bleibt oft unberührt von der Propaganda und der neuen Terminologie, die man für alte Praktiken benutzt. Oft sind die „neuen" Männer nichts weiter als die ins Scheinwerferlicht gerückten alten Männer.

Da sich die Sozialwissenschaften mit denselben Interessengebieten befassen wie die Ideologien, weisen sie viele gemeinsame Charakteristiken auf. Die Sozialwissenschaften vertreten jedoch kaum einmal eine einheitliche Ansicht, weil sie sich nicht auf eine einzelne soziale Gruppe stützen; die verschiedenen Soziologen verkörpern vielmehr die voneinander abweichenden Ansichten ganz verschiedener sozialer Gruppen, selbst wenn diese Ansichten – wie auch die Ansichten einer jeden größeren Gruppe selbst – für gewöhnlich als das Interesse aller oder das Produkt der reinen Vernunft präsentiert werden. Das bedeutet aber nicht, daß die Sozialwissenschaften reine Wiederholungen von Meinungen sozialer Gruppen seien. Im Gegenteil: aufgrund genauer Abgrenzung eines bestimmten Untersuchungsbereichs und seiner intensiven Erforschung können bereits vorhandene Meinungen manchmal untermauert oder entkräftet werden. Doch das Feld für die Auseinandersetzung ist bereits genau abgesteckt, und die Sozialwissenschaften können bezüglich wichtiger Fragen keine neuen Antworten liefern, sondern nur die alten überprüfen. Es ist prinzipiell nicht einzusehen, wie das anders sein könnte.

Ideologien als solche sind nur in ihrer Gegensätzlichkeit zu erkennen: für jedes „Ja“ muß es auch ein „Nein“ geben. Existiert in einer Gesellschaft nur ein einziges Glaubenssystem, so werden sich die Mitglieder dieser Gesellschaft dieses Systems überhaupt nicht bewußt, es sei denn durch irgendeine andere Ideologie außerhalb dieser Gesellschaft. Ohne diese zweite Bedingung bricht für die Mitglieder dieser Gesellschaft die Funktion des Wortes „Ideologie“ in sich zusammen – es gibt dann nur noch die Wahrheit oder den gesunden Menschenverstand. Ideologien kann man daher nur richtig beurteilen, wenn mehr als eine vorhanden ist, selbst wenn die andere nur noch historisch ist. Aber – wie bereits erwähnt – ist es ein wenig illusorisch, in bezug auf eine komplexe Gesellschaft von *einer* Ideologie zu sprechen; denn man muß damit rechnen, daß die Differenzierung auf sozialem Gebiet, die Arbeitsteilung oder eine willkürliche Machtverteilung zur Betonung verschiedener Elemente einer bestimmten Orthodoxie führt. Orthodoxien sind elastisch und passen sich sehr unterschiedlichen sozialen Gruppen an, um sie im Rahmen einer gemeinsamen Terminologie zu einigen, doch müssen unvermeidlich die von den verschiedenen sozialen Gruppen vertretenen Versionen der Orthodoxie verschieden sein und die spezifische Perspektive einer jeden Gruppe zum Ausdruck bringen. Für die Armen Europas ist und bleibt das Christentum die Religion der Armen – für die Reichen ist das nicht der Fall. Jede bedeutende Orthodoxie muß, um sich behaupten zu können, genügend vieldeutig sein, um diese mannigfaltige Interpretation zuzulassen – es ist der Preis der Hegemonie in einer Gesellschaft, die nicht so verändert wurde, daß sie mit einer bestimmten Version der Ideologie übereinstimmt. Wären alle Menschen in einer christlichen Gesellschaft arm (oder reich), gäbe es Gleichheit, dann würde ein Element der Notwendigkeit einer mehrfachen Interpretation entfallen.

Diese „Elastizität“ einer Ideologie, wenn man sie allgemein betrachtet (und nicht in bezug auf eine bestimmte Gruppe, wo Mehrdeutigkeiten durch eine Interpretation geklärt werden können), macht die Untersuchung besonders schwierig. Sie wird noch schwieriger dadurch, daß in bezug auf eine Gruppe manche Mehrdeutigkeiten noch nicht geklärt sein mögen, daß Unstimmigkeiten bestehen blieben, und zwar einfach deshalb, weil man eine Klärung noch nicht nötig hatte – die entsprechenden Probleme sind noch nicht aufgetaucht, so daß eine Klärung der Frage, welche Handlung notwendig ist oder was sich daraus ergibt, noch nicht erfolgen konnte. Natürlich gibt es auch Leute, die es – zumindest einmal – fertigbringen zu handeln, ohne klar herauszuarbeiten, was sie eigentlich tun und wie es zu dem paßt, was sie glauben.

Wenn man Ideologien von außen betrachtet, ist es außerordentlich schwierig, stets zu erkennen, welche Elemente tatsächlich wirksam sind – welche Elemente im Ernstfall tatsächlich die Handlungen leiten würden und welche Elemente einfach nur deshalb mitgeschleppt werden, weil sie ursprünglich im Zusammenhang mit dem wirkenden Element auftraten. Wir können nicht immer genau bestimmen, an welchen Punkten eine Tat das System bestätigt, und uns fehlt auch die Gelegenheit, stets aus den Taten der Menschen auf das eigentlich wirkende System zu schließen. In größeren sozialen Bereichen werden die Probleme noch verwickelter; denn wenn die Leute nicht handeln, wissen wir nicht unbedingt, was sie denken. Können wir zum Beispiel aus der Entwicklung der christlichen Morallehre betreffend das Recht, andere Menschen zu töten, die tatsächliche Geschichte der Kriege, Morde, der Todesstrafe und so weiter ableiten? Andererseits wäre es ebenso falsch, aus der historischen Tatsache, daß sich Christen gegenseitig umbrachten, zu folgern, das Gebot sei sinnlos und ohne jeden praktischen Nutzen.

In dieser Situation pflegt dann folgendes zu geschehen: wir konstruieren unsere Vorstellung von einer Ideologie aufgrund des kleinsten gemeinsamen Nenners einer Anzahl einschlägiger Angaben, einer schlichten Aufzählung offenkundiger Gemeinplätze, die uns nicht weiterbringen, weil ihnen Zusammenhang, Sprachrohr und Publikum fehlen. Uns fehlt der Schlüssel zur Bedeutung dieser Aussagen, ihrer Bedeutung zu verschiedenen Zeiten und für verschiedene Individuen oder Gruppen. Wir wissen nichts über die Auswirkungen dieser Aussagen auf das

Publikum, über ihre Rangfolge, über ihre mehrgleisigen Funktionen im gleichen Zeitpunkt, über das Tun (oder Lassen) oder die politische Haltung, die vom Sprecher vor oder nach seinen Aussagen empfohlen wurden sowie die Aufnahme, die er beim Publikum fand; wir erfahren nichts über die verschiedenen Beziehungen zwischen dem, was gesagt wurde und dem, was tatsächlich getan wurde. Stattdessen haben wir das Bild eines unwandelbaren Monolithen vor Augen, der auf einer Basis trister Trivialitäten oder eines Rituals, eines funktionslosen Glaubens ruht.

Es ist kaum überraschend, daß ein solches Vorgehen oft zu nichts anderem dient als zur Selbstbeweihräucherung des Beobachters, der es für richtig hält, den gewählten Gegenstand in Begriffen zu beschreiben, aus denen schon hervorgeht, wie unbegreiflich und irrational das alles ist, und die somit ein verstandesmäßiges Erfassen von vornherein ausschließen. Manche westlichen Kommentatoren des Marxismus-Leninismus betreiben diese Art der Exegese ganz besonders hingebungsvoll, wobei die Verurteilung, mit der sie ihre Ausführung beschließen, nichts weiter ist als eine Wiederholung oder Erläuterung einer bereits aus der Methode sich ergebenden Prämisse. Für einen kritischen Leser tritt dann die Rationalität des Beobachters stärker in den Vordergrund als die Irrationalität des Beobachteten.

Da ist es schon fruchtbarer, das Werk eines bestimmten Repräsentanten zu untersuchen, selbst wenn dieser notwendigerweise nur einer aus der Gruppe ist, die eine Ideologie formuliert oder verschiedene Elemente dazu beiträgt. Solche Leute verfügen zumeist über ein überdurchschnittliches kulturelles Feingefühl, eine hervorragende ideologische Schulung, ein mehr oder weniger ausgeprägtes Gefühl für die strengen Gesetze der Logik oder der wissenschaftlichen Methode und dafür, was von einer heterogenen kulturellen Tradition zu glauben Ansehen verschafft (oder was zumindest Ansehen verschafft, wenn man es zu glauben vorgibt). Ein solcher Mann mag nicht repräsentativ in dem Sinne sein, daß er genau und detailliert in die Überzeugungen der Gruppenmitglieder einführt, er mag diese Überzeugungen für Nichtmitglieder „respektabel" erscheinen lassen, das notwendigerweise Unspezifische spezifisch machen (und daher verzerrt), das Unausgesprochene zum Ausdruck bringen und auf seine Weise das integrieren, was von seinen Genossen auf andere Weise integriert wird. Goldmann (1964, S. 104, Fußnote) bemerkt dazu: „Eine Ideologie beeinflußt tatsächlich nie mehr als eine größere oder kleinere Fraktion einer bestimmten Klasse, auf die sie sich bezieht, und es kommt oft vor, daß diese Fraktion nur eine Minderheit darstellt, noch dazu oft eine kleine Minderheit."

Bendix (1956/63, S. XII) sagt: „... die Einstellung Einzelner wird nicht allein schon durch den Prozeß einer bloßen Addition zur öffentlichen Meinung einer Gruppe. Stattdessen bildet sich öffentliche Meinung durch einen ständigen Prozeß der Formulierung und Neuformulierung, indem die Sprecher, die mit einer sozialen Gruppe identifiziert werden, das auszudrücken versuchen, was sie für gemeinsame Erkenntnisse halten. Eine Studie der Ideologien befaßt sich mit diesen Formulierungen und Neuformulierungen und daher mit jenen Auffassungen, die sich als stark genug erwiesen haben, Anhänger zu gewinnen."

Der Prüfstein für die Aussagen der „Repräsentanten" ist also die Frage, ob sie die betreffende Gruppe tragen oder nicht: „Die Zustimmung der Massen zu einer Ideologie oder ihre Ablehnung ist das Mittel, durch das eine echte Kritik der Rationalität oder Geschichtlichkeit von Denkweisen offenbar wird" (Gramsci 1957, S. 73). Vor allen Dingen muß man etwas von den vielschichtigen Motiven verstehen, die in einer Ideologie ausdrücklich zusammengefaßt werden; denn Aussage A des „Repräsentanten" mag die Zustimmung der Gruppe finden, Aussage B, die nach Meinung des „Repräsentanten" natürlicherweise zu A gehört, nicht.

Der „Repräsentant" mag nach seiner tatsächlichen *sozialen* Stellung sogar bemerkenswert unrepräsentativ sein, und zum Teil muß das vielleicht sogar so sein. Vielleicht kann nur jemand außerhalb der sozialen Gruppe, der sich ganz mit ihren Problemen identifiziert, die verlangte Einschätzung ihrer Position vornehmen. Analog dazu meint Weber, wie bereits angeführt, daß es nicht die kulturellen Hauptzentren sind, die religiöse Erneuerungen bewirken, sondern vielmehr periphere Zentren. Goldmann (1964, S. 117) geht sogar noch weiter, wenn er meint, eine Ideologie werde zunächst von Außenseitern formuliert, „von einigen professionellen Politikern und insbesondere Ideologen", und es seien die Außenseiter oder relativ periphere Mitglieder der betreffenden Gruppe, die mit größter Wahrscheinlichkeit ihre Führung übernehmen. So waren weder Burke noch Disraeli, die beiden bedeutendsten Gestalter der britischen konservativen Tradition und bis in die Zeit nach 1850 Wortführer des britischen Grundbesitzes, selbst Grundbesitzer, Landadelige oder Aristokraten.

Es wäre ein Fehler, solche Persönlichkeiten als unbedingt betrügerisch zu betrachten – im Gegenteil: es läßt sich vielleicht gar nicht vermeiden, daß der größte und wichtigste Teil der betreffenden Gruppe, wie Marx sagt (1845–47, S. 61), so sehr mit der Praxis beschäftigt ist, daß Intellektuelle von außerhalb herangezogen werden müssen, um die Auffassungen der Gruppe zu formulieren. Dort, wo es um einen gezielten Einsatz geht, beschäftigen wir schließlich auch als besondere Mitarbeiter Public-Relations-Fachleute, die zumindest zunächst „Outsider" sind. Aber von diesem Gesichtspunkt her sollte man nicht schließen, daß etwa große Schriftsteller in die simple Rolle des bezahlten Mitarbeiters gedrängt werden, und es sollen auch nicht die Schwierigkeiten bei der Interpretation dessen verschleiert werden, was eine soziale Gruppe effektiv glaubt, die Beziehungen zwischen dem Werk eines Individuums und seiner Gruppe. Goldmann erklärt unmißverständlich, es sei das Merkmal großer Literatur, daß sie die auseinanderstrebenden Ansichten einer bestimmten sozialen Gruppe auf eine neue gemeinsame Ebene bringt oder die widersprüchliche Position einer sozialen Gruppe für alle verständlich macht. Große Literatur stellt gemeinsame Probleme in ihrer wesentlichen Form dar, kristallisiert die Dinge heraus und präsentiert sie unverfälscht durch äußerliche Elemente oder durch Abstriche und Zweifel, die anderen Leuten zu schaffen machen. Er sagt: „. . . bei manchen ungewöhnlichen Individuen stimmt die Struktur bestimmter privater Betätigungsgebiete oder die Struktur der auf einem bestimmten Gebiet hervorgebrachten Werke (Literatur, Malerei, konstruktives Denken, Glaube usw.) vollkommen mit den korrespondierenden geistigen Strukturen eines transindividuellen Subjekts (d. h.

von Gruppen) überein, mit dem sie verbunden sind . . . in dieser Hinsicht erscheint das Werk keineswegs als Reflektion sozialer Realität, sondern im Gegenteil als ganz besonders kohärenter Ausdruck ihrer Zielsetzungen. Zu einem solchen Ausdruck gelangen die Mitglieder der Gruppe niemals oder höchstens unter gewissen Umständen, die sowohl kurzlebig wie auch ein Ausnahmefall sind" (1967, S. 904).

Historisch gesehen, erfordert dies natürlich in jeder Epoche verschiedenartige Erklärungen; denn Shakespeares Erfolg bei seinem Elisabethanischen Publikum mag von völlig andersgearteten Faktoren abhängen als seine Popularität im neunzehnten Jahrhundert.

Wenn wir uns Goldmanns Methode anschließen, so verkörpert der große Schriftsteller nicht nur die Absichten der Gruppe, mit der er sich verbunden fühlt, sondern er legitimiert auch diese Absichten für die Gruppe. Entsprechend liefert das Publikum nicht nur das Rohmaterial für die Kunst des Dramatikers, es entscheidet auch, was ein großes Drama ist und was nicht, es lernt etwas über sich selbst. Bei diesem Lernprozeß findet es wieder Fasern und Elemente seiner Kultur – „Spuren", die bisher verdeckt oder unausgesprochen blieben, und es schafft auf diese Weise die großen Themen menschlicher Geschichte neu.

Es ist kaum überraschend, daß neue Ideologien das Material der alten verarbeiten und Themen wiederholen, die seit vielen hundert Jahren immer wiederkehren. Die ursprünglich zur Lösung bestimmter Problembereiche formulierten Systeme werden wieder aufgegriffen und restauriert, wenn auch zweifellos in radikal verwandelter Form, um andere und neue Probleme zu lösen. Wenn manche Autoren bemerken, die Brennpunkte bei Marx entsprächen bestimmten Brennpunkten des Christentums (Millenium, Partei als Kirche, das leidende Proletariat als leidender Christus, usw.) sollten wir nicht überrascht sein und uns gewiß nicht davon abbringen lassen, die Gültigkeit von Theorien nach ihren Verdiensten zu beurteilen.

Wesentlich bei der Einschätzung einer Ideologie ist das Wissen um das Problem oder die Probleme, zu deren Lösung sie beitragen sollte: „Wenn das Christentum niemals Angriffen ausgesetzt gewesen wäre", bemerkt de Maistre, „hätte es niemals sein Dogma niedergeschrieben, um es zu fixieren – andererseits wurde nie ein Dogma schriftlich fixiert, wenn es nicht schon zuvor in seinem natürlichen Zustand, nämlich dem gesprochenen Wort, existiert hat" (1965, S. 155). Die Fragen, die beantwortet werden und die Art ihrer Beantwortung ergeben sich zum Teil aus der Art des Angriffs, wie der Angriff seinerseits sich zum Teil nach der Eigenart der Orthodoxie richtet. So wurde in Großbritannien der Status quo nacheinander durch die Monarchie, das Oberhaus, das System der Güterverteilung usw. symbolisiert, je nach der Art des vorgetragenen Angriffs. Kenneth Burke sagt in bezug auf literarische Werke: „Kritische und phantasievolle Werke sind Antworten auf Fragen, die sich aus der Situation ergeben, aus der heraus sie entstanden. Sie sind nicht nur Antworten, sie sind *strategische* Antworten, stilisierte Antworten" (1941, S. 3); und „Strategien umreißen die Situationen, bezeichnen ihre Struktur und ihre wesentlichen Bestandteile, und zwar auf eine Art und Weise, die eine Stellungnahme ihnen gegenüber einschließt".

Wenn wir die Zielscheibe nicht kennen, wissen wir auch nicht, wie genau gezielt wurde. So selbstverständlich das auch sein mag, so wird doch nicht immer danach gehandelt. Lenins Aufsatz *Was tun?* war die Zielscheibe zahlreicher westlicher Attakken, von denen viele gar nicht zu begreifen versuchten, worauf Lenins Schrift eine Antwort geben wollte, auch wenn seine Ausführungen dann in einem anderen Licht erschienen wären. Das ist so, als sagte ich an einem regnerischen Tag: „Ich muß einen Regenmantel tragen", und diese Worte würden dann durch einen unglücklichen Zufall festgehalten, so daß ein künftiger Historiker bei einer Abhandlung über die rätselhafte Sekte der Regenmantler autoritativ feststellen könnte: „Harris glaubte sein Leben lang fest an die Vorzüge des Regenmantels; so zum Beispiel sagte er einmal ausdrücklich ‚Ich muß einen Regenmantel tragen'." Der Vergleich hinkt ein wenig, doch die Aussage stimmt. Westliche Kommentatoren waren fast ebenso skrupellos wie Stalin, wenn es darum ging, Lenin zusammenhanglos zu zitieren und die Fragen wegzulassen, auf die er eine Antwort zu formulieren suchte. Die Logik der Debatte bestimmt die Richtung der Positionen einer Ideologie, formt sie um und schafft sie sogar erst, obgleich das Wesentliche an diesen Positionen sich von einer gegebenen sozialen Situation ableitet. Diese soziale Situation ist ebenfalls von entscheidender Bedeutung für das Verständnis der Ideologie; denn keineswegs sehen alle Leute die Dinge auf dieselbe Weise. Eine flache Scheibe kann von einem Standpunkt aus kreisrund, von einem anderen aus wie ein schmaler Streifen erscheinen.

Diese Tatsache wird durch eine höchst interessante Studie verdeutlicht: *The American Voter* (Campbell u. a. 1960). Diese Studie will das Masseninteresse an amerikanischen Präsidentschaftswahlen durch die Erforschung der Auffassungsfähigkeit verschiedener Volksschichten für politische Erwägungen untersuchen. Es geht daraus hervor, daß in der untersten Schicht der Gesellschaft (bei den Ungebildetsten und Ärmsten) nur bruchstückhaftes Bewußtsein vorhanden ist; einem großen Teil der Bevölkerung stehen einfach die Kriterien zur Beurteilung politischer Fragen nach altbekannten Grundsätzen nicht zur Verfügung. Wissen ist hier nicht ein System in dem Sinne, wie es in diesem Buch verwendet wird, sondern eine offenbar wahllose Ansammlung zusammenhangloser Elemente, die vielleicht sogar logische Widersprüche enthält. Diese Feststellung ist nicht neu, auch wenn die Sache bisher noch niemals so systematisch untersucht wurde. Die Ansichten vieler Menschen enthalten unvereinbare Widersprüche, die in verschiedenen Zusammenhängen zum Ausdruck kommen. Beispiele dafür bekommt man zu hören, wenn man nach der Rassendiskriminierung in den USA fragt: „Ich bin gegen Farbige in diesem Land“ – „Jack nebenan ist ein guter Nachbar und ein sehr netter Kerl“; wobei Jack ein Farbiger ist. Ein weniger offenkundiges Beispiel mag das Argument sein: „Rußland hat die H-Bombe, also müssen wir sie auch haben“ und: „Man sollte mehr für Krankenhäuser und weniger für Bomben ausgeben“.

Von diesen Widersprüchen berührt der erste zwei Bereiche, nämlich die Landespolitik und die unmittelbare Wahrnehmung. Beim zweiten Beispiel kann das auch der Fall sein (falls diese Aussage das Ergebnis eines kürzlich durchgemachten Krankenhausaufenthaltes ist) oder auch nicht. Gerade an dieser Nahtstelle zwischen einer Meinung über die Landespolitik und unmittelbarer Erfahrung treten die offenkundigsten Widersprüche auf. Die verstandesmäßige Anteilnahme des Volkes an einer großen Zahl von Problemen, die Politiker für entscheidend halten, kann nämlich außerordentlich fragwürdig sein. Eine Befragung einiger indischer Bauern kurz nach dem chinesisch-indischen Grenzkonflikt von 1962, also zu einem Zeitpunkt, wo nationale Einigkeit und Nationalbewußtsein nach Ansicht der städtischen Intelligentsia einen Höhepunkt erreicht hatte und über das ganze Land verbreitet war, brachte zutage, wie fern den Befragten die Vorstellung „Indien" war, und sogar für die Mehrheit der Inder war und ist sie es vielleicht auch heute noch (siehe Thakur u. a., 1963).

Converse (Apter, 1964, S. 206) zitiert eine Reihe von Studien, um zu zeigen, wie fernliegend manche politischen Ideen sind, von denen man annahm, daß sie von der überwiegenden Mehrheit des betreffenden Volkes geteilt werden. So meint Znaniecki, daß sich im zaristischen Rußland des neunzehnten Jahrhunderts der weitaus größte Teil der Bauern gar nicht der Tatsache bewußt war, daß sie angeblich einer russischen Gesellschaft angehörten, die durch eine gemeinsame Kultur geeint war. Ein Bericht aus den Jahren 1934 und 1935 von den Pripet-Sümpfen macht deutlich, daß fast die Hälfte der dortigen Bewohner, völkerkundlich Angehörige der Weißruthenischen Nation, sich dieser Nationalität überhaupt nicht bewußt waren. Stouffer (1955) stellte während der McCarthy-Hearings in den Vereinigten Staaten fest, daß dreißig Prozent eines repräsentativen Querschnitts durch die US-Bevölkerung nicht in der Lage waren, den Namen eines Senators zu nennen, der Untersuchungen über den Kommunismus im Lande anstellte. Und schließlich wußten auf dem Höhepunkt der Berlinkrise von 1958 sechzig Prozent der Einwohner der USA nicht einmal, daß diese Stadt inmitten der DDR lag. Converse schätzt, daß etwa siebzig Prozent der US-Wähler nicht wissen, welche Partei im Kongreß die Mehrheit hat.

Aus diesen Einzelbeispielen läßt sich verallgemeinernd ableiten, daß in Zeiten einer relativen sozialen Stabilität ein wesentlicher Teil der Bevölkerung, vielleicht gar die Mehrheit, von der großen Politik keine Ahnung hat und der Regierung

– ob repräsentativ oder nicht – nicht einmal das zuteil werden läßt, was Edmund Burke „eine Art schwerfälliger Zustimmung" nennt. Der Staat und seine Behörden werden vielmehr etwa so hingenommen wie das Wetter, als etwas, das man als Bestandteil der natürlichen Ordnung der Dinge ertragen muß, nicht aber „akzeptieren" oder „ablehnen" kann. Viele sehen darin ein vernichtendes Urteil, gerade weil unsere Theorie vom Staat wortreiche Rechtfertigungen der Repräsentation des Volkes enthalten. Man denke nur an die endlosen spitzfindigen Erörterungen darüber, ob die Regierung ein „Mandat" für dieses oder jenes hat.

Man kann die Sache jedoch auch zu weit treiben, und ein gewisser autoritärer Unterton ist unverkennbar. Wir sind nur noch um Haaresbreite von dem Argument entfernt, daß – da die Masse der Bevölkerung zu dumm oder zu unwissend sei, politische Probleme zu begreifen – eben eine Elite oder ein Diktator ihnen das Denken und Handeln abnehmen müßten. Indirekt enthält dieses Argument ein willkürliches Urteil über das Wesen der Politik: so und nicht anders sehen die Streitfragen und die einzig möglichen Antworten aus, und da sich das Volk nicht dafür interessiert, muß es unwissend oder dumm sein. Aber man kann das Argument auch umdrehen: da sich das Volk nicht für diese Probleme interessiert, hat es entweder seine Machtlosigkeit erkannt, oder diese Probleme sind ihm nicht wichtig genug. Im ersten Fall geben wir den Politikern mehr Macht, weil wir sie damit betrauen, für uns zu entscheiden; im zweiten Fall müßte man sie eigentlich entmachten, weil sie ganz offensichtlich nicht den Mehrheitswillen repräsentieren.

Es wurde bereits angedeutet, daß das Handeln eine wesentliche Bedingung für die Bestimmung einer Ideologie ist. Auch wenn wir zu einem gegebenen Zeitpunkt in den passiven Überzeugungen eines Einzelnen weder Zusammenhang noch Kontinuität zu erkennen vermögen und große Lücken entdecken, so bedeutet das noch nicht, daß ein gegebenes Problem bei ihm nicht eine Reihe von Reaktionen auslösen wird, die zusammen eine Haltung ergeben, die einer einzigen, zusammenhängenden Ideologie entspricht. In der Frage „Was ist Ihre wirkliche Überzeugung?" liegt nicht mehr Sinn als in der anderen Frage „Was ist ein Stuhl wirklich?", falls der Befragte mit diesem Komplex nichts zu tun hat. Handelt es sich um einen ihm fernliegenden Zusammenhang, kommt sich der Befragte machtlos vor; er kann die Dinge doch nicht ändern, also ist seine Meinung ohne Bedeutung. Diese Machtlosigkeit ist es, die das fördert, was wir „Apathie" nennen, das Bewußtsein, selbst nichts an den Dingen ändern zu können. Interviewer erwarten von den Leuten trotzdem eine eigene Meinung, und man fühlt sich ein wenig beschämt, wenn man keine eigene Meinung zu den Dingen hat, die die Zeitungen als wichtig bezeichnen, doch die „Meinung" ist hier nichts weiter als dekoratives Beiwerk, wie das Tragen eines Hutes oder das Kämmen des Haars; sie drückt keine „Haltung" aus. Geht es jedoch um Dinge, die für den Befragten wichtig sind, dann drücken sich in seinen Meinungen Haltungen aus, und diese Haltungen sind fundiert – ein Elektriker hat seine eigene Meinung in Fragen seines Fachs, ein Installateur in Fragen der Installation; denn diese Dinge sind für die Betreffenden unmittelbar wichtig. Meinungen werden inkonsequent, wenn es um Dinge geht, die keine Rolle spielen oder nicht beeinflußbar sind. Die Rolle des Bürgers ist für die Majestät am wenigsten wichtig und widersprüchlichen Pressionen unterworfen, die unausgeglichen bleiben, weil die Macht und die Notwendigkeit zu handeln fehlen.

Es gibt nur wenige auf die Zeit und das Spektrum politischer Erfahrung bezogene Verhaltensstudien; nur sie würden eine provisorische Grundlage (provisorisch deshalb, weil jemand in Zukunft seine Meinung ändern könnte) für eine Aussage darüber bieten, welche politischen Überzeugungen bei manchen Menschen wirksam werden könnten – das heißt, wie sie sich angesichts bestimmter Alternativen verhalten würden. Allein dadurch, daß wir jemanden fragen, können wir nicht feststellen, ob die an ihn gestellten Anforderungen ihn zur Integration seiner Grundsätze zwingen werden, zu ihrer Neuordnung, zur Aufgabe einiger und Intensivierung anderer. Die Definition der Politik, nach der jemand, der sich nicht dafür interessiert, welche Partei im Kongreß die Mehrheit hat, ein politischer Ignorant sei, berücksichtigt nur eine willkürlich gewählte Perspektive der Realität, nämlich die Perspektive des Kongresses selbst, der Presse und der Universitäten sowie die Meinung des gehobenen Mittelstandes. Der gehobene Mittelstand wird in industrialisierten Ländern durch seine besondere Rolle in der Gesellschaft charakterisiert. Diese Rolle bringt es mit sich, daß das Bewußtsein dieser Schicht dahin tendiert, sich auf die Gesellschaft als Ganzes zu erstrecken. Die nationalen Grenzen sind wesentliche Hilfslinien für diese Art von Bewußtsein.

Doch ein Mensch, der durch seine Arbeit und seine Lebensumstände im Bereich der Stadt oder des Dorfes befangen ist, wird normalerweise auch ein entsprechendes Bewußtsein besitzen. Was sich jenseits dieses Bereichs abspielt, liegt außerhalb seines Kontrollbereichs und daher auch oft außerhalb der Fähigkeit, es zu begreifen. Das ist erwähnenswert, weil jemand durchaus auch in seinem örtlich begrenzten Bereich politisch aktiv sein und auf eine bestimmte Perspektive festgelegt sein kann. Tagtäglich streiken Arbeiter in irgendwelchen Fabriken; sie verzichten damit freiwillig auf einen Teil ihres Einkommens, nehmen für sich und ihre Familien beträchtliche Schwierigkeiten in Kauf und setzen sich gleichzeitig äußerst feindseligen Angriffen von seiten der Presse, der Regierung und der Arbeitgeber aus, um irgendein Prinzip, eine Forderung gegen ihre Arbeitgeber durchzusetzen. Es genügt auch nicht, solche Aktionen als „rein wirtschaftlich" abzutun, da sie häufig nicht auf spezifisch wirtschaftliche Belange ausgerichtet sind, und selbst wenn sie es wären, ändert das nichts an der Sache; denn schließlich ist auch die Politik des Landes zum großen Teil „rein wirtschaftlich" orientiert und deshalb nicht weniger gewichtig. Einige der Streikenden mögen Nichtwähler sein, die einerseits bereit sind, hinsichtlich ihres Lebens und Lebensunterhalts weitgehende, wenn auch zeitlich begrenzte Maßnahmen zur Verteidigung ihres Standpunktes zu ergreifen, andererseits sich aber gleichgültig verhalten. Es wäre jedoch völlig falsch zu sagen, man könne sie einzig und allein nach dem zweiten Charakteristikum klassifizieren. Damit würde man sich lediglich statt auf die eine, auf die andere Seite stellen. Natürlich könnte man mit Recht einwenden, daß in gewissen wichtigen Auseinandersetzungen die betreffenden Arbeiter nur dann Verbesserungen erlangen können, wenn sie „auf nationaler Ebene" zusammenarbeiten – Eisenbahner können auf lokaler Ebene nicht viel erreichen und müssen die Grundzüge der nationalen Verkehrspolitik begreifen, um einen Lohnkampf führen zu können. Doch der Erziehungsprozeß, der Übergang vom örtlich gebundenen zum nationalen Bewußtsein, vollzieht sich ja gerade bei dem Versuch, etwas zu tun: man probiert es mit dem System, das der unmittelbaren Umgebung gemäß ist, stellt fest, daß es so nicht funktioniert und weitet es aus durch Einbeziehung immer fernerliegender Faktoren, bis vielleicht die universale Einstellung erreicht ist: „Arbeiter aller Länder, vereinigt euch!"

Man könnte diesen Prozeß vielleicht anhand einer größeren Auseinandersetzung nachzeichnen. So waren beispielsweise die Matrosen beim Seemannsstreik von 1966 durch die Ereignisse gezwungen, ihre Aufmerksamkeit zunächst von ihrem Schiff auf die Reederei auszudehnen, bei der sie arbeiteten, und von da aus auf die Schiffahrt als Ganzes (als sie merkten, daß sie es mit der Arbeitgeberorganisation der Reeder zu tun hatten), und schließlich auf die Regierung, als diese in dem Streit intervenierte, das heißt auf die Arena staatlicher Politik, auf die britische Gesellschaft. Dieser Ausweitungsprozeß kann natürlich immer auf der Stufe, auf der eine Einigung erzielt wird, gestoppt werden, und die Betroffenen werden dann zu ihrem früheren Standort zurückkehren. Die Bedingungen für gemeinsame Aktionen mit anderen Gruppen sind dann nicht mehr gegeben, deshalb ist das System, das die Aktion ermöglichte, nicht länger relevant. Man unternimmt nur dann etwas, wenn Hoffnung besteht; da die Leute im allgemeinen sehr realistisch eingestellt sind, sehen sie normalerweise wenig Anlaß zu einer Hoffnung, etwas erreichen zu können: andere werden sich nicht rühren, und wenn sie selbst auf eigene Faust etwas unternehmen, ist ein Mißerfolg unvermeidlich. Es ist dieser Erziehungsprozeß, der bei allen endgültigen Klassifizierungen des Bewußtseins außer acht gelassen wird: das Auf und Ab der Menschen, die sich mit Problemen herumschlagen, Fehlschläge oder Erfolge haben, vorankommen oder steckenbleiben – bei dem dauernden Bestreben, die Welt zu verstehen und sich eine Perspektive zu bilden, die das Handeln konsequent auf ein erstrebenswertes Ziel hinleitet. Bendix fängt etwas von diesem bruchstückweisen Prozeß in einer Darstellung einer kulturell viel homogeneren Gruppe, der Arbeitgeber, ein (wobei die Homogenität der Rolle der Arbeitgeber und der Größe ihrer Gruppe entspricht):

„Ideologien tragen oft zur Bildung einer festgefügten Gruppe aus mehr oder weniger unterschiedlichen Elementen bei. Im Falle der Arbeitgeber mag dieser Zusammenhalt daraus entstehen, daß die Interessenkonflikte zwischen den Arbeitgebern auf Grund ihrer gemeinsamen Konfrontation mit einer feindlich eingestellten sozialen Umwelt dem Einigungsstreben den Vorrang geben. Unter diesen Umständen helfen Ideologien, bestimmte Kerninteressen der Gruppe zu definieren und zu fördern. Diese fortgesetzte Definition materieller Interessen trägt wiederum dazu bei, die Mitglieder der Gruppe zu überzeugen und sie im Prozeß der Verteidigung ihrer Interessen gegen opponierende Gruppen zu einigen. Ohne eine solche kontinuierliche ideologische Rückendeckung kann das Klassenbewußtsein einer einzelnen Gruppe nicht aufrechterhalten werden" (1956/63, S. 199).

Es gehört mit zur Definition einer sozialen Krise, daß eine größere Anzahl von Menschen zum Verständnis der Gesellschaft als ganzes gelangt, eben weil so viele Dinge, die man bisher als selbstverständlich hingenommen hat, ihren Sinn verlieren und nicht länger in der Lage sind, wie früher rechtfertigende Prämissen zu bieten. Das Mobiliar des geistigen Raums stimmt nicht mehr mit den Bewohnern überein. Vieles von dem, was so selbstverständlich war, daß es nie erwähnt oder gar überlegt wurde, wird plötzlich zweifelhaft oder problematisch – die eigenen „Interessen" scheinen nicht mehr eindeutig zu sein. Die Verwirrung zwingt die Menschen, sich auf neue Art mit ihrer Realität auseinanderzusetzen oder gar uralte Wege neu zu beschreiten, als Trost oder als Richtlinie zur Schaffung einer Ordnung aus einer neuen Anarchie heraus, um nach dem zu greifen, was noch als sicher gilt und woran man sich halten kann. Erforschungen der öffentlichen Meinung können deshalb, wenn sie wirklich sorgfältig sind, immer nur wiedergeben, was eine bestimmte Gruppe von Menschen zu einem bestimmten Zeitpunkt als Antwort auf eine bestimmte Frage als ihre Überzeugung ausgibt, und nicht, was sie später glaubte oder wie sie reagieren würde, wenn man sie vor bestimmte Alternativen stellte. Das muß so sein, weil die Leute im großen und ganzen nicht wissen, welches ihre künftigen Reaktionen sein werden. Sie wissen es nicht nur deshalb nicht, weil ihnen eine spezifische, stabile „Haltung" fehlt, sondern weil sie die konkreten Einzelheiten der Entscheidungen nicht kennen, die sie treffen müssen – welche Alternativen sich ihnen bieten und welchen Beeinflussungen sie ausgesetzt sein werden. Wenn es zum Beispiel nur um vorhandene Glaubensvorstellungen geht, wissen die Menschen nicht, welche Ausnahmen ihnen eine Autorität zubilligen mag, – Ausnahmen, die genügen können, um die Voraussetzungen einer möglichen Handlung völlig zu verändern. „Wenn die Existenz der Kirche bedroht ist", soll der Bischof von Verdun 1411 gesagt haben, „wird sie von den Moralgesetzen entbunden." Der Bischof sagt allerdings nicht, wer darüber entscheidet, wann „die Existenz der Kirche bedroht ist". Humorvoller ist der Hinweis auf der Freitagsspeisekarte der Japan Air Lines, daß laut einem Sonderdispens des Papstes reisende Katholiken auch an diesem Tag Fleisch essen dürfen.

In dieser Darstellung wurde schon mehrfach auf das aufsteigende Ordnungsprinzip der Ideologien hingewiesen. Die umfassendsten Ideologien schließen die Gesamtheit des sozialen Lebens in einer gegebenen Gesellschaft ein, oder scheinen sie zumindest einzuschließen; denn alte Praktiken werden mit den Begriffen einer neuen Terminologie neu definiert – aus den Familiensitten des deutschen Mittelstandes aus dem neunzehnten Jahrhundert wird die neue „Nazi-Familienmoral", aus dem puritanischen Codex des Familienverbandes, normalerweise verfochten vom Mittelstand in den frühen Phasen der Industrialisierung einer überwiegenden Bauerngesellschaft, wird die neue „kommunistische Moral" des stalinistischen Rußlands. Doch was die allgemein intellektuellen Bestrebungen einer Gesellschaft betrifft, so kann eine große Ideologie die dominierenden Schemata auf den meisten Gebieten umformen, wie auch das mittelalterliche Christentum anscheinend die Grundlage für den „gesunden Menschenverstand" und die Struktur für die intellektuellen Disziplinen im Mittelalter geliefert hat. Der

Liberalismus des neunzehnten Jahrhunderts lieferte auf einer darunterliegenden Ebene (da es sich um einen relativ kurzen Zeitraum handelte und Beeinträchtigungen durch die Auswirkungen des fortgesetzten sozialen Wandels eine Rolle spielten) ein analoges Glaubensmodell – einen Codex für Politik, Verhaltensweise und Ziele, eine Theorie des Wissens, eine umfassende Philosophie und Methodologie, einen ethischen Codex und eine juristische Perspektive, ein System für Wirtschaft und Verwaltung sowie ein Geschichtsbild, das sich deutlich vom vorangegangenen unterschied. Diese Zeit brachte den Begriff des „Individuums" als kleinster Einheit der Gesellschaft und entsprechend das „Atom" als Grundelement der Kosmologie auf. Sie lieferte, was zu diesem Zeitpunkt erforderlich geworden war, nämlich ein vergleichendes Modell für Individuum, Gesellschaft und Kosmologie; die drei Begriffsebenen mußten in einer gemeinsamen Perspektive zusammengefaßt werden. Aus früheren Überlegungen hatte sich für jede dieser drei Begriffsebenen eine einfache und wirksame Dualität entwickelt. Ein Beispiel dafür findet sich bei so unterschiedlichen Denkern wie Plato und Edmund Burke. Im Individuum kämpft das Tier (oder die Leidenschaften) gegen die Seele (oder den Verstand), in der Gesellschaft werden die (anarchischen) Massen von der Aristokratie regiert (die sowohl Verstand wie auch göttliche Ordnung verkörpert), und in der Kosmologie wird der Mensch von Gott beherrscht. Diese drei Gliederungen entsprachen einander; denn die Seele des Individuums sollte seine Leidenschaften durch die Vernunft und in Übereinstimmung mit dem göttlichen Willen beherrschen, so wie die Aristokratie in der Gesellschaft und Gott im Universum herrschte. Selbst die himmlische Welt wurde diesem Modell angepaßt – der Himmel (mit seiner genau geregelten Standeshierarchie) wurde wie eine Aristokratie regiert, während darunter die schrecklichen Dünste der Hölle, der tierischen Massen, aufstiegen, um die Gerechten zu ängstigen; mit dem Anwachsen eines Mittelstandes tauchte in der Kosmologie eine Art von Zwischenstation auf, das Fegefeuer, obgleich es in der Heiligen Schrift keinen Hinweis auf diese *via media* gab.

Andererseits erkennt man jedoch schon die Anfänge der Ideologie überall da, wo eine soziale Gruppe sich während eines mehr oder weniger ausgedehnten Zeitraums einem gemeinsamen Problem gegenübersieht, einem gemeinsamen Zweck oder der Notwendigkeit einer gemeinsamen Aktion. Die Definition einer Gruppe, ihr Entstehen, wurde bereits diskutiert, und ihre Selbsterkenntnis als Gruppe ist ganz und gar abhängig von irgendeinem Ansatz einer Ideologie. Wir alle sind Mitglieder verschiedenartiger Gruppen – Fußballclubs, Gartenbauvereine, Hausfrauenvereinigungen, kirchlichen Vereinen und so weiter –, von denen nicht unbedingt jede irgendeine allgemein ideologische Form annehmen muß, es sei denn, sie wird in einen Konflikt mit anderen Gruppen verwickelt, die sie dazu zwingen, sich selbst zu definieren und diese Selbstdarstellung aufrechtzuerhalten. Da die Arbeitsteilung Gruppen schafft, die durch eine gemeinsame Aufgabe und gemeinsame Erfahrungen verbunden werden, ist diese Arbeitsteilung auch eine mächtige Triebfeder zur Definition dieser Gruppen in ideologischer Hinsicht. Auch Berufsgruppen weisen ähnliche Beispiele für embryonale Ideologien auf.

So zeigt uns die National Union of Teachers, wie Lehrer – oder zumindest einige von ihnen – sich selbst und ihre Rolle in der Gesellschaft sehen; die Öffentlichkeitsarbeit der British Medical Association schafft die Aura von der ärztlichen Berufung, von ihrer Bedeutung und ihrer Rolle in der Vergangenheit (auch hier wird die Geschichte wieder aus der zeitgemäßen Perspektive der Ärzte umgeschrieben) und was sie in Zukunft tun sollten; die National Union of Farmers wird das harte Leben, die selbstlose Pflichterfüllung und die Opfer der Bauern darstellen und darauf hinweisen, wie unentbehrlich sie für unser aller Leben sind. Das Bild der Bauern kann sogar vollständiger entwickelt werden als andere, da Bauern mehr als andere Berufe autonom, unabhängig sind: im Rahmen der Arbeitsteilung kann das Produkt ihrer Arbeit für die Lebenserhaltung dauerhafter sein als die Produktion der eng miteinander verflochtenen Industriezweige. Diese gegenseitige Abhängigkeit ist es, die ständig den Bemühungen um eine selbständige Ideologie entgegenwirkt. Gruppen werden immer wieder im weiteren Bereich der Kultur „aufgehen“, da sie als eigenständige Einheit nicht funktionsfähig und davon abhängig sind, daß eine Vielzahl anderer ihre jeweilige Rolle spielen – Lehrer sind von der Verwaltung, von der Versorgung mit Nahrung und Kleidung, von Baumeistern und hinsichtlich ihres Gehalts vom Staat abhängig, und so weiter. Und moderne Bauern sind stark abhängig von den Lieferanten von Kunstdünger, Saatgut, Maschinen aller Art und von den Aufkäufern, die ihnen ihre Ernte abnehmen. So stoßen die ersten tastenden Schritte in Richtung auf die Ausarbeitung einer eigenen Sicht der Gesellschaft in Verbindung mit den Zwecken einer bestimmten Gruppe in jedem Stadium auf Hindernisse, die allerdings dann teilweise überwunden werden können, wenn ein größerer Disput alle Mitglieder der Gruppe aktiviert und die Notwendigkeit gemeinsamer und energischer Zielsetzungen der Gruppe mit sich bringt.

Die Verdeutlichung einer Ideologie, die Vertiefung ihrer Prämissen, erfordert das fortgesetzte Vorhandensein eben eines solchen größeren Problems und für gewöhnlich sogar einer Existenzbedrohung der Gruppe durch große Verluste oder eine gleichbleibend feindselige Haltung der übrigen Gesellschaft. Die klassischen Beispiele hierfür sind religiöse Sekten oder ethnische Minderheiten (wie zum Beispiel die Juden); hier braucht die Grundlage der Gruppe nicht einfach beruflich bedingt zu sein, sie kann sehr komplex sein. Wenn eine solche Gruppe auch noch isoliert wird, so kann die Ideologie eine sonst nicht hervortretende Klarheit und Intensität gewinnen, wie es sich etwa bei bestimmten Sekten zeigt.

Die bisherige Diskussion ging davon aus, daß Menschen auch Dinge glauben können, die ihnen nicht zum Verständnis der Welt verhelfen, daß sie „passive" Überzeugungen hegen können – das heißt, Überzeugungen, die festgelegt und anerkannt sind, die aber nicht zur Aktion oder bewußten Nichtaktion führen. Hier handelt es sich um „Spuren", die nicht wirksam werden und deren ursprüngliche Herkunft oder Bedeutung in Vergessenheit geraten ist. Aber manchmal klammern sich die Menschen natürlich auch aus anderen Gründen an Symbole, selbst wenn die eigentliche Substanz längst verschwunden ist. Als die Labour Party auf ihrem Jahreskongreß 1959 beschloß, an ihrer Verfassungsklausel IV festzuhalten (sie verpflichtet die

Partei zur Verstaatlichung aller Mittel der Produktion, des Güteraustauschs und der Verteilung), wurde etwas Derartiges sichtbar; denn obgleich man das Symbol beibehielt, wurde doch keinerlei Versuch unternommen, es praktisch wirksam werden zu lassen. Converse führt ein ähnliches Beispiel aus den Vereinigten Staaten an, wenn er sagt, die von ihm analysierten Wähler seien zwar einer Partei, nicht jedoch ihrer Politik treu: „Die Partei und die Anhänglichkeit ihr gegenüber sind im Glaubenssystem der Massen von größerer Bedeutung als die politischen Ziele, zu deren Verfolgung die Partei gegründet wurde" (Apter, 1964, S. 241). Das Symbol hat das symbolisierte Objekt verschlungen; wir lieben den Namen der Geliebten, haben aber die Person vergessen, die diesen Namen trägt, wir sagen die Zehn Gebote auf, lassen uns durch sie aber keinesfalls in unserem Verhalten beeinflussen.

Gramsci zitiert einen analogen Fall aus dem Bereich der Sprache, von der er sagt: „Sie ist zugleich etwas Lebendiges und ein Museum von Fossilien des Lebens und der Zivilisation"; wenn wir das Wort „Unstern" in den Mund nehmen, so beweist das nicht unbedingt, daß wir an die Astrologie glauben, und mit dem Ausruf „beim Zeus!" bekennen wir keine besondere Vorliebe für heidnische Götter (1957, S. 110–11).

Die Spuren der Vergangenheit bleiben Bestandteil der gegenwärtigen Sprache, wie auch die Ruinen bedeutender Monumente und Gebäude der Vergangenheit Bestandteil unserer heutigen Landschaft bleiben. Das Vergehen von Glaubenssystemen wird jedoch durch die Assoziation populärer Überzeugungen und die Starrheit der Autorität ganz besonders beschleunigt. Wenn Herrscher sich zur Rechtfertigung ihrer Herrschaft populärer Überzeugungen bedienen, diese Herrschaft beim Volk jedoch unbeliebt ist, dann liegt etwas vor, was wir als Nichtübereinstimmung eines untergeordneten Systems mit der Erfahrung bezeichnet haben. Diese Nichtübereinstimmung kann sehr lange bestehenbleiben, insbesondere dann, wenn der Herrscher über eine große physische Macht verfügt, sie kann aber auch zu plötzlichen Änderungen gewisser Überzeugungen führen. So können die Menschen einfach ihr freiwilliges Bekenntnis zu den ursprünglichen Doktrinen zurücknehmen, sich in

Zynismus oder Langeweile zurückziehen und dem Buchstaben der Doktrin, wenn nötig, bloße Lippendienste erweisen. Andere klammern sich vielleicht an die Terminologie, obgleich der ursprüngliche Gehalt nicht mehr vorhanden ist. Wie viele Atheisten danken wohl Gott insgeheim oder auch offen, wenn sie eine Krise lebend überstanden haben? Ein solcher Dank beweist nicht, wie Priester gelegentlich glauben machen möchten, einen „natürlichen" Glauben an die Gottheit, sondern mehr den langsamen Ablauf des Prozesses, in dessen Verlauf vergangene „Spuren" überwunden werden. Die Vorgänge sind zum Teil Beispiele für das sogenannte „falsche Bewußtsein". Eine ausführliche Erörterung dieses Begriffs bleibt einem späteren Kapitel vorbehalten.

Ich habe hier darzustellen versucht, daß wir bei der Untersuchung bestimmter Überzeugungen diese als eine Art Reaktion auf reale Probleme anzusehen haben und daß wir dabei weder den Sinngehalt der ideologischen Aussagen für alle Mitglieder der betreffenden Gruppe voraussetzen noch Irrationalität annehmen dürfen – es sei denn auf Kosten der historischen Wahrheit. Wenn wir eine Irrationalität voraussetzen, so verzichten wir bei der Betrachtung des Subjekts auf alle verstandesmäßigen Kriterien und legen unsere eigene Rationalität zugrunde. Eine solche Untersuchung wird zu einer bloßen Selbstbeweihräucherung, und wenn nicht dazu, dann doch zumindest zu einem Loblied für die Gruppe, der wir angehören. Es muß noch einmal gesagt werden, daß man Ideologien im richtigen Zusammenhang sehen muß, als Teil der generellen Beschreibung von Ereignissen, und nicht als etwas, das der Realität von außen aufgelegt wird, die Wirklichkeit überlagert, wodurch die Ideen nur noch als Dekoration gebraucht werden. Wenn wir Ideen richtig sehen wollen, müssen wir die Absichten der betreffenden Gruppe kennen, entweder gemäß ihren eigenen Begriffen oder in Begriffen, die wir von unserem relativen Standpunkt aus schaffen: nicht als das eigentliche Substratum der Realität, sondern als Ausdruck *unserer* Perspektive, die ebenfalls Teil einer Ideologie ist, im Widerstreit mit anderen Ideologien, in einer bestimmten Gesellschaft zu einem bestimmten Zeitpunkt. Zu leicht verfällt jemand, der anderer Leute Ideen untersucht, in die Pose Gottes, der Seine Realität definiert; auf diese Weise werden Gefüge und Feinheiten von Überzeugungen zerstört. Der Mensch verleiht durch seine Überzeugung den Ereignissen einen Sinn. Die Überzeugungen müssen ebenso sorgfältig untersucht werden wie die Ereignisse selbst, oder wir werden nie verstehen, warum jemand auf bestimmte Ereignisse so und nicht anders reagiert.

## III

# Primitive und traditionelle Mittler

*Es gibt immer einen Mittler zwischen* Praxis *und* Praktiken, *nämlich das Begriffsschema, das Sache und Form – beides ohne eine Eigenexistenz – zu Strukturen werden läßt, das heißt zu Wesenheiten, die sowohl empirisch als auch intelligibel sind.*
Lévi-Strauss, *La pensée sauvage*

Erst ein sehr kleiner Teil der unübersehbaren Vielzahl komplexer, aber systematischer Untersuchungsmethoden der Welt wurde bisher erforscht; die Systeme werden als solche auch heute noch unvollkommen begriffen. Diese Darstellung soll trotzdem nicht ohne einen wenn auch noch so flüchtigen Blick auf dieses weite Gebiet fortgesetzt werden. Allerdings können diese Ausführungen auf Grund des knappen Raums, der Menge an wichtigem Material und meiner eigenen Unkenntnis nur relativ oberflächlich bleiben. Andererseits bringen Verallgemeinerungen im Vergleich mit der bruchstückhaft vorhandenen Information die Gefahr mit sich, den einmaligen Charakter eines jeden Glaubenssystems zu entstellen, indem sie es aus dem Gesamtbild einer bestimmten Kultur, den Zielen einer bestimmten Gruppe sowie ihrer genau umschriebenen Problemstellung herausheben. Es gibt jedoch grobe Maßstäbe, vorausgesetzt, wir behalten das im Auge, was vielen Problemen eigen ist: die gemeinsame „Realität" (wie im letzten Kapitel angedeutet), die wir als Kulisse hinstellen. Hierbei handelt es sich zwar um ein willkürliches Vorgehen, das uns aber – wenn wir das Willkürliche daran eingestehen – doch einen ungefähren Kompaß für unseren relativen Standpunkt in die Hand gibt.

Ein halbwegs zuverlässiger Kompaß ist hier wichtig; denn in diesem Kapitel soll die Kontinuität einiger Themen dargestellt werden, das religiöse Erscheinungsbild mancher Probleme, die uns heute in säkularer Verkleidung begegnen. Bendix (Apter, 1964, S. 294) meint, das Wort „Ideologie“ sei eigentlich nur auf Überzeugungen aus der Zeit seit dem siebzehnten oder achtzehnten Jahrhundert anwendbar. Vorher wurde das Weltbild der Menschen seiner Ansicht nach von den Grundsätzen einer objektiven Morallehre beherrscht, von einer *göttlichen moralischen Ordnung,* die nicht einmal von den extremsten Denkern angezweifelt wurde. Diese Ansicht hat einiges für sich, aber sie mißt einem ganz bestimmten Element eine zu große Bedeutung bei: nämlich dem Element, das sich von den heute herrschenden Überzeugungen vielleicht am stärksten unterscheidet; damit verschleiert man die Kontinuität von Reaktionen sowie die Ähnlichkeit der Lage vor und nach der Industriellen und der Französischen Revolution. Gott kann in mancherlei Gestalt auftreten, und es gibt in der Vergangenheit viele Dinge, in denen sich Gott manifestiert haben könnte.

Die Trennung zwischen Religiösem und Säkularem, in der europäischen Geschichte ebenso bedeutungsvoll wie beispielsweise die geistige Demarkationslinie zwischen zwei rivalisierenden Formen der Macht, nämlich Kirche und Herrscher, wird heute immer mehr zu einer Trennlinie zwischen Sinn und Unsinn. So wird in dieser gottlosen Welt die Hoffnung auf Erlösung, das ernsthafte Streben nach dem Heil entweder in dieser oder in der künftigen Welt, als närrisch verschrien, und es ist ein vernichtendes Urteil, wenn man im Zusammenhang mit irgendwelchen Fragen außer denen, die sich stillschweigend in die Mausoleen verfallender Kirchen abschieben lassen, als „religiös“ bezeichnet wird. Das ist, wohlgemerkt, eine Defensivmaßnahme zur Verteidigung einer bestimmten Art von Gesellschaft oder Politik gegen die radikale Kritik, die ein überzeugter Christ vielleicht erheben könnte. Der Religion kann man nur ein Dasein als „private Gewissensfrage“, als psychologisches Spielzeug, gestatten, mit dem sich der Besitzer allein zu Hause beschäftigen mag, vorausgesetzt, diese Beschäftigung hat keinerlei Auswirkungen auf die Welt draußen. Das Christentum ist natürlich „millennarisch“ und „messianisch“, ein guter Teil seiner Verkündung ist „apokalyptisch“; damit wird es unmittelbar zur Zielscheibe der Art von Verurteilung, die sich gegen gewisse säkulare Überzeugungen richtet, und manchmal vielleicht sogar zu Recht; denn diese Überzeugungen haben jene Elemente dem Christentum entliehen.

Diese Elemente tragen zum Aufkommen der Hoffnung bei, und Hoffnung ist es, die in ihrer eher aktiven als passiven Trösterrolle von den Herrschern bei den von ihnen Beherrschten immer am meisten gefürchtet wurde. Hobsbawm bemerkt in diesem Zusammenhang: „Das Wesen des Millennarismus, nämlich die Hoffnung auf eine vollständige und radikale Veränderung in der Welt, die sich im Millennium ausdrückt ... ist fast automatisch in allen revolutionären Bewegungen, gleich welcher Art, vorhanden; ‚millennarische' Elemente können deshalb in all diesen Bewegungen entdeckt werden, sofern sie Ideale haben" (1959, S. 57). Hoffnung ist das Wesen aller wichtigen Neuerungen in Glaubenssystemen, – Hoffnung, daß noch nicht alles verloren ist, und daß etwas zur Verwirklichung jener Ideale getan werden kann, die zu anderen Zeiten dem Handeln nicht zugänglich waren; sie waren „unrealistisch", waren Angelegenheiten des „persönlichen Geschmacks", privater Überspanntheit, oder durch ein obskures Rituell isoliert, das nur insgeheim von Frommen zelebriert wurde, die selbst nicht mehr mit Sicherheit sagen konnten, warum sie einst hofften.

### *Das Primitive*

Viele der im letzten Kapitel behandelten Fragen tauchen in anthropologischen Betrachtungen der Vielfalt sogenannter primitiver Gesellschaften wieder auf. Denn hier werden innerhalb sehr viel enger gezogener Grenzen „... naturgegebene Bedingungen nicht nur passiv hingenommen. Sie haben vielmehr gar keine eigenständige Existenz, da sie eine Funktion der Techniken und der Lebensweise der Leute sind, die sie definieren und ihnen eine Bedeutung verleihen, indem sie sie in einer bestimmten Richtung entwickeln ... Andererseits bleiben die Beziehungen des Menschen zu seiner natürlichen Umwelt selbst dann, wenn sie auf eine menschliche Ebene erhoben werden, die allein sie erst verständlich werden läßt, Gegenstand des Nachdenkens: der Mensch nimmt sie niemals nur passiv wahr; nachdem er sie auf Begriffe zurückgeführt hat, stellt er sie zu einem System zusammen, das sich nie im Voraus festlegen läßt: ein und dieselbe Situation läßt sich auf verschiedene Weise in ein System bringen“ (Lévi-Strauss, 1966, S. 94–95).

Denkmodelle, die das Individuum, die Gruppe und die Kosmologie miteinander verbinden, müssen immer in ein System oder in mehrere ineinandergreifende Systeme zur Klassifizierung der Menschheit, des Wetters, der Flora und Fauna, der Körperteile, der Symbole, die Familien, Klans, verwandtschaftliche Bande und so weiter repräsentieren, integriert werden: in die vielfältigen Unterscheidungen, die der Mensch treffen muß, um die Welt erfassen zu können. Das System der Klassifizierung, die Zuschreibung einer Identität (und damit zugleich einer bestimmten Bedeutung im Rahmen eines Systems) ist von grundlegender Bedeutung, denn erst durch die Identifizierung vermag der Mensch die Welt zu „verstehen“ oder zu begreifen, erst dann kann er behaupten, in der Lage zu sein, seine Existenz mit Hilfe einer bestimmten Strategie zu sichern. Die Klassifizierung, das Einbauen von Erfahrung in eine feste Ordnung, hört niemals auf, da sich fortlaufend Neues ereignet, und da manche dieser Ereignisse die Gültigkeit des Ordnungsschemas zweifelhaft erscheinen lassen. Zur Einbeziehung eines unerwarteten Ereignisses ist eine neue Einsicht erforderlich. Betrachten wir ein bei den Philosophen sehr beliebtes Beispiel: eine Kuh. Bisher ging man davon aus, daß eine „Kuh“ unter anderem daran zu erkennen sei, daß sie kein Fleisch frißt; wir stellen jedoch fest, daß es sich bei unserer Kuh um ein fleischfressendes Tier handelt; wir sehen uns gezwungen, über eine Anzahl von Fragen nachzudenken, die miteinander in Zusammenhang stehen. Ist das wirklich eine Kuh? Entspricht sie, abgesehen von ihrer Ernährungsweise, in jeder anderen Hinsicht den Charakteristiken, die wir bisher Kühen zugeordnet haben? Oder, anders gefragt: Sind wir ganz sicher, daß andere Kühe kein Fleisch fressen? Also überprüfen wir alle entscheidenden Punkte unserer Vorstellungen von Kühen, bis wir entscheiden können, ob wir das bisher Geglaubte („alle Kühe sind Pflanzenfresser“) revidieren („die meisten Kühe bis auf die Gattung X sind Pflanzenfresser“) oder aber eine neue Spezies einführen müssen: „Alle Kühe sind Pflanzenfresser“ stimmt auch weiterhin, und „X ist deshalb keine Kuh, sondern eine ganz neue Spezies“.

Die Bedeutung der Klassifizierung wird am einleuchtendsten in Lévi-Strauss' Werk *La pensée sauvage* dargestellt, besonders was die einander überschneidenden Begriffe in der primitiven Symbolik anbetrifft. Doch die bloße Klassifizierung zu einem bestimmten Zeitpunkt ist natürlich ein verhältnismäßig einfaches Phänomen. Es wird erst im Laufe eines längeren Zeitraums des Sammelns von Erfahrungen außerordentlich komplex, weil inzwischen die ursprünglichen Grundsätze, die für die Begriffsbestimmung maßgebend waren, vergessen wurden oder verlorengegangen sind.

„Das mythische Denken ... ist befangen in den Ereignissen und Erfahrungen, die es unermüdlich zu ordnen und neu zu ordnen sucht, um ihnen einen Sinn beizumessen. Es wirkt sich aber auch befreiend aus, indem es sich gegen den Gedanken auflehnt, irgendetwas könnte sinnlos sein, ein Gedanke, mit dem sich zuerst die Wissenschaft zu einem Kompromiß verleiten ließ“ (ebenda, S. 22).

In diesem Stadium ist die Klassifizierung der natürlichen und der menschlichen Umwelt derselbe Vorgang wie der Entwurf eines Kodex für das Verhalten der Menschen, und das Ganze richtet sich nach dem Willen der Gruppe. Für individuelles Denken außerhalb des gruppenorientierten Vorgehens bleibt nur ein verhältnismäßig geringer Spielraum.

Es gehört schon eine sehr viel komplexere Gesellschaft dazu, eine Trennung dieser Elemente zu gestatten, und selbst dann wird sie nur relativ selten erzielt. Das Aufkommen einer eigenständigen Minorität innerhalb der ursprünglichen Gruppe, einer Minorität, in deren Händen sich zumeist die Mittel sowohl der Macht als auch der Kultur befinden, ruft die erste Form einschneidender Differenzierung innerhalb des Glaubenssystems hervor: diese Differenzierung setzt aber schon ein höher entwickeltes Wirtschaftszentrum voraus, das in der Lage ist, die Minorität zu stützen. Die Kultur dieser Minorität läßt zum ersten Mal den Mangel an Kultur bei der Majorität klar hervortreten; Redfield (1953, S. 220) nennt den noch nicht zivilisierten Jäger oder Dorfbewohner „preliterate“ (praealphabetisch), den Bauern aber „illiterate" (analphabetisch). Das Aufkommen der Städte als Kernzellen eigener kultureller Entwicklung teilt zum ersten Mal die ursprüngliche kulturelle Einheit des Stammes oder Klans. Von nun an hat die Kultur zwei gesellschaftliche Strukturen zu umfassen, nämlich Stadt und Land, wobei die Stadt wirtschaftlich vom Land abhängig ist, das Land jedoch in kulturelle Abhängigkeit von der Stadt gerät. Redfield fährt fort:

„Es gibt eine kulturelle Elite, deren Macht letztlich auf der Herrschaft über die zentralen symbolischen Quellen der Gesellschaft beruht (Religion, Philosophie, Kunst, Wissenschaft und, was in komplexeren Zivilisationen von ausschlaggebender Bedeutung ist, das Schrifttum); und es gibt eine untergeordnete, der praktischen Arbeit nachgehende Bauernschaft, deren Macht letztlich in ihrer Verfügungsgewalt über die zentralen materiellen Quellen der Gesellschaft, der Nahrungsmittelversorgung, besteht. Beide geraten als Partner einer Symbiose in gegenseitige Abhängigkeit, wobei sich die beiden unterschiedlichen Traditionen gegenseitig spiegeln wie in zwei über Eck aufgestellten Spiegeln, von denen jeder die Reflexe des anderen undeutlich wiedergibt. Man kann keine Bauernschaft ohne Adel und keinen Adel ohne Bauernschaft haben."

Das notwendigerweise sehr unterschiedliche Ethos von Adel und Bauernschaft bildet eines der Themen der Kultur früher traditioneller Gesellschaften. Cora Dubois (1949) sagt:

„Es gab eine Klasse (den Adel), deren Ethos tiefgreifende Unterschiede zu dem des Bauernstandes aufwies. Sie begriff das Dasein eher als ein Wirken von Hierarchie und Macht denn als schlichte Demokratie in der Gemeinde – eher als private denn als wechselseitige Verpflichtung, eher als Gepränge und Verherrlichung denn als Sorge für den Lebensunterhalt und kommunale Pflicht."

Geertz (1960, S. 234 ff.), der diese Bemerkungen zitiert, fährt mit der Feststellung fort, daß man bei genauerer Kenntnis der sozialen Struktur in Java folgendes bemerkt:

„Mystische Übungen pflegen sich in Heilverfahren zu verwandeln; ein vager und abstrakter Pantheismus weicht einem lebendigen und konkreten Polytheismus; der Sinn für die individuelle religiöse Erfahrung wird ersetzt durch einen Sinn für religiöse Wechselwirkungen in der Gruppe ... (Die obersten und untersten Gruppen) vertreten sehr ähnliche Weltanschauungen, und obgleich sie konkret vieles an religiösem Glauben und religiöser Praxis gemeinsam haben, unterscheiden sich die ethischen Grundsätze, die sich von diesen grundlegenden Weltanschauungen ableiten lassen und die durch die Anordnung der konkreten Punkte symbolisiert werden sollen, doch sehr deutlich voneinander."

*Religion*

Die Differenzierung zwischen verschiedenen Gruppen, die demselben Glaubenssystem anhängen (oder es zumindest von sich behaupten) ist jedoch nicht die einzige Ursache einer Akzentverschiebung. Sich verändernde Umstände können zu einer ähnlichen Verlagerung des Schwergewichts führen. So zum Beispiel erklärt Max Weber in seiner Untersuchung des Judaismus, daß für die Israeliten in Friedenszeiten der Baalskult größere Bedeutung gewann, in Kriegszeiten oder während fremder Besetzung jedoch die Verehrung Jahwes. Vermutlich existieren beide Gottheiten nebeneinander, auch wenn wir heute rückblickend in dem einen die Verkörperung des rechten Glaubens und im anderen das Sinnbild der Häresie sehen.

Die großen Religionen umspannten (und umspannen) ausgedehnte und komplexe Gesellschaftsordnungen, so daß die Beziehungen untereinander sehr komplex werden können. Manchmal ist die Religion einer örtlich begrenzten Gruppe nur ein formelles Ritual, das uralte Gebräuche einschließt, die schon vor dem Auftauchen der herrschenden Religion existierten und später umbenannt wurden (wie zum Beispiel das heidnische Fest am 25. Dezember von der Christenheit als Weihnachten übernommen wurde). Das ist ein System, das teils auf Magie beruht, teils auch vielleicht ein wenig von der Sicherheit und Stabilität der kommunalen Beziehungen zum Ausdruck zu bringen oder zu erhalten versucht. Zu anderen Zeiten mag das Entgegengesetzte gelten und eine Religion unmittelbar die wahren und unverfälschten Hoffnungen und Ziele eines Volkes verkörpern. Sie wird so zu einem System ausgebaut, mit dessen Hilfe man sowohl diese Welt als auch ihre Beziehungen zu anderen Vorstellungswelten verstehen will.

Praktisch hatte jedes einzelne Gemeinwesen vermutlich einmal seine besonderen Riten und Überzeugungen, die sich wahrscheinlich noch weiter aufgliederten in die Riten der führenden Klans und Großfamilien. Das Glaubenssystem entsprach an seiner Peripherie der tatsächlichen und historischen Existenz der Mitglieder der Gruppe, die durch Blutsbande oder Heirat miteinander verbunden waren. Der Gehalt dieser Vielfalt „embryonaler Religionen" (teilweise dem entsprechend, was im letzten Kapitel unter der Bezeichnung „embryonale Ideologien" behandelt wurde) muß auch sehr starke Variationen aufgewiesen haben. Doch im ganzen herrschten vermutlich gewisse dominierende Motive vor, vom verhältnismäßig einfachen, wahrscheinlich monotheistischen Glauben der Wüsten- und Nomadenvölker bis zur überreichen Vielfalt von Riten und Auslegungen bei seßhaften Bauerngemeinden. Solche Religionsgruppen waren einerseits Bestandteil eines größeren Kulturbereichs – sie hatten gewisse Überzeugungen mit den umliegenden Gemeinden gemeinsam und unterlagen dem Einfluß von Neuerungen in diesen Gemeinden –, doch die wichtigste Quelle ihrer Kraft lag bei der ursprünglichen Gruppe. Die Beispiele solcher Religionen werden oft als „Animismus" abgetan; die Religion der alten Griechen ist vielleicht ein ergiebigeres Beispiel. Der Hinduismus verkörpert wohl das bedeutsamste Überbleibsel aus dieser Periode; seine Vielschichtigkeit und das erstaunliche Ausmaß lokaler Variationen, das er aufweist, unterscheidet ihn recht deutlich von anderen, später entwickelten Weltreligionen. Auch im Shintoismus mag man Elemente derselben Erscheinungen entdecken – trotz der Tatsache, daß diese Religion vom japanischen Staat bewußt für moderne säkulare und nationalistische Zwecke umgemodelt wurde.

Der Hang, die Welt auf bestimmte Art und Weise zu analysieren, variiert vermutlich zwischen verschiedenen Völkergruppen je nach ihrer Lebensweise. Folglich werden die einen importierte religiöse Lehren in recht eigenwilliger Weise umformen, und das ist auch der Fall bei der Einbeziehung älterer Glaubenssätze. Der Islam, eine Religion der Wüstenvölker von beträchtlicher Strenge, wurde in fruchtbaren, dicht besiedelten Agrarländern wie Indien und Indonesien zu einer ganz andersgearteten Religion. Auch die Lehren des Christentums machten seit ihrem palästinensischen Ursprung radikale Veränderungen durch. Man betrachte nur den Unterschied zwischen dem unverfälschten Monotheismus und der später eingeführten Dreieinigkeit sowie der Hierarchie der Heiligen. Verschiedene Elemente einer jeden Religion übten auf jede Gruppe, und zwar zu verschiedenen Zeitpunkten, eine ganz verschiedene Anziehungskraft aus – die judaischen Elemente im Christentum, die Jahwe als den düsteren Kriegsgott darstellen, der das allseits von Feinden bedrohte Israel beschützt, sprach besonders bedrohte Gruppen an. Lanternari (1965, S. 26) zeigt das am Beispiel vieler Fälle auf, in denen Menschen von fremdem Imperialismus beherrscht wurden: schwarze Davids sahen sich weißen Goliaths gegenüber, und schwarze Christen erhoben sich gegen eine Fremdherrschaft, die den Tod über sie verhängte.

Weber (1964, S. 368) beschäftigte sich ganz besonders mit der unterschiedlichen Neigung verschiedener Gruppen, ihre Umgebung auf verschiedene Weise religiös zu deuten. Bauern, so meint er, seien so naturverbunden und so ungeübt in rationaler Systematisierung, daß der Bauernstand „im allgemeinen nur da Mitträger einer Religiosität“ zu werden pflege, wo „ihm Versklavung oder Proletarisierung droht“; diese Ansicht hatte Marx schon früher in Verbindung mit säkularen politischen Überzeugungen geäußert. Eine religiöse Revolte könne dann von Bauern vorwärtsgetrieben werden, wenn irgendein zur Institution gewordener Gemeinbesitz bedroht wäre. In diesem Fall könnte eine Art Agrar-Kommunismus die Folge sein. Normaler sei jedoch, daß der Bauer dem Wechsel des Wetters und der Jahreszeiten verhaftet sei und einem Glauben an Magie, Animismus und Ritual anhänge. Im Gegensatz dazu seien alle, die sich mit Handel, Handwerk und Industrie befaßten, unabhängig von Jahreszeiten und natürlichen Vorgängen, dafür aber abhängig von kalkulierten Gewinnen und der Zusammenarbeit mit anderen – was nach Webers Auffassung teilweise dazu führt, daß das moderne Proletariat den bürgerlichen Religionen feindselig oder gleichgültig gegenübersteht; „die Abhängigkeit von der eigenen Leistung [und damit der Bedeutung geistlicher Gnade, N. H.] wird hier durch das Bewußtsein der Abhängigkeit von rein gesellschaftlichen Konstellationen, ökonomischen Konjunkturen und gesetzlich garantierten Machtverhältnissen zurückgedrängt oder ersetzt" (ebenda, S. 381).

Das frühe Christentum, so meint er, sei wesentlich eine Religion für Handwerker gewesen, die zu einer gemeindebildenden Religion tendierte, einer Religion des Heils und schließlich einem rationalen System ethischer Grundsätze. Für die ersten Anhänger behielt sie diesen Charakterzug zwar bei, für das Imperium jedoch, das dieses Christentum annahm, und für die Bauern, die später hinzukamen, bedeutete es noch vieles mehr.

Die Vielschichtigkeit der großen Weltreligionen läßt es nicht sinnvoll erscheinen, sie einzeln zu analysieren. Man kann natürlich die wichtigsten Lehren, wie sie in einigen Grundtexten zum Ausdruck kommen, analysieren, aber eine solche Analyse erhellt kaum, was die Menschen an einem bestimmten Ort glauben. Hier mag das konkrete Detail nur noch ganz entfernt etwas mit dem zu tun haben, was man aus dem Text herausinterpretiert. Aus ähnlichen Gründen sind Vergleiche zwischen den großen Weltreligionen sogar noch schwieriger, und man kann im Inhalt überraschende Übereinstimmungen entdecken, obwohl die Form einschneidende Unterschiede aufweist. Gramsci (1957, S. 91) erfaßt diese mehrschichtige Erscheinungsform der Religion, wenn er sagt: „Jede Religion, selbst die katholische (oder ganz besonders die katholische, die sich um eine ‚oberflächliche' Einheit bemüht, um nicht in Nationalkirchen und soziale Schichten auseinanderzufallen) besteht in Wirklichkeit aus einer Vielfalt von Religionen: es gibt den Katholizismus der Bauern, den Katholizismus des Kleinbürgertums und der städtischen Arbeiter, den Katholizismus der Frauen und den Katholizismus der Intellektuellen", – belastet mit dem Strandgut vergangener Überzeugungen, volkstümlicher Irrlehren und des Aberglaubens. So mag man wohl wissen, zu welcher Religion sich ein Land offiziell bekennt, man weiß aber wohl nur sehr wenig über die praktischen Glaubensregeln, die in einem bestimmten Sektor der Bevölkerung, in einer städtischen Berufsgruppe oder einem ländlichen Bezirk wirksam werden. In den heutigen Industrieländern jedoch scheint die Religion – die dort nur von einer Minorität praktiziert wird – als Ergebnis des Vereinfachungsprozesses der Industrialisierung selbst, die uns einander immer ähnlicher macht, eine größere Einheitlichkeit zu bewahren. Die berufsmäßige Differenzierung zum Beispiel (die bei den Katholiken bis zur Zuordnung bestimmter Schutzpatrone für bestimmte Berufe führt) erscheint heute eher als eine etwas exzentrische Zugabe zu der außerhalb dieser Berufsgruppen gültigen allgemeinen Religionsform, nicht als eine eigenständige Version der betreffenden Religion. Wenn die Bindungen an ein bäuerliches Leben gelockert werden, neigt die städtische Industrie dazu, uns alle über einen Leisten zu schlagen; das Vorhandensein rivalisierender Kulte, die verschiedene soziale Gruppen umfassen, zwingt unseren eigenen Kult zu einem höheren Grad von Einmütigkeit.

Ein wichtiger Bereich der Unterscheidung zwischen den Hauptreligionen, der sich leichter lokalisieren läßt, ist jedoch die innere Organisation der Religion auf der Ebene der bedeutendsten Fürsten oder Reiche und das Verhältnis religiösen Glaubens zur Aufrechterhaltung der Autorität. Ein Charakteristikum ist eine absteigende Rangfolge der Assoziation, beginnend mit dem Konfuzianismus und endend mit dem Buddhismus. In China scheint es keine echte religiöse Massenorthodoxie gegeben zu haben, die Herrscher und Beherrschte einigte. Der Konfuzianismus war weniger eine Religion im eigentlichen Sinne des Wortes, sondern vielmehr die Ethik einer noblen Administration, die nicht auf die Erlangung des Heils oder auch nur der Wahrheit, sondern mehr der „gelassenen Heiterkeit“ abzielte. In diesem Rahmen duldeten die konfuzianischen Mandarine im Volke eine große Vielzahl populärer Kulte, ohne den Versuch zu unternehmen, die Lehren solcher Kulte in ein System zu bringen oder sie mit dem Konfuzianismus in Einklang zu bringen und sie ihm einzugliedern. Die offizielle Orthodoxie enthielt keine Elemente metaphysischen Denkens, und kein gewöhnlicher Sterblicher vollzog das erhabene Staatsritual – allein die Fürsten und die hohen Beamten besaßen das Vorrecht, nüchterne, schlichte, unekstatische und asketische Gebete für die politische Gemeinde zu verrichten. Die

Verehrung der großen Gottheiten war eine Angelegenheit des Staates, und vom Volke wurde verlangt, daß es in ähnlicher Weise die Vorfahren verehre. Die volkstümlichen Kulte wurden lediglich als Abweichungen geduldet, als Preis für den inneren Frieden. Natürlich stimmt es auch, daß die Gebildeten, die Träger des Konfuzianismus, auch den Taoismus hervorbrachten, und zwar fast nach den Prinzipien der Arbeitsteilung: er war für alle bestimmt, die außerhalb des kaiserlichen Dienstes standen. Der Taoismus tendierte zu einer Ablehnung öffentlicher Ämter, er ließ ein Zurückziehen von der Welt zu und führte zum Mystizismus: das Ideal des mystischen Heiligen ersetzte das des kultivierten Noblen.

So wurde im Konfuzianismus die Religion zu einer Lehre des Kaisers, von der die Massen der Bevölkerung ausgeschlossen blieben; sie hatten sich, vom staatlichen Gesichtspunkt aus betrachtet, in Klans zu organisieren, von denen jeder im Ahnenkult ein eigenes System von Klan-Gottheiten verehrte. Religiöse Frömmigkeit, die über dieses formalistische System hinausging, blieb notwendigerweise ohne offizielle Anerkennung, wie der Taoismus der Gebildeten oder volkstümliche Kulte, darunter auch der Buddhismus selbst, bei der Masse des Volkes. Dem Staate mochten solche Abweichungen vielleicht unangenehm sein, es brauchte dagegen jedoch nur dann eingeschritten zu werden, wenn solche Kulte zu einer Bedrohung der geltenden Ordnung wurden. Das, so folgert Bendix (1960, S. 150) aus Weber, konnte keine Frage der Lehre sein – da die offizielle Lehre fast alle erdenklichen Variationen einbeziehen konnte –, sondern nur eine Frage gezielter Maßnahmen, wenn ein neuer Kult gegen die Dynastie und ihre Diener gerichtete Bestrebungen verkörperte, wie das beim Christentum während der Taiping-Rebellion der Fall war (1850–64).

Im Gegensatz dazu war der Islam eine Volksreligion von großer Strenge und Schlichtheit, aber ohne eine zentral organisierte und gelenkte Priesterschaft. Das Verhältnis des Islam zur Autorität war von einmaliger Unkompliziertheit, da die Edikte des Fürsten *ipso facto* den Willen Gottes darstellten und es keine Möglichkeit einer unabhängigen Interpretation durch die Priester gab, die dem Fürsten hätte Grenzen setzen können.

Unter gewissen Voraussetzungen mochten die *ulama* oder Schriftgelehrten wohl versuchen, die Macht des Fürsten einzuschränken – wie zum Beispiel durch ihren Einfluß in Pakistan nach dem Schisma –, doch die oberste Autorität der Schrift hatte dazu wenig mehr zu sagen als daß es angemessen sei, sich den Wünschen des wahren Fürsten (im Glauben) zu beugen. Auch die taktvolle Trennung zwischen privaten und öffentlichen Pflichten, wie sie in dem christlichen Satz „Gebt dem Kaiser . . .“ zutagetritt, war unzulässig – die Religion war nicht ein privater, von öffentlichen Verpflichtungen unberührter Bereich.

Für das Christentum ergaben sich Probleme, als es zentralistische Formen entwickelte; denn es mußte nun gleichzeitig die weit divergierenden Bestrebungen einer ländlichen Bevölkerung und den Willen einer Anzahl verschiedener (und rivalisierender) Fürsten miteinander in Einklang bringen, und zwar von einer Position aus, die außerhalb des Staates lag, oder vielmehr als ein Staat im Staate. Man bewerkstelligte dies auf verschiedene Weise. Eine Untersuchung dieser Methoden würde den Rahmen dieser Ausführungen sprengen. Hier möge die Anmerkung genügen, daß sich die Kirche verschiedentlich gezwungen sah, die Fürsten zu bekämpfen, was manchmal zu ihrer Enteignung führte; daß sie oft als eine Art von Mittelschicht fungierte, eine Pufferschicht zwischen Herrschern und Beherrschten, und manchmal den Willen des Fürsten gegenüber dem Volke, manchmal den des Volkes gegenüber dem Fürsten vertrat, und daß sie dazu gezwungen war im Interesse der eigenen Existenz; denn hätte sie sich ausschließlich mit der einen oder der anderen Seite identifiziert, so wäre sie vom Untergang bedroht gewesen.

Diese Spannungen formten die Lehren der Kirche, ihren politischen „Takt“. Sie ließen manche Lehren, die ursprünglich klar gewesen waren, mehrdeutig werden. Andererseits kam nun dem „Leben nach dem Tode“ als Sammelbecken für alles, was im Diesseits verwehrt bleiben mußte und als willkommenem Ausweg, der nachgeordneten Autoritäten nicht offenstand, eine einzigartige Bedeutung zu. Ossowski (1963, S. 188) bemerkt: „Der Ideologie bürgerlicher Demokratien stand keine Welt nach dem Tode zur Verfügung, in die man hätte die Verwirklichung der Prinzipien sozialer Gleichheit verlegen können, ohne die Struktur des Staates zu gefährden." Die Spannungen innerhalb des Christentums nahmen im gleichen Maße zu, wie der Handel die überkommene Lebensform zunehmend zerstörte. Aus diesen Spannungen ergaben sich Brüche, die durch die Bildung von Massenbewegungen im Volke und später durch die neuen Bettelorden des Mittelalters aufgefangen wurden. Aber spätere Entwicklungen brachten es mit sich, daß die vorherrschende christliche Orthodoxie die inneren Spannungen nicht mehr absorbieren konnte. Die Reformation brach das einheitliche Ganze entzwei und schuf eine Vielzahl religiöser Richtungen, von denen jede mehr auf die unmittelbaren Bedürfnisse eines bestimmten Bevölkerungssektors zugeschnitten war. Die alte Kirche konnte eigentlich nur durch eine neue, weitaus stärker auf strenge Disziplin und Unterdrückung ausgerichtete Organisation gerettet werden, die durch die Gegenreformation verkörpert wurde – und in manchen Teilen Europas durch die Inquisition.

Doch selbst eine Religion wie der Hinduismus, die keine zentrale Organisation hatte und so weitgehende regionale Abweichungen duldete, daß sie für einen Außenstehenden kaum noch als einheitliche Religion erkennbar war, mußte verschiedene Spaltungen hinnehmen – Dschainismus, Buddhismus, die Religion der Sikhs und so weiter. Den Brahmanen als Beratern der Fürsten stand kaum eine externe Macht zur Durchsetzung einer gemeinsamen Auffassung zur Verfügung (sie verließen sich auf die bestehende Sozialstruktur). Doch unter dem Zwang des Kastensystems neigten sie dazu, als Gruppe aufzutreten, die der übrigen Bevölkerung ihre eigene Auffassung von der Gesellschaft aufzwang und gleichzeitig den Grundsatz vertrat, jede Kaste habe sich nach ihrem *dharma*, ihrer naturgegebenen Rolle in der Welt, zu richten, selbst wenn sich daraus ein Widerspruch zu dem ergeben sollte, was die Brahmanen als notwendig für das eigene Heil erachteten: jede Gruppe hat ihrer eigenen Bestimmung zu folgen, und nicht alle können versuchen, Brahmanen zu sein und das Leben von Brahmanen zu führen. Dieses System erlaubte ein Maximum an Flexibilität und bewies die Fähigkeit des Hinduismus, sowohl divergierende Tendenzen als auch äußere Einflüsse zu absorbieren, zu verdauen und zu neutralisieren. Noch bedeutsamer war im Hinblick auf die Autorität, daß der Hinduismus in der Lehre, wenn schon nicht in der Praxis, mit Nachdruck die Erfüllung ererbter Pflichten forderte. Jeder Einzelne, der den seiner Kaste auferlegten Verpflichtungen nicht nachkam, war nicht nur für dieses oder ein nächstes Leben, sondern für alle Ewigkeit verdammt. Der Sünder würde auf der Stufenleiter der Existenzen zu immer niedrigeren Lebensformen absteigen. Irgendwelche Unzulänglichkeiten in diesem Leben waren nie die Schuld anderer oder der Umwelt, sondern die Folge der im früheren Leben begangenen Sünden. Was die Sicherung sozialer Konformität betrifft, so erreichte der Grundsatz „Glaube durch gute Werke“ hier seine Apotheose.

Aus dem Vorangegangenen wird deutlich, daß man über die Religion im allgemeinen zwar vielleicht einige Beobachtungen anstellen, genaue Feststellungen letztlich jedoch nur durch eine Betrachtung der Religionen im Kontext ihrer Erscheinungsformen oder Wirkungsweise treffen kann; dabei habe ich auf eine Behandlung des Buddhismus und des Judaismus, einer Religion mit spezifischen Besonderheiten von erheblicher Bedeutung für die Religion Europas, verzichtet. Jede der großen Religionen hat in irgend einem Stadium Divergenzen erzeugt, entweder offene Spaltungen oder die Bildung von Sekten innerhalb der Religion, wie die Zen-Sekte im Buddhismus oder die Nichiren-Sekte in Japan. Wie bedeutsam solche Entwicklungen sind, hängt von der Organisation der Mutterreligion ab. Der Hinduismus beispielsweise ist so organisiert, daß er imstande war, den in Indien entstandenen Buddhismus zu absorbieren und den außerhalb Indiens aufblühenden Buddhismus beträchtlich zu verändern, dem Leben Buddhas Elemente aus der Hindu-Mythologie beizuordnen, einige Hindugötter als Boddhisattvas (Reinkarnationen Buddhas) wiederzuerschaffen und so weiter. Dieselbe Wirkung übte der Hinduismus auf andere nach Indien eingeführte Religionen aus. Viele indische Christen sind zum Beispiel Anhänger der Kastendiskriminierung, oder sie beachten Verbote bestimmter Speisen, die einzig und allein im Hinduismus eine Rechtfertigung finden.

## *Kapitalismus*

Schon im zweiten Kapitel wurde angedeutet, daß zum Verständnis von Überzeugungen das Verständnis ihres größeren Zusammenhangs gehört, auch der Probleme der Menschen, die diese Überzeugungen formulierten, und der Absichten, die sie hinsichtlich der erwähnten Probleme verfolgten. Doch die Dürftigkeit des historischen Materials macht das Erfassen der Veränderungen in den großen Religionen oft zu einer bloßen Spekulation, zu einem durch nichts bewiesenen Rückschluß von der Änderung im Glauben auf ein Zusammentreffen bestimmter Ereignisse, das vielleicht eine Erklärung bieten könnte. In diesem Zusammenhang hat die parallel zur Reformation verlaufende Geschichte des aufkommenden Kapitalismus in Westeuropa der ernsten Diskussion ein weites Feld eröffnet, auf dem auch noch verhältnismäßig reichhaltige historische Unterlagen verfügbar sind.

Die Kontroverse ist schon sehr lange im Gange, und es wäre unangemessen, uns hier auf ein Gebiet zu begeben, das bereits so gründlich erforscht wurde. Die Debatte dreht sich, grob gesprochen, um das Gleichgewicht der Faktoren, die die Industrialisierung auslösten, und im besonderen um die psychologischen Merkmale des Strebens nach persönlichem Profit. Kann man unternehmerische Motive als selbstverständlich betrachten, oder bedürfen sie ebenfalls einer Erklärung, die relativ selbständig existierende Motive und insbesondere die damit verbundenen geistigen Einflüsse aufzeigt?

Marx wird die Auffassung zugeschrieben, daß eine getrennte Darstellung der Motive unnötig sei. Ein Wandel in der Religion, so heißt es, sei als das Ergebnis veränderter wirtschaftlicher Möglichkeiten zu betrachten. Die entgegengesetzte Auffassung wird Weber zugeschrieben, insbesondere seinem Werk *Die protestantische Ethik und der Geist des Kapitalismus* (1930). Weber, so heißt es, habe die Motive der Menschen als relativ autonom betrachtet und in der Entwicklung des Kapitalismus das Wirken einer eigenständigen Triebkraft gesehen.

Die beiden Autoren selbst passen nur unvollkommen in diese Zweiteilung. Marx's Schriften enthalten Argumente für eine

Anzahl verschiedener Standpunkte, und es ist vielleicht unfair, ihn in eine Debatte hineinzuziehen, deren Grundzüge erst nach seinem Tode formuliert wurden, so daß er keine Gelegenheit hatte, Stellung zu nehmen. Weber andererseits weist ausdrücklich jeden Versuch einer kausalen Erklärung zurück und bietet eine Vielzahl unterschiedlicher Erklärungen für den Zusammenhang, den er zwischen den *späteren* Stadien der Industrialisierung (die frühen Stadien suchte er in *Die protestantische Ethik* gar nicht zu erklären) und der Entwicklung des Protestantismus sah. Später verlagerte Weber den Schwerpunkt seiner Analyse, so daß seine späten Werke in einem weitaus weniger ausgeprägten Gegensatz zu Marx stehen.

Sicher macht Marx gelegentlich einen deutlichen Unterschied zwischen Interessen und Überzeugungen, in der Betonung ähnlich dem Unterschied zwischen „Basis" und „Überbau" (eine die Klarheit späterer Marxisten beeinträchtigende Trennung), aber auch Weber unterscheidet zwischen „ideellen Interessen" und „materiellen Interessen". Tatsächlich scheinen sich im Werk beider Autoren die Ansichten oft eher zu ergänzen als zu widersprechen, insbesondere wenn wir die späteren Interpretationen von Marx durch Kautsky oder Plechanov außer acht lassen, denn hier tritt der Gegensatz zu Weber viel ausgeprägter zutage. Eine grob materialistische Interpretation von Marx könnte eine Argumentation stützen, die, wenn auch nicht gerade mühelos, in gewisser Hinsicht das Schisma zwischen den philosophischen Lehren des Materialismus und des Idealismus erklären könnte. Doch damit würde man sowohl dem Werk der beiden Autoren als auch vielen Details des historischen Materials nicht ganz gerecht.

Schlimmstenfalls könnte die Kontroverse in eine Auseinandersetzung zwischen einer zynischen und einer idealistischen Geschichtsbetrachtung ausarten (wobei ein „Idealismus" gewöhnlicher Art und nicht nach der philosophischen Lehre des Idealismus gemeint ist) – etwa bei der Frage: Waren die Unternehmer egoistisch oder nicht? Das ist eine etwas triviale Frage, auf die es sicherlich nicht nur eine Antwort gibt. Marx, der von einem ausgesprochen festgelegten Standpunkt aus schrieb, erläuterte die Motive seiner Gegner in bezug auf diese

Festlegung. So kann sich ein Arbeitgeber sehr wohl aufrichtig und ehrlich vorkommen – und in seinem Alltagsleben auch ein freundlicher Mensch sein – obgleich er seine Arbeitnehmer für ihren bloßen Lebensunterhalt fünfzehn Stunden am Tag arbeiten läßt; aber vom Standpunkt seiner Angestellten aus gesehen, sind seine Aufrichtigkeit und Ehrlichkeit irrelevant. Die „Aufrichtigkeit" eines Menschen ist kaum von Bedeutung, wenn er im Unrecht ist, jedoch wurde „Aufrichtigkeit" als Vorwand zur Abmilderung der Kritik angeführt; als ob nur der Korrupte in Wahrheit unrecht haben könnte. Wenn Stalin demnach aufrichtig war, dann stellen seine Fehler keine Verbrechen dar, sondern lediglich „Irrtümer". Daß Hitler aufrichtig davon überzeugt war, die Juden seien die Wurzel allen Übels für Deutschland, sollte kaum ins Gewicht fallen, da er zutiefst im Unrecht war. Dieses Unrecht müßte in den Mittelpunkt gerückt werden und nicht der Grad von Zynismus oder Aufrichtigkeit.

Marx ging es – nach meiner Meinung zu Recht – mehr um das Erkennnen des Unrechts als um die Beantwortung der Frage, ob diejenigen, die unrecht taten, es auch aufrichtig meinten. Natürlich könnte man einwenden, daß der Mensch als moralisches Wesen erkennen sollte, was recht ist; Recht wäre, was jeder als solches ansieht, aber ob das stimmt, hängt davon ab, daß wir alle nicht nur im Prinzip, sondern auch tatsächlich gleich sind. Was für den König legitim oder gar selbstverständlich erscheinen mag, ist es nicht für seinen Gefangenen, und nur wenn beide gleich mächtig und damit gleich machtlos sind, ist eine Annäherung an eine solche Einmütigkeit denkbar.

Andererseits unterliefen Weber zuweilen Vereinfachungen, die zwar für seine Analyse nützlich sein mochten, die aber wichtige Punkte verdunkelten. Sein „ideales" Bild vom Konfuzianismus ist weder das der Gebildeten (außer was ihre Wünsche und Tagträume betrifft) noch das der Ungebildeten. Dieses Bild verhindert eine Untersuchung der Vielschichtigkeit und der Gegenströmungen, die bei einem von vielen Menschen über einen langen Zeitraum hinweg anerkannten Glaubenssystem unvermeidbar sind; es verführt dazu, die Aufmerksamkeit nicht auf das zu lenken, was den Menschen widerfuhr, was sie taten und wie sie beides miteinander in Einklang brachten, sondern mehr auf gewisse doktrinäre Formulierungen, die notwendigerweise aus dem Zusammenhang gerissen und damit ihrer spezifischen Bedeutung beraubt wurden. Bendix (1966, S. 262) modifiziert Webers Verfahrensweise in seiner Untersuchung der Rolle des Samurai in der japanischen Geschichte; er geht darin jedoch so weit, daß in seiner einfühlenden und aufschlußreichen Studie nur noch wenig von dem übrigbleibt, was Webers Hauptanliegen gewesen sein dürfte. Webers Werk blieb unvollständig, und vielleicht hätte sich der Kreis geschlossen, wenn er schließlich dahin gelangt wäre, die Auswirkungen wirtschaftlicher und sozialer Ereignisse auf religiöse Glaubenssätze zu untersuchen. Vielleicht wären dann „ideelle" und „materielle" Interessen wieder eine Einheit geworden. Vielleicht hätten wir dann auch erkannt, wie dieselben Lehren zu scheinbar widersprüchlichen Ergebnissen führen können: so gingen einige Katholiken in Klöster, andere wurden Geschäftsleute; einige Protestanten blieben in Deutschland weltfremd, und andere paßten sich in den Vereinigten Staaten der Logik des Kapitalismus an (Gollin, 1966).

Der Begriff „sozialer Wandel", wie er hier bisher gebraucht wurde, ist so unspezifisch, daß er praktisch alles bedeuten kann, und freilich gibt es auch keine absoluten Maßstäbe für das Erkennen eines solchen Wandels. Was „sozialer Wandel" ist oder nicht ist, hängt teilweise davon ab, was das betreffende Volk als Wandel betrachtet. Dennoch läßt sich ganz allgemein beobachten, daß der außerordentlich langwierige Entwicklungsprozeß in Europa, der in mancher Hinsicht vielleicht schon vor dem zehnten Jahrhundert einsetzte, die Menschen dazu veranlaßte, erneut einen Versuch zu unternehmen, ihre sich wandelnde Welt und die eigene Stellung in ihr zu begreifen. Zu dem Wandlungsprozeß gehörte der Wechsel vom Dorf in die Stadt (für viele vom Dorf in die Slums), von der relativen wirtschaftlichen Unabhängigkeit des Bauern in das unumgängliche vielseitige Abhängigkeitsverhältnis des städtischen Arbeiters. Für manche ging es dabei auch um rasche soziale Veränderungen, so daß sich ihr Begriff sowohl von ihrer physischen als auch ihrer sozialen Umwelt schnell änderte. Eine Veränderung der sozialen Ordnung verwirrt und beunruhigt die Menschen und gibt ihnen ein Gefühl höchster Unsicherheit, wie es bei einer willkürlichen oder zufälligen Änderung der natürlichen Ordnung der Fall wäre; beides ist eng miteinander verbunden, und Shakespeares Dramen enthalten viele Beispiele von Charakteren, bei denen die Unordnung im sozialen Bereich sich ergibt aus einer Unordnung im natürlichen Bereich.

Die Zuwanderer kamen vom Land, aus einem jahreszeitlich bedingten Arbeitsrhythmus, bei dem große Geschicklichkeit und gute Disziplin weniger angebracht waren als schlichte harte Arbeit (unterbrochen von Perioden des Nichtstuns), an den Arbeitsplatz in der Stadt, wo eine gleichmäßige Arbeit gefordert wurde und wo mit zunehmender Spezialisierung eine ständig strenger werdende Disziplin nötig wurde. Außerdem kamen alle aus einem Bereich, wo sich wahrscheinlich der Warenaustausch in großem oder kleinem Rahmen ohne die Zwischenschaltung des Geldes abspielte. Die Auswahl war begrenzt durch die Art der Naturalien, mit denen der Landarbeiter entlohnt wurde, durch die Verwendbarkeit der Waren und die Sitten des Tauschhandels. Die Stadt jedoch mußte schon bald nach Mitteln und Wegen zur Beschleunigung des Austausches suchen, wobei nicht erst nach dem Besitzer der gerade benötigten Waren geforscht werden konnte. Die Geldwirtschaft eröffnete neue Alternativen für den Verbrauch, und gleichzeitig wuchs die Vielzahl der Einzelhandelsgeschäfte gewaltig an. Der Dorfarbeiter, herausgerissen aus den Bindungen, die seinem Leben Ordnung und Sinn gegeben hatten, der jetzt ohne die Winterpause arbeiten mußte, war und ist der Versuchung ausgesetzt, seinen Lohn für Dinge auszugeben, die Vergessen bringen (Alkohol, Rauschgifte oder Glücksspiele). Familie, Gemeinschaft und der Einzelne konnten so auf eine Bahn geraten, die zu tragischer Selbstzerstörung führte. Neue Religionen konnten dies verhindern, indem sie mit Hilfe der kollektiven Disziplin einer neuen religiösen Gemeinschaft die Willenskraft des isolierten Individuums stärkten und ihm eine Kraft verliehen, die ihm sonst fehlte, sowie neue Hoffnung und die Aussicht auf Erlösung von der neuen Anarchie, in der er zu ertrinken drohte.

Die Reaktionen in den verschiedenen Stadien dieses sehr

langen Prozesses (lang zumindest in Europa) waren sehr unterschiedlich. Walzer berichtet von jenen gebildeten Zuwanderern nach London, die angesichts des städtischen Lebens große Angst empfanden, ganz besonders am Ende des sechzehnten und zu Beginn des siebzehnten Jahrhunderts, eine Angst, die sie vielleicht zum Kalvinismus trieb, der das definierte, was es zu fürchten galt, das Wesen des Übels und die Mittel und Wege, es durch strenge Ordnung, durch gewissenhaft geübte Selbstdisziplin, zu besiegen.

Diese Leute fühlten sich den Gefahren ringsum in ungewöhnlichem Maße ausgesetzt. Das muß zum Teil daran gelegen haben, daß sie von den alten Formen der Ordnung und Gewohnheit abgeschnitten waren wie Menschen, die dem Chaos anheimfallen – Bettler und Vagabunden. Gerade dieses Gefühl des Abgeschnittenseins, der Fremdheit, drückt sich in den endlosen Darstellungen des Heiligen als eines Fremdlings und Pilgers aus, die in den puritanischen Schriften eine so wichtige Rolle spielen (1961/66, S. 56).

Aber wenn Menschen des Mittelstandes auf diese eine Weise reagierten, so konnte sich ein anderer Mittelstand, der viel eindeutiger aus „Angestellten im Stehkragen" bestand und später existierte, vielleicht den Nazis und ihrem Schlagwort *Blut und Boden* zuwenden, dem gefühlsbeladenen deutschen Dorf als Ausgleich für die Anarchie in der „bourgeoisen" Weimarer Republik. Andere, wahrscheinlich mehr die Söhne des niederen Landadels, schlossen sich im zaristischen Rußland der Volkspartei an und versuchten, dem Bauernstand seine Unterdrükkung zu Bewußtsein zu bringen. Sie organisierten höchst erfolgreich die Ermordung Prominenter. Wieder andere zogen sich von der Welt zurück und strebten auf mystische Weise nach persönlicher Heiligkeit, nach einer Absonderung von der Gesellschaft, oder sie bildeten Geheimgesellschaften und revolutionäre Bruderschaften mit verwickeltem Ritual und gegliederten Spielregeln – als Gegensatz zu der ungegliederten Arbeitswelt.

Ganz allgemein haben fast alle Gesellschaften, die sich aus einem vorwiegend agrarischen Zustand lösten, den Verlust des Dorfes intensiv und mit romantischem Schmerz empfunden. Die romantische Rekonstruktion des mittelalterlichen Lebens, wie sie von manchen europäischen Autoren bevorzugt wurde, drückt sowohl Heimweh als auch die gegenwärtige Entfremdung aus. Bei den Romantikern kommt zu diesem Gefühl noch die Neuentdeckung der Natur und der Vergangenheit hinzu, vielleicht auch eine Art von Pantheismus; von Wordsworth bis zum „Neuen England“ wiederholen sich die Themen. Und bei Rousseau steht die Anarchie in seinem eigenen Leben im Gegensatz zu der idealisierten Ordnung in der kleinen Gemeinde, die von einer gemeinsamen Ideologie, dem „Allgemeinen Willen“, geleitet wird. T. H. Green bezeichnete dies als „nicht greifbare Anhäufung der Hoffnungen und Ängste von Menschen, die durch gemeinsame Interessen und Sympathien miteinander verbunden sind“; dadurch würden frühere religöse Vorstellungen verdrängt.

In der europäischen Geschichte nach der Reformation stößt man immer wieder auf die Versuche einfacher Leute, mit ihrer eigenen Erfahrung so ins Reine zu kommen, daß auch das berücksichtigt wurde, was sie einst klar vor Augen hatten: das Streben nach Gott und Tugend. Dieser Versuch beschränkt sich nicht auf die neuen Stadtbewohner, denn der Einfluß der Städte erstreckte sich auch auf das Dorf. E. P. Thompson (1963) hat auf diesem Gebiet in ganz hervorragender Weise etwas von der verborgenen Geschichte Englands aus dem frühen neunzehnten Jahrhundert aufgezeichnet. Sein Spektrum reicht vom politischen Radikalismus bis zu Millenarier-Sekten. Nach seiner Ansicht ist das Aufkommen von Millenarier-Sekten eine Folgeerscheinung des fehlgeschlagenen politischen Radikalismus, während in Hobsbawms Untersuchung mehrerer verschiedener ländlicher Aufstände in Südeuropa religiöse und politische Aktivität Hand in Hand gehen. Nach Hobsbwams Charakterisierung zeichnen sich die Sekten, insbesondere verglichen mit den „Primitiven Methodisten“, durch ihren großen Eifer, ihren Sinn für Dramatik und hohe Teilnehmerzahlen an den Versammlungen aus. All das trug wohl dazu bei, die Andächtigen über Unsicherheit, Mühsal und Einsamkeit in der Industriegesellschaft hinwegzutrösten. Die Sektierer waren, so stellt er fest, untheologisch, unintellektuell und gefühlsbetont; in Leidenschaft und Moralität sind alle Menschen einander gleich. Doch viele der Sekten neigten dazu, die wirtschaftlichen Gegebenheiten als Schicksal (oder bestenfalls als Prüfung) hinzunehmen und nicht als etwas, das man aus eigener Kraft ändern könne. Die Tröstung, die sie anzubieten hatten, galt nur für wenige. So kam es auch, daß die „Primitiven Methodisten" in neue Gruppen aufsplitterten, als die Gemeinde für einen persönlichen Kontakt zu groß wurde (1959, S. 132–3).

Am entgegengesetzten Ende des Spektrums hat Cohn (1957) einige der Reaktionen frühmittelalterlicher Christen auf frühere wirtschaftliche Veränderungen aufgezeigt, zum Beispiel die Reaktion einiger arbeitsloser Weber in Nordfrankreich und den heutigen Benelux-Staaten, dem Kernstück des in Entwicklung begriffenen Europa. Andere haben die Bedeutung einzelner Phasen des Wandels, der sich über einen ungeheuren Zeitraum erstreckte, skizziert. Williams (1962) zum Beispiel dokumentierte die große Vielzahl von Reaktionen, die unter dem Oberbegriff Reformation zusammengefaßt werden, und von denen einige im religiösen Bereich viele der Varianten vorwegnehmen, die in unserer Zeit im säkularen, politischen Bereich wieder auftreten. Die Reformation war nicht ein einmaliger schlichter Bruch, sondern vielmehr die Aufgliederung eines vorher einheitlichen Glaubens in eine Vielzahl von Bekenntnissen. Das besondere Merkmal eigenständiger Gemeinden beendete die Einheitlichkeit der Orthodoxie.

### *Imperialismus*

In den Entwicklungsländern der Welt wurde der Ansturm der Industrialisierung – oder zumindest der Verstädterung – noch zusätzlich kompliziert durch imperiale Regierungs- oder Herrschaftsformen. Der Wandel wurde erschwert durch den Aufbau in Klassen, die sich durch Hautfarbe, Sprache und Kultur voneinander unterschieden. Die religiösen Reaktionen waren vielschichtiger als in Europa, obgleich sich bei gemeinsamen Problemen auch einige Ähnlichkeiten feststellen lassen.

Oft gingen Revolten zugunsten der Wiederherstellung eines früheren Zustands später unmerklich in eine Ablehnung sowohl der vorkolonialen als auch der kolonialen Regime über, so etwa bei den Fürstenrevolten im Sepoyaufstand in Indien (1857) oder zugunsten der Mandschu-Dynastie beim Boxeraufstand (1899) (nach Hobsbawm eine Art anarchistischer Bewegung für König und Land, oder Kirche und König, gegen die neue Ordnung, die sie vertrieben hatte). Innerhalb dieser Grenzen tauchten Bestrebungen um eine Reform der einheimischen Kultur auf, deren Niedergang am Beispiel der westlichen Kultur gemessen wurde. In Indien versuchten die Hindu-Renaissance und die Reformsekten wie zum Beispiel die Arya und die Brahma Samaj einen neuen, reinen Hinduismus zu schaffen, wobei höchste moralische Grundsätze klarer ausgedrückt werden sollten. In Java wurde die Reform des Islam zum Hauptziel einer Gruppe; es sollte ein strengerer Islam geschaffen werden, befreit von fremden Einflüssen des Hinduismus und der Eingeborenenreligionen. Die Permai-Sekte strebte eine Säuberung der traditionellen Volksreligionen durch die Beseitigung islamischer Beimengungen an; um ihnen einen neuen Sinn zu geben und die traditionellen Heilpraktiken wiederherzustellen und anzupassen wie in Indien, wurden nach modernen Gesichtspunkten die *ayurvedische* Medizin und in China die Akupunktur wiedereingeführt (Geertz, 1960, S. 113).

Manche Gruppen arbeiteten auf mehreren Gebieten gleichzeitig. Die Permai-Sekte zum Beispiel stellte eine Verbindung zwischen ihren original-javanischen Glaubenssätzen und dem Volksfront-Nationalismus der Indonesischen Kommunistischen Partei her; Gandhi widmete einen großen Teil seines Lebens sowohl dem Bemühen um ein reineres Hindu-Bauerndasein als auch um die indische Unabhängigkeit. Die „Aufrichtung“ der Unterdrückten nahm viele Formen an, von Aufrufen zum Tragen handgewebter Kleidung und der Rückkehr zu bäuerlicher Ernährungsweise bis zur Unterstützung der Abstinenzbewegung bei den städtischen Arbeitern; geistige und physische Heilung waren Bestandteile desselben Vorgangs. Gleichzeitig erfuhr der Bereich der Gemeinde eine immer weitere Ausdehnung, um alle Unterdrückten zu vereinen: er erstreckte sich von den Bürgern Bombays oder den Dorfbewohnern Dekkans auf alle Inder und schließlich auf alle Asiaten; von den Bewohnern eines Dorfes auf die Ashantis und Ghanesen und schließlich auf alle Afrikaner; von einem Klan über einen Stamm auf alle Rothäute. Die Bewegungen für Pan-Arabien, Pan-Afrika oder gar die „afro-asiatischen Völker" und die sich über drei Kontinente erstreckende Dritte Welt mögen sich tatsächlich aus sehr dürftigen Wurzeln entwickelt haben, aber sie waren und sind in bezug auf eine gemeinsame Bedrohung eine wichtige Tendenz (siehe Lanternari, 1965, S. 87ff.).

Doch innerhalb dieses Bereichs gab es viele Möglichkeiten, unter anderem auch – zumindest von unserem Standpunkt aus – die des Selbstmordes, die man als „Lemming-Syndrom" bezeichnen könnte. In der Praxis kommt dies verhältnismäßig selten vor, obgleich Lanternari einige Beispiele anführt. Es ist auch nicht immer klar, wie zutreffend diese Interpretation ist, wie sich aus den Meinungsverschiedenheiten über die „Cargo-Boat-Kulte" Melanesiens ergibt. Im Prinzip mag es durchaus möglich sein, daß Menschen ihre Probleme im Lichte ihrer ererbten Kultur so sehen, daß diese Probleme für die Gemeinschaft als Ganzes unlösbar erscheinen (wobei einzelne dem Unheil entrinnen können) und kein anderer Ausweg sich mehr zu bieten scheint als Rückzug oder Selbstmord. Die Ras Tafari auf Jamaika haben offenbar den Rückzug gewählt; sie dürften dem Dilemma durch „Einkehr" entronnen sein; vielleicht haben sie aber auch jedes praktische Handeln aufgegeben, um lieber auf die Rettung von außen zu warten (in ihrem Fall auf die Rettung durch die mythische Gestalt des Kaisers von Äthiopien). Der Glaube, der für die Analyse Systeme schafft, scheint sich hier unwiderruflich von der möglichen Tat entfernt zu haben.

## *Embryonale Religionen und Differenzierungen*

„Embryonale Religionen" wurden analog zu den „embryonalen Ideologien" im zweiten Kapitel bereits erwähnt, aber es lohnt sich doch, das Thema noch einmal im Licht der Spannungen des Wandels zu betrachten, den die Menschen durchmachen. Wir haben bisher noch keine Unterscheidung zwischen den religiösen Spaltungen innerhalb der etablierten Orthodoxie und den von außen her betriebenen Spaltungen getroffen. Zum Verständnis der großen Religionen ist es jedoch erforderlich, etwas von ihren *inneren* Spannungen zu erkennen, von der Formbarkeit der Glaubenssysteme, die mit einem Kodex eine Vielzahl divergierender Erfahrungen erfassen.

So gestattete jede große Religion indirekt ein größeres oder geringeres Maß an Differenzierung im eigenen Bereich. Wie bereits erwähnt, erlaubte es die Differenzierung in China jedem Klan oder jeder Großfamilie, sich durch die Verehrung der eigenen Ahnen von anderen zu unterscheiden. In Indien war jede Kaste – oder vielmehr jede Unterkaste (jati) – Trägerin gewisser Differenzierungen, am ausgeprägtesten im Dorf, wo es ein entsprechendes Ritual gab. Die unterste Kaste durfte vielleicht im Ritual der oberen Kasten irgendeine bestimmte untergeordnete Funktion ausüben, so daß sich die Arbeitsteilung innerhalb der Gemeinschaft hier in ritueller Form fortsetzte und das gegenseitige Abhängigkeitsverhältnis unterstrichen wurde. Diese rituelle gegenseitige Abhängigkeit bedeutet vielleicht das „Aufgehen in der allgemeinen Kultur", das im zweiten Kapitel bei der Besprechung embryonaler Ideologien erwähnt wurde. Dadurch wird verhindert, daß der Embryo heranwächst.

In Java umfaßte kein zentrales oder uniformiertes System der Verehrung alle Gläubigen. Die religiöse Differenzierung blieb ohne gemeinsame Form bestehen. Im Gegensatz zu der bereits besprochenen Differenzierung nach Region, Beruf oder Familie neigten die javanesischen Bauern zu einer vielzüngigen Kombination traditioneller Überzeugungen mit hinduistischen und islamischen Abänderungen: die Händler tendierten mehr zum Islam (wobei der Begriff „Händler" hier zur Vermeidung von Geertz' wesentlich sorgfältigerer Charakterisierung sehr frei gebraucht wird); die Aristokratie mehr zum Hinduismus. Aber jede Gruppe greift auf die andere über und ist selbst auch noch auf verschiedene Weise unterteilt. Geertz erklärt außerdem, daß sich bei den Händlern mindestens zwei Trends bemerkbar machten, der eine in Richtung auf eine Wiederbelebung traditioneller Überzeugungen (in nationalistischem Rahmen), der andere mehr auf einen Islam in Reinkultur. Geertz erwähnt eine mögliche Teilung bei den Resten der einstigen Aristokratie zwischen der Intelligentsia moderner holländischer Prägung im Dienste von Bürokratie und Staat und denen, die sich noch einiges von der hinduistischen, mystischen und höfischen Auffassung der Vergangenheit bewahrt haben (Geertz, 1964).

Schließlich gestattete die Kirche in Europa eine nationale Differenzierung (obgleich sie sich verschiedentlich bemühte, sie im Rahmen der Auseinandersetzungen mit Regionalfürsten zu bekämpfen), sowie Unterschiede nach Berufsgruppen, Städten und Dörfern (und sogar Stadtvierteln). Die Vielzahl der Schutzheiligen, die in Form von Wappen, Schildern, Fahnen und anderen Symbolen in Erscheinung treten (auch die Großbetriebe tragen ihnen Rechnung) weist auf den breiten Spielraum dieser Differenzierung hin.

Dieser „interne Zuschnitt" religiöser Formen auf die tatsächlichen Konturen der Gesellschaft war für die Wahrung der Einheit lebensnotwendig. Vielleicht ist der Begriff „embryonale Ideologien" (oder Religionen) irreführend, da solche Überlieferungen ihrem Wesen nach niemals zu allgemeinen Ideologien werden können. Die Grenzen für das Publikum werden durch berufliche, geographische oder ethnische Kriterien abgesteckt, und es besteht keine Möglichkeit für eine missionarische Tätigkeit außerhalb dieser Grenzen zur Bekehrung anderer. Dadurch wird einerseits die Art der Überzeugung eingeschränkt und das Innenleben der betreffenden Gemeinde intensiviert, andererseits sind aber unter gewissen Voraussetzungen auch Auswirkungen auf die übergeordnete Ideologie möglich. In Kriegszeiten kann sich die Überzeugung der Krieger auf die gesamte Gesellschaft übertragen; bei einer Massenmobilisierung erlangen alle Zugang zu diesem Mikrokosmos. Die Gleichsetzung nach ethnischen oder verwandtschaftlichen Richtlinien bringt viele unerfreuliche Attribute mit sich, die verhängnisvoll werden können, wenn sie auf die Ebene der Gesellschaft übertragen werden. Der Rassismus und die ihn begleitende Idee der Rassenhygiene zur Reinerhaltung (oder zur Bewahrung der Potenz) einer bestimmten blutsmäßigen Gruppe, das „Familien-Charisma", wie es Weber bezüglich der Klan-Gruppe nennt (Bendix, 1960, Fußnote S. 162), kann mit dem Nationalstaat gleichgesetzt werden.

Eine andere Art der Differenzierung, die sporadisch auftritt, liegt in der Eigenart der (inneren und äußeren) Feinde, der Bedrohung der Gruppe und den Mitteln begründet, durch die sich die Solidarität der Gruppe schärfer umreißen läßt. Bei Evangelisationsbewegungen in den frühen Phasen einer Religion ist das Bemerkenswerte oft das Niederreißen von Barrieren. So versuchten anfangs sowohl der Buddhismus als auch der Islam die Kastenunterschiede in Indien abzuschaffen, das Christentum beseitigte am Anfang die Unterschiede zwischen Juden und Heiden, der Judaismus einigte grundverschiedene Familiengruppen und Stämme und formte daraus Israel. Sehen sich jedoch innerhalb einer stabilen Religion die Menschen zunehmend Bedrohungen einer Art ausgesetzt, die man zuvor noch nicht kannte, dann kann man ein Individuum aus der Gruppe zum Ursprung allen Übels stempeln – ob es sich nun um Hexen handelt, um Juden oder um außerhalb der Gruppe liegende Nationalstaaten. (Walzer stellt fest, daß sich die Zauberei in Südost-England gleichzeitig mit dem Anwachsen der Stadt London und dem Übertritt vieler neuer Einwanderer zum Kalvinismus plötzlich und intensiver entwickelte und ausdehnte.) In einer sich rasch wandelnden Sozialstruktur bildet das Suchen nach Sündenböcken einen Brennpunkt für die Ängste und Enttäuschungen, die sich aus der Unsicherheit ergeben. Ein Zustand nervöser Hochspannung bedeutet, daß sich das Publikum verhältnismäßig leicht auf bestimmte Ziele hinlenken läßt. Die Hindus in Kalkutta wenden sich gegen die Moslems, während Moslems in Lahore die indische Regierung kritisieren; indonelische Moslems ermorden Kommunisten und völlig unschuldige chinesische Händler; Juden wenden sich gegen Araber, Araber gegen Juden; die Jugend Pekings gegen jeden, der den Namen der Nation herabzusetzen scheint; alle wenden sich gegen das Erbe der europäischen und jetzt der amerikanischen Vorherrschaft.

„Derartige Ängste und Aggressionen“, meint Geertz (1960, S. 365), „entstehen nicht nur aus realistischen sozialen Befürchtungen, von denen es genug gibt, sondern auch aus dem psychologischen Abnutzungsprozeß eines raschen sozialen Wandels.“ Der echte Sündenbock ist das Opfertier der Gemeinde, dessen Sünden in die Geschichte zurückverlegt werden müssen und dessen Aufgabe es ist, die Solidarität der Gemeinde zu besiegeln und die Führung gegen Herausforderungen abzuschirmen, die sich sonst direkt gegen sie richten könnten. In ähnlicher Weise ist der Kriminelle ein Agens zur Säuberung der Gesellschaft; das Böse wird angeprangert und die Tugend des Guten tritt um so leuchtender zutage. Der Bösewicht hat einzig und allein die Aufgabe, den Helden zu schaffen, wie es auch die Funktion der Häresie ist, die Wahrheit der Orthodoxie zu erhellen, vorausgesetzt die maßgeblichen Stellen behalten sie im Griff. Doch diese Interpretation bietet nur eine Erklärung: daß alles, selbst die Opposition, der gerade herrschenden Macht zugutekommt. Man kann es auch so sehen, daß die chinesischen Händler in Indonesien für den indonesischen Bauern tatsächlich etwas Feindliches darstellen: sie kaufen billig ein und verkaufen teuer, sie verleihen am Ende der einkommenslosen Zeit, wenn dem Bauern keine andere Wahl bleibt, Geld zu hohen Zinsen, und sie sperren die Kredite, wenn die Ernte schlecht ausgefallen ist. So kann aus dem „Sündenbock" sehr viel mehr werden als eine bloße Symbolfigur; er kann auch eine echte Bedrohung darstellen.

Die Zwiespältigkeit der Stellung des Kriminellen in einer bäuerlichen Gesellschaft – wie auch die des Polizeibeamten in fast jeder Gesellschaft – deutet auf eine ähnliche Situation hin. Der Kriminelle kann das Böse symbolisieren, das die Tugend des Nichtkriminellen um so deutlicher erhellt, aber er kann auch zu einem Helden werden, der der Plackerei des Alltags entflohen ist. Der Polizeibeamte mag die Sicherheit von „Gesetz und Ordnung" symbolisieren, aber auch die Macht, die nicht nur den Kriminellen selbst, sondern auch den Bauern bedroht. Wer nicht tapfer genug ist, selbst ein Krimineller zu werden, mag ihm als kleine Geste des Trotzes Unterschlupf gewähren und der Polizei jede Auskunft über ihn verweigern. Hobsbawm (1959, S. 16) betrachtet das „soziale Banditentum" als Bestandteil des Trotzes, den ein „prä-politisches Volk" zum Ausdruck bringt, das die Sprache zum Ausdrücken seiner Bestrebungen noch nicht gefunden hat oder gerade erst findet. Angefangen vom Briganten auf Korsika, der Blutrache übt, der mit und für seine Angehörigen gegen gemeinsame Feinde eines Angehörigen kämpft, bis hin zum klassischen Helden Robin Hood befinden sich die Bauern in einer sich verlierenden Revolte gegen die Grundbesitzer und deren Handlanger, die Polizei. Solche Proteste sind nach Hobsbawm insofern von Gewicht, als es keine anderen, öffentlich-politischen Protestbewegungen gibt. Wenn solche offenen Bewegungen einsetzen, kann aus dem Banditen ein militanter Politiker oder lediglich ein Parasit werden. Wird er militant, so kann sein Banditentum in einen Guerillakrieg übergehen, wie das zwischen den beiden Kriegen manchmal in China und heute in Lateinamerika der Fall ist.

### *Häresie des Volkes*

Wir haben bereits flüchtig die Differenzierung innerhalb einer Orthodoxie zwischen reich und arm festgestellt, die sich hieraus ergebende Doppelwertigkeit der Lehren und die Gründung neuer Bewegungen innerhalb der Orthodoxie, die das ergänzen müssen, was an Ursprünglichem verlorenging. In diesem Zusammenhang stellte Ossowski (1963, S. 190) einen interessanten Vergleich zwischen der Entwicklung des Christentums und des Marxismus-Leninismus an:

„Nachdem die Worte und Praktiken, die der revolutionären Bewegung gedient hatten, akzeptiert waren, gab man ihnen einen anderen Inhalt oder beschränkte ihre Anwendung auf Situationen, die für das Alltagsleben ohne Bedeutung waren. Der gemeinsame Genuß von Brot und Wein behielt die Bezeichnung Kommunion bei, auch als daraus ein Altarsakrament geworden war. Am Gründonnerstag führte der Bischof auch weiterhin die rituelle Fußwaschung bei Bettlern durch, aber damit war keinerlei Verringerung der Kluft zwischen ihm und ihnen verbunden, und die Fußwaschung trug auch nicht dazu bei, das Verhältnis zwischen den kirchlichen Würdenträgern und der christlichen Bevölkerung demokratischer zu gestalten. Entsprechend durfte jeder Arbeiter, der Gelegenheit bekam, sich Stalin persönlich zu nähern, ihn mit ‚Genosse' anreden, während ein Gepäckträger von den Leuten, die unbegrenzte Bankkonten und die Erlaubnis hatten, in besonderen Läden einzukaufen, immer noch mit ‚Träger' angerufen wurde."

Im letzten Kapitel wurde gesagt, daß die Verbindung zwischen einer Lehre und der Aufrechterhaltung der Autorität leicht dazu führt, die Lehre ihrer ursprünglichen Bedeutung zu berauben. Auf die Religion bezogen, führt die Gleichsetzung einer Heilslehre mit einer Autorität, die keine oder kaum eine Erlösung zuläßt, zu einer Aushöhlung der Lehre und zu Versuchen des Volkes, das Wesen der Lehre neu zu formulieren. Über die Reaktion des Volkes auf Einbußen dieser Art ist einiges bekannt, doch über die dauernde Reaktion gibt es nur wenige historische Aufzeichnungen. Selbst wenn die Reaktionen ausgesprochen häretische oder herausfordernde Formen annehmen, überleben nur bruchstückhafte Belege den Lauf der Zeit, die für gewöhnlich in der Reaktion der Autorität und nicht in der ursprünglichen Herausforderung enthalten sind. Hobsbawm sagt: „Unsere Landkarte [archaischer Bewegungen] ist selbst für Westeuropa so weiß geblieben wie die Weltkarte in der Zeit vor einer echten Kartographie" (1959, S. 9). Nur war die Welt vor der Kartographie kaum anders als danach, während die Berichte über Häresie und Revolte verlorengingen oder von den Autoritäten vernichtet wurden, damit nicht das selbst geschaffene Bild einer universellen Orthodoxie und einer bereitwillig unterstützten Autorität entstellt würde.

Dennoch gibt es einige Gemeinsamkeiten in den bekannten Bewegungen, wenn auch weniger klar ist, wie allgemeingültig sie sind – wie viel europäische Erfahrung in der christlichen Tradition enthalten ist. Eine Neubelebung der Hoffnung im Volke ist das wichtigste Merkmal. Diese Hoffnung ist allen gemeinsam und wird dadurch selbst bestärkt. Eine der gebräuchlichsten Formen dieser Hoffnung in der christlichen Tradition ist der Glaube an die echte Möglichkeit eines Erlösers, eines neuen Messias – oder seiner Wiederkunft – der die Bedrückten aufrichten wird. Solche Haltungen muß man jedoch von der ganzen Entwicklung der liberalen Ethik des „Hilf-dirselbst" unterscheiden, in der der Mensch den für ihn leidenden Christus als Mittler entthront und zugleich alle anderen vermittelnden Elemente aufgibt; wenn Luther heroisch formulierte „alle Christen sind Priester", so könnten wir den Satz abwandeln in „alle Christen sind selbst Christus". Doch das ist eine viel spätere und radikalere Wendung. Normalerweise hat die Selbständigkeit nicht die Abhängigkeit von einer äußeren Macht ersetzt. Weber argumentiert, je niedriger die soziale Schicht, um so radikaler seien die Formen, die das Bedürfnis nach einem Erlöser annimmt, wenn dieses Bedürfnis erst einmal aufgetaucht sei. Ein Individuum verkörpert oder symbolisiert hypothetisch die unterdrückte Gemeinde, und in seinem Leben sowie in den Legenden, die sich um sein Leben ranken, wird in symbolischer Form das Erleben der Unterdrückung aller nacherzählt. Manchmal ist dieses Individuum ein neuer Prophet, der durch die von ihm gewonnene Beziehung zu Gott oder zu der Quelle magischer Kräfte selbst die magische Kraft der Unverwundbarkeit oder Auferstehung erworben hat, – er vermag menschlichen Waffen zu trotzen oder den Tod zu besiegen. In seinen Worten und Lehren verkündet er ein neues System zur Einigung der Unterdrückten und zur Verkörperung kollektiver Hoffnung. Ist die Hoffnung erst einmal geweckt, so darf man nicht zulassen, daß sie wieder stirbt, und damit stirbt auch der Held niemals; er liegt nur im Schlaf und wartet auf den Ruf zur Rückkehr und zur Errettung seines Volkes. Dieses Thema wiederholt sich überall auf der Welt in verschiedenen Zusammenhängen – von Drake in Plymouth, Oleksa Dovbush oder Jesse James (Hobsbawm, 1959, S. 25) bis zu Subhas Chandra Bose, auf den seine politische Gruppe in Bengalen immer noch wartet. Der Held brachte die Heilsbotschaft, das Wort. „Was bisher eine heimliche, hoffnungslose Sehnsucht gewesen war, erschien nun als realisierbar, denn die Bauern hatten eine Offenbarung erlebt, die ihnen von guten und edlen Menschen gebracht worden war“ (Hobsbawm, ebenda, S. 99). Was früher eine private oder familiäre Tragödie gewesen war, ein in stillem Elend allein ertragenes Problem, wird nun plötzlich der Zustand des ganzen Volkes, und der Erlöser wird verehrt, weil er ans Licht bringt, was verborgen war und ein neues System verkündet, das etwas als Gemeingut enthüllt, was früher nur Privatangelegenheit war. In der Verallgemeinerung des Problems liegt Hoffnung begründet; denn die Kraft des Kollektivs kann das private Problem bewältigen, das isoliert unlösbar ist.

Die schlichte Reaktion kann nicht nur die Verehrung des Symbols der Gemeinsamkeit in der Gemeinde wecken, sie kann auch eine Verehrung hervorbringen, die ein Ersatz für jegliches

Tun ist – soll doch der Held allein die Probleme aller lösen, selbst wenn er nur gestützt von der Kraft der Gemeinde handeln kann. Die judaische und puritanische Betonung der Notwendigkeit, daß der Einzelne selbst etwas tue, macht für einige den Verzicht auf einen Erlöser als Heilsbringer, als das projektierte Bild der uneingestandenen Leiden aller, möglich: „Zum Zweck des Tuns erhält Gott uns und unsere Handlungen: Arbeit ist sowohl das moralische als auch das natürliche Ende der Macht ... Die Tat ist es, die Gott am meisten dient und ehrt" (Richard Baxter, zit. Bendix, 1960, S. 82).

Reformbestrebungen oder revolutionäre Bewegungen innerhalb größerer Orthodoxien neigten immer dazu, den *Inhalt* des Glaubens zu überprüfen und eine Betonung der Form abzulehnen. Es wird dann argumentiert, nicht die Einhaltung der Konvention, sondern der Sinn der Lehre sei wichtig. So tadelte Paulus bei der Verkündung des neuen christlichen Radikalismus Petrus, weil er Heiden ausschloß, wenn er mit Juden speiste. Der Mensch werde nicht nur die Werke des Gesetzes (wie Vorschriften über Ernährung und Beschneidung) seiner Sündenschuld ledig, sondern durch den Glauben an Jesus Christus. Denn wenn Gerechtigkeit durch das Gesetz käme, wäre Christus vergeblich gestorben. Detail und Wesen, Ritual und Sinn, Institutionen und Grundsätze müssen auseinandergehalten werden, denn das zweite ist ausschlaggebend und das erste lediglich die unmittelbare Form. So soll auch Buddha gesagt haben, nicht die Geburt (insbesondere die Geburt als Brahmane), sondern die rechte Lebensführung mache einen Mann zu einem wahren Brahmanen. Die Puritaner in Europa behaupteten, nicht Priester, Bischöfe oder die Kirche garantierten den Weg zum Heil, sondern die richtige Lektüre der Heiligen Schrift durch den Gläubigen. Christus selbst folgte dem Beispiel früherer jüdischer Propheten; er achtete die Formen (und die Leute, die sich besonders auf die Wichtigkeit der Formen beriefen – die Pharisäer) gering und stellte die Gesinnung in den Vordergrund.

Das Zusammengehen mit einer etablierten Autorität bedeutet wohl, daß jede große Religion im Laufe der Zeit dazu neigt, ihren wesentlichen Sinn in einem Wust von Ritual, von komplexen Details und äußeren Formen zu verlieren, so daß die

Religion nicht länger den erforderlichen Leitfaden zum Verständnis bietet und nicht mehr als System zum Begreifen der Welt dient. Sie wird zu einer Art Gepränge, zu einer Schau, einem dekorativen Rahmen für gewisse Ereignisse, während die Kriterien dafür, was recht und was unrecht ist, direkt von der Autorität selbst bestimmt werden (die Autorität formuliert ihre Edikte dann in religiösen Begriffen), anstatt sich organisch aus dem Sinn der geltenden Lehre zu ergeben. In diesem Endstadium der Atropie (das sehr lange dauern kann) lösen neue Probleme neue Versuche aus, mit der Wirklichkeit fertigzuwerden, betreiben Reformer die Wiedererweckung des Sinns der Religion, und zwar zusammen mit einer Wiedererweckung der Hoffnung im Volke. Wo einzelne religiöse Menschen ihren Glauben auf negative Art gegen die Aushöhlung der Religion durch Manipulationen seitens der Autorität verteidigt haben, indem sie sich in eine „Privatsphäre", eine „innere Einkehr", zurückgezogen haben, geht es den Reformern weniger um eine bloße Wiedererweckung des reinen Sinns der Lehren, sondern vielmehr darum, von neuem die allgemeine und kollektive Aussicht auf Hoffnung aufzuzeigen.

### *Synkretismus*

Wo ein Glaubensgebäude, das ursprünglich auf die Bedürfnisse und Probleme einer Gemeinde zugeschnitten war, auf eine andere Gemeinde übertragen wird, läßt die Mehrdeutigkeit des Wortes nicht nur unterschiedliche Interpretationen, sondern auch den „Synkretismus" zu, das heißt die Verschmelzung widersprüchlicher Elemente aus verschiedenen Glaubenssystemen, ohne daß sich der Gehalt einer jeden Quelle in der Form auswirken kann, die sich die ursprüngliche Gruppe vorgestellt hatte. Alte und neue Glaubenssätze verschmelzen zu einem Neuen, dessen Sinn vermutlich ganz anders ist und das nicht unbedingt, wie man als Außenstehender glauben könnte, die erwarteten Widersprüche nach sich zieht. Moderne politische Bewegungen haben eine Menge solcher Verschmelzungen hervorgebracht: den buddhistischen Marxismus in Burma, den buddhistischen Sozialismus in Kambodscha in nationalistischem Rahmen, und so weiter. Auf einer anderen Ebene behalten manchmal westlich erzogene Intellektuelle, Atheisten und erklärte Sozialisten widersprüchliche Praktiken bei: sie tauchen sicherheitshalber ins Wasser des Ganges oder holen den Rat eines Astrologen über die günstigste Größe des Kabinetts oder den besten Tag für seine Einberufung ein. Auf rein religiösem Gebiet kennen wir Geertz' Beschreibung der javanesischen Kombination unvereinbarer Glaubensrichtungen, des Hinduismus und des Islam; über den Islam in der Zeit vor den Reformbewegungen sagt er, sein Sinn für die äußeren Lebensbedingungen sei während des Weges quer durch Indien bereits durch den Hinduismus verwischt und introvertiert worden, und auch der direkte Kontakt mit seinem Ausgangspunkt Mekka oder seiner Gefolgschaft in Kairo habe ihn nicht mit neuer Kraft erfüllt, so daß er in Java „dahinvegetiert, als eines unter vielen wuchernden tropischen Gewächsen in einer ohnehin schon überfüllten religiösen Landschaft. Die mystischen buddhistischen Übungen bekamen arabische Namen, Hindu-Radschahs mußten sich eine Änderung der Titel gefallenlassen und wurden islamische Sultane, und das einfache Volk nannte ein paar seiner Waldgeister ‚Dschinns', aber sonst änderte sich nur wenig" (1960, S. 125). Das Glaubenssystem in seiner ursprünglichen Form faßte nicht Fuß und fand nicht gleich dieselbe Unterstützung wie jene, die seine geistigen Väter waren; sollte das vorübergehend der Fall gewesen sein, so vergaß das Volk rasch wieder und kehrte zu den gewohnten Übungen zurück, wie auch Hindus auf der indischen Seite der indisch-pakistanischen Grenze angeblich islamische Feste feiern, und Moslems jenseits der Grenze hinduistische Feste begehen.

Hobsbawm führt eine aktivistischere Form des Synkretismus an, bei dem trotz unvereinbarer Gegensätze an der Oberfläche gemeinsame Gefühle zum Ausdruck kommen: die Pianesi in Italien rühmen sich ihrer albanischen Herkunft (gegen die Italiener ringsum), ihres griechisch-orthodoxen Glaubens (gegen die römische Kirche) und sie bekennen sich zur Kommunistischen Partei Italiens (gegen Großgrundbesitz und Staat). Zwischen den einzelnen Lehren gibt es fast eine Art von Arbeitsteilung, indem jede einem besonderen Bedürfnis nach Verständnis auf einem bestimmten Gebiet entgegenkommt und jede ein gesondertes (für den Außenstehenden sogar folgewidriges) System zur Bewältigung eines gesonderten Problembereichs darstellt. Selbst in manchen westeuropäischen Intellektuellenkreisen lösen sich scheinbar unüberwindliche intellektuelle Hindernisse in nichts auf. So werden Zen-buddhistische Existentialisten, christliche Sozialisten und marxistische Katholiken möglich. Daraus geht hervor, daß das aktive Gewissen jegliches verfügbare Material zur Konstruktion eines angemessenen und genauen Begreifens benutzt, wenn man auf ausgefallene Probleme stößt.

Bei der Vielfältigkeit von Situationen und den Unterschieden im unmittelbaren kulturellen Erbe (sowie angesichts der Tatsache, daß die Menschen bis zu einem sehr unterschiedlichen Grade fähig sind, sich einiger Teile dieses Erbes zu entledigen), kann man unmöglich mit einiger Genauigkeit voraussagen, wie jemand auf Veränderungen reagieren wird, wer sich auf welche Art und Weise wehren, und wer den Rückzug antreten wird. Es gibt gemeinsame Probleme und eine begrenzte Anzahl von Lösungen; doch die Mehrwertigkeit, die sich in den formellen Forderungen eines jeden großen Glaubenssystems kristallisiert, und die einander widersprechenden Präzedenzfälle in der Geschichte eines jeden Systems bedeuten, daß man kaum etwas über die voraussichtlichen Reaktionen eines Menschen auszusagen vermag, wenn man seine Religion kennt. Die hier vorgetragenen Verallgemeinerungen müssen als sehr bedingte und vorsichtige Hypothesen betrachtet werden, mit deren Hilfe nur einige Bemühungen des Menschen um ein Verständnis seiner Umwelt angedeutet werden sollen. Der religiösen Vision und der säkularen Anschauung liegt ein gemeinsames Ringen um Verständnis zugrunde, ohne das die Beherrschung der natürlichen Umwelt dem Zufall überlassen bleibt und das Weiterbestehen der Menschheit in Frage gestellt ist.

## IV

# Der Konservativismus und der Westen

*Ruhe ist die erste Bürgerpflicht.*

Die drei nun folgenden Kapitel dienen dem Zweck, bestimmte Komplexe von Ideologien näher zu betrachten; jedes dieser Kapitel konzentriert sich auf ein bestimmtes Land, doch sollen im Verlauf der Abhandlung auch Ähnlichkeiten und Gegensätze im politischen Denken aufgezeigt werden. Bei der Behandlung des Themas wurde bewußt von einer Anzahl traditioneller Vorstellungen abgesehen. Insbesondere die Trennung zwischen West und Ost, zwischen Kapitalismus und „Sozialismus“ wird aufgegeben, um die Ideologien der britischen Konservativen (das Kernstück dieses Kapitels) mit denen der Marxisten-Leninisten im heutigen Rußland zu vergleichen. An verschiedenen Stellen wird die Entwicklung des Gedankenguts der britischen Konservativen zum Vergleich mit den in anderen westlichen, kapitalistischen Ländern vorherrschenden Ideen herangezogen, in der Hoffnung, daß das britische Beispiel nicht so ausgefallen ist als daß es nicht stellvertretend auch für alle anderen angeführt werden könnte. Die Behandlung des russischen Marxismus-Leninismus konzentriert sich zweckmäßigerweise auf formelle Fragen, während sich die Betrachtung des britischen Konservativismus, dem es fast völlig an einer formalen Theorie mangelt, auf die Aussagen und Handlungen britischer Konservativer stützt. Der Marxismus-Leninismus in Rußland ist eine ausgezeichnete Grundlage, da er eine Gruppe von Ideologien verkörpert, die ursprünglich ein Medium für Revolutionäre war und später zu einem Medium für Konservative wurde. Die revolutionäre Phase steht in krassem Gegensatz zur Geschichte des britischen Konservativismus, doch die konservative Phase in Rußland weist interessante Parallelen zu der in Großbritannien auf. Es ist beinahe möglich, charakteristische Formen konservativen Denkens aufzuzeigen, die sich aus der radikalen Hülle herausschälen.

Diesen beiden Kapiteln folgt eine Diskussion darüber, was aus dem Marxismus wurde, als er weiter nach Osten wanderte und die Entwicklungsländer, insbesondere China, erreichte. Auch hier werden die Merkmale einer bestimmten Gesellschaft durch ein internationales Medium zum Ausdruck gebracht, und zwar mit dramatischen Ergebnissen. Wie die Besprechung des britischen Konservativismus uns die Hauptgrundlage zur Betrachtung des westlichen Kapitalismus liefert, so vermittelt uns die Erörterung des chinesischen Marxismus einen Zugang zu den politischen Überzeugungen der Entwicklungsländer insgesamt (oder zumindest in jenen Teilen Asiens, mit denen der Autor vertraut ist).

Eine offenkundige Schwäche der nachfolgenden Diskussion besteht darin, daß die Häresien, auf die als Antwort die Orthodoxie folgte, kaum oder gar nicht behandelt werden. Diese Häresien muß man als Voraussetzung einfach hinnehmen (einige davon werden im Verlauf der Darlegung natürlich erwähnt), weil aus diesen kurzen Kapiteln ansonsten ganze Bände würden, in denen die Geschichte der einzelnen Gesellschaften in den betreffenden Epochen abgehandelt werden müßte. Es bleibt jedoch zu hoffen, daß dieser Bericht nicht zu einem der bereits in früheren Kapiteln kritisierten Fehlschlüsse Anlaß gibt: daß die Orthodoxie als die Überzeugung aller oder doch der Mehrzahl der Bürger in den betreffenden Ländern angesehen wird.

Der britische Konservativismus stellt eine Art von Kontinuum der Ideen dar, das die wichtigsten strukturellen Wandlungen aller kapitalistischen Gesellschaften des Westens umfaßt. Die beiden Wandlungen, die hier am meisten interessieren, sind der bedeutsame Schritt von einer überwiegend bäuerlich-ländlichen Gesellschaft zu einer überwiegend industriellen städtischen Gesellschaft und der weniger bedeutsame Schritt von einer unternehmerisch geführten Industriegesellschaft zu einer von Managern und Bürokraten bestimmten Industriegesellschaft. Die Methoden, mit deren Hilfe einige Konservative die Gefahren des ersten Übergangs überwanden, legen einerseits ein Modell für die charakteristische konservative Verhaltensweise in der Zukunft fest und gestatten andererseits eine Vorschau auf gewisse wichtige künftige Haltungen des rechten Flügels. Nicht alle Vergleiche wurden hier gezogen, aber es bleibt zu hoffen, daß eine hinreichende Anzahl davon angedeutet wurde, um das Argument zu belegen, daß gemeinsame Probleme auch dann ähnliche ideologische Lösungen fördern, wenn diese Lösungen Ausdruck des besonderen kulturellen Erbes eines bestimmten Nationalstaates zu sein scheinen.

### *Der britische Konservativismus*

Die beiden großen politischen Parteien Großbritanniens (Whig und Tory, Liberale und Konservative, Labour und Konservative) haben, von unwesentlichen Ausnahmen abgesehen, sehr ähnliche politische Aussagen gemacht, ähnliche Programme verkündet und, wenn sie an der Regierung waren, eine im großen und ganzen ähnliche Politik verfolgt. Wenn Ideologie nicht mehr wäre als eine Summe praktizierter oder vorgeschlagener politischer Maßnahmen, so könnte man mit Fug und Recht sagen, Großbritannien sei während einer großen Spanne seiner modernen Geschichte von einer ideologischen Partei regiert worden und die Konservativen verfügten als eine Fraktion dieser Partei über keine besondere eigene Ideologie. Aber mag die Politik auch gleich sein, so sind doch die soziologischen Gegebenheiten, aus denen sie erwächst, verschieden, und dieser Kontext ist es, der von einem andersartigen ideologischen Ethos beherrscht wird, selbst wenn dieses Ethos zeitweilig mehr ein besonderer Akzent als ein besonderes System von Überzeugungen ist.

Aber selbst dann kommt das Ethos der Konservativen nie sehr klar zum Ausdruck; denn der Konservativismus als politische Einrichtung hatte die geschichtliche Rolle, die verschiedenartigsten Ansichten verschiedener in der britischen Gesellschaft maßgebender Gruppen zu repräsentieren. Unterschiedliche Interessen mußten zu einer gemeinsamen Perspektive vereinigt werden; deshalb war diese Partei immer stärker daran interessiert, interne Verschiedenheiten zu verwischen als sie zu klären. Kompromiß und Harmonie sind wichtiger als logische Klarheit, da Klarheit zu Konflikten führt. So besitzen die Konservativen keine Ideologie, die sich historisch von der vorherrschenden Meinung der maßgebenden Schichten der herrschenden Klasse Großbritanniens trennen ließe – die konservative Ideologie ist gleich der offiziellen britischen Ideologie; wie sie genau aussieht, hängt davon ab, welche Gruppen zu einem gegebenen Zeitpunkt in der britischen Gesellschaft tonangebend sind und wie die radikalen Angriffe auf den britischen Status quo beschaffen sind. Liegt kein radikaler Angriff vor, oder wird er so vorgetragen, daß er sich nur gegen Randgebiete richtet, ohne die offizielle Politik ernstlich zu berühren, dann nimmt die konservative Politik den Standpunkt des „gesunden Menschenverstandes" ein und verkörpert nur verhältnismäßig wenige allgemeine Richtlinien irgendwelcher Art. Die Konservativen selbst können eine „unpolitische" Situation schaffen, in der es lediglich um die Administration eines selbstverständlichen Status quo geht und wo jede Kontroverse über das Wesen des Status quo wegfällt. In diesem Zusammenhang können wichtige politische Fragen „aus der Politik ausgeklammert" werden, das heißt, sie werden nicht mehr ernsthaft von verschiedenen Blickrichtungen her diskutiert.

Die Geschichte des Konservativismus ist ein verkleinertes Abbild der offiziellen britischen Geschichte, vom Standpunkt des Herrschers aus betrachtet. Die Partei stellt eine Bildfläche dar, auf der die Abbilder verschiedener widerstreitender und zeitweise obsiegender Gruppen idealisiert dargestellt werden; der Sieger hat immer recht, da er in der Partei tonangebend ist; auf dieser Plattform erfahren die dominierenden Interessen einer jeden geschichtlichen Phase ihre politische Verkörperung, sie entscheiden über die Attribute staatsmännischer Haltung, aber sie machen auch ihren Frieden mit den dominierenden Interessen der vorangegangenen Phase, damit die historische Kontinuität erhalten bleibt und damit sich nicht in aller Öffentlichkeit ein schrecklicher Abgrund auftut; dadurch würden nämlich die absoluten Ansprüche der dominierenden Gruppe auf Autorität zu relativen Ansprüchen herabgewürdigt.

Doch in den Phasen nach dem Kampf, wenn eine große Gruppe die Partei und damit auch die britische Gesellschaft beherrscht, weisen die ethischen Grundsätze der voraufgegangenen Führungsgruppe eine Tendenz zur Neuformierung auf;

dadurch entstehen dieselben Kontraste gegenüber den neuen Herausforderungen innerhalb der Partei aufsteigender Gruppen, wie sie schon vorhanden waren, als die dominierende Gruppe selbst den Aufstieg zur Macht begann. Die neuen, innerhalb der Partei erstarkenden Gruppen greifen wieder alte Themen auf: im Rahmen des bestehenden Status quo gebe es größere Möglichkeiten für den Fortschritt als die gegenwärtig regierende „Oligarchie“ erkenne; ein offener Wettbewerb um die Macht müsse innerhalb der Partei zugelassen werden; Demokratie und die Anerkennung der Verdienste müßten als Kriterien für Staatsmänner schwerer wiegen als die Vorrechte der Geburt. In entsprechender Form versichern die Verteidiger der Macht, daß weiterer Fortschritt ohne Preisgabe anderer Prioritäten unmöglich sei; daß ein offener Wettbewerb unnötig sei, da allen fähigen Männern der Zugang zu den Staatsämtern offenstehe und daß er noch dazu unerwünscht sei, da er das sorgsam ausgewogene Kräfteverhältnis innerhalb einer Koalitionspartei störe und der Masse der Bevölkerung öffentlich eine Uneinigkeit vor Augen führe, während diese Masse doch einer festen Hand und einheitlichen Führung bedürfe und nicht verwirrender, einander widersprechender Anschauungen.

Die Ziele aufsteigender Gruppen spiegeln sich in den Reden und Schriften einiger großer konservativer Führer – des jungen Disraeli, Lord Randolph Churchills, Joseph Chamberlains und des jungen Harold Macmillan – und sie wurden seit Churchill mit dem Begriff „Tory-Demokratie“ belegt. Dieses Bild des Flusses tritt unweigerlich in einer Gesellschaft auf, die sich fast ständig im Zustand des Wandels befindet, denn eine Organisation dieser Art kann sich über einen längeren Zeitraum hinweg nur dann am Leben erhalten, wenn sie erfolgreich die verschiedenen Anschauungen der Gruppen verkörpert, die durch den Wandlungsprozeß nach oben gespült werden. Daraus geht auch hervor, daß in der Ideologie unvereinbare oder gegensätzliche Elemente nebeneinander existieren können – das Ethos der Vergangenheit und der Gegenwart.

In diesem Wandlungsprozeß kann man jedoch auch insgesamt den Einfluß von zwei oder drei größeren Verschiebungen erkennen. Die erste Verschiebung ließ die Konservative Partei entstehen; es handelt sich um den Übergang von einer Agrargesellschaft und einer Tory-Partei der Grundbesitzer, des Landadels und der Junkerherrschaft, vom landwirtschaftlichen Schutzzollsystem zum industriellen Freihandel und Wettbewerb; die zweite Verschiebung setzte ein, als die britischen Herstellerinteressen selbst, nachdem sie nicht mehr durch die industrielle Vormachtstellung in der Welt unterstützt wurden, sich allmählich in Richtung auf wirtschaftliche Autarkie, Schutzzollpolitik und Imperialismus hin entwickelten; der dritte Übergang setzte ein, als die größten, inzwischen bürokratisierten Firmen zur Planung und zu staatlicher Kontrolle übergingen. In allgemein-ethischen Begriffen ausgedrückt, umfassen die Verschiebungen drei getrennte Phasen: die Welt der Großgrundbesitzer, die der viktorianischen Unternehmer und die der modernen Industriekapitäne. Jede Phase brachte eine andere Auffassung vom Idealcharakter, vom Wesen der Gesellschaft sowie von der Zukunft und Vergangenheit Britanniens mit sich, aber jede wurde auch teilweise von dem absorbiert, was nachfolgte; so erscheint das in der Geschichte als verwischt, was der Konzeption nach klar sein mag. Wenn wir den Konflikt von der Gesellschaft her sehen wollen, könnten wir sagen, daß die traditionalistisch-agrarische Ordnung vom Privatkapitalismus abgelöst wurde und daß dieser wiederum dem vom Manager beherrschten Staatskapitalismus weichen mußte; aber eine solche Formulierung tendiert zu einer Verschleierung wichtiger Unterschiede, wie sie insbesondere im Begriff „traditionalistisch-agrarische Ordnung“ verborgen liegen.

Im Sinne des bereits Besprochenen kann man diesen Vorgang auch so sehen, daß eine bestimmte soziale Gruppe, die ihre Anschauung in einer embryonalen Ideologie formulierte, zu nationaler und allgemein sozialer Bedeutung gelangte und sich eine echte Ideologie zulegte – eine, wie Gramsci es nennt, „hegemonische Ideologie“. Das Ethos einer jeden Gruppe läßt sich feststellen. Für den Großgrundbesitzer *war* Grund und Boden die Nation, und Grundbesitz stellte die wichtigste Qualifikation für eine Führungsrolle in der Gesellschaft dar. Die Führungsrolle des Unternehmers war nicht von Grund und Boden abhängig, sondern von seiner Fähigkeit, aus wenig viel zu machen, von seinem ständigen Bemühen, die Kosten zu senken und die Produktion zu steigern, von seinem „Flair“, seiner „Risikofreudigkeit“, seinem „Unternehmungsgeist“ (ein Begriff, der zu seinem Motto wurde); das alles setzte wirtschaftliche Bedingungen voraus, die ihm Bewegungsfreiheit gestatteten. Der Autoritätsanspruch des Managers und Geschäftsmannes beruht auf seinem angeblichen Fachwissen, seiner Ausbildung, seinem Training, seiner Erfahrung (wobei die Altersstufe eine Rolle spielt); diese Attribute setzen nicht einen Dschungel voraus, in dem sich der Pionier einen eigenen Pfad schlagen kann, sondern fest etablierte Institutionen, Hierarchien mit einem festen Platz für die Talente eines Organisators. Jedes der drei Schemata weist andere Attribute der Idealfigur auf; einmal werden Kultur und Muße betont, die Weisheit, die aus der bewußten Bindung an den Boden erwächst; im zweiten Falle ist es die Fähigkeit, sich unter den Bedingungen eines raschen sozialen Wandels zu behaupten, die Selbständigkeit des Mannes, der sein eigener Herr ist und zur Ausrichtung seiner Handlungen keiner äußeren Autorität bedarf, der aus der Anarchie heraus Triumphe erringen kann und der damit ein System fördert, das Expansion und Fortschritt hervorbringt; im dritten Fall ist das Ideal ein Mann, dessen Stellung innerhalb einer gegebenen Hierarchie genau festgelegt ist (bis hin zur Qualität des Teppichs in seinem Büro), wobei ihm diese Stellung aufgrund seines Dienstalters zugewiesen wird und klar umrissene Verantwortungen mit sich bringt. Als die Gruppen, die Träger der beiden ersten Anschauungen gewesen waren, bedroht wurden und an Bedeutung verloren, folgten für die Konservativen Perioden der Verwirrung, in denen sie die Sicherheit und Festigkeit einbüßten, die zuvor Richtschnur ihres Verhaltens gewesen waren.

Diese Thematik hinreichend zu illustrieren, würde immense Details erfordern und hieße eine Arbeit wiederholen, die ich bereits (1963) geleistet habe, aber einige Beispiele sind erforderlich. Eine Schwierigkeit liegt in der Wiederholung der Terminologie oder in der unausgesprochenen Übereinstimmung zweier verschiedener Vokabeln, die ein langer Zeitraum trennt; dadurch verwischen sich notwendige Unterscheidungen. Diese Undeutlichkeit ist nötig zur Aufrechterhaltung der Idee einer ununterbrochenen Tradition der Konservativen, einer Wahrheit, die folgerichtig auf die sich wandelnde Wirklichkeit angewandt wird. In Burkes Werken bedeutet „Staat" zum Beispiel in erster Linie das moralische Gewand der Gesellschaft, da an der Spitze von Regierung und Gesellschaft rechtmäßig die bodenständige Aristokratie stand und man sich keinen ernsthaften Konflikt zwischen beiden vorstellen konnte. Doch mit dem Aufkommen der liberalen Vorstellung vom „Individuum" im Gegensatz zum Staat als einer äußeren und fremden Kraft und mit dem Eindringen sowohl liberaler Ideen wie ehemaliger liberaler Geschäftsleute in den Konservativismus ließ dieser die mystischen Nebenbedeutungen des Begriffs „Staat" fallen: er war nur noch Administration. In unserer Zeit verliert jedoch mit dem Aufkommen großer korporativer Organisationen und der ungeheuer weitreichenden Aufgabe des Staates als Koordinator und Lenker das „Individuum" immer mehr an Bedeutung, so daß die liberale Auffassung der Administration in den Hintergrund trat – der Burkesche Staat wird erneut zu einer begrifflichen Möglichkeit, wenn auch heute in einem völlig veränderten Sinn. Manche Konservative werden nun versucht sein zu behaupten, die konservative Vorstellung vom „Staat" sei also unverändert geblieben; dabei übersehen sie sowohl das liberale Intermezzo, als sich Konservative energisch den Labour-Forderungen nach einer Ausweitung der Staatsmacht widersetzten, als auch den ganz anderen Sinn des heutigen Wortgebrauchs und die völlig veränderten Voraussetzungen. In ähnlicher Weise könnte man den Argumenten einiger Konservativer entgegentreten, die sich bemüht haben, den modernen Kollektivismus mit der organischen Staatsauffassung Burkes zu verbinden, oder in Burkes Ansicht von der herrschenden Ordnung (der Aristokratie) ein unzeitgemäßes Bekenntnis zur modernen „Leadership" zu sehen. Dabei übersehen sie, was Burke als selbstverständlich voraussetzte: daß diese Ordnung eine geschlossene Einheit und nicht eine Ansammlung talentierter Individuen war, daß im großen und ganzen die Geburt und nicht die Verdienste den Zutritt verschafften; daß sie im damals vorherrschenden Wirtschaftszweig, nämlich der Landwirtschaft, wurzelte, in einer Gesellschaftsordnung, die nicht auf laufende, geschweige denn wesentliche soziale Veränderungen eingestellt war; daß die städtische Industrie und all ihre Begleiterscheinungen in dieser Gesellschaft nur eine unwichtige Nebenrolle spielten, und so weiter. Die Bedeutung von Burkes Begriffen leitet sich aus dem Kontext ab, in dem sie damals benutzt wurden, und nur eine ausgesprochen unhistorische Betrachtungsweise oder ein opportunistischer Anlaß könnte seiner Terminologie eine unseren heutigen Begriffen entsprechende Bedeutung unterschieben.

Das meiste von dem, was wir heute unter Konservativismus verstehen: die unbestimmten Ansätze zum freien Wettbewerb (plus staatlicher Kontrolle), die freie Wirtschaft (plus verstaatlichter Industrie), Selbsthilfe (plus sozialer Wohlfahrt), Imperialismus (plus kolonialer Unabhängigkeit), Individualismus (plus Kollektivismus), zusammen mit dem angeblichen Vorrang städtischer Industrie gegenüber der Landwirtschaft und dem Fortschrittsglauben – das alles wurde erst *nach* Burkes Zeiten errungen und steht in ausgesprochenem Gegensatz zu seiner Anschauung. Doch diese Neuerwerbungen ergeben sich nicht aus der Wechselwirkung zwischen einem unveränderten Standpunkt und bestimmten Ereignissen; sie stellen vielmehr kurzfristige Reaktionen auf bestimmte Herausforderungen dar, und ohne diese Herausforderungen würde es nur wenig geben, was man ganz allgemein als „konservative Tradition" bezeichnen könnte.

Die erste große Herausforderung an die spätere Konservative Partei – die damalige Tory-Partei – ging von einer neuentstandenen Gruppe mittelständischer Unternehmer aus, die 1832 die Reform des Unterhauses durchsetzte und schließlich aus den Whigs die Liberale Partei machte. Die Torys reagierten in der Form, daß sie sich von einer starren Position aus gegen jede Beschneidung ihrer Vorrechte wehrten, allerdings ohne Erfolg. Die Torys im Parlament waren entzweit; einige bemühten sich unter Peels Führung um eine Verständigung mit dem „Mittelstand" und wollten ihn sogar unterstützen, andere blieben in der Opposition. Die Torys außerhalb des Parlaments wurden in noch größere Verwirrung gestürzt; einige setzten sich in ausgesprochen konterrevolutionärer Weise für die Wiederherstellung der alten Gesellschaftsordnung ein und schufen damit eine der Voraussetzungen für den Chartismus. Die Intellektuellen reichten von den voller Sehnsucht nach den in romantischem Licht gezeigten Tugenden der Vergangenheit schmachtenden Verehrern des Mittelalters bis zu jenen, die sich energisch an die Lösung des Problems machten, wie man die Ordnung der alten Gesellschaft in der Unordnung der neuen wiederherstellen könnte. Als zentrale Kraft in der alten Gesellschaft betrachtete man die Aristokratie (wie zum Beispiel Burke), die kollektive Verkörperung der Vernunft, die göttliche Ordnung, ein Wissen um christliche Pflicht und Nächstenliebe; die Frage war nunmehr, wie man die alte Aristokratie restaurieren oder für sie Verbündete im Kampf gegen die Veränderungen gewinnen konnte (ein Lieblingsgedanke war die Vereinigung von Hütte und Schloß gegen die Bourgeoisie), oder wie man eine neue Aristokratie finden sollte, sei es ein nationales Gelehrtentum wie bei Coleridge, sei es der Held Carlyles, oder auch Disraelis „natürliche Aristokratie". In Disraelis Schriften finden sich ohne stärkere Unterscheidung alle diese Tendenzen. Eine Restauration des mittelalterlichen Mythos ging durch das „Junge England", jene Gruppe überwiegend jugendlicher Aristokraten, mit denen Disraeli als junger Politiker eine gemeinsame Zeit verlebt hatte; aber er sah auch andere, weniger klar umrissene Aristokraten: den selten vorkommenden anständigen Arbeitgeber, den jüdischen Mystiker, und so weiter. Er verfocht einerseits die alte These der Torys, daß ein Großteil des Mißgeschicks überwiegend auf individuelle Irrtümer, Schwächen oder Verbrechen zurückzuführen sei – eine These, die, wie bereits gesagt, charakteristisch für starr konservative Gruppen war, da sie den Status quo vor allen Anfechtungen bewahrte und jegliche Belastung dem einzelnen Individuum aufbürdete. Er verfocht aber auch die radikale Gegenmeinung: daß die Lage Englands so schlecht und die Struktur so verbogen sei, daß man die Individuen nicht länger für die Mißgeschicke verantwortlich machen könne, unter denen sie zu leiden hatten.

Dieser Zwiespalt fand für Disraeli noch zu Lebzeiten eine Lösung. Gerade als er aufhörte, ein zur Macht strebender Außenseiter zu sein (er wurde Ministerpräsident), brach die „natürliche Aristokratie" die Verbindung zum Großgrundbesitz ab und wurde zu einer Gruppe, die tatsächlich die soziale Macht verkörperte, nämlich einer Union von einigen Grundbesitzern mit der neuen Gruppe von Geschäftsleuten. Die Lage Englands änderte sich nicht, aber die beiden Teile der Nation wurden durch ein typisches Taschenspielerkunststück mit Worten zu *einer* Nation: die beiden Teile waren Reich und Arm gewesen, nun wurde daraus Grund- und Geldbesitz. Blieben die beiden ersten unvereinigt, so waren die beiden anderen durchaus heiratsfähig, insbesondere durch das Gesetz über Beschränkte Haftung von 1862, das eine Umwandlung früheren Landbesitzes in industrielle Investitionen ohne die Entrichtung von Industrieabgaben zuließ.

Doch diese Verschiebung hinterließ eine Lücke. Das Junkertum hatte seine Herrschaft aus der Bindung an den Boden abgeleitet, aus der Überzeugung wahrer Verkörperung der Nation; das brachte die Industrie weder für sich allein noch in Verbindung mit dem Grundbesitz zustande. Disraeli erwies dem Konservativismus einen bedeutsamen Dienst, indem er eine andersgeartete Rechtfertigung bot, eine Alternative, die keine so engen Bindungen an die Interessen einer einzelnen sozialen Gruppe aufzuweisen hatte, daß sie nicht auch in Zukunft anwendbar gewesen wäre, wenn noch weitere soziale Gruppen innerhalb der Partei nach oben drängten. Ein Führungsanspruch, so sagte Disraeli, hänge weder von der Bindung zum Boden noch von der Zugehörigkeit zu einer geschlossenen Gruppe ab, sondern vielmehr von der magnetischen Kraft einzelner Persönlichkeiten; dieser Magnetismus drücke sich in ihrer Fähigkeit aus, die nationalen Symbole so zu manipulieren, daß sie sich damit bei der Bevölkerung Anhänglichkeit und Gehorsam erwürben. Grob ausgedrückt: Charisma plus Propaganda sollten garantieren, daß die konservative Partei auch weiterhin die Nation verkörperte und dabei gleichzeitig eine Volkspartei wurde. So war Disraeli, nachdem er die Torys bei ihren Rückzugsgefechten unterstützt hatte, um einen Abbau der Grundbesitzerinteressen durch die Widerrufung der Getreidegesetze (1846) zum Schutz der britischen Landwirtschaft zu verhindern, in der Lage, dem Toryismus zu entrinnen und sich in einen reformierten Konservativismus zu flüchten, der nun auch für die

Unternehmer attraktiv geworden war. In der zweiten Hälfte des vorigen Jahrhunderts veranlaßte das Aufkommen des Wettbewerbs im Ausland immer mehr Unternehmer, sich gegen die liberale Befürwortung eines freien Handels und Wettbewerbs zu wenden und zu den Konservativen zu stoßen. Die Umrisse von Disraelis „nationaler Idee" blieben verschwommen; beurteilt man diese Idee nach dem, was er tat, als er an der Macht war, so bedeutete sie kaum mehr als einen farbenfrohen Nationalismus (mit Ansätzen zu einem theatralischen Imperialismus) mit Elementen der inneren Sozialreform. Die Institutionen, die einst Sinnbilder der strengen Beibehaltung des Status quo gewesen waren, nämlich die Monarchie und das Parlament, wurden nun zu Kulissen einer Bühnenschau, zu farbigen und dekorativen Elementen prunkvoller Darbietungen, zu einem Zirkus, der die Massen der Bevölkerung zu belustigen und Träger ihrer Loyalität zu sein hatte.

Das von Disraeli gelöste Problem – die Stabilisierung der neuen Gesellschaft ohne den landbesitzenden Adel, der im Ancien Régime geherrscht hatte – war kein ausschließlich britisches Problem. Einmalig war vielleicht nur, daß es den Regierenden in Großbritannien gelang, einen verhältnismäßig langsamen Übergang zu bewerkstelligen; eine soziale Ordnung verschmolz unmerklich mit einer anderen, wie auch ein Ethos sich sanft mit dem nächsten vermischte. Frankreich gelang derselbe Übergang nur durch eine Serie mehr oder weniger offener Auseinandersetzungen, und selbst dann war dieser 1789 eingeleitete Übergang erst zu Ende des nachfolgenden Jahrhunderts abgeschlossen; zu diesem Zeitpunkt sah sich die neue Ordnung aber bereits durch eine neue Herausforderung bedroht, die von der industriellen Arbeiterklasse ausging. In Deutschland war ein ähnliches Ineinanderlaufen zu beobachten, jedoch mit dem Unterschied, daß es der neuen Ordnung nie so recht gelang, die alte zu unterdrücken – vielmehr wurden die preußische Monarchie und die Junker zu Trägern der neuen Gesellschaft.

Im britischen Konservativismus ist es jedoch ganz klar, warum Disraeli eine so wichtige Erscheinung ist, – wie weit er sich von den maßvollen Sicherheiten eines fest in der alten sozialen Ordnung verankerten Burke entfernte, und wie nahe er den

„Image-Machern“ und Public-Relation-Männern des modernen Konservativismus stand. Lord Randolph Churchill ist eine weitaus weniger bedeutsame Figur. Von Geburt Aristokrat, führte er den Kampf der Mittelständler innerhalb der Partei gegen die älteren aristokratischen Oligarchen und beschleunigte die Durchführung der Parteireform von 1832. Er bereicherte den Wortschatz des Konservativismus um den Begriff „Tory-Demokratie“, wiederholte im wesentlichen aber nur Disraelis Auffassungen. Die Tory-Demokratie, so sagte Churchill, sei eine Demokratie, die die Tory-Partei unterstützte (1888). Churchill identifizierte sich mit der Mittelstandsfraktion der Partei, mit der gewisse liberale Elemente Zugang zum Konservativismus fanden. Diese Assimilation gestattete es den Konservativen während der liberalen Regierungen von 1906 bis 1914, leidenschaftlich das unumschränkte Recht des Individuums auf die Verfügungsgewalt über sein Eigentum zu verfechten, was die Mehrheit auch dazu sagen mochte; weiterhin wurde versichert, der Markt und sein uneingeschränktes Funktionieren stehe jenseits aller ethisch motivierten Einflußnahme. Das Individuum war jedoch inzwischen keineswegs mehr ein bloßes soziales Atom wie in den Schriften der früheren Liberalen; es handelte sich vielmehr um einen Herrn von gehobenem Stand, den nicht die Beschneidung seiner Vorrechte durch andere „Individuen“, sondern durch die „Massen“ kümmerte, jenes namenlose Meer, in dem jegliches Privileg zu versinken drohte. Über dem Individuum, diesem konservativen Gentleman, gab es noch den Helden und schließlich den Führer oder den Herrenmenschen; auch sie zeichneten sich durch magnetische Anziehungskraft aus, die sich diesmal aus dem ethnischen Ursprung ableitete (ein Lieblingsthema auch in manchen Schriften Disraelis); diese kam jedoch nur bei einem Zustand sozialen Zusammenbruchs zum Zuge, der sich – zum Glück für die Konservativen – in Großbritannien nicht ereignete.

Kaum hatten die industriellen Klassen sowohl national als auch innerhalb der Konservativen Partei ihre Triumphe errungen, als auch schon spezifisch moderne Probleme auftauchten: im Innern das Aufkommen der Labour-Bewegung und draußen harte ausländische Konkurrenz auf wirtschaftlichem wie auch politischem Gebiet. Damit war das charmante Zwischenspiel der viktorianischen Epoche samt ihrer Ideologie, dem Liberalismus, zu Ende. Der Konservative Parteitag von 1907 (wie wir ihn heute nennen würden) entschied sich für eine Reform der Zolltarife; das war eine beschönigende Bezeichnung für das Ende des freien Handels: es bedeutete Schutztarife. Dieser Schutz, so sagte man, sollte sich innerhalb des Empire (ein späterer Euphemismus war Empire-Freihandel) so auswirken, daß dieses Empire wirtschaftliche Gestalt annahm, daß Großbritanniens schärfste Konkurrenten von abgeschlossenen Märkten ferngehalten wurden und somit die für die einheimischen Sozialreformen benötigten Mittel eingingen; damit sollte wiederum die Agitation im Inland gedämpft werden. Nebenbei sollten diese Maßnahmen gleichzeitig den Zusammenschluß und die Zusammenarbeit britischer Firmen beschleunigen, um die Produktion zu kontrollieren; solche Bestrebungen waren nämlich immer dann bedroht, wenn die ausländische Konkurrenz das gemeinsame Interesse aller inländischen Hersteller in einem bestimmten Wirtschaftszweig beeinträchtigte. Diese Frage entzweite die Konservativen wie auch die Geschäftsleute, da sich hieraus eine Steigerung der Nahrungsmittelpreise ergeben konnte, die sich bei Wahlen ungünstig auswirken mußte. Die Entzweiung wurde schließlich erst wieder beigelegt, als die Ereignisse von 1929 jedweden Schutz für die britische Industrie unausweichlich machten.

Bonar Law, der erste echte Industrielle (er war ein schottisch-kanadischer Eisenkönig), der zum Führer der Konservativen Partei aufrückte, kümmerte sich angeblich nur um zweierlei: Ulster und Zolltarifreformen; das traf vermutlich auf viele Konservative jener Zeit zu, vorausgesetzt, alle anderen Dinge blieben gleich. Das war jedoch nicht der Fall, und die Lage in England nach dem Ersten Weltkrieg und auch noch bis zum Zweiten Weltkrieg sah so aus, daß die britische offizielle Ideologie nicht umhin konnte, dem Pessimismus und der Verwirrung vieler hinsichtlich des weiteren Weges Ausdruck zu geben. Disraelis Rezepte gingen davon aus, daß alles halbwegs gut ging, doch im England nach dem Ersten Weltkrieg war die Lage für viele gleichbleibend schlecht – schlimmer als in irgend einer anderen Periode der Parteigeschichte. In den Schriften der Konservativen war häufig eine schon fast apokalyptische Untergangsstimmung zu spüren. Die Substanz der alten Gesellschaft war dahin, ohne daß eine neue an ihre Stelle trat, und wenn es den Konservativen nicht gelang, einen neuen Weg in die Zukunft zu finden, dann wurden vielleicht sogar die Ruinen noch vom allgegenwärtigen Bolschewismus erobert, denn Revolution war der Preis, der für Mißerfolg bezahlt werden mußte. Vielleicht liegt es an dieser Einstellung, daß die Baldwin-Ära oft den Eindruck des Hinhaltens erweckt – der Patient wurde beruhigt, während die Ärzte konferierten.

Diese konservativen Ärzte bildeten eine Anzahl deutlich voneinander getrennter, untereinander uneiniger Gruppen. Einige vertraten den Standpunkt, alles sei gar nicht so schlimm wie es erscheine, und man solle nichts weiter tun als der Wirtschaft größere finanzielle Unterstützung angedeihen lassen, ohne Bedingungen für die Verwendung dieser Gelder zu stellen. Andere befürworteten viel weitergehende Zwangsmaßnahmen, einen Staat, der eine Hierarchie anregen oder gar erzwingen sollte, die mit den Klassenunterschieden und Konflikten aufräumte und die von einer Nationalen Koalition geführt werden sollte, die eine politische Klasseneinteilung unmöglich machte. Wieder andere – unter denen Harold Macmillan die geschlossenste und am weitesten entwickelte Konzeption vorlegte – hielten die Fahne der Labour Party hoch (oder vielleicht hielt die Labour-Führung auch Macmillans Fahne hoch, wie einige Konservative 1945 meinten) und forderten den Staat zu einer Umorganisation der Industrie auf. Ein Großbetrieb – gleichgültig, ob privat oder staatlich – sollte eine Monopolstellung einnehmen, wobei die Produzenten selbst durch eine nationale Planung koordiniert werden sollten. Alle Elemente des Labour-Regierungsprogramms von 1945 waren in Macmillans Schema enthalten, nur daß dieses noch radikaler war und nicht so sehr als Veränderung des Status quo präsentiert wurde, sondern vielmehr als das einzige Mittel, ihn zu bewahren.

Das breite Meinungsspektrum, angefangen mit denen, die irgendeine Form des Faschismus befürworteten bis hin zu jenen, deren Ansichten sich von denen der Labourführung nicht mehr unterscheiden ließen, zeigt schon, wie sehr eine gemeinsame Perspektive und ordnende Tradition fehlten. Die Regierung ihrerseits schwankte zwischen verschiedenen Strömungen hin und her. Sie intervenierte und reorganisierte die Grundstoffindustrien, scheiterte aber bei dem Versuch, die Anteile aus den Kohlengruben zu verstaatlichen; sie bot kaum wirksame Handhaben zur Kontrolle der geschaffenen monopolistischen oder kartellartigen Betriebseinheiten. Chamberlain ging als Premierminister sogar so weit, mit dem Aufbau einer Art von Planungsbüro zu beginnen (im wesentlichen ein statistisches Büro), obgleich Planung symbolhaft für alles stand, was vielen Parteianhängern verhaßt war.

Es bedarf einer besonderen Terminologie, die auseinanderstrebenden Trends zu erfassen, und einer Soziologie, sie zu begreifen. Aber es wäre wiederum falsch, die britische Reaktion als eigentümlich zu betrachten, insbesondere in einer Zeit, da das britische Problem in seinen krassesten Erscheinungsformen ein Ergebnis der weltwirtschaftlichen Lage war. Wenn die britischen Konservativen das blieben, was sie waren, so folgten sie damit genau demselben Rezept wie die Konservativen in anderen Ländern. Für die radikalen Konservativen stellte Roosevelts New Deal einen Ausweg aus der Sackgasse dar; dieses Programm verkörperte, wenn auch zugegebenermaßen in verwässerter Form, einige der etatistischen Vorschläge, die auch von ihnen befürwortet wurden. In Italien und Deutschland brachte der Etatismus in der Wirtschaft einigen Wohlstand und ein gewisses Wachstum auf Kosten der Nachbarstaaten mit sich, aber er war von einem so krassen Bruch mit dem vorangegangenen Status quo begleitet, daß nur wenige Konservative ihn nachahmen konnten, ohne Gefahr zu laufen, damit viele ihrer Anhänger und einen guten Teil ihrer Vergangenheit aufzugeben. Das Erbe der historischen Kontinuität hatte für die Stabilisierung des bestehenden Status quo seinen besonderen ideologischen Wert. Ein gewaltsamer Bruch mit dieser Kontinuität hätte die Aufforderung an die Verfechter anderer Ziele bedeutet, ihrerseits damit zu brechen. Frankreich, bisher die Heimat revolutionärer und radikaler Tradition, blieb wie Großbritannien in einem politischen Kräftegleichgewicht befangen, das die meisten Reaktionen mit Ausnahme passiver Billigung ausschloß. Doch unter der Oberfläche führte dasselbe intellektuelle Ferment, ausgehend von derselben Verwirrung früherer Perspektiven, zu ähnlichen Lösungen und insbesondere zum Begriff des Korporativismus.

Die Ansicht vieler Konservativer beruhte nämlich unausgesprochen auf der Annahme einer korporativen Gesellschaft. Der alte Marktplatz mit kleinen, untereinander konkurrierenden Betriebseinheiten war verschwunden und nur noch in der Rhetorik vorhanden, und alle waren sich darin einig, daß sich die Wirtschaft zu Recht nach funktionellen und nicht nach vom Wettbewerb bestimmten Grundsätzen ausrichtete. Aber in der Praxis gab es gewisse Unterschiede. Einige Wirtschaftszweige setzten sich aus kleinen Herstellungsbetrieben zusammen, und diese Produzenten wehrten sich als Gruppe gegen die eigene gewaltsame Beseitigung zugunsten eines einzelnen Betriebs aus ihren Reihen. Ihre Opposition richtete sich gegen Eingriffe des Staates, wobei sie allerdings nichts gegen eine ohne Bedingungen gewährte Subventionierung durch diesen Staat einzuwenden hatten, selbst wenn diese Subventionen die Leistungsfähigkeit der Volkswirtschaft ernsthaft beeinträchtigt hätten. Andererseits gab es bereits mächtige Großbetriebe, die schon einen hinreichend großen Marktanteil kontrollierten, um von der Beseitigung ihrer Konkurrenten profitieren zu können, und die auch groß genug waren, um von einer systematischen staatlichen Intervention zu profitieren, einschließlich einer gesamtwirtschaftlichen Planung, durch die ihnen Mittel zugeführt würden, die bisher anderen, im Abstieg begriffenen Industriezweigen zuflossen. Sie waren auch groß genug, um politischen Einfluß ausüben zu können. Und von den Großbetrieben erlebten jene, die sich moderner industrieller Verfahren bedienten, auch in der Zeit zwischen den beiden Weltkriegen eine ununterbrochene Expansion; sie teilten daher nicht im gleichen Ausmaß den Pessimismus älterer Wirtschaftszweige, der durch die rückläufige Entwicklung ausgelöst war.

Wenn wir nun die beiden Haupttrends in der Auffassung charakterisieren wollten, so könnten wir den einen als pluralistischen Korporativismus (mit ausgeprägter Opposition gegen staatliche Intervention, einem blassen Abbild des einstigen *laissez-faire*) und den anderen als etatistischen Korporativismus bezeichnen. In keinem der beiden scheint es eine so zugkräftige Rechtfertigung der neuen Tendenzen gegeben zu haben wie bei den Bodeninteressen und den Interessen des liberalen Unternehmers. Der erste war noch durch seine Beziehung zur Nation, zum Boden, gerechtfertigt, und er konnte auf dieser Grundlage – zumindest im Prinzip – seine Vorstellung von nationalem Interesse verfechten gegenüber der aus dem Mittelstand stammenden „Teilfraktion", die vielleicht gerade vorübergehend an der Regierung war. Der zweite jedoch forderte den Fortschritt für alle bei zunehmend höherem Leistungsstandard durch offenen Wettbewerb und internationalen Freihandel. Aber für den pluralistischen Korporativisten bedeuteten die Überreste des Liberalismus nach der Schließung der Grenzen gegen ausländische Konkurrenz durch die Regierung und nach Ausschaltung oder Unterjochung einheimischer Rivalen durch die Großunternehmer kaum noch mehr als den Anspruch darauf, das Vorhandene zu bewahren: das Recht des alteingesessenen Pächters zur Fortführung seiner Arbeit auf Gedeih oder Verderb, und das Recht der wirtschaftlich Zurückgebliebenen, so viel zu bekommen, wie sie eben konnten. Der etatistische Korporativismus bot zwar eine gewisse Lösung an – der Staat sollte als Verkörperung der Nation über die noch verbliebenen Privatunternehmen wachen und alle Betriebe in eigene Regie nehmen, die sich als „verantwortungslos" erwiesen –, doch er zeigte auch die Kehrseite; denn welche Schranken waren einer Staatstyrannei jetzt noch gesetzt? Die Ausübung der staatlichen Macht erfolgte ohne Einschränkung, wie es auch im Pluralismus keine Schranken gegen die Machtausübung durch die Großunternehmer gibt. Die Rechtmäßigkeit des Status quo in sozialer, wirtschaftlicher und politischer Hinsicht mußte nunmehr auf dem Wahlrecht beruhen, auf den alle fünf Jahre erfolgenden Wahlen für ein Parlament, das nun durch den Beamtenapparat zunehmend eines Großteils seiner einstigen Macht beraubt wurde, gerade weil das Wahlrecht dieses Parlament zu einem unzuverlässigen Träger von Entscheidungsmacht stempelte.

So muß der strapazierte Mythos von einer parlamentarischen

Regierung, von einer offenen staatlichen Politik, herhalten zur Rechtfertigung für die Gesellschaft – eine äußerst bedenkliche Situation für die Machthaber. Natürlich gab es nach dem Krieg noch andere Beruhigungspillen, die dem Bild etwas von seiner Härte nahmen: Sozialfürsorge, die Verpflichtung des Staates, den Armen zu helfen und eine für alle gleiche Versorgung zu schaffen, die Ethik eines meritokratischen Erziehungssystems als Antwort auf die Beschwerden der Klügsten, das Versprechen gleichbleibender Vollbeschäftigung; doch hierbei handelte es sich mehr um Bestechungsmaßnahmen als um spezifische Mittel, die Machthaber zu rechtfertigen. Wie im Bismarckschen „Staatssozialismus" war die Fürsorge ein Ersatz für die tatsächliche politische Machtausübung durch die Mehrheit.

Diese Fragen bereiteten den meisten Konservativen allerdings keine Sorgen; wer an der Macht ist, kann es sich leisten „pragmatisch" zu sein, so lange er einigermaßen Erfolg hat. Die Konservativen waren sich wohl auch der machtvollen und bisher widersprüchlichen politischen Trends nicht bewußt, aus denen sich der Korporativismus herauskristallisierte – oder vielmehr ein renovierter, von der Baisse beflügelter Korporativismus. Diese Trends zeigten sich weitaus deutlicher in manchen Teilen Kontinentaleuropas; auf einige der hierbei aufgeworfenen Fragen kommen wir noch zurück.

Der Zweite Weltkrieg beendete einerseits die Enttäuschungen jener, die Kritik an der Untüchtigkeit der Regierung übten, andererseits untergrub er die Position derer, die die Regierung daran gehindert hatten, noch mehr zu tun. Die Erfordernisse des Krieges gestatteten offene staatliche Interventionen von einem Umfang und einer Reichweite, wie sie wegen einer bloßen Arbeitslosigkeit nicht möglich gewesen wären. Nach dem Krieg blieb den Konservativen das Dilemma erspart, brutal mit der unmittelbaren Vergangenheit aufräumen zu müssen: die Labour Party kam nun an die Regierung und sah sich gezwungen, das radikale Vorkriegsprogramm der Konservativen in die Tat umzusetzen, obgleich die Labour-Versprechungen in eine ganz andere Richtung gingen.

Wir können hier zwar nicht auf Einzelheiten eingehen, aber eine Feststellung ist doch interessant: Nach 1948 setzte in der britischen Wirtschaft der Prozeß langfristigen Wachstums ein, der seitdem typisch für die Weltwirtschaft der Nachkriegszeit geworden ist; und eine der Nebenerscheinungen dieses Wachstumsprozesses ist der Eindruck, daß die früher von radikalen Konservativen und Labour-Führern befürworteten Maßnahmen mehr auf die Krisenbekämpfung als auf die Schaffung einer vollkommen neuartigen Gesellschaftsform abzielten. „Progressiv" ausgedrückt: Die Periode von 1931 bis 1948 wird durch dieselben Bemühungen gekennzeichnet, dieselben Forderungen nach einer Ausweitung des Staatseigentums und der Sozialisierung, nach Kontrolle und Planung in der Wirtschaft, nach der Schaffung einer stabilen, hierarchischen Gesellschaftsordnung, in der jeder genau seine Pflichten und Rechte kennt (zu denen auch das Bekenntnis zur Volksfürsorge gehört).

Wie überall in Europa und in den Vereinigten Staaten nach 1948, so erscheinen auch hier Maßnahmen zur Krisenbekämpfung mehr in Form von Einschränkungen für eine expansive Wirtschaft als in Gestalt von Stützungsmaßnahmen für eine kränkelnde Wirtschaft. Eine völlig neue Phase des Neo-Liberalismus berührte gleichermaßen Labour und Konservative. Für die Labour-Regierung hieß Planung nun nicht viel mehr als statistische Anmerkungen zur unmittelbaren Vergangenheit mit Anregungen für die unmittelbar bevorstehende Zukunft; soziale Bestrebungen wurden immer mehr beschnitten, und das „Feuerwerk von Kontrollen" ließ erkennen, daß bereits ein umfassendes Instrumentarium der Planung zur Verfügung stand. Wer das Wesen des Sozialismus in wirtschaftlichen Kontrollen (überwiegend Maßnahmen der Koalitionsregierung aus Kriegszeiten) und in der Sozialisierung erblickte, sah sein Glaubensbekenntnis erschüttert; andererseits war die *Industrial Charter* von 1947, mit der sich die konservative Partei der modernen Welt einer sozialen Demokratie anpassen wollte, schließlich mehr die letzte Äußerung des Vorkriegs-Radikalismus als die Begründung einer neuen Ära. Es ist ferner eine Ironie des Schicksals, daß der Neo-Liberalismus das konservative Programm, das diese Partei 1951 an die Macht brachte, noch „reaktionärer" (nach damaliger Terminologie) machte als jenes, mit dem sie die Wahlen von 1945 verloren hatten.

In der Praxis unterschieden sich die regierenden Konservativen kaum von der Labour-Regierung der letzten Jahre vor dem Machtwechsel, auch wenn sie gegen die Planung polemisierten, um einen deutlicheren Unterschied zu schaffen. Diese Polemik war jedoch unhaltbar, da die beiden Grundprobleme, die seit den siebziger Jahren des vorigen Jahrhunderts die konservative Lehre bestimmten, dieselben blieben: die innenpolitische Bedrohung (jetzt in Form der von den Gewerkschaften hervorgerufenen „Lohninflation") und die ausländische Konkurrenz (die sich in einem sinkenden Anteil Großbritanniens am Welthandel auswirkte). Mitte der fünfziger Jahre mußten die Konservativen wohl oder übel einige der gegen Ende der vierziger Jahre aufgegebenen Elemente radikalen Denkens aus der Zeit zwischen den beiden Weltkriegen wieder aufgreifen. Planung (wenn auch jetzt als Planung des Wirtschaftswachstums und nicht so sehr als Planung des wirtschaftlichen Gleichgewichts oder der Vollbeschäftigung) und Versuche einer Lohnkontrolle tauchten in den frühen sechziger Jahren wieder auf. Es ist vielleicht bezeichnend, daß es ausgerechnet Harold Macmillan war, der als Premierminister diese Neuerungen einführte, nachdem er sie in den halkyonischen Tagen der frühen fünfziger Jahre praktischerweise schon vergessen hatte.

Das Zusammentreffen ungünstiger Umstände machte sich in Großbritannien besonders bemerkbar, weil dieses Land früher in der Weltwirtschaft eine so bedeutende Rolle gespielt hatte und weil seine Währung, ein Relikt einstiger Größe, daher durch internationale Fluktuationen besonders bedroht war. Aber die britische Reaktion auf die im Verhältnis zur Wachstumsrate der Weltwirtschaft rückläufige Entwicklung war keineswegs ein Einzelfall. Die französische Regierung hatte sich schon seit langem bemüht, die einheimische Wirtschaft durch eine nationale Planung zusammenzufassen, unterstützt durch Behörden, die paritätisch von der Wirtschaft und vom Staat gebildet wurden. Westdeutschland wandte sich unter dem Eindruck der Rezession vom Neo-Liberalismus ab und bewegte sich in Richtung auf eine vom Staat gelenkte Wirtschaft. In den Vereinigten Staaten zwang bei gleichzeitiger Expansion im Inland, hohen Militärausgaben und der Auswertung wirtschaftlicher Betätigung im Ausland ein geschwächter Dollar zu einer strengen Überwachung der Wirtschaft, damit der Inflationsdruck abgefangen wurde; diese Überwachung reichte bis zur Aufstellung von „Richtlinien“ für Lohnverhandlungen – einem Vorschlag, den die Konservativen in Großbritannien bereits in den fünfziger Jahren durchzusetzen suchten. Das Wort „Planung“ stand sowohl in Westdeutschland als auch in den Vereinigten Staaten für eine Sache, die von den betreffenden Regierungen angeblich verabscheut wurde, aber die Praktiken, die unter dieser Überschrift von den britischen Konservativen und den französischen Gaullisten geübt wurden, fanden doch immer mehr Nachahmer.

Bei dieser Darstellung sollten lediglich einige der Symptome des Wandels im konservativen Denken skizziert werden, um damit aufzuzeigen, wie diese Veränderungen im allgemeinen Zusammenhang der diese Partei belastenden Probleme zu sehen sind (womit die Diskussion der vorangegangenen Kapitel fortgesetzt wurde), aber auch um zu zeigen, wie wenig Kontinuität es hinsichtlich der Doktrin gibt, wie wenig angesichts der Umstände zu erwarten ist. Natürlich gibt es im Konservativismus kontinuierliche Züge, aber diese bewegen sich, was die Ideologien anbetrifft, auf einer so allgemeinen Ebene, daß sich von ihnen nicht ableiten läßt, wie sich die Konservativen verhalten könnten. Das gilt allgemein als Regel für jede Gruppe, die den Status quo unter den gegebenen Umständen als die günstigste Plattform betrachtet. Das Ideal entspricht in großen Zügen der Wirklichkeit; daher besteht keine Notwendigkeit, Ideale auszusondern, die im Gegensatz zur Wirklichkeit stehen, und eine Verpflichtung zu sehen, etwas zur Änderung dieser Wirklichkeit zu tun. Von Zeit zu Zeit sahen sich die Konservativen unter dem Druck des Wahlkampfes genötigt, den radikalen Forderungen fortschrittliche Ziele entgegenzusetzen – in unserem Jahrhundert war die „Demokratie auf der Grundlage des Besitzes“ ein solches Ziel – aber sind die Konservativen an der Regierung, so unternehmen sie so gut wie nichts, was unmittelbar auf die Verwirklichung derartiger Forderungen abzielte. Fortschrittliche Ziele sind unwirksam, passiv und nebensächlich für ein System, das schon von innen heraus harmonisch aufgebaut ist und zu seinem Bestand nichts weiter braucht als eine ehrliche „unpolitische" Verwaltung, nicht aber strukturelle Neuerungen oder Reformen. Die „Spuren" der Vergangenheit färben natürlich die Polemik der Partei, aber davon darf sich der Beobachter nicht irreführen lassen; die Konservativen mögen behaupten, sie hätten schon immer ein besonderes Verständnis für die Landwirtschaft und den Boden bewiesen, aber dieses besondere Verständnis veranlaßte die konservativen Regierungen zwischen 1870 und 1914 keineswegs, gegen den Niedergang der britischen Landwirtschaft in jener Zeit Abhilfe zu schaffen; und wenn in der Zeit nach 1931, ganz besonders aber während des Zweiten Weltkriegs, Anstrengungen zur Wiederbelebung der Landwirtschaft unternommen wurden, so ist das nicht auf ein „besonderes Verständnis" zurückzuführen, sondern vielmehr auf die Notwendigkeit, die Importe für eine im Grunde industrielle, urbane Gesellschaft einzuschränken.

Die Kontinuität der konservativen Partei besteht vor allen Dingen in der Existenz der Partei selbst, im Fortbestand ihrer einheitlichen Symbole und ihrer Terminologie, und nicht so sehr in einem zusammenhängenden System von Ideen. Die Partei tendiert seit Disraeli zu einer gemeinsamen Linie, oder sie hat eine gemeinsame soziologische Funktion übernommen: nämlich die Verkörperung der Forderungen der obersten Eliten der britischen Gesellschaft, die modifiziert wurden, um sich einer Wählerschaft und insbesondere der Anschauung eines Mittelstandes (heute mehr bürokratisch als unternehmerisch orientiert) anzupassen. Die Partei hat versucht, neue Eliten zu mobilisieren – wie sie nach 1945 versuchte, Industriemanager für sich zu gewinnen, weil sie befürchtete, sie könnten die Labour Party unterstützen –, um sie zusammenzufassen, ihnen eine einheitliche, verallgemeinernde Rechtfertigung zu geben und die eigenen neuen Perspektiven zu assimilieren. Das Grundprinzip und die Rechtfertigung einer herrschenden Klasse hat schon vor Disraeli in den konservativen Schriften einen zentralen Platz eingenommen; im Zuge des sozialen Wandels ist die Entdeckung einer „natürlichen Aristokratie" ein immer wiederkehrendes Problem, auch wenn es nicht mehr als so ernst erscheint wie während des Übergangs von der Agrargesellschaft zur Industriegesellschaft. Wenn man konservative Reden und Schriften beispielsweise zum Thema Tarifkonflikte betrachtet, fällt einem auf, daß fast durchweg die Standpunkte der Arbeitgeber als die richtigen verfochten werden. In der Wirtschaft gibt es immer nur eine Antwort. Ein Konflikt ist niemals ein Aufeinanderprallen gleichrangiger Interessen oder ein Kampf zwischen unschuldigen Arbeitern und tyrannischen Arbeitgebern, es handelt sich auch niemals um ein aus der Gesellschaftsstruktur erwachsendes Problem, das zwei gleichermaßen unschuldige Parteien trotz bester Absichten zu Kontrahenten macht, sondern es handelt sich stets um eine Auseinandersetzung zwischen der im Recht befindlichen Arbeitgeberschaft und unvernünftigen oder unwissenden Arbeitern. Das Management kann natürlich „Fehler begehen", es kann die Arbeiter unzureichend informieren oder erziehen, nicht genügend Sympathien für die „persönlichen" Probleme der Arbeiter aufbringen, und so weiter; aber all diese Formulierungen gehen stillschweigend davon aus, daß die Manager als Gruppe im Besitz der richtigen Lösungen sind, daß sie das einzige aktive Element sind oder zumindest sein sollten, daß sich die Arbeiter passiv der Führung zu beugen hätten. Ohne eine „feste Führung" werden die Massen „verwirrt" oder „ratlos", da die Gesellschaft im Prinzip gerecht und harmonisch ist. Die Vorstellung, daß es für jedes erdenkliche soziale Problem nur eine Lösung gibt und daß einzig und allein die Führung im Besitz dieser Lösung ist, findet man bei Burke und bei fast allen konservativen Denkern nach ihm. Für Burke verkörpert die Aristokratie Vernunft und göttlichen Willen; ein Aufstand gegen die Aristokratie ist daher per Definition „dumm" und „irrational" und zudem eine Blasphemie, eine Versündigung an der göttlichen Ordnung. In allem Bestehenden wird nur eine Vernunft wirksam, so daß jene, die von dem Bestehenden unterdrückt werden, entweder böse oder töricht sein müssen. Im Fall der Rebellenführer gilt vermutlich sogar das erstere, sie sind die „Aristokratie" der Radikalen, die Satan zu ihrem Gott erheben. (Sie werden in den Schriften der Konservativen häufig als gefallene Angehörige der Oberschicht dargestellt, da Führerschaft in der Vorstellung des rechten Flügels allgemein auch eine ethnische Bedeutung hat.) Das Fußvolk der Rebellen ist dumm, „verwirrt" durch kluge Reden, in denen der Name des Herrn gelästert wird. Das Zweiklassensystem – eine aktiv und eine passiv – zieht sich in unterschiedlichster Beziehung durch das konservative Denken und stellt ein solides Bindeglied der Kontinuität dar, zu dem man sich normalerweise aber nicht bekennt, da es sich um eine Vorstellung handelt, die in krassem Widerspruch zu den demokratischen Grundsätzen steht, auf denen angeblich die westliche Orthodoxie beruht.

Diese Darstellung ist vom Bezugspunkt des britischen Konservativismus ausgegangen und hat gelegentlich oberflächliche Vergleiche mit rechtsgerichteten politischen Ideen in den anderen westlichen Ländern angestellt. Bei der Untersuchung konservativer Postulate wurde jedoch nicht der Versuch gemacht, sie mit entsprechenden Ansichten der Labour Party zu vergleichen, zum Teil deshalb, weil es in der Labourführung kaum alternative Ansichten gibt. Die normale Orthodoxie der britischen parlamentarischen Politik wurde als „konservativ" bezeichnet und auf spezifisch konservative Ursprünge zurückgeführt. Das soll nicht zu dem Fehlschluß führen, daß die Labourführung viele sogenannte konservative Ansichten anfechten würde.

## *Der Westen*

Diese etwas vereinfachte Darstellung des britischen Konservativismus über einen längeren Zeitraum hinweg sollte ein Mittel sein, einige wesentliche Punkte des Komplexes von Ideologien anzudeuten, die zur Rechtfertigung des modernen westlichen Kapitalismus dienen, und einige der Probleme aufzuzeigen, die diesen wesentlichen Punkten ihre besondere Eigenart verliehen. Die Überschneidungen der einzelnen Phasen sind größer, als hier erkennbar wird; so mancher alte Kampf wird immer noch ausgefochten, nachdem die eine Seite offenbar längst gewonnen hat.

Es ist bezeichnend für das Fehlen einer energischen und anhaltenden innenpolitischen Herausforderung des modernen Kapitalismus, daß es so schwierig ist, seine Umrisse zu erkennen und die vorherrschenden Ansichten seiner Führer zu umschreiben. Diese Schwierigkeit wird auch in der Unterschiedlichkeit der Charakterisierung der westlichen Gesellschaft deutlich: „Manager-Kapitalismus", Wohlfahrtsstaat, gemischtes Wirtschaftssystem und so weiter. Nach meiner Ansicht liegen die treffendsten Bezeichnungen für dieses ideologische Spektrum innerhalb einer solchen Gesellschaft zwischen etatistischem Korporativismus und pluralistischem Korporativismus, einem ganz anderen Ethos, als es in der vorangegangenen Ära des Liberalismus oder Liberal-Konservativismus herrschte. Die treibenden Kräfte in der Entwicklung korporativistischer Formen und somit der hier besprochenen Art politischen Denkens waren ganz eindeutig mit der Baisse und der Notwendigkeit einer industriellen Produktionsbeschränkung verknüpft. Die Depression war eine zu tiefgreifende Krise, als daß die von ihr ausgelösten Trends hätten durch den Zweiten Weltkrieg und die nachfolgende Wachstumsphase zunichtegemacht werden können. Das Wesen des Kapitalismus hat sich so sehr verändert, daß es unvorstellbar ist, die Uhr wieder zurückzudrehen. Der Korporativismus wurde zum gemeinsamen Boden für alle möglichen Arten politischer Formationen, die (von den Sozialdemokraten) als „sozialistisch" oder als dem „freien Wettbewerb" dienend dargestellt wurden. Er wurde zu einer so verbreiteten, zentralen Erscheinung wie der Liberalismus im neunzehnten Jahrhundert – im Korporativismus zeigte sich der „gesunde Menschenverstand". So konnten die neo-liberalen Tendenzen der fünfziger Jahre, die in Großbritannien, den Vereinigten Staaten und Westdeutschland (Erhards „soziale Marktwirtschaft") eine wichtige Rolle spielten, das ererbte System industrieller Organisation nicht ernsthaft beeinträchtigen. In Großbritannien führten mehrere aufeinanderfolgende Reformwellen in der sozialisierten Industrie weder zu einer völligen Rückführung in Privateigentum noch zu einer Befreiung von den Forderungen der Regierungspolitik. Es gab keine direkte Kampagne der „Trust-Sprengung", keine gesetzgeberischen oder verwaltungsmäßigen Aktionen zur Abschaffung von Kartellen (seien sie nun staatlich kontrolliert oder ganz in privater Hand), zur Einschränkung von Fusionen und zur kräftigen Förderung kleiner Unternehmer. Die sehr radikale Aufgabe der Wiederherstellung eines Marktes mit wirksamem Wettbewerb wurde nicht in Angriff genommen. Derartige Bestrebungen wären utopisch gewesen, und nicht einmal die entschiedensten Verfechter des Neo-Liberalismus gingen so weit. Sie benutzten sogar für gewöhnlich die Instrumente der Zoll-, Währungs- und Einwanderungspolitik zur Beibehaltung gewisser Elemente einer autarken Wirtschaft und zu ihrem Schutz vor freiem internationalem Wettbewerb. Das Ergebnis war, daß freies Unternehmertum häufig nicht mehr bedeutete als Freiheit für die mächtigsten Großbetriebe, genauso weiterzumachen wie bisher und die korporativistische Wirtschaftsorganisation noch zu beschleunigen.

Die Terminologie der Politik blieb natürlich in den etwas sterilen Formeln der Vergangenheit befangen; in den Vereinigten Staaten hielt sich das, was Galbraith als das „konventionelle Wissen“ brandmarkt (Überflußgesellschaft) in einer Sprache, die nur noch geringe Gültigkeit hatte. „Freiheit“ war nicht so sehr das Recht auf Wettbewerb, sondern vielmehr Freiheit von öffentlichen Verpflichtungen, wie sie der Staat verkörpert. Im internationalen Bereich erwiesen sich die Vereinigten Staaten jedoch auch weiterhin als Anhänger des Liberalismus und des freien Handels, genau wie auch Großbritannien zu einer Zeit, als seine Stärke noch die Überlegenheit im offenen Wettkampf garantierte; in diesem Zusammenhang blieb, beherrscht von einer Vielzahl internationaler Gesellschaften und staatlicher Firmen, die vom geltenden Recht unberührt blieben, noch so etwas Ähnliches wie ein freier Markt bestehen. Bei den internationalen Kartellen wie auf dem Erdölsektor oder bei den Fluggesellschaften herrschte geschäftliche Zusammenarbeit (und nicht der Konkurrenzkampf) vor, aber die rasche Expansion drohte diese Gefüge ständig wanken zu machen. Eine Konzentration, die im gleichen Maße wie der Welthandel zunahm, hätte die erforderliche Stabilität herbeiführen können, und die großen Auseinandersetzungen der GATT und der Kennedy-Runde über eine Liberalisierung des Handels deuteten auf die fortbestehenden Spannungen hin.

In den Vereinigten Staaten ließen der Umfang industrieller Institutionen sowie die kontinuierliche Expansion (selbst wenn die Zuwachsrate nach internationalem Maßstab bescheiden und variabel war) pluralistische Varianten des Korporativismus immer mehr zur Sprache der Politik werden, im Gegensatz zu den mehr etatistischen Versionen, die sich in Roosevelts New Deal zeigten. Doch der Eindruck des Kalten Krieges und der ideologische Zweikampf mit der Sowjetunion um die Vormachtstellung veranlaßten einige Autoren (im Gegensatz zu denen in den meisten anderen westlichen Ländern) zur Formulierung eines logischen Grundprinzips für die neue Art der Gesellschaft. In der Sowjetunion gestattete die ererbte Ideologie, wie ich im nächsten Kapitel darlegen werde, ein zweifaches Erscheinungsbild: konservativ nach innen und revolutionär nach außen. Das bedeutete eine Bedrohung des zunehmend konservativen Erscheinungsbildes der Vereinigten Staaten im Ausland. Der amerikanische Liberalismus hatte natürlich, ebenso wie der britische Liberalismus um die Mitte des neunzehnten Jahrhunderts, eine revolutionäre Botschaft zu verkünden. Um die Zeit des Ersten Weltkriegs hatte Woodrow Wilsons Eintreten für die Rechte auf nationale Selbstbestimmung und Demokratie gegenüber Weltreichen und monarchischer Herrschaft für manche europäische Staaten eine ernste Gefahr bedeutet, und auch in der Zeit unmittelbar nach dem Zweiten Weltkrieg zeitigte die anti-imperialistische Haltung noch gelegentlich radikale Auswirkungen (in bezug auf die ausländischen Besitzungen der Briten, Franzosen und Holländer).

Doch der konservative Nationalismus überlagerte immer mehr solche Elemente, insbesondere nachdem es die Vereinigten Staaten mit den sowjetischen Rivalen zu tun bekamen und man andere Formen des Nationalismus oft nicht mehr vom Kommunismus unterscheiden konnte. Wie alle konservativen Mächte hatten auch die Vereinigten Staaten im Wettbewerb um „Verstand und Herz" nicht viel mehr zu bieten als die Behauptung, das Bestehende sei bereits das Beste, was man sich erhoffen könne, und das Wirkliche sei auf kurze Sicht mit dem Ideal identisch, sowie eine ungeheure politische, wirtschaftliche und militärische Macht, um diese Thesen zu „beweisen". Aber um für das Wirkliche eintreten zu können, muß es zumindest in den Zusammenhängen dargestellt werden; so entsprach der

Versuch einiger amerikanischer Autoren, eine zusammenhängende und realistische Grundordnung für die neue Gesellschaft in den Vereinigten Staaten zu formulieren, einer echten außenpolitischen Notwendigkeit. Aus den bereits erwähnten Gründen wurde das Hauptgewicht auf den pluralistischen Korporativismus gelegt, auf eine nach gegenseitiger Übereinkunft eingegangene Vereinigung gewaltiger Industriebetriebe mit verbündeten Zentren der Aktivität, den Staaten. Sogar die Bezeichnung „Pluralismus" selbst erlangte größte Bedeutung.

Ein Großteil der Argumentation zielte auf eine Verhinderung dessen ab, was Berle (1954) „Dirigismus" oder „Staatszentralismus" genannt hatte; in provozierender Form hatte er auf weitgehende Ähnlichkeiten zwischen der Sowjetunion und den Vereinigten Staaten hingewiesen, wobei er hier von „dirigistischem Kollektivismus" und dort von „nicht-dirigistischem Kollektivismus" sprach. Aus diesem Grunde entschloß er sich auch, die Gesellschaftsform der Vereinigten Staaten wertfrei als „nicht-dirigistischen Sozialismus" oder „Volks-Kapitalismus" zu bezeichnen.

Berle vertritt die Auffassung, daß Wettbewerb und Markt nicht mehr den Hauptteil der amerikanischen Industrie bestimmten; diese stehe unter der Kontrolle großer monopolistischer Korporationen, die ihrerseits der Kontrolle durch ihre Eigentümer entzogen sind und deshalb, so wird argumentiert, nicht länger dem unmittelbaren Gewinnstreben unterworfen sind. Das Eigentum, so sagt Berle, sei in der amerikanischen Bevölkerung breit gestreut (was in Wirklichkeit nicht stimmt, auch wenn die Eigentumsstreuung heute breiter ist als früher), und aufgrund dieser breiten Eigentumsstreuung liege die Kontrolle der Industrie in den Händen einer eigenständigen Oligarchie professioneller Manager, deren Verhalten keinen von außen kommenden Beschränkungen unterliege. Geldaufnahmen auf dem Kapitalmarkt seien zu geringfügig, um eine Kontrolle durch die Privatfinanz zu gewährleisten, und alle Sparten der Industrie würden von den Großbetrieben reglementiert, um Sanktionen der Konkurrenz aus dem Wege zu gehen. Kartelle, Absprachen, Vereinbarungen und Wirtschaftsverbände seien Formen industrieller Planung mit dem Ziel einer Wettbewerbsdämpfung und politische Mittel zur Kontrolle wirtschaftlicher Fluktuationen. So sei es nur eine kleine Gruppe, behauptet Berle, entweder Beauftragte der Kreditinstitute oder professionelle Manager in einigen hundert Großbetrieben, die die Gesellschaft in den Vereinigten Staaten kontrolliere und forme, wie auch die Sowjetunion von ihren großen korporativen Industrie-Instituten unter Leitung professioneller Manager beherrscht werde.

Die „Revolution der Manager" folgt einem wohlbekannten Schema, obgleich sie nicht so sehr die „Euthanasie des *Rentners*" als seine Pensionierung einschließt. Dabei erhebt sich die Frage, warum sich jemand mit diesem System abfinden sollte. Warum ist es gerecht? Wenn aus diesem Modell erst einmal der Wettbewerb herausgenommen wurde – welche Gewähr hat man dann noch, daß es sich hier wirklich um die „beste aller möglichen Welten" handelt? Es wurden einige Versuche unternommen, diese Frage zu beantworten; eine Auswahl davon mag hier aufgezählt werden:

1. Berle selbst meint, die Oligarchie der Manager erneuere sich zwar aus sich selbst heraus, sie werde jedoch von der öffentlichen Meinung, der Zustimmung, kontrolliert – oder zumindest beeinflußt. Unter „Zustimmung" versteht Berle nicht ein Abstimmungsergebnis, sondern vielmehr die Unterstützung gewisser autoritativer, aus den Kreisen der Intelligenz und der Akademiker ausgewählter Persönlichkeiten. Dabei bringt er einen mittelalterlichen Vergleich an: Die Könige und Barone als Inhaber säkularer Macht wurden durch die Bischöfe als Träger geistlicher Macht kontrolliert – oder beeinflußt –, und nun müßten sich die „Barone" aus den Großbetrieben akademischer Zustimmung beugen. Nun gibt es allerdings keinen plausiblen Grund, warum sich jemand eher nach der Meinung von Akademikern (und noch dazu einiger ausgewählter) richten sollte als nach geschäftlichen Erwägungen; vielleicht empfindet das auch Berle, denn er meint, die letzte Sanktion für die Gesellschaft sei die Intervention des Staates. Das ist nicht ganz eindeutig, da man aus anderen Stellen herauslesen könnte, daß der Staat aus der Gesamtheit der Korporationen besteht – oder doch bestehen sollte –, aus einer Vereinigung der Korporationen, so daß die Sanktion von allen gegen einen verhängt würde;

gegen die Korporationen als solche gibt es keine Sanktionen. Es bleibt auch unklar, warum die Demokratie ein zur Einholung der öffentlichen Zustimmung so ungeeignetes Mittel sein sollte, es sei denn, daß mit einer solchen Zustimmung nicht gerechnet werden könnte. Diese Dinge können jedoch Berles übermäßigen Optimismus nicht beeinträchtigen; im In- und Ausland wird aus der Anarchie Ordnung geschaffen, da die internationalen Großbetriebe und Kartelle eine Weltregierung herbeiführen, ohne daß es nötig wäre, bewußt politisch tätig zu werden.

2. Es wurde vorgeschlagen, die Interessen der Öffentlichkeit dadurch zu wahren, daß in die Aufsichtsräte (Boards of Directors) der Korporationen besondere Vertrauensleute entsandt werden, die entweder vom Staat (wie in manchen verstaatlichten Industriezweigen in Großbritannien und den französischen Planungsbehörden) oder von den Gewerkschaften bestimmt würden. Wenn erst einmal die Mitbestimmung der Arbeiter voll verwirklicht ist, so wird gesagt, dann wird die Firma oder die Aktiengesellschaft auch zu einer wahrhaft repräsentativen politischen und sozialen Einheit der Gesellschaft; Ernennungen durch den Staat gewährleisten andererseits die Sicherung öffentlicher Interessen. Partnerschaftsprojekte bieten hierzu die Variante.

3. Manche haben das Problem einfach abgeleugnet, indem sie – wie Harold Macmillan in *The Middle Way* (1938) – erklärten, man könne den Managern die volle Vertretung der öffentlichen Interessen anvertrauen, da ihr Motiv nicht das Gewinnstreben sei. Dieser Gedanke taucht auch bei C. A. R. Crosland *The Future of Socialism* (1956) auf, einem Standardwerk für die Anschauung der Labour-Führung, und selbst die politische Grundsatzerklärung der Labour Party von 1957, *Industry and Society*, bemerkt, daß die „Großunternehmen als Ganzes im Zuge der zunehmenden Professionalisierung im Management der Nation dienen“ und daß somit die Verstaatlichung als Ziel der Partei unnötig geworden sei. Ganz allgemein sei Gemeinbesitz zur Reform des Kapitalismus nicht erforderlich, da der Kapitalismus aus sich heraus „sozialisiert“ werde, was das Ende der Eigentümer-Vorherrschaft und des

Gewinnstrebens als Hauptmotiv bedeute. Reformen beträfen nicht die legalen Rechte der Eigentümer, sondern vielmehr die Organisation; solche Reformen ließen sich durch entsprechende Ausbildung des Managements, das Studium der Organisation und des Entscheidungsmechanismus, den erweiterten Einsatz von Computern und so weiter erreichen.

4. Galbraith, der amerikanische Wirtschaftswissenschaftler, hat eine allgemeine Theorie vorgelegt, aus der sich eine Lösung des Einzelproblems ableiten läßt. Ähnlich wie bei der Theorie von der „unsichtbaren Hand", die ständig dafür sorgt, daß privates Besitzstreben nur das Allgemeinwohl fördert, besagt die Theorie von der gegenläufigen Macht, daß „übermäßige Macht" stets aus sich heraus eine Schranke schafft, durch die Schaden von der Gesellschaft abgewendet wird. So weckte die übermäßige Macht des Kapitals die Macht der Arbeiter und Gewerkschaften, die jene Macht in ihre Grenzen verwies. Diese „Theorie" scheint nicht mehr zu sein als Ausdruck eines Optimismus, eine Darstellung von Tugend im Gewand der Notwendigkeit. Sie ähnelt der von den Theoretikern mancher Lobbies vorgetragenen These: Insgesamt halten sich die Lobbies gegenseitig in Schach und gewährleisten damit, daß dem öffentlichen Interesse kein Schaden erwächst. Die Rentner und ein chemischer Großkonzern balancieren sich gegenseitig zu harmonischem Gleichgewicht aus.

5. Wieder andere meinen, die Lösung liege in einer strengen Erziehung der Manager zur Verantwortung. Wie Platos Wächter sollen sie lernen „sozial" zu denken und mehr Staatsmänner als Geschäftsleute zu sein; ihre Entscheidungen sollen auf der Neutralität wissenschaftlicher Erkenntis und einer den nationalen Interessen dienenden Ethik beruhen. Leider gibt es, wenn sich Kaufleute so verhalten, kaum noch einen Unterschied zwischen Staat und Privatwirtschaft bis auf den Umstand, daß der Staat von einer in regelmäßigen Abständen erfolgenden Wahl abhängig ist; das könnte man als Argument zugunsten einer umfassenden Verstaatlichung vorbringen.

6. Vielleicht sollte man den Großunternehmen eine offizielle Rechtsstellung einräumen, die ihre Autonomie anerkennt und ihnen bestimmte Pflichten und Rechte zuweist. So würde die

Gesellschaft zu einer „Gemeinschaft freier, sich selbst regierender Nationen". Durch regelmäßige Überprüfungen dieser Charter hätte die Gesellschaft die Möglichkeit, die Großunternehmen zu kontrollieren. Scott Buchanan (1959) lehnte diese Auffassung mit der Begründung ab, die Korporation müsse eine unabhängige, eigengesetzliche und souveräne Macht bleiben, die ihren gemeinsamen Oberen in einer Gemeinschaft von Korporationen entgegentritt: keine Macht kann darauf Einfluß nehmen.

7. Schließlich haben einige das Problem auf brutale Art mit der Erklärung von der Hand gewiesen, wer sich der Vorteile des Systems erfreue, habe kein Recht, es anzugreifen. Damit wurde angedeutet, daß eine Art von Sozialvertrag einen Ausgleich zwischen dem Vorteil des Überflusses und dem Preis herstellt, der dafür zu zahlen ist: Gehorsam und Konformität. Diese „Lösung" besagt jedoch auch, daß die Illoyalität der Massen eine verständliche Reaktion auf eine neue Wirtschaftskrise wäre.

Beiläufig sei erwähnt, daß die korporativistische Theorie der Vorkriegszeit die Integration der Gesellschaft in einer Entsprechung der Korporationen zu sozialen, berufsmäßigen oder akademischen Schichtungen oder Bereichen sah: die Arbeiterschaft konnte beispielsweise in der einen Korporation, das Kapital in einer anderen organisiert sein. Die hier skizzierten Beispiele lassen jedoch im Gegensatz dazu erkennen, daß alle Bereiche der Gesellschaft in einer Reihe vertikal organisierter Korporationen zusammengefaßt sind: die Arbeiter, Manager, Eigentümer und anderen Angehörigen von General Motors werden einzig und allein durch General Motors selbst repräsentiert. Was das Hauptziel des Korporativismus anbetrifft, nämlich die Ausschaltung der Möglichkeit vertikaler Konflikte, insbesondere des Klassenkampfes, so sind die neueren amerikanischen Versionen den Vorschlägen aus der Vorkriegszeit überlegen. Es ist auch interessant, einmal zu beobachten, wer in diese Debatte einbezogen wird, denn es sind dabei die unterschiedlichsten Ausgangspositionen erkennbar; am weitesten verbreitet scheint indes der etatistische Korporativismus aus der Zeit zwischen den beiden Weltkriegen zu sein. Besonders Berle spielte in Roosevelts Regierung des New Deal eine bedeutsame Rolle, und andere kommen vom rechten Flügel der Sozialdemokratie.

Die unterschiedliche Herkunft ist bezeichnend für die verschiedenartigen Rechtfertigungen der Gesellschaftsordnung, die nach der Baisse zwischen den beiden Kriegen geschaffen wurde. Historisch gesehen, erhebt der Korporativismus den Anspruch, sich vom mittelalterlichen Staatsgedanken abzuleiten; die Befürworter korporativer Organisationsformen im neunzehnten Jahrhundert beriefen sich ausdrücklich auf die rechtsgerichtete (und urspünglich aristokratische) Opposition gegen eine Welt des bürgerlichen Kapitalismus, gegen die Gesellschaft, die aus der Französischen Revolution und der religiösen Spaltung der Reformation hervorgegangen war. Der Korporativismus verkörperte angeblich das Wesen des verlorenen Ancien Régime, und gerade diese Formen waren es, die beispielsweise Marschall Pétain in seinem kläglichen Vichy-Frankreich zu pflegen suchte, und bei denen Mussolini Anleihen für die dekorative Fassade des italienischen Faschismus aufnahm. Doch diese Art des Korporativismus, die sich am deutlichsten bei gewissen rechtsextremen Denkern in Frankreich und in den Anfängen der Christlichen Demokratie zeigte, hatte nur oberflächlich etwas mit den eigentlichen *Wirtschafts*-Korporationen zu tun, auch wenn sich, als die Zeit reif war, dieselben Formulierungen als brauchbar erwiesen. Gewiß bedeutete der Korporativismus nicht eine persönliche Diktatur – im Gegenteil: der korporative Aspekt sollte ja gerade die Diktatur unmöglich machen. Neumann (1942) behauptet jedoch, die korporativistische Harmonie sei nur ein Mythos, der sich lediglich durch das Gegenteil, nämlich eine skrupellose Autokratie, verwirklichen lasse. Wie dem auch sei, die Geschichte des italienischen Faschismus läßt erkennen, daß Rassismus nicht eine unvermeidbare Begleiterscheinung des Faschismus überhaupt und schon gar nicht ein wesentlicher Bestandteil korporativistischer Doktrinen ist – höchstens insofern, als der Korporativismus den Nationalismus über andere Formen von Loyalität stellt und zum Nationalismus oft eine ethnische Zuordnung gehört. Die ursprünglichen Theorien des Korporativismus wären ohne die Entwicklung einer modernen Industrie und einer bedrohlichen Baisse längst eines natürlichen

Todes gestorben und nichts weiter gewesen als die schattenhafte Opposition einer Gesellschaft, die schon zu hoch entwickelt war, um noch umzukehren. In der neuen Pacht auf Lebenszeit liegt vielleicht eine gewisse Ironie, da der unternehmerische Mittelstand eine neue Art industrieller Aristokraten hervorgebracht hat, die manches von den Lehren der Aristokratie des Ancien Régime übernahmen: all das, was die Unternehmer so sehr bekämpft und gehaßt hatten.

Vielleicht noch bedeutsamer als die eigentliche Rechte war die Entwicklung des Liberalismus selbst im späten neunzehnten und frühen zwanzigsten Jahrhundert. Sowohl die Intellektuellen als auch die Geschäftsleute entfernten sich nämlich vom Begriff der Freiheit in der Gesellschaft, der das Wesen des Liberalismus ausgemacht hatte. Der Wirtschaftswissenschaftler und Sozialtheoretiker Pareto ist insofern eine repräsentative Erscheinung, als er sowohl Liberaler wie auch Antidemokrat war und die Bedrohung seiner eigenen Freiheit deutlicher empfand als die Unterdrückung anderer durch seine Freiheit; er sah in Mussolini den Retter seiner Freiheit. Der deutsche Industrielle Walther Rathenau, der aus einem ganz anderen intellektuellen Milieu stammte, warf das Argument auf, Eigentum sei in der Industrie entpersönlicht worden, wodurch das Unternehmertum einen öffentlichen Status einnehme und eher eines der Grundelemente einer vereinheitlichten Gesellschaft darstelle, statt unter vielen Konkurrenten zu rangieren. J. M. Keynes, der bekannte liberale Wirtschaftswissenschaftler, sprach 1924 von „Korporationen als einer Form der Regierung“ und „mittelalterlichen Begriffen von eigenständigen Autonomien“; später sollte er in *The General Theory* die Beschleunigung der „Euthanasie des *Rentners*“ und dadurch eine Stabilisierung der Managermacht fordern. Anders gingen in Großbritannien die Liberale Partei unter Lloyd George und jene Liberalen vor, die Roosevelt unter dem New Deal voranhelfen wollten; ohne viel Gewissensbisse gaben sie das Erbe des Liberalismus, die Idee vom Markt, dem Wettbewerb und der freien Betätigung des Einzelnen, zugunsten der Macht des mit der Gesellschaft gleichgestellten Staates auf. Dabei standen sie unter dem Eindruck der Arbeitslosigkeit und Baisse zwischen den beiden Weltkriegen.

Auf der anderen Seite sahen in der intellektuellen Strömung der zwanziger Jahre einige Sozialisten in der korporativen Organisation ein Mittel zur Beendigung des Klassenkampfes ohne Revolution, zur Schaffung integrierter Betriebe, in denen die Arbeiter gleichberechtigt sein sollten, zur Beendigung des Konkurrenzkampfes und damit auch des Drucks gelegentlicher Arbeitslosigkeit. Hendrik Le Man, der belgische Sozialistenführer, war wohl der prominenteste Führer der Linken, der sich dem Korporativismus verschrieb, aber zweifellos herrschten ähnliche Ansichten auch bei jenen Sozialisten vor, die sich in Deutschland der Sache des Nationalsozialismus verschrieben, weil sie ehrlich an das sozialistische Element in dieser Bewegung glaubten. Kamen noch eine „dynamische Führung" und Größenwahn hinzu, dann konnte der Korporativismus in Mussolinis Händen weite Kreise ziehen – wie beim Fabian von George Bernard Shaw. Man könnte diesen Gedanken sogar noch weiterführen und sagen, daß es ironischerweise die etatistisch-korporativistischen Elemente in der Sowjetunion Stalins waren, die in den dreißiger Jahren Intellektuelle zu seinen Anhängern machten. Die Webbs beispielsweise hatten für die Sowjetunion nichts übrig, als sie 1918 den Arbeitern immer noch die Freiheit versprach, aber sie unterstützten sie in den dreißiger Jahren, als sich in den Moskauer Prozessen bereits deutlich brutale Autokratie, Rücksichtslosigkeit des Herrschers und völlige Unterdrückung jeglicher Freiheit zeigten.

Bei einer so breiten Spanne möglicher Anhänger konnte es nicht ausbleiben, daß korporativistische Organisationsformen günstigstenfalls mit Begeisterung, wenigstens aber mit optimistischer Toleranz begrüßt wurden. Diese Breitenwirkung ermöglichte es darüber hinaus noch einzelnen Individuen, zwischen scheinbar widersprüchlichen politischen Traditionen ihre Linie beizubehalten. In diesem Zusammenhang ist Sir Oswald Mosley ein interessantes Beispiel: Er war anfangs, im Unterhaus des Jahres 1918, ein radikaler Tory, dann wechselte er die Partei, wurde 1929 schließlich Labour-Minister und zog sich später angeekelt aus der parlamentarischen Politik zurück, um seine New Party zu gründen, aus der sich die Britische Faschistenunion entwickelte. Der rote Faden war das Streben nach Autorität, nach einer neuen, integrierten Ordnung, die zur Einheit Großbritanniens und zur Beendigung von Konflikten führen sollte. Dieser rote Faden – die Bestrebung, den Klassenkampf unmöglich zu machen, indem man an die Stelle des Klassenkampfes die Treue zum Nationalstaat in den Mittelpunkt rückte (und somit innenpolitische Konflikte auf die zwischenstaatlichen Verhältnisse verlagerte) – stellte eine Verbindung zwischen Mosley und anderen Leuten sehr unterschiedlicher politischer Herkunft dar, die an keiner Stelle so mächtig waren wie in Deutschland, wo sich Nationalismus und Sozialismus im Wettbewerb untereinander als die beiden stärksten Kräfte im Lande erwiesen hatten.

So verlief die Entwicklung des britischen Konservativismus in der Zeit zwischen den Weltkriegen in keineswegs ungewöhnlichen Bahnen, wenn man davon absieht, daß er bei der Absage an die Vergangenheit nicht annähernd so weit ging wie andere vergleichbare politische Strömungen. Gerade die Entwicklung der Industrie bestimmte, an welcher Stelle die Probleme zu suchen waren, die von den Konservativen gelöst werden mußten, und ihr Bekenntnis zur Beibehaltung des Status quo bedeutete eine entscheidende Einengung der ihnen offenstehenden Lösungsmöglichkeiten. Beschwichtigungspolitik angesichts eines ablaufenden Prozesses – vorausgesetzt, er bedrohte ihre Macht nicht – war für ihre Reaktion zweifellos bestimmender als das bewußte Verfolgen bestimmter Ziele. Diese Politik ermöglichte eine Fortsetzung der Entwicklung trotz der Folgen, die sie für die liberalen Werte haben mochte, zu denen sich nach außen hin auch die Konservativen bekannten. Natürlich könnte man sagen, daß Disraelis Rezept einer Kombination von Charisma und Propaganda (wobei trotz – oder gerade wegen – Disraelis jüdischer Abstammung ethnische Kriterien zur Grundlage für die nationale Zugehörigkeit gemacht wurden) unverändert von Hitler und Mussolini übernommen wurde, aber damit bringt man lediglich zum Ausdruck, daß gewisse Probleme in unterschiedlichen Gesellschaften zu ähnlichen Lösungen führen. Damit ist nicht gesagt, daß die britischen Konservativen im einzelnen die faschistischen Praktiken nachgeahmt hätten. Großbritannien war nämlich nicht Deutschland oder Italien. Viele

Deutsche und Italiener glaubten zwar an dieselben Prinzipien, waren jedoch keine Nazis oder Faschisten, sondern gingen in ihrer Opposition sogar bis zum Einsatz des eigenen Lebens. Eine Übereinstimmung zwischen den Doktrinen und gewissen Einzelhandlungen läßt sich nicht herstellen, da die Doktrinen mehrdeutig sind und vielerlei Handlungen decken. Wäre das nicht der Fall, so hätten die britischen Faschisten keine eigene Organisation gegründet, sondern sich einfach den Konservativen angeschlossen.

So groß die Unterschiede zwischen den Regimen verschiedener westlicher Gesellschaften auch sein mochten, die Industriestruktur hatte sich im logischen Rahmen der Weltwirtschaft, Technologie und innenpolitischen Konflikte in ähnlicher Weise entwickelt. Die Baisse, die alle jene Regime beeinflußte, förderte bestimmte Arten von Lösungen für vergleichbare Probleme, und diese Lösungen entsprachen einem bestimmten Spielraum politischer Überzeugungen. So war es unvermeidlich, daß zwar das Wort „Korporativismus" durch Mussolinis Regime in Mißkredit kam und zusammen mit seinem Faschismus geschlagen unterging, daß damit aber die strukturellen Voraussetzungen für den Korporativismus nicht verschwanden, auch nicht die verallgemeinerten politischen Ideen, die im Rahmen des Korporativismus Zusammenhang und Bedeutung erlangten.

Mit der Ausweitung des Handels verlagerte sich das Schwergewicht; und die Entstehung riesiger internationaler Gesellschaften, die nicht fest an bestimmte Nationalstaaten gebunden waren, bedeuteten neue Belastungen für die vorherrschend nationalistische Ausrichtung des Korporativismus. Dennoch blieb der Rahmen für die politische Auseinandersetzung – zumindest für den Augenblick – durch dieselben Axiome abgesteckt. Krieg und nationale Planung ließen die Trends klarer in Erscheinung treten. Der Unterschied zwischen öffentlich und privat, zwischen Staat und Wirtschaft, verschwand allmählich, und der Staat verhielt sich in zunehmendem Maße wie eine Einzelfirma mit vielen Tochtergesellschaften.

In diesem Kapitel wurde versucht, die Spannweite der Probleme aufzuzeigen, auf die der britische Konservativismus reagierte. Es sollte gezeigt werden, was der britische Konservativismus ist, indem diese Reaktion untersucht wurde. Einer gewissen Kontinuität steht auf der anderen Seite eine gewaltige Diskrepanz entgegen. Es wurde nämlich behauptet, der Konservativismus sei nicht hinsichtlich seiner Ideologie kontinuierlich, sondern hinsichtlich der Rolle, die die Konservativen innerhalb der britischen Gesellschaft zu spielen versuchen und der Beziehung, die sie zur übrigen Gesellschaft aufrechtzuerhalten versuchen. Die Rolle und die Beziehung dauern jedoch im Wandel der Dinge fort, da die soziale Gruppe, die zu einem bestimmten Zeitpunkt die spezifisch konservative Position verkörpert, sich entsprechend der Veränderung in der britischen Gesellschaft ebenfalls verändert. In dieser Darstellung wurden die Wandlungen stärker betont, um die verschiedenen konservativen Standpunkte historisch deutlicher herauszustellen. Die konservative Entwicklung wird durch die natürliche konservative Neigung unterstützt, theoretische Formulierungen zu vermeiden, die unversehens eine Gruppe in die Position einer anderen bringen könnten.

Bei der Untersuchung des Konservativismus wurden einige charakteristische Merkmale des heutigen rechtsgerichteten Denkens aufgewiesen. Damit soll jedoch nicht unterstellt werden, daß diese Merkmale unbedingt ganz allgemein rechtsextrem seien – sie sind es nur in der heutigen Zeit. Es könnte sein, daß diesen Merkmalen eine breitere Bedeutung zukommt, daß sie nicht nur für unsere Zeit gelten, aber der Beweis dafür ließe sich nur in einer wesentlich fundierteren historischen Untersuchung erbringen, als sie hier unternommen wurde. Hier wurde vielmehr ausgesagt, daß der Buchstabe formeller rechtsgerichteter Lehre im allgemeinen immer mehrdeutig ist. Dieselbe Lehre kann in unterschiedlichen Zusammenhängen sehr verschieden angewandt werden. Die bleibenden Merkmale entsprechen der sozialen Rolle der Konservativen Partei – der Prämisse, daß es bei allen sozialen Problemen nur eine einzige richtige Antwort gibt, die ganz allgemein dem entspricht, was die Führungsgruppe sagt; daß das Ideal der Wirklichkeit entspricht, so daß als Kontrast zum Bestehenden keine besondere in die Zukunft gerichtete Theorie, kein Plan erforderlich ist, da das schon Bestehende das Beste ist, was man sich unter den gegebenen Umständen erhoffen kann. Hier wäre vielleicht eine Einschränkung angebracht, da die modernen Konservativen eine in die Zukunft gerichtete Wirtschaftsplanung akzeptieren. Diese Vorausplanung wird jedoch bewußt bagatellisiert und das Schwergewicht auf die Koordinierung der ablaufenden Prozesse in der Wirtschaft und nicht auf eine richtungweisende Einflußnahme auf diese Prozesse gelegt, da das Reale selbst da, wo es im Augenblick unzulänglich ist, notwendigerweise das Ideal hervorbringt. Die konservative Vorstellung von der „auf Eigentum ausgerichteten Demokratie" ist dafür ein gutes Beispiel, da sie keinen klaren Gegensatz zum bereits Bestehenden schafft, einen Gegensatz, dessen Verwirklichung Maßnahmen der Konservativen erfordern würde; es handelt sich vielmehr um eine unvollständige Beschreibung des bereits Bestehenden und einen Kommentar zu dem, was automatisch kommen wird.

Aus dieser Darstellung geht hervor, daß überall da, wo Konservative gewisse Ideale vortragen, die sich vom Bestehenden zu unterscheiden scheinen, diese Ideale passiv oder unwirksam sind und keine spezifische Aktion nach sich ziehen (diese Art von Idealen unterscheidet sich deutlich von den Idealen im Gedankengut der Radikalen, denen spezifische Aktionen nachfolgen; hier handelt es sich um aktive oder wirksame Ideale). Schließlich haben wir festgestellt, daß im rechtsradikalen Denken ganz allgemein am entscheidenden Punkt, wo es darum geht, das Bestehende zu rechtfertigen, ein Rückzug in ein besonderes (nicht universelles) Mysterium stattfindet – in das Mysterium der Führeridee, des Nationalgedankens, des Adels des Blutes (hier gewöhnlich „Geschichte" genannt). Das Besondere ist die eigene Rechtfertigung durch die eigene Existenz (sie ist das Reale) und nicht durch Bezugnahme auf irgendwelche allgemeinen Grundsätze, denen alle Menschen gleichermaßen unterworfen sind.

Das rechtsextreme Denken stellt ein System von Ideologien dar, das sich in ähnlichen Bereichen in bezug auf spezifische Probleme entwickelt hat. Die Probleme erzeugen Spannungen innerhalb der Orthodoxie, wenn verschiedene Gruppen oder Untergruppen innerhalb des gemeinsamen Erbes widersprüchliche Rezepte anbieten. Wenn sich über einen längeren Zeitraum hinweg verschiedene Untergruppen nebeneinander entwickeln, verwischt sich die Perspektive, und einander widersprechende Meinungen können gleichzeitig zur Geltung gebracht werden.

Einigen dieser Merkmale sind wir bereits im Zusammenhang mit religiösen Bekenntnissen und rechtsgerichteten Doktrinen begegnet. Das nächste Kapitel befaßt sich nun mit einem radikal andersgearteten Zusammenhang, nämlich mit Rußland, wo die Eigenart des Erbes ein Höchstmaß an theoretischer Auslegung gestattete. Die Entwicklung der russischen Gesellschaft wurde größtenteils übergangen (das verfügbare Material ist unübersehbar und der Raum beschränkt), um eine konzentriertere Beschäftigung mit der tatsächlichen Entwicklung theoretischer Formulierungen zu ermöglichen und um den Übergang vom Radikalen zum Konservativen herauszustellen.

## V

## Der Konservativismus und der Osten

*Menschen kämpfen und verlieren diesen Kampf, doch die Sache, für die sie kämpften, stellt sich trotz ihrer Niederlage ein, und wenn sie sich einstellt, so entpuppt sie sich als etwas anderes als sie gemeint hatten, und andere müssen jetzt für das kämpfen, was jene unter einem anderen Namen erstrebt hatten.* William Morris

Der Marxismus-Leninismus ist ein System von Glaubenssätzen, von dem behauptet wird, daß sich die herrschenden Gruppen in Osteuropa und in der Sowjetunion nach seinen Richtlinien orientieren. Zur Zeit ist er einem rapiden Wandel unterworfen oder zumindest werden wesentliche Teile dieses Glaubens als bedeutungslos beiseite geschoben, so daß eine gültige Definition des „Marxismus-Leninismus" fast unmöglich erscheint. Historisch gesehen haben wir es dabei mit einem so umfangreichen Gegenstand zu tun, daß hier nur in aller Kürze Lenins Werk und sein geschichtlicher Hintergrund untersucht werden können; dazu Stalins Werk und ein wenig von dem, was nach seinem Tod folgte. Aus Raumgründen können wir hier keine Geschichte des modernen Rußland, ja nicht einmal der revolutionären Bewegungen in diesem Land wiedergeben. Es handelt sich hier lediglich um einen kleinen Ausschnitt, wobei die vielen Perspektiven anderer Gruppen der Opposition nicht berührt werden – nämlich von den Menschewiki zur Arbeiterbewegung und zur linken Opposition. Das ist insofern eine große Schwäche, als die wenigen hier untersuchten Fragen aus dem historischen Zusammenhang herausgerissen sind, der ihnen ihr wesentliches Gepräge gab. Ein solches Vorgehen ist vor allem im Zusammenhang mit dem Bolschewismus bedenklich, da es sich bei ihm um eine sehr spezifische Reaktion auf einen relativ beschränkten Problemkreis handelt und da es ein charakteristisches Mittel zur Verleumdung des Bolschewismus ist, seine Thesen darzulegen, ohne auf die Probleme einzugehen, die durch diese Thesen analysiert werden; man behandelt ihn wie eine überzeitliche Theologie, wie eine zu jeder Zeit und an jedem Ort gültige Lehre von der Natur des Menschen und der Gesellschaft. Dieser Ansatz wurde im zweiten Kapitel in dem Beispiel „Ich muß einen Regenmantel tragen“ bereits berührt.

Rechtfertigen läßt sich diese Darstellung jedoch insofern, als ihre Erörterung der Geschichte des Marxismus-Leninismus diesen äußerst lebendig als eine Gruppe von Glaubenssätzen vor Augen führt, die zuerst radikal waren und sich dem damaligen Status quo aufs schärfste entgegenstellten (damit aber natürlich auch den Postulaten eines russischen und, abgeleitet hiervon, eines britischen Konservativismus), um jedoch schließlich in Verteidigung des sowjetischen Status quo konservativ zu enden. Der theoretische Überbau, so glaubte man, sei während dieses Übergangsstadiums der gleiche geblieben; von Bedeutung dabei ist, daß sich dieses Umschlagen von einer Haltung in ihr Gegenteil innerhalb ein und derselben Orthodoxie vollzog. Am Ende lassen der westliche Konservativismus und der Marxismus-Leninismus eine ausgeprägte Ähnlichkeit erkennen, obgleich die beiden Glaubenssysteme nicht dieselben sind, da sich ihre unmittelbaren Folgerungen von verschiedenen geistigen Voraussetzungen herleiten. Doch wenn sie auch Erben verschiedener Denktraditionen sind, so sind die praktischen Auswirkungen dieselben. In diesem Übergangsstadium verwandelten sich einem Konservativismus feindlich gesinnte Ziele in Zielsetzungen, die mit ihm identisch sind – der Gegensatz zwischen ideal und real mildert sich; praktische Ziele verlieren ihren praktischen Gehalt, werden „utopisch“; der gegebene nationale ersetzt den postulierten internationalen Rahmen. Gemeinsame Probleme einer Gruppe, die in derselben Beziehung zu ihrer Gesellschaft steht wie die britischen Konservativen zu der ihren standen, lösen trotz offensichtlich gegensätzlicher geistiger Bezugssysteme ähnliche Reaktionen aus.

Der Bolschewismus und damit der Standpunkt jener Faktion der Russischen Sozialdemokratischen Partei, die im Jahre 1917 die revolutionäre Macht übernahm, ist seinem Wesen nach mit den Notwendigkeiten einer revolutionären Praxis verbunden. Lenins Schriften wurzelten immer in irgendeinem unmittelbaren Zusammenhang, und die meisten unter ihnen können nicht in Verbindung mit allgemeinen Problemen interpretiert werden, ohne daß ihr Sinn stark verändert würde. Er verfaßte sehr Weniges an „allgemeiner Theorie“, und wenn überhaupt, dann in Verbindung mit irgendeinem politischen Ziel. Deshalb wird nur der verstehen, was er schrieb, der die Aufgaben versteht, denen er sich konfrontiert sah. Theoretische Arbeit war für Lenin nur Vorspiel und Wegweiser für seine praktische Aktivität, ein Mittel, richtiges Handeln zur rechten Zeit zu erkennen, war für ihn etwas, das sich zusammen mit der praktischen Erfahrung von selbst entwickelte. Ein ständig gleichbleibendes Ziel, ein ständig gleichbleibender Zusammenhang verliehen seinem Werk umfassende Kohärenz und Kontinuität; man muß deshalb jeden Teil seines Werkes in Verbindung mit einer bestimmten Aufgabe sehen.

Lenins Nachfolger benötigten nicht denselben theoretischen Rahmen und hatten es nicht nötig, ihre Ziele auf dem gleichen Wege zu verfolgen, denn sie waren ja bereits an der Macht. So verwandelten sich die Ziele, nach denen sich Lenin gerichtet hatte, in neue Ziele; das Reale wurde ideal. Das Verhältnis zu Lenins Zielen schwächte sich derart ab, daß man seine Worte mehr und mehr als Ritual, als Theologie benutzte, und daß man sie verallgemeinerte, daß man glaubte, sie jederzeit und an allen Orten anwenden zu können. Die Verbindung einer geistigen Sicht mit dem Autoritätsstreben verwässerte wieder einmal eine geistige Haltung und zerstörte sie schließlich; im dritten Kapitel wurden in bezug auf Volksreligionen ähnliche Vorgänge angeführt. Im Stalinismus wurde die leninistische Theorie dazu benutzt, Stalins Praxis im nachhinein zu rechtfertigen. Die Handlungen, zu denen sich Stalin entschloß, ohne sein Handeln im einzelnen zu begründen – das heißt ohne es theoretisch zu untermauern – wurden in der Folge mit einer früheren Tradition in Einklang gebracht, so daß sich hinter deren Popularität die Unpopularität seiner eigenen Handlungen verbergen konnte.

Die Veränderung fand nicht deshalb statt, weil Lenins Nachfolger sich verwirrt fühlten, sich irrten oder weil sie ihm geistig unterlegen waren – sie fand statt, weil ihre Weltsicht, ihre Ziele sich verändert hatten. Bei dieser Wandlung haben wir es mit einer Metamorphose des Marxismus zu tun: er, der ein Mittel darstellte, die Gesellschaft so zu analysieren, daß jeder, der diese Analyse anerkannte, sich unmittelbar der Verpflichtung ausgesetzt sah, die Gesellschaft zu verändern, verwandelte sich in die konservative Ideologie einer neuen Klassengesellschaft, nahm die Gestalt einer formalisierten Doktrin an, die dazu bestimmt war, die bestehende Gesellschaftsform zu rechtfertigen und so ihren Führern völlige Handlungsfreiheit zu lassen. Man hat Vergleiche angestellt zwischen sowjetischer Ideologie und verschiedenen Formen der Theologie – vielleicht ein interessantes Unternehmen, wenn es auch die statische Qualität der Doktrinen dieser Ideologie überschätzt und nur da am meisten einleuchtet, wo es den Höhepunkt des Stalinismus betrifft. Aufschlußreicher sind dagegen die Vergleiche, die zwischen sowjetischem Denken und einigen Elementen des westlichen Konservativismus angestellt werden können, wie er im vorausgegangenen Kapitel umrissen wurde.

Ein in dieser Darstellung immer wieder auftretendes Thema wird das Verhältnis der Theorie zur Praxis sein, das heißt, das Verhältnis von Glaubenssätzen, die sich auf unmittelbar anstehende Probleme beziehen, zu dem, was man zur Lösung dieser Probleme unternimmt. Marx faßte für Sozialisten dieses Verhältnis in dem Terminus „sinnliche Praxis" zusammen. Indem die Menschen versuchen, die Welt und damit ihre „Praxis" zu verändern, lernen sie dazu und passen ihre Theorie entsprechend an; hierauf wird diese angepaßte Theorie in weiteren Versuchen, dieselben Ziele zu erreichen, erprobt. Stillschweigend lehnt Marx die konservative Auffassung ab, daß Menschen ihre Ziele erreichen können, wenn sie nicht gleichzeitig versuchen, sich ihres Tuns vollkommen bewußt zu werden, die Welt zu analysieren, und wenn sie nicht versuchen zu „theoretisieren". Wo natürlich das Ideale das Reale ist, wie für die Konservativen, kann das, was sie erreichen wollen, nämlich der reibungslose Ablauf der täglich anfallenden administrativen Aufgaben, ohne umfassende Analyse, ohne „theoretisches" Verhalten erreicht werden.

So gilt Marx' Rezept nur für Radikale und, sogar noch enger, nur für Sozialisten. Doch stellt Marx auch fest, daß eine Theorie allein als Mittel zur Veränderung nicht ausreicht; sie muß praktisch erprobt werden, und wenn sie sich für diejenigen, die sie anwenden, als erfolgreich erweist, dann und nur dann ist sie gültig. Für Konservative ist die allgemeine soziale Struktur unproblematisch, darum benötigen sie auch keine allgemeine Theorie, und die jeweilige Sozialstruktur kann, wie immer sie auch beschaffen sein mag, als gegeben angenommen werden. Wenn natürlich die Sozialstruktur einer ernsthaften radikalen Bedrohung ausgesetzt ist, dann müssen auch die Konservativen, um radikaler Theorie entgegenzuwirken, weniger gebundene Stellungen beziehen, was über einen Konservativismus insofern hinausgehen kann, als sie sich entweder mit der radikalen Bedrohung identifizieren oder mit einem noch militanteren Gegenangriff reagieren. Interessant hierbei ist jedoch lediglich, daß Marx' Anleitungen nur für Radikale und nicht für allgemeine Zwecke gelten.

## *Der geistige Hintergrund des Bolschewismus*

Der Marxismus wurde ursprünglich von der Deutschen Sozialdemokratischen Partei auf einer massenpolitischen Ebene definiert und entwickelt – eine Definition, die in den neunziger Jahren den Rahmen lieferte für eine Verbindung der Ziele deutscher Sozialisten mit jener philosophischen Doktrin des neunzehnten Jahrhunderts, die man gemeinhin als Positivismus bezeichnete. In diesem Zusammenhang könnte „Positivismus", wenn auch nur annähernd, als die Behauptung charakterisiert werden, daß ein deterministisches Wissen von der Welt möglich ist, und zwar unabhängig von jeder Aktivität in der Welt. So behaupten einige Positivisten in der Tat, daß Wissen *nur* dann möglich sei, wenn es völlig isoliert wird von praktischen Anliegen und Problemen, denen sich die Menschen im täglichen Leben ausgesetzt sehen.

Dabei wird stillschweigend angenommen, daß Wissen in erster Linie überzeitlich sei – Wissen mache das aus, was alle Menschen zu jeder Zeit, an jedem Ort betrifft, und nicht eigentlich das, was nur wenige hier und jetzt angeht. Die Überzeugung, der Marxismus sei Teil einer überzeitlichen und deterministischen Wissenschaft, tauchte bereits in den späten Schriften von Engels auf, und Marx selbst entdeckte dieselbe Tendenz bei einigen seiner Anhänger, als er erklärte, er sei kein „Marxist"; sein Werk sei lediglich ein historischer Entwurf der Genesis des Kapitalismus in Westeuropa und keine historisch-philosophische Theorie über den *marche générale*, der jedem Volk, unter welchen historischen Umständen auch immer, vom Schicksal auferlegt werde (Brief vom November 1877, Marx an Engels). Diese Warnung hinderte Engels nicht, einige der methodologischen Prinzipien, die von Marx bei der Analyse europäischer Geschichte angewandt worden waren (wo der Mensch der alleinige Schöpfer war) zu verallgemeinern, und sie auch auf die Welt der Natur zu übertragen. In Verallgemeinerungen über das Tun des Menschen begann man nur mehr die besondere Anwendung allgemeiner „Naturgesetze" zu sehen. Folglich wurde der Mensch von wissenschaftlich determinierbaren Gesetzen beherrscht, die, so behauptete Engels, in einer Doktrin verkörpert seien, welche später als „dialektischer Materialismus" bekannt werden sollte. Die Implikationen dieser Verschiebung waren gewaltig, denn aus dem dialektischen Materialismus konnte leicht eine Art religiöser Doktrin ohne Bezug zu einer besonderen Zeit, einem besonderen Ort werden, eine Theorie der Kosmologie und keine Methode der Analyse für klar umrissene Ziele.

So konnte der Mensch in der Gesellschaft eine Art natürlichen Organismus erblicken, dessen Entwicklung „unvermeidbar" war und den Eingriff von Menschenhand nicht benötigte. Innerhalb eines solchen deterministischen Systems war das Zustandekommen einer sozialistischen Revolution weniger das Werk von Menschen als das unvermeidliche Ergebnis einer natürlichen Entwicklung, ähnlich der Entwicklung vom Menschenaffen zum Menschen. Diese Version des Marxismus als eines Inbegriffs von allgemeingültigen wissenschaftlichen Gesetzen wurde von den beiden Haupttheoretikern des sozialdemokratischen Marxismus vor dem Ersten Weltkrieg, Karl Kautsky und Georg Plechanow, weiter entwickelt. Der Marxismus war weniger zu einer Philosophie revolutionärer Aktion geworden, als vielmehr zu einem überzeitlichen ideologischen System, das sich auf den Glauben an gewisse doktrinäre Postulate stützte, die man als notwendige und natürliche Gesetze bezeichnete. Tatsächlich schloß diese besonders starre Form eines ökonomischen Determinismus die Möglichkeit revolutionären Handelns aus – denn da die Revolution „unvermeidlich" war, brauchte man für sie so gut wie nichts zu tun –, und auch Theorien wurden durch diesen Determinismus überflüssig, waren doch für ihn die alltäglichen Probleme bedeutungslos, denen sich die sozialdemokratische Bewegung ausgesetzt sah. Man wies dem Marxismus die Rolle einer letzthin zwecklosen Gesellschaftsanalyse zu, und auch dem Handeln im Hier und Jetzt diente er nicht als Wegweiser; er war „Wissenschaft", das heißt er akzeptierte die Realität wie sie war, ohne diese Realität zu überprüfen in bezug auf jene Mittel, die sie verändern sollten. Der Marxismus wurde unvermeidlich konservativ. In der alltäglichen Praxis unterschied sich die deutsche Sozialdemokratie durch nichts von der englischen nichtmarxistischen *Fabian Society*, wodurch deutlich wurde, wie wenig eine andersgeartete allgemeine Theorie ins Gewicht fiel.

Doch wenn der Marxismus durch Engels und Kautsky auch das Ansehen eines Positivismus erlangte, so kam andererseits die allgemeine europäische Kultur selbst zu einer explosiven Ablehnung einiger Elemente des Positivismus. Die Ära einer friedlichen industriellen Expansion, die den selbstgefälligen Optimismus der Viktorianer Englands gefestigt hatte, und der Glaube an eine Gesellschaft als sich selbst im Gleichgewicht haltenden Apparat wurden abgelöst durch offene imperialistische Zusammenstöße im Ausland und wachsende Klassenkonflikte im Inland. Allerdings nahm der Konflikt im Inland eine neue Form an und bewirkte fast eine Spaltung der Arbeiterbewegung in revolutionäre Theorie und revolutionäre Praxis, in „Wissenschaft" und Aktivismus.

Diese Spaltung hatte verschiedene Reaktionen zur Folge. Eine philosophische Reaktion nahm Engels' und Kautskys Version des Marxismus beim Nennwert und erklärte, daß sie eine einfache Form der Wirtschaftsanalyse sei, die ein wissenschaftliches Weltbild darstelle, jedoch nicht aufzeige, warum das Individuum auch wollen sollte, was unvermeidlich war. Eduard Bernstein, der bekannteste Verfechter dieses Standpunktes, argumentierte: „Aller historische Materialismus hilft über die Tatsache nicht hinweg, daß es Menschen sind, die ihre Geschichte machen, daß die Menschen Köpfe haben und daß die Disposition der Köpfe keine so mechanische Sache ist, um lediglich durch die Wirtschaftslage reguliert zu werden" (*Die Neue Zeit*, XVI, S. 749, zitiert nach Wetter, 1960, S. 64). So mußte Marx' Wirtschaftsanalyse mit dem System einer Individualethik untermauert werden, die vor allem aus dem Werk Kants entwickelt wurde. Diese Bewegung wurde als Revisionismus bekannt, doch zeitigte der Neokantianismus in der ganzen Sozialdemokratie umfassendere Auswirkungen. Er fand auch seinen Niederschlag in den Arbeiten der vielleicht wichtigsten Gruppe sozialdemokratischer Theoretiker, der Austro-Marxisten. Auf einer nichttheoretischen Ebene kann man auch den in Frankreich und Italien wichtigen Anarcho-Syndikalismus als Reaktion auf das Hauptproblem begreifen, als einen Versuch, revolutionäre Praxis, völlig abgetrennt von früherer revolutionärer Theorie, wieder ins Leben zu rufen. Ferner kann man in gewissem Maße auch Mussolinis Entwicklung in diesem Sinne begreifen – obgleich seiner Einstellung nach zum Schluß unbedingt anti-sozialistisch, hing er zuerst einem orthodoxen sozialdemokratischen Marxismus an, dann durchlief er die Phase, in der er eine linksgerichtete „Gruppe von Scharfmachern" leitete, um die italienischen sozialdemokratischen Führer zu einem stärkeren Radikalismus zu bewegen, und schließlich endete er im Faschismus. Der wichtigste Versuch einer Zusammenführung von Theorie und Praxis innerhalb des Marxismus – allerdings handelt es sich dabei nicht um dessen orthodoxe Version – wurde jedoch von Rosa Luxemburg und Parvus, in Rußland aber von den Bolschewiken unternommen.

In Rußland, das heißt vor allem in akademischen Kreisen, begannen marxistische Ideen von den siebziger Jahren an zu zirkulieren. Unmittelbar vorausgegangen waren ihnen die Narodnik-Sozialisten, die selbst versucht hatten, Rußland vom Zarismus zu befreien. Die Tätigkeit der Narodniks hatte gezeigt, wie begrenzt die Möglichkeiten irgendeiner radikalen Politik waren. Manche, die Lenin kritisierten, weil er sich nicht so verhielt, als lebte er im Viktorianischen England oder im kaiserlichen Deutschland, ziehen zu wenig die Rücksichtslosigkeit der zaristischen Autokratie und den umfassenden Einfluß der zaristischen Geheimpolizei in Betracht. Die Umstände, durch die sich im Westen eine starke demokratische Arbeiterbewegung entwickeln konnte, wurden in Rußland unterbunden, und jeder Revolutionär mußte, um auch nur zu überleben, eine besondere Taktik anwenden. In diesem Sinne war das Hauptproblem für russische Radikale auch nicht dasselbe wie für westeuropäische Sozialisten – für sie war die Frage nicht, wie ein Sozialismus ins Leben zu rufen sei, sondern vielmehr, wie der Kapitalismus zuzulassen, dem Zarismus ein Ende zu machen und günstige Vorbedingungen für eine bürgerliche Republik zu schaffen seien, die gleichzeitig die Entwicklung der Wirtschaft und das Wachstum einer freien Arbeiterbewegung ermöglichen würde. Erst wenn das erreicht wäre, würde der Sozialismus zu einem greifbaren Ziel werden.

Die erste sozialdemokratische Organisation in Petersburg wurde 1885 ins Leben gerufen, und der erste, erfolglose Kongreß der Sozialdemokratischen Arbeiterpartei Rußlands fand im Jahre 1898 statt. Georg Plechanow führte den Angriff gegen die unter den Sozialisten herrschende Narodnik-Orthodoxie – sie besagte, daß die Bauern in Rußland einen Sozialismus schaffen könnten, ohne daß das Land einen Kapitalismus entwikkelte –, indem er behauptete, daß ein Sozialismus nur über das russische Proletariat erreicht werden könne, und daß der Kapitalismus in Rußland bereits so fortgeschritten sei, daß jeder Gedanke an die Möglichkeit eines Bauernsozialismus ohne kapitalistische Zwischenphase illusorisch wäre. Struwe, einer der frühesten, in Rußland selbst lebenden Marxisten (Plechanow befand sich im Exil) verfaßte das erste Manifest der Sozialdemokratischen Arbeiterpartei Rußlands; interessant dabei ist, daß er in diesem Dokument eine Ansicht wiederholt, die unter europäischen Sozialdemokraten weit verbreitet war und die für jene russischen Sozialisten recht wichtig war, die eine Revolution des Bürgertums beschleunigen und auf diese Weise eine Republik schaffen wollten:

„Je weiter östlich man in Europa reist, desto schwächer, gemeiner und feiger wird die Bourgeoisie in politischer Hinsicht, und desto größer werden die kulturellen und politischen Aufgaben, die dem Proletariat zufallen. Die starke russische Arbeiterklasse muß und wird diese Aufgabe, sich die politische Freiheit zu erobern, auf sich nehmen" (1898, zitiert nach Carr, 1950, S. 4).

Dieser anfänglichen Aktivität entsprangen zumindest drei wesentliche Richtungen marxistischen Denkens:

1. Eine Gruppe von Intellektuellen, die zu ihren bekanntesten Mitgliedern Struwe, Berdjajew und Tugan-Baranowsky zählte; übereinstimmend mit den Revisionisten in Deutschland hielten sie den Marxismus als allgemeine Philosophie für äußerst schwach, da er nicht die geringste ethische Bestimmung enthielt, um seine „Unvermeidbarkeit" für das Individuum zu rechtfertigen. Diese Gruppe vermied jede Tätigkeit, die die Zensur oder die zaristische Polizei verärgern konnte, was ihr auch den Spitznamen „Legale Marxisten" einbrachte. Einige von ihnen verfolgten später jene ethische Vorstellung bis in einen religiösen Mystizismus hinein.

2. Eine sich mit der ersten etwas überschneidende Gruppe, die man die „Ökonomisten" getauft hatte und die behauptete, daß das Unternehmertum der Mittelklasse Rußlands den Zarismus stürzen könnte und würde, sobald sich der Kapitalismus etabliert hätte. Deshalb sollten sich die Arbeiter um politische Angelegenheiten keine Sorgen machen, sondern sich auf eine Verbesserung ihrer wirtschaftlichen Lage konzentrieren, denn was immer auch die Arbeiter unternähmen, zur bürgerlichen Revolution würde es auf jeden Fall kommen. Ungeachtet der chaotischen Lage der frühen Industrialisierung in Rußland und trotz der unablässigen Wachsamkeit der Geheimpolizei legten die Ökonomisten besonderen Nachdruck auf spontanes Handeln seitens der Arbeiter, das sie über eine bewußt geschaffene disziplinierte Organisation stellten.

3. Die Bolschewiken, die gegen die erste Gruppe ins Feld führten, daß der Marxismus seine eigenen ethischen Voraussetzungen besäße, und daß jede revolutionäre Gruppe unbedingt die Grenze dessen überschreiten müsse, was unter den Bedin-

gungen des zaristischen Rußlands legal war. Mit den gegen die zweite Gruppe angeführten Gründen werden wir uns weiter unten befassen. Die späteren sogenannten „Menschewiki“ gehörten zu verschiedenen Zeiten allen drei Gruppen an.

### *Lenin*

Lenin war ein Mann von großer Einfachheit, Strenge und Hingabe; er vereinigte in sich auf außergewöhnliche Weise einen Sinn für Freiheit und für Notwendigkeit, für Theorie und Praxis – dieselbe Synthese, die das Werk von Marx kennzeichnet: In Lenins Werk vereinen sich noch einmal das wirtschaftlich „Unvermeidliche“ und das ethisch Erwünschte in der „sinnlichen Praxis“ eines Revolutionärs. Gemessen an Marx und einigen anderen marxistischen Autoren seiner Zeit kann man Lenins theoretische Arbeiten nicht als großartig bezeichnen, da sie nie ganz abgeschlossen wurden und auch nicht so umfassend sind. Allerdings sind sie aufs engste mit seiner Aktivität verbunden.

Wie auf den meisten seiner Zeitgenossen, so lastete auch auf Lenin das Erbe des positivistischen Marxismus, und trotz seiner Bemühungen, sich davon zu befreien, ist sein Werk als Ganzes gesehen gespalten: hier ein roher und philosophisch unhaltbarer Materialismus, seine unbeholfene Version eines „Positivismus“ – dort seine aufpolierte Hegelsche Dialektik. Zur Popularisierung der Theorie des Imperialismus benutzte er die analytischen Arbeiten anderer Sozialdemokraten in Europa (zum Beispiel Hilferdings *Finanzkapital*), allerdings mit einem entscheidenden Unterschied: „Wissenschaft“ war für Lenin nicht passive Kontemplation eines Individuums über eine unveränderliche Welt an sich, sondern das Studium der Welt durch die Menschen, die dieser Welt Bestand geben und sie durch ihr Handeln verändern können. Dementsprechend legte er in seiner Sicht des Kapitalismus besonderes Gewicht auf dessen widersprüchliche Natur, sowie auf die Entscheidungen der Menschen, um diese Gegensätze zu lösen. So wurden fortgeschrittene Wirtschaftssysteme nicht nur durch eine die Märkte stabilisierende Kartellisierung gekennzeichnet, sondern durch eine Kartellisierung, die die Konkurrenz zwischen Kartellen um so explosiver gestaltete;

nicht nur durch eine Zusammenschließung der Welt durch imperialistische Eroberung, sondern durch immer aggressivere Konflikte zwischen rivalisierenden Imperialismen. Das auf diese Weise entstandene System bildete den inneren Zusammenhalt der Strategie, die er für die Bolschewiken in Rußland entwarf, und diese Praxis wurde wiederum in Bezug gesetzt zur allgemeinen Lage in Europa und der ganzen Welt.

Lenin war politisch aktiv seit den neunziger Jahren. Wie viele andere russische Marxisten war auch er überzeugt, daß die Schwäche der russischen Mittelklasse das Haupthindernis sei für einen Umsturz des Zarismus, ohne den eine parlamentarische Republik, freie politische Parteien und das Wachstum der Arbeiterbewegung unmöglich wären, damit aber auch eine sozialistische Revolution in der fernen Zukunft. Durch den Staat und ausländische Interessen war in Rußland der Kapitalismus entwickelt worden, so daß ein Proletariat entstand, das proportional größer war als die ansässige Bourgeoisie. Trotz der Beschränkungen, die der Zarismus dem freien Wachstum der Privatindustrie auferlegen konnte, würde es das Kleinbürgertum, durch die proletarische Bedrohung allzusehr abgeschreckt, nicht riskieren, den Zaren zu stürzen. Doch das Proletariat selbst war noch sehr jung und primitiv, befand sich in jenem anarchischen Stadium, in dem seine Mitglieder die eigene Stellung in der Gesellschaft als Basis zu realistischem Handeln noch nicht klar analysieren konnten, sondern ihre kollektive Kraft in sporadischen und hoffnungslosen Kämpfen vergeudeten. Die Intelligentsia, die in den sechziger und siebziger Jahren die vereinzelten Angriffe der Narodniks gegen den Zarismus unterstützt hatte, war zwar radikal genug, doch war sie genauso anarchisch. Sie war unfähig, dem Proletariat ein strenges und kontinuierliches System zu liefern, das die offenkundige Feindschaft der Arbeiterbewegung in realistische Aktivität hätte verwandeln können: endloses und fruchtloses metaphysisches Gerede war alles, wozu sie spontan in der Lage schienen.

So sahen sich die Revolutionäre in Rußland zwei miteinander verbundenen Problemen gegenüber:

1. Könnte die Bourgeoisie, wenn sie den Zaren nicht stürzen wollte, durch proletarischen Druck, durch proletarische Initia-

tive dazu veranlaßt werden? Und wie könnte das Proletariat, diese immer noch kleine Minderheit in diesem überwiegend bäuerlichen Land, dies bewerkstelligen, ohne bei diesem Prozeß selbst unterzugehen?

2. Wie könnte das Proletariat mit seiner Unwissenheit, andererseits aber mit seinem Schwung und seiner Kraft mit der Intelligentsia und ihrer Bildung, wenn sie auch Schwäche war, zusammengeschweißt werden?

Viele der Ökonomisten und Legalen Marxisten entgegneten, daß dies Pseudoprobleme seien. Da die kommende Revolution ihrer Form und ihrem Inhalt nach bürgerlich sein würde, sollte sich das Proletariat auf eine Unterstützung der Mittelklasse beschränken und damit der Bourgeoisie zugleich die Kraft geben, den Zaren zu stürzen und sie nicht vor Angst in dessen Lager zu treiben. Im Extremfall bewirkte diese Einstellung natürlich, daß Arbeiter in ihren Forderungen nach Lohnerhöhungen oder Verbesserungen zurückstecken mußten, damit solche Forderungen die Kapitalisten nicht zu sehr alarmierten – „ökonomische" und „politische" Aktivität konnten nur während kurzer Zeitabschnitte auf annehmbare Weise voneinander getrennt werden.

Bis 1917 billigte Lenin die Ansicht, daß „die demokratische Revolution nicht über den Bereich bürgerlicher, sozialer, ökonomischer Beziehungen hinausgehen wird" (1905), doch bestand er darauf, daß die Arbeiter vom Bürgertum unabhängig bleiben müßten: zu kämpfen und gleichzeitig das Kapital zu unterstützen war nicht durchführbar. Doch die im Jahre 1905 unternommene Revolution gegen den Zaren veränderte das Bild grundlegend, denn jetzt schien es sowohl, daß das Proletariat die bürgerliche Revolution auf eigene Faust machen könnte, als auch, daß die Bauern eine wichtige revolutionäre Rolle spielen könnten – zumindest in den ersten Stadien, bis ihre Landforderungen befriedigt wären und sie als Konservative ihren neuen Besitz verteidigen würden. Hieraus folgerte Lenin, daß es ein Bündnis zwischen Arbeitern und Bauern geben müsse, und daß dadurch die bürgerliche Revolution, die das Bürgertum selbst nicht herbeiführen wollte, erzwungen werden könne. Würde das Proletariat die bürgerliche Revolution beschleunigen, könnte es die wesentlichen historischen Aufgaben dieser Revolution ausführen: die Schaffung einer demokratischen Republik, die Konfiszierung der Güter der Großgrundbesitzer, die Einführung des Achtstundentages. Fände die Revolution nicht statt, würde aus dem Bündnis zwischen Zar und Bürgertum ein hybrides Regime hervorgehen, ein Staatskapitalismus wie im Preußen jener Zeit. Die Wahl, meinte Lenin, läge zwischen einem Regime der Grundbesitzer und Kapitalisten und einer proletarisch-bäuerlichen, „bürgerlichen" Revolution, zwischen der Schaffung einer Gesellschaft, die entweder den militärischen Despotismus Preußens oder die republikanische Regierungsform der Vereinigten Staaten zum Vorbild haben würde. Erreichte man allerdings das zweite, so würde die Bauernschaft sofort in Verteidigung ihres neuen Landbesitzerstatus konservativ werden und sich dann mit der Bourgeoisie zusammenschließen, um das Proletariat seiner politischen Macht zu berauben.

Ein dritter Standpunkt zur Situation sollte ebenfalls erwähnt werden, da er sich, obgleich zu jener Zeit nicht sonderlich bedeutend, im Jahre 1917 als zutreffender erweisen sollte als der Lenins. Der Trotzky-Parvus-Standpunkt anerkannte zwar Lenins Ansicht, daß die russische Bourgeoisie die Revolution nicht in die Tat umsetzen würde, vertrat jedoch gleichzeitig die Meinung, daß die Bauernschaft eine zu stark in Arme und Reiche gespaltene Kraft sei, als daß sie für längere Zeit eine geeinte Partei bilden könne. Ferner könne man das Proletariat, wenn es die Macht übernähme, unmöglich dazu bewegen, Forderungen zu entsprechen, die nur im Interesse der Bourgeoisie lägen. Es würde unumgänglich auf Probleme stoßen, für die es nur sozialistische Lösungen finden konnte: die Industrie, befreit von den Zwängen des zaristischen Regimes, würde verstaatlicht werden. So würde es zu einer „permanenten Revolution" kommen. Das Bürgertum würde in der sozialistischen Revolution wohl oder übel aufgehen; der Ausdruck „permanente Revolution" wurde der Ansprache an den Kommunistenbund (1850) entnommen, in der Marx eine Strategie für die Lage in Deutschland entwarf, die zu jener Zeit der in Rußland ähnelte. Entgegen einem rein ökonomischen Determinismus argumentierte Trotzky, daß es keine direkte Wechselbeziehung gäbe zwischen dem Entwicklungsstadium eines bestimmten Landes, diesem Teil einer internationalen Wirtschaftsordnung, und dem Typus von Revolution, der folgte. Denn schließlich hatte die Pariser Kommune von 1871 in einem Land stattgefunden, das wirtschaftlich gesehen rückständiger war als England und die Vereinigten Staaten, die keine solchen Revolutionen erlebt hatten. Dazu könnten wir noch anmerken, daß Webers Beobachtung, Glaubensneuerungen fänden wahrscheinlich nicht in den Hauptzentren der Religion statt, sondern an deren Peripherie, als analog zu vorgenanntem Punkt angesehen werden kann: die Revolution könnte eher am Rande der kapitalistischen Zivilisation als in deren wichtigsten Zentren stattfinden.

Wenn jedoch der *Versuch* einer sozialistischen Revolution in Rußland unvermeidlich sei, fuhr Trotzky fort, dann sei es unmöglich, daß die neue Ordnung lange überlebte, falls die Revolution in Rußland in den entwickelteren Ländern Westeuropas nicht eine allgemeine sozialistische Revolution auslösen würde. Rußland war unterentwickelt, sein Proletariat klein und relativ rückständig. Die Revolution würde angesichts der verbündeten Opposition der russischen Industriellen und Bauern, dieser überwältigenden Mehrheit, nur dann überleben können, wenn ihr sowohl die Massen als auch die wirtschaftliche Unterstützung Westeuropas zu Hilfe kämen. Eine europäische Revolution würde das russische Proletariat retten und ihm trotz der harten Entwicklungsschwierigkeiten, die notwendigerweise folgen müßten, erlauben, die sozialistische Revolution zu behaupten (Trotzky, 1906).

Wie die meisten Sozialdemokraten lehnte Lenin diesen Gesichtspunkt als zu weit gehend ab; solche Vorstellungen würden die Bauernschaft desillusionieren, noch bevor das Bündnis überhaupt zustande gekommen wäre. Hartnäckig wiederholte er: „Aufgabe des russischen Proletariats ist es, in Rußland ein bürgerliches demokratisches Regime durchzusetzen in der Absicht, die sozialistische Revolution in Europa zu entfachen. Diese Aufgabe ist heute der Verwirklichung ihres ersten Teils sehr nahe gerückt, doch bleibt davon getrennt die zweite. Denn verschiedene Klassen müssen mit dem russischen Proletariat zusammenarbeiten: an erster Stelle steht unser Verbündeter, die kleinbürgerliche Bauernschaft Rußlands; an zweiter Stelle das Proletariat anderer Länder" (*Einige Thesen*, 1960, c.).

Lenin vertrat diesen Standpunkt während der erheblichen Schwankungen bolschewistischer Unterstützung bis 1917. Erst nach dem Sturz des Zaren im Jahre 1917, der darauf folgenden Errichtung der Provisorischen Regierung und als Reaktion auf die äußerst radikale Stimmung der Arbeiterschaft Petersburgs anerkannte er die unrealistische Natur der Vorstellung, daß das Proletariat, das die Macht ergriffen hatte, jetzt in Übereinstimmung mit irgendeinem vom Bewußtsein des Menschen unabhängigen „geschichtlichen Gesetz", wieder darauf verzichten sollte.

Hinsichtlich der Lösung des zweiten Problems – wie eine disziplinierte revolutionäre Gruppe aus Intelligenz und Arbeitern aufzubauen sei, die fähig wäre, unter zaristischen Bedingungen zu überleben – waren Lenins Vorschläge nicht neu. Im Jahre 1902 anerkannte er die unter Sozialdemokraten verbreitete Ansicht, die in Kautskys ziemlich elitebedachter Feststellung zusammengefaßt erscheint:

„... Sozialismus und Klassenkampf entspringen neben- und nicht auseinander. Modernes sozialistisches Bewußtsein kann nur auf der Basis eines gründlichen wissenschaftlichen Wissens wachsen. Werkzeug der Wissenschaft ist jedoch nicht das Proletariat, sondern die bürgerliche Intelligenz. Sozialistisches Bewußtsein ist etwas, was von außen in den proletarischen Klassenkampf eingeführt wurde, etwas, was nicht spontan von innen her entstand" (zitiert nach Lenin, 1902).

Da unter zaristischen Bedingungen, fährt Lenin fort, eine massendemokratische Partei mit offenen, öffentlichen Diskussionen unmöglich sei (die Mitglieder wären ins Gefängnis gewandert), müsse die Partei eine kleine geheime Organisation sein, die von ihren Mitgliedern absolute Hingabe fordert, damit sie nicht an die Polizei verraten werde. Sei sie jedoch klein, so würden in ihr unweigerlich die „Werkzeuge der Wissenschaft", die Intellektuellen, überwiegen, auch müsse sie relativ undemokratisch sein, da sie ihre Mitglieder sorgfältig auswählen müsse, um die Infiltration von Polizeispitzeln zu unterbinden. Um eine Unterdrückung zu vermeiden, müsse sie starke innere Disziplin und Organisation fordern. Sie müsse aus professionellen Revolutionären und nicht aus Dilettanten oder Amateuren bestehen, da die Schwäche eines Einzigen alle anderen in Gefahr bringen könne.

Doch bargen diese Vorstellungen Gefahren, wie Kritiker innerhalb der Sozialdemokratischen Partei sofort aufzeigten. Die *Elite,* durch das Wesen des Zarismus unterstützt, konnte zu einem Substitut der Kraft werden, die sie bloß zu vertreten behauptete. Wenn die Bolschewiken tatsächlich so handelten, liebäugelten sie mit einem politischen Versagen, und vielleicht sind einige Kritiken an der bolschewistischen Taktik während der Revolution von 1905 gerade in diesem Sinn gemeint. Doch die bloße Aufzählung gewisser Taktiken in einer kleinen Schrift *(Was tun?)* sagt an und für sich über die Bolschewiken in der Praxis nur wenig aus. Viele westliche Kritiker Lenins fielen über diese Flugschrift her als eine vollständige Darstellung aller Art übler Vergehen. Doch sind die darin enthaltenen Vorstellungen unter zaristischen Bedingungen teilweise verständlich, teilweise sind sie nicht neu (manche Narodniks hatten auf den Zarismus ähnlich reagiert, was angesichts ihrer Ziele unvermeidlich war), und teilweise widersprechen sie der bolschewistischen Praxis. Lenin hatte nicht die Macht, seinen Anhängern seinen Willen aufzuzwingen. Er konnte lediglich mit ihrer freiwilligen Hingabe an die Sache rechnen und sich ihrer Treue versichern; das aber bedeutet, daß in diesem *Was tun?* höchstens ein Bestreben zum Ausdruck kommt, jedoch keine vollendete Tatsache. Anstatt die Ziele der Bolschewiken anzugreifen, nahmen einige Antikommunisten die Nebenerscheinungen, die sich aus Lenins organisatorischen Vorstellungen ergaben, aufs Korn und erblickten in ihnen den Grundstein zu Stalins Gewaltherrschaft. Doch Stalin hätte auch ohne Lenin zum Despoten werden können, denn im Jahre 1902 legte man keine strengen Richtlinien fest, von denen die sowjetische Geschichte nicht mehr hätte abweichen können.

Die bolschewistische Praxis bestätigt, daß es von äußerst zweifelhaftem Wert ist, ein frühes Dokument derart überzubetonen. Lenin und seine Gefolgsleute wechselten ihre Standpunkte von Zeit zu Zeit, entsprechend den Veränderungen der russischen politischen Gegebenheiten. Als zum Beispiel während der Revolution von 1905 die zaristische Kontrolle aufgrund einer internen Revolte schwächer wurde, konnte die Partei sich einer Massenmitgliedschaft öffnen. Sie war in der Lage, frei und öffentlich zu existieren, bis die zaristische Macht wieder stark genug war, eine Kontrolle auszuüben und die Partei in den Untergrund zurückzutreiben. Andererseits lehnte Lenin ganz eindeutig Kautskys Ausspruch ab, der nach der Revolution von 1905 aufgeregt verkündete, daß „die Arbeiterklasse spontan und instinktiv sozialdemokratisch sei". Wie fast alle Leute lernte und veränderte sich auch Lenin, und im Laufe der Zeit verlernte er Dinge wieder. Im Jahre 1917 widersetzte sich die Partei trotz Lenin der Machtergreifung, so daß sich Lenin zuerst direkt und *gegen* die Partei an die Arbeiter von Petersburg wandte, da die Partei relativ konservativ geworden war und die neue nachzaristische Provisorische Regierung unterstützte. So war in diesem Fall sein Versuch, eine Partei aufzubauen, die revolutionärer war als die Arbeiter von Petersburg, gescheitert – im Augenblick der Krise verhielt sich die Partei wie jede andere. Innerhalb der Partei wurde Lenin gelegentlich überstimmt, so daß sie wirklich nicht als Ein-Mann-Diktatur angesehen werden kann. Tatsächlich würden solche Darstellungen unmöglich erklären können, wie sie überleben und im Jahre 1917 populär werden konnte, denn ein einziger Mann, gleichgültig wie fesselnd (und Lenin war sicher keine „fesselnde" Gestalt), kann nicht nur aufgrund seiner Persönlichkeit viele Anhänger bei der Stange halten, ganz zu schweigen von einer politisch bedeutenden Bewegung.

Auch in seinen Schriften wies er sowohl darauf hin, wie wichtig offenes Diskutieren sei, als auch auf die Einschränkungen, die die zaristischen Verhältnisse zwangsläufig auferlegten. Erst seit Stalin wurden Begriffe wie „demokratische Auseinandersetzung", „freie Kritik" und „Einigkeit im Handeln" zu dunklen und unheimlichen Doktrinen. Die Auseinandersetzung aber war lebenswichtig für die Partei, um sich die bestmögliche Perspektive zu verschaffen – „ohne Debatten, Konflikte, ohne Meinungskämpfe ist keine Bewegung möglich, und dazu gehört auch die Arbeiterbewegung. Doch ohne einen mitleidlosen

Kampf gegen die Ausartung von Konflikten in Streitereien und Gezänk ist jede Organisation *unmöglich*" (1960, b).

Was im zweiten Kapitel als „ideeller Determinismus" bezeichnet wurde – die Vorstellung nämlich, daß, sowie eine Idee einmal formuliert ist, sie für immer fortfahren müsse, den Menschen zu beherrschen – hat sich ganz besonders auf den Leninismus ausgewirkt. Es wird behauptet, Lenins Aussagen hätten unvermeidlich zu Stalins Politik geführt, so wie Platons, Hegels oder Nietzsches Ideen zu denen Hitlers. Doch genauso, wie viele Aussagen Lenins, aus ihrem Zusammenhang gerissen, als demokratisch interpretiert werden können, können sie auch als autoritär angesehen werden. Lenins Nachfolger brauchten nicht unbedingt einen bestimmten Weg zu wählen, sie entschieden sich für das, was ihren Zielen nützte (und gaben gleichzeitig anderes auf, was ihnen nicht weiterhalf). Bei eben dieser Wahl sollte eine Kritik ansetzen.

Dieselben Argumente könnte man auf den alten Hut anwenden, der da *partiinost* heißt, was wörtlich als „Parteilichkeit" zu übersetzen wäre, doch ist gemeint: „Parteigeist", eine Formel, in die manche westliche Sowjetologen richtig verliebt sind. Lenin argumentierte gegen Struwe, daß man bei intellektuellen Kontroversen sich in Übereinstimmung mit seinen politischen Überzeugungen verhalten solle, daß man sich „verpflichtet" fühlen und keine widersprüchlichen Standpunkte vertreten solle – man solle nicht einerseits Marxist und andererseits konventioneller Sozialwissenschaftler oder Historiker sein. Diese Feststellung war bereits von anderen getroffen worden, auch wenn sie größtenteils auf Radikale anwendbar war, die sich gegen die Gesellschaft stellten, sowie auf Konservative in Kriegszeiten. Es war die Forderung nach Verantwortung, Beständigkeit und Hingabe, doch eignete sie sich nicht für müßige Betrachter, für Leute, die sich nicht engagierten. Trotzdem behaupteten die Kritiker, daß mit diesem Standpunkt, der doch ausdrücklich eine Empfehlung an Parteimitglieder war, die sich dem Zarismus widersetzten, die stalinistische Zensur praktisch ihren Anfang genommen hätte – als Eingriff in jede kulturelle und wissenschaftliche Betätigung in der Gesellschaft. Aber hätte denn Stalin eine derart bescheidene Ansicht nötig gehabt, um sich eine so tyrannische Waffe zu schmieden?

Alles, was wir bisher darstellten, hat direkt mit den tatsächlichen Umständen des bolschewistischen Versuchs zu tun, als disziplinierte und in Rußland tätige Partei zu überleben und nicht nach Sibirien oder in die Schweiz ins Exil gehen zu müssen. Lenin war ein harter Mann, er besaß nicht die Gabe diplomatischer Höflichkeit und nannte die Dinge beim Namen. Er machte sich unvermeidlich viele Feinde, und ein Großteil aller späteren Kritik wurde schon zu seiner Zeit von seinen Zeitgenossen an ihm geübt. Seine Rechtfertigung erfuhr er jedoch im Jahre 1917, als Trotzky, der gegen Lenins Rücksichtslosigkeit mit äußerster Verbitterung zu Felde zog (und dafür von Lenin genauso heftig angeklagt wurde) bekannte:

„Nur die äußerste Konzentration auf das Ziel der Revolution, frei von allem kleinlich Persönlichen, kann diese Art persönlicher Rücksichtslosigkeit rechtfertigen ... Sein Verhalten erschien mir unzulässig, entsetzlich und schockierend. Doch zugleich war es politisch richtig und daher, vom Standpunkt der Organisation aus gesehen, unerläßlich" (1930).

Das traumatische Ereignis in Lenins politischem Leben war, daß es den europäischen sozialdemokratischen Parteien 1914 nicht gelang, den Krieg zu verhindern. Viele Jahre lang schon hatten diese Parteien erklärt, daß sie nicht gegeneinander kämpfen würden, und daß sie, die Sozialdemokraten, jede Kriegserklärung durch ihre jeweilige Regierung sofort mit einer Revolution beantworten würden. Doch im entscheidenden Augenblick entschied sich die überwältigende Mehrheit nicht für den Sozialismus, sondern für den Nationalismus, und sie marschierten, um sich gegenseitig abzuschlachten. Das ganze wacklige Kartenhaus, das theoretische Erbe der Sozialdemokratie, fiel in den Schützengräben in sich zusammen. Die Hoffnung auf eine zweite Internationale, die Europa in eine neue Gesellschaft führen würde, konnte nicht länger aufrechterhalten werden. Das Ereignis zwang Lenin, seine eigenen Überzeugungen und den von ihm so lange vertretenen Marxismus zu überprüfen, um zu erkennen, warum jene, die er sogar noch in seinen Kritiken als die Senioren des Marxismus anerkannt hatte, am entscheidenden Punkt versagt hatten. Das Ergebnis dieser Überprüfung war, daß er vieles revidierte, was er von Kautsky und der deutschen Sozialdemokratie als unumstößlich übernommen hatte. Zwar blieb diese Revision im intellektuellen Sinne unvollständig, doch zerfällt sein Lebenswerk dadurch in zwei unvereinbare Teile, getrennt durch das Jahr 1914. So wiederholt sein Hauptwerk *Materialismus und Empiriokritizismus* (er verfaßte es als Antwort auf den Neukantischen Revisionismus) vor 1914 im philosophischen Bereich in schwerfälligen und philosophisch nicht haltbaren Begriffen lediglich den unfertigen Materialismus Kautskys. Nach 1914 jedoch, als Lenin nach den theoretischen Ursachen des Scheiterns der Zweiten Internationale forschte, entdeckte er wieder Hegels Dialektik und behauptete, daß während eines Vierteljahrhunderts kein Marxist *Das Kapital* verstanden hätte. Für Lenin stellte die Dialektik das Primat menschlichen Handelns wieder her und warf ein neues Licht auf die widersprüchlichen Elemente im neuen Kapitalismus, was er in seiner populären Flugschrift *Imperialismus: Das höchste Stadium des Kapitalismus* zusammenfaßte.

Genauso wie die deutschen sozialdemokratischen Führer durch neue Probleme zu neuen Zielen geführt wurden, wodurch ihr theoretisches Erbe irrelevant wurde, genauso wurden die Bolschewiken durch neue Ereignisse gezwungen, die Theorien wiederzuentdecken, die mit ihren Zielen verbunden waren. Bernstein hatte die Divergenz zwischen deutscher sozialdemokratischer Theorie und Praxis bekämpft, indem er darauf drängte, die Theorie zu überprüfen, um sie der Praxis anzupassen. Lenin erkannte dieselbe Divergenz, doch er forderte eine Anpassung der Praxis an die Theorie, forderte die systematische Verfolgung der rhetorisch proklamierten Ziele und wollte nicht, daß sie die dekorativen Elemente eines im Grunde konservativen Standpunkts bildeten.

Doch wenn der sozialdemokratische Marxismus auch die Rolle menschlichen Handelns und menschlichen Bewußtseins durch seine deterministische Interpretation von Marx negiert hatte, so hatte er doch andererseits aus seiner Umgebung andere geeignete Elemente aufgenommen, insbesondere den Bürokratismus, ein starkes Vertrauen in den Staat und einen implizierten Nationalismus. Während er das Primat menschlicher Wirksamkeit in der Geschichte wiederherstellte, betonte Lenin in ähnlicher Form in seinem Werk *Staat und Revolution* von neuem leidenschaftlich die Freiheit als die Essenz des Marxismus und Sozialismus. Das „Abwelken des Staates" sollte nicht, wie bei der deutschen Sozialdemokratie, in irgendeine utopische Rumpelkammer verbannt werden, sondern sofort mit der Machtergreifung beginnen. Außerdem lehnte Lenin auch das Bündnis zwischen Sozialismus und Nationalismus ab, das die Zweite Internationale zerstört hatte und das verkörpert wurde in der sozialdemokratischen Anerkennung des Staates als eines Ersatzes für die Teilnahme und Initiative des Volkes. Er erklärte, daß das Ziel aller radikalen sozialistischen Bewegungen darin bestehen solle, den Staat *abzuschaffen,* und er beschuldigte Kautsky, daß er die Schriften von Marx und Engels zensiere, in denen es hieß, daß der Staat zwangsläufig ein Instrument der Gewaltherrschaft sei. Wenn die Klassenherrschaft zu Ende gehe, müsse die Administration der Gesellschaft sich unvermeidlich so entwikkeln, daß alle an ihr teilnehmen und die Gesellschaft kontrollieren. Unnachgiebig schloß er: „Solange der Staat existiert, gibt es keine Freiheit; wenn die Freiheit existiert, wird es keinen Staat geben."

Eine derart eindeutige Anerkennung der Notwendigkeit der Freiheit und der Form, die sie annehmen muß, konnte nur zu starkem Pessimismus oder Optimismus führen. In den Jahren 1917 und 1918 herrschte der Optimismus vor: die Menschen konnten die Gesellschaft kontrollieren, die Mehrheit konnte sich selbst regieren. Im Mai 1918 versprach Lenin seinen Zuhörern, daß die, die noch keine dreißig bis fünfunddreißig Jahre alt waren, den Anbruch des Kommunismus erleben würden. Unmittelbar nach der Oktoberrevolution warnte er die russischen Arbeiter: „Erinnert euch, *ihr selbst* verwaltet jetzt den Staat. Niemand wird euch helfen, wenn ihr selbst euch nicht vereinigt und *alle Staatsangelegenheiten in eure Hand nehmt. Eure* Sowjets sind hinfort die Organe der Staatsmacht, Organe der uneingeschränkten Macht, Organe der Entscheidung" (Zitiert nach Carr, 1950, Seite 244).

Im Januar 1918 erklärte er vor dem Kongreß der Sowjets:

„Als wir die Arbeiterkontrolle einführten, wußten wir, daß es einige Zeit dauern würde, bis sie sich in ganz Rußland durchgesetzt hätte, doch wollten wir, daß die Arbeiter selbst von unten her die neuen Prinzipien wirtschaftlicher Gegebenheiten aufstellten." Die Bejahung der Notwendigkeit der Freiheit kehrt zu oft und auf zu leidenschaftliche Weise wieder, als daß sie dem Kalkül eines Macchiavelli entspringen könnte.

Die Revolution war der Höhepunkt in Lenins Laufbahn, sie war sowohl die Rechtfertigung seiner Arbeit als auch die Erprobung seiner Strategie. Ironischerweise war sie auch eine Kritik jenes Elitedenkens, das manchmal in seinem Werk auftauchte und sich aus den Bedingungen für eine Revolutionspartei in Rußland ableitete (und das von Kautsky als Autorität, als „Papst" des Marxismus, sanktioniert wurde). Denn um Forderungen des Volkes in jenem Augenblick, der 1917 die Macht brachte, zu verfechten, konnte sich Lenin nicht auf seine Partei verlassen. Die Organisation hatte es nicht vermocht, eine Partei zu schaffen, die den Wünschen des Volkes immer etwas voraus war, die revolutionärer war als die Arbeiter. Denn als sich der entscheidende Augenblick einstellte, mußte die Partei zur Erfüllung jener Forderungen regelrecht getrieben werden, was sogar so weit ging, daß man diese Forderungen in aller Eile zum Parteiprogramm erklärte, anstatt sich für die bereits gefaßten Beschlüsse der Partei einzusetzen (vgl. Lenin 1960, d).

Der Winter von 1917 auf 1918 brachte die Auswirkungen des Weltkriegs, die Auflösung der zaristischen Armeen und die Revolution; der Verwaltungsapparat brach zusammen, die Lebensmittelvorräte waren erschöpft. Sobald die Bauernschaft Landbesitz erworben hatte, entzog sie der Revolution ihre Unterstützung, und immer noch gab es keine europäische Revolution, die Wind in die Segel des neuen sowjetischen Staatsschiffes gebracht hätte. Lenin überprüfte den zurückgelegten Weg, jedoch nicht indem er sein allgemeines theoretisches Werk revidierte, sondern indem er völlig in alltäglichen Verwaltungsgeschäften aufging, nur mehr das bloße Überleben im Auge hatte. In seinen Äußerungen schwingt der Ton eines wachsenden Pessimismus, entdeckt man eine Weigerung, Spekulationen darüber anzustellen, was erreicht worden war und was erreicht werden konnte; er erkennt einige der Hauptprobleme, doch ohne eine Lösung anzubieten. Der Bürgerkrieg versetzte der Wirtschaft einen weiteren schweren Schlag, und die neue Regierung war gezwungen, tausende frühere zaristische Beamte wieder in ihre Dienste zu nehmen, wodurch sie das Wesen der Verwaltung änderte. Zugleich wurden die eigenen Gefolgsleute, die städtische Arbeiterschaft, in die Armee geschickt, um gegen die Weiße Armee zu kämpfen. Jetzt wurde Gewalt immer wichtiger als Mittel dazu, der widerspenstigen Landbevölkerung Lebensmittel abzuzwingen.

Einmal verspottete Plechanow Lenin mit einem Zitat aus Engels, das sich ab 1918 als immer zutreffender erwies, als die geforderte soziale Basis der Partei schwand und keine europäische Revolution stattfand, um das Gleichgewicht der Kräfte zu verlagern.

„Es ist das Schlimmste, was dem Führer einer extremen Partei widerfahren kann, wenn er gezwungen wird, in einer Epoche die Regierung zu übernehmen, wo die Bewegung noch nicht reif ist für die Herrschaft der Klasse, die er vertritt ... Er findet sich notwendigerweise in einem unlösbaren Dilemma: was er tun *kann*, widerspricht seinem ganzen bisherigen Auftreten, seinen Prinzipien, und den unmittelbaren Interessen seiner Partei; und was er tun *soll*, ist nicht durchzuführen. Er ist mit einem Wort gezwungen, nicht seine Partei, seine Klasse, sondern die Klasse zu vertreten, für deren Herrschaft die Bewegung gerade reif ist. Er muß im Interesse der Bewegung selbst die Interessen einer ihm fremden Klasse durchführen und seine eigene Klasse mit Phrasen und Versprechungen, mit der Beteuerung abfertigen, daß die Interessen jener fremden Klasse ihre eignen Interessen sind. Wer in diese schiefe Stellung gerät, ist unrettbar verloren“ (Engels, 1947, S. 83 und 84).

Die starken Hoffnungen lösten sich in wachsender Niedergeschlagenheit auf, die sich nur noch verstärkte durch die Rebellion der Kronstädter Matrosen (eine frühere Generation Kronstädter Matrosen gehörte zu den ersten Anhängern der Bolschewiken), durch eine Streikwelle und Bauernrevolten. Es lag auf der Hand, daß die Bolschewiken nicht einmal mehr die Mehrheit der industriellen Arbeiterklasse repräsentierten. Tatsächlich vertraten sie nur mehr sich selbst. Doch was gab es für eine Alternative? Sollten sie gelassen ihren Fehler eingestehen, die Hoffnung auf eine europäische Revolution aufgeben und auf die Macht verzichten? Die Armeen der Weißen, die die Macht übernähmen, würden irgendwelche Grundsätze völlig mißachten: möglicherweise hätten sie das erste faschistische Regime errichtet, begleitet von einer Terrorwelle, die die Brutalität der Zaren noch übertroffen hätte.

Lenins Auseinandersetzung mit der marxistischen Theorie war noch nicht abgeschlossen; er legte lediglich eine Pause ein. Er begann sich damit zu befassen, wie Rußland entwickelt werden müßte, wie man es angesichts internationaler Feindseligkeit seiner Rückständigkeit, seiner Unwissenheit und Armut entreißen konnte. Die täglichen Probleme der Wirtschaft waren jetzt die wichtigsten Staatsangelegenheiten, und jede Taktik, mit der man die Wirtschaft vorantreiben konnte, gewann höchste Bedeutung: „Es ist unsere Aufgabe, von den Deutschen den Staatskapitalismus [nicht Sozialismus, N. H.] zu erlernen, ihn, soweit es nur in unserer Macht steht, zu übernehmen, vor keiner diktatorischen Methode zurückzuschrecken, um diese Übertragung westlicher Kultur auf das barbarische Rußland zu beschleunigen, ohne zu zögern gegen die Barbarei barbarische Kampfmethoden anzuwenden."

Doch in Deutschland machte sich immer noch keine Revolution bemerkbar, so daß es keine andere Wahl gab, als in eine gemächlichere Gangart zu verfallen, sobald der Bürgerkrieg und die Phase des Kriegskommunismus es erlaubten. Die Requisitionen bei den Bauern ersetzte man durch eine feste Steuer, Lebensmittelüberschüsse durften frei gehandelt werden; eine Anzahl kleiner und mittlerer Industrieunternehmen wurde entstaatlicht. Bucharin ging sogar noch weiter und argumentierte, daß der Sowjetstaat, nun, da die Weltrevolution gescheitert war, eine Politik verfolgen müsse, die das „Bündnis" mit der Bauernschaft bewahren würde. Es handelte sich nicht nur um einen „taktischen Rückzug"; man wandte die ganze Aufmerksamkeit vom internationalen Schauplatz, von der Möglichkeit einer internationalen Revolution ab und richtete sie nach innen, auf die Verteidigung und Entwicklung Rußlands. Die Terminologie änderte sich natürlich nicht, doch war es eine fatale Verschiebung, denn die innerstaatlichen Interessen der Sowjetunion als Nationalstaat ersetzten jetzt die Interessen der größeren internationalen Klasse: „Der Kampf für Sowjetrußland", so beschloß der Zweite Komintern Kongreß (1921), „hat sich verschmolzen mit dem Kampf gegen den Weltkapitalismus. Die sowjetrussische Frage ist zum Prüfstein für alle Organisationen der Arbeiterklasse geworden." Die deutsche Sozialdemokratie hatte ihren Nationalismus unter der Terminologie eines Sozialismus verborgen, und dasselbe wurde jetzt in der Sowjetunion möglich.

Für Lenin blieb das theoretische Problem ungelöst. Er lieferte keine Erklärung für die bolschewistische Macht, für die sozialistische Machtergreifung in einem unterentwickelten Land ohne eine europäische Revolution. Bei einem so aufrechten Mann wird eine derartige Unterlassung bedeutsam – ein Friede mit Aufrichtigkeit war unmöglich. Er beließ es bei Stückwerk, bei pragmatischen Antworten, bei Angriffen gegen die „Bürokratie" und die russische „Barbarei", all das jedoch mit wachsendem Pessimismus.

„Kann jeder Arbeiter wissen, wie der Staat zu verwalten ist? Jeder erfahrene Mensch weiß, daß das ein Märchen ist ... Die Gewerkschaften sind eine Schule für den Kommunismus und für die Administration. Wenn sie [die Arbeiter] diese Jahre in der Schule verbracht haben werden, dann werden sie lernen, doch es geht langsam vorwärts ... Wie viele Arbeiter wurden in die Verwaltung verpflichtet? In ganz Rußland einige Tausend, nicht mehr" (zitiert nach Carr, 1950, S. 247).

Die große Parteidiskussion über die Gewerkschaften von 1921/22 – in ihr stand Trotzkys Forderung, die Arbeiterbewegung zu militarisieren (d. h. die Forderung nach einem ausdrücklich diktatorischen Regime) der Forderung der Arbeiteropposition gegenüber, den Staat abzuschaffen und die Wirtschaft durch die Sowjets der Arbeiter zu kontrollieren – diese Diskussion ist bezeichnend für Lenins rein pragmatisches Lavieren zwischen den Extremen, wobei seine Beweisführung ungewöhnlich gequält wirkt: „Wir haben eine Arbeiterregierung mit einem bürokratischen Einschlag. Unsere derzeitige Regierung ist so geartet, daß das Proletariat, organisiert bis zum letzten Mann, sich gegen sie schützen muß. Also müssen wir die Organisation der Arbeiter zum Schutze der Arbeiter gegen ihre eigene Regierung einsetzen" (1937, Ix). Lenin scheint ins Schwimmen geraten zu sein. Begriffe und Vorstellungen geben nicht mehr die richtigen Wegweiser ab – zwar ist er sich des Problems bewußt, sieht jedoch keine brauchbare soziale Kraft zu seiner Lösung.

„Wenn wir diese gewaltige bürokratische Maschinerie [den Staat] ins Auge fassen, diesen ungeheuren Koloß, so müssen wir uns fragen: Wer führt wen? Um ehrlich zu sein, nicht sie [die Kommunisten] sind es, die führen, sondern sie werden geführt" [von den ex-zaristischen Staatsbeamten]. Und weiter: „Mit Ausnahme des Volkskommissariats für Auswärtige Angelegenheiten ist unser Staatsapparat größtenteils ein Überbleibsel des alten und hat am wenigsten wesentliche Änderungen erfahren. Er ist an der Oberfläche lediglich etwas übermalt worden, ansonsten ist er ein typisches Relikt unseres alten Staatsapparats" (1960, a).

Als Ganzes gesehen ist Lenins theoretisches Werk unvollständig, doch stellt es unter den Umständen, denen er ausgesetzt war, eine kurze Renaissance des Geistes von Karl Marx dar. Er übte keine systematische oder umfassende Kritik an der Religion, wie sie Kautsky aus dem Werk von Marx herausdestilliert hatte, doch demonstrierte er in seinem eigenen Leben eine stark ausgeprägte Einheit von Theorie und Praxis. Von 1918 an brachen die Voraussetzungen für seine eigene Stellung in einer Weise zusammen, daß die Möglichkeit einer Lösung der Probleme ausgeschlossen wurde: die Einheit war so stark gewesen, daß sie auf ehrliche, lautere Weise nicht wiederhergestellt werden konnte. Die Tragödie Lenins war absolut und ohne Milderung. Um sich herum konnte er eine völlig neue, ungeahnte Ordnung entstehen sehen; natürlich konnte er nicht absehen, wie furchtbar diese Ordnung sein würde, doch eine Lösung hatte er jedenfalls nicht parat. Das Proletariat hatte sich abgewandt, die europäische Revolution war ausgeblieben, und beide ließen die Partei allein und isoliert zurück.

*Stalin*

Einem völlig anderen Problemkreis sah sich Stalin gegenüber, der schließlich als Lenins Nachfolger auftauchen sollte. Doch ist es offensichtlich unmöglich, an dieser Stelle der Natur seiner verschiedenen Reaktionen während seiner dreißigjährigen Amtszeit nachzugehen, zumal auch einige Richtlinien des Stalinismus kaum mehr sind als nebensächliche Standpunkte im innerparteilichen Fraktionskampf, dessen Ursachen längst vergessen sind. Der Stalinismus läßt sich im wesentlichen aus der Praxis des Sowjetstaates ableiten, und im Gegensatz zu Lenin ist das dürftige theoretische Werk Stalins kein Führer mehr zum Verständnis der Praxis, sondern eine rationale Erklärung, die nach dem Ereignis, das sie rechtfertigen sollte, dargeboten wurde. Hier ist die theoretische Analyse kein Führer zur Praxis, sie ist ohne praktischen Gehalt und lediglich ein historischer Kommentar. Denn die Praxis selbst war unmenschlich und für diejenigen, die ihr ausgesetzt waren, irrational, eher ein Mittel zur Verschleierung, zur Verstellung, als theoretische Erhellung. Daraus ergibt sich die Undurchsichtigkeit des Stalinismus. Es ist unmöglich geworden, seinen direkten Bezug zu den Beschlüssen des Sowjetstaates zu erkennen, und ständig klingt das Echo realer, aber unausgesprochener Ziele mit. Die Diskussion innerhalb des Stalinismus flüchtete sich ins Ritual, in Zitate, in Wortklaubereien, terminologische Debatten und offenkundige historische Verzerrungen. Trotzky gab folgende polemische Schilderung: „Seine [des Stalinismus] ‚Ideologie' ist völlig durchtränkt von einem Polizisten-Subjektivismus, seine Praxis ist der Empirismus roher Gewalt. Indem sie an ihren wesentlichen Interessen festhalten, ist die Kaste der Usurpatoren jeder Theorie feind; ihre soziale Rolle vermag sie weder sich selbst, noch irgend jemand anderem zu erhellen. Stalin verbessert Marx und Lenin nicht mit der Feder des Theortikers, sondern mit dem Stiefelabsatz der GPU [Geheimpolizei, N. H.]" (1937).

Als System ist der Stalinismus im philosophischen Sinne eher idealistisch als materialistisch. Er beginnt nicht beim abgeschlossenen Geschehen, nicht bei der sozialen Realität, bei den Fakten der Erfahrung, sondern bei Ideen, beim Wort und beim Axiom. Übereinstimmung mit leninistischen Idealen wird nicht durchs Handeln erreicht, sondern dadurch, daß das Getane noch einmal beschrieben wird. Propaganda ist wie bei den englischen Konservativen das Mittel, das allgemeine Ideale mit dem Realen der Herrscher zu versöhnen. So geschah es, daß man mit Lenins Schriften noch extremer verfuhr, als die deutschen Sozialdemokraten mit Marx. Lenins Schriften wurden zu einer Sammlung theologischer Doktrin, zu einem Ritual, zu einer Quelle endloser, aus dem Zusammenhang gerissener Zitate; sie waren nicht mehr Theorie zu bestimmtem Handeln einer bestimmten Gruppe von Menschen in einer bestimmten historischen Situation.

Die Schriften des Stalinismus selbst sind überladen mit mechanischen Bildern von großer Plumpheit, verspritzen hier und da Bosheit und zeichnen sich durch theoretische Leere aus, gepaart mit geistlosem Kampfgeist. Zdanows Angriff gegen die sowjetische Philosophie im Jahre 1947 kennzeichnet einige Züge dieses hohlen Kampfgeistes:

„Oft wird hier der Ausdruck ‚philosophische Front' angewandt. Aber wo ist denn eigentlich diese Front? ... Sieht unsere philosophische Front einer wirklichen Front ähnlich? Sie erinnert eher an eine stille Bucht oder an ein Biwak irgendwo weit abseits vom Schlachtfeld. Der Kampfplatz ist noch nicht eingenommen, Feindkontakt fehlt zum größten Teil noch, Erkundungstätigkeit wird nicht durchgeführt, die Waffe rostet, die Schützen kämpfen auf eigene Faust und Gefahr ..." (zitiert nach Wetter, 1960, S. 321).

Stalins schriftliches Werk ist seinem Umfang nach klein, seiner Qualität nach dürftig. Trotzdem ist es für die Geschichte der Sowjetunion von zentraler Bedeutung, da es die ganze intellektuelle Szene beherrschte. Am interessantesten an ihm ist die Tendenz, tastend nach charakteristischen Formen konservativen Denkens zu suchen; das ist sein gewaltiger ungelöster Widerspruch. Eine Dialektik in irgendeiner wesentlichen Bedeutung kennt es nicht, doch lieferte es für alles Handeln, das Stalin überhaupt im Sinne haben mochte, einen maximalen Rahmen.

Stalin erstrebte erstens eine „materielle Basis“ für die Gesellschaft, das ökonomische Funktionieren der Gesellschaft als fast unabhängig vom Menschen. Ideen „reflektierten“ lediglich materielle Realität (dieser Punkt stammt vom frühen Lenin), und das politische Bewußtsein „reflektierte“ lediglich den Stand der Technologie; vergröbert heißt das: Gasometer produzieren mit Zutun des Menschen Gedichte. Die wirtschaftliche Basis insgesamt – Stahlwerke, Krane, Fabriken usw. – schien ein Eigenleben zu besitzen und die Gesellschaft zu zwingen, sich in Übereinstimmung mit diesem Eigenleben zu verändern. E. P. Thompson beschreibt das Verhältnis folgendermaßen: „Ideen werden nicht mehr als das Medium angesehen, mit dem Menschen die Welt begreifen, mit dem sie logisch urteilen, argumentieren, debattieren und wählen; sie sind wie die schlechten oder angenehmen Gerüche, die den imperialistischen oder proletarischen Kochtöpfen entsteigen“ (1957, Seit 105).

Zwischen der Basis und dem Rest der Gesellschaft, dem „Überbau“, gibt es kaum eine oder gar keine Wechselwirkung; die Basis schleppt den widerstrebenden Überbau lediglich hinter sich her: „Der Überbau wird von der Basis genau zu dem Zweck geschaffen, um ihr zu dienen, sie aktiv zu unterstützen, wenn sie Gestalt annimmt und sich festigt, und um aktiv für die Abschaffung der alten absterbenden Basis und ihres Überbaus zu kämpfen“ (Stalin, 1950).

Zweitens erstrebte Stalin: eine entscheidende Rolle für die Theorie, für den „gewaltigen organisierenden, mobilisierenden und verwandelnden Wert neuer Ideen, neuer Theorien, neuer politischer Gesichtspunkte und neuer politischer Einrichtungen“. Verkörperung der Funktion von Ideen war die Partei, die den im übrigen unfreien, verwirrten Massen die Führung anbot. Paradoxerweise kann man diese Lage mit der Disraelis vergleichen; denn mit dem Schwinden der natürlichen Anerkennung einer Erbaristokratie als der nationalen politischen Elite betonte auch Disraeli die entscheidende Bedeutung „großer Ideen“, gepaart mit dem „Charisma“ der Führerschaft, als einzig praktisches Mittel zur Aufrechterhaltung eines Status quo, der jetzt industriellen Charakter hatte und deshalb in fortwährendem Wandel begriffen war. Die beiden Disraelischen Elemente tauchen in Stalins Werk auf, obgleich wesentlich weniger elegant formuliert. Für Stalin verkörpert der Nachdruck, den er auf die Rolle der Theorie legte, seine Forderung, daß die Partei eine „fehlerfreie" Sicht der Welt gewinnen sollte, da sie bei der Umformung der Gesellschaft die oberste Funktion hatte: Theorie war die einzige Waffe der Partei, zu der sie sich öffentlich bekennen konnte.

So symbolisierte das Monopol der Partei auf dem Gebiet der Theorie ihr Machtmonopol – wie die meisten Herrscher implizierte auch Stalin, daß Macht nur aufgrund der allgemeinen Unterstützung zu behaupten sei, die den von der Partei propagierten Ideen zuteil wird. Das Monopol der Theorie wurde durch die Annahme verstärkt und unterstrichen, daß das Massenbewußtsein hinter einer korrekten Theorie immer hinterherhinkt. Diese Vorstellung erfüllt dieselbe Funktion wie die konservative Behauptung, daß Menschen eine Führung brauchen, daß sie sich an großen Ideen begeistern müßten, weil sie sonst verwirrt, anarchisch und unkoordiniert blieben. In den Augen Stalins erreichte der Rückstand des Massenbewußtseins extreme Ausmaße: Im Jahre 1937, zwanzig Jahre nach der Revolution, argumentierte er, daß die ideologischen Irrtümer, die der Feindseligkeit der „Überreste der alten ausbeutenden Klassen" zuzuschreiben seien, sich *verschlimmern* würden, je weiter sich Rußland von der Revolution entferne. „Wir müssen die faule Theorie verwerfen und vernichten, die besagt, daß bei uns der Klassenkampf mit jedem Fortschritt zwangsläufig mehr und mehr abstürbe und daß der Klassenfeind in dem Maße, in dem wir erfolgreich sind, immer gefügiger würde. Dies ist nicht nur eine faule, sondern auch eine gefährliche Theorie, denn sie ... ermöglicht es dem Klassenfeind, sich zum Kampf gegen die Sowjetunion zusammenzuschließen. Im Gegenteil, je mehr wir vorankommen, desto größer wird die Wut der Überreste der ausgebeuteten Klassen sein, desto eher werden sie zu schärferen Kampfmethoden greifen" (1937).

Obgleich also der gegebene Überbau (das heißt, die Masse der Bevölkerung) der Basis (also der Partei) völlig unterworfen ist, konnte der Überbau der Vergangenheit (des Zarismus) immer noch und mit wachsender Unabhängigkeit wirksam sein, konnte er mehr und mehr den Sündenbock spielen, wenn Stalin Sündenböcke brauchte. Hinter dem offenkundigen System des Marxismus lauert dabei stets das argwöhnische Mißtrauen des Muschiks.

Der zentrale Widerspruch im Stalinismus besteht also aus einem Determinismus einerseits und dem Voluntarismus der Partei andererseits: Determinismus für die Massen, Voluntarismus für die Führung. Diese Spaltung findet ihre Parallele im englischen Konservativismus, wo die Massen (wenn auch längst nicht so offensichtlich) ebenfalls im Determinismus gefangen sind (zumeist in der „menschlichen Natur", bei einer früheren Generation jedoch in der „Erbsünde", Stalins ökonomischer Basis), während die Herrscher fast völlige Freiheit genießen – in beiden Fällen durch ihre pseudomagischen Qualitäten als Führer, die in ihrer schöpferischen Kraft auf dem Gebiet der Ideologie zum Ausdruck kommen. Diese Trennung ist eine Klassentrennung – in die zwangsläufig passive Mehrheit auf der einen Seite und die aktive herrschende Klasse auf der anderen, die ein Monopol legitimer Handlungsfreiheit genießt.

Für die Verfechter des Stalinismus war dieser Widerspruch von keiner großen Bedeutung. In der Praxis wurde er wirksam überbrückt durch Stalins (entscheidend auf Gewalt gestütztes) Monopol auf das Recht, jederzeit definieren zu können, was die materielle Basis war oder was aus ihr wurde und folglich, was richtige Theorie war. Konservative halten an dem Recht fest, die praktischen Implikationen der „menschlichen Natur" zu definieren; beide formulieren die „Lektionen der Geschichte". So benötigte der Stalinismus als theoretisches System einen Papst, benötigte er die zentrale Rolle eines Individuums oder einer Gruppe, um das Ganze in Einklang zu bringen. Es handelte sich also um kein System, das von der Gruppe, die es geschaffen hatte und benützte, abgesondert denkbar war. Die notwendige Synthese findet sich in Stalins Person. Er ist der Ersatz für die Partei, wie die Partei Ersatz ist für die russische Arbeiterklasse und das internationale Proletariat, Ersatz für die Wünsche der Mehrheit.

Innerhalb dieses Systems gibt es einige wesentliche, aufeinander bezogene Elemente, doch können sie an dieser Stelle nur zum Teil behandelt werden.

1. Der Staat. Mochte Lenin Zweifel hegen über die Zukunft der Sowjetunion, über die Feststellung dessen, was erreicht worden war und was noch zu erreichen wäre – Stalin kannte solche Zweifel nicht. Entschlossen bestand er darauf, daß der Sozialismus in einem Lande möglich sei: daß es möglich sei, in einem unterentwickelten Land, in dem das Proletariat nicht eine Mehrheit wie in Westeuropa, sondern eine kleine Minderheit war, eine proletarische Diktatur zu errichten, und zwar ohne die Unterstützung durch eine europäische Revolution. Diese Feststellung, mit der Stalin ursprünglich versuchte, aus der Notwendigkeit eine Tugend zu machen im innerparteilichen Kampf gegen Trotzky, der auf dem Standpunkt beharrte, daß ein Sozialismus letzthin ohne eine Weltrevolution unmöglich sei, diese Feststellung verwandelte sich für Stalin in ein uneingeschränktes, auf alle Länder anwendbares Prinzip. Während die bürgerliche Revolution nach Marx nur dort erfolgt, wo der Kapitalismus bereits voll entwickelt ist, bestand die Aufgabe der neuen sozialistischen Ordnung nicht so sehr darin, ein hochentwickeltes Massenproletariat zu befreien, sondern darin, die Wirtschaft zu entwickeln, den „Sozialismus aufzubauen", wodurch erst ein Massenproletariat geschaffen werden würde. Der Träger der Revolution bildete sich also erst *nach* der Revolution und durch einen Prozeß der Industrialisierung, dessen Brutalität historisch bekannt war, – als Folge der „Akkumulation des Kapitals" (Marx).

„Die Hauptaufgabe der bürgerlichen Revolution besteht darin, die Macht zu ergreifen und sie der bereits bestehenden bürgerlichen Wirtschaft anzupassen, während die Hauptaufgabe der proletarischen Revolution darin besteht, die Macht zu ergreifen, um eine neue sozialistische Wirtschaft aufzubauen ... In der proletarischen Revolution ist die Machtergreifung nur der Beginn; Macht wird in ihr benutzt als ein Hebel dazu, die alte Wirtschaft umzuwandeln und eine neue zu organisieren" (Stalin, 1926).

Wie bei vielen Argumenten entdeckt man auch hier, daß einige qualifizierte, wenn auch nur versuchsweise aufgestellte

Behauptungen Lenins gegen Ende seines Lebens einen Teil davon bestätigen, doch ist Stalins Version unberechtigt, sie spielt mit der Zweideutigkeit der Begriffe „sozialistische Ordnung", „sozialistische Wirtschaft". Denn einerseits implizierten solche Begriffe eine Gesellschaft, in der das Proletariat herrscht, andererseits eine Gesellschaft, in der der Staat die Produktionsmittel besitzt. Bis dahin hatte man in sozialistischen Schriften beides im großen und ganzen als ein und dasselbe angesehen, doch von da an, nach der Erfahrung Stalins, divergierten die beiden zusehends: die Demokratie, die Herrschaft eines Massenproletariats, war keine notwendige Vorbedingung für die Enteignung des Kapitals. Stalin trennte den Träger der Revolution, das Proletariat, von der Gesellschaft, die ein Proletariat schuf, so daß der Begriff „sozialistische Ordnung" jede Bedeutung außer der „einer ökonomischen Ordnung im Besitz des Staates" verlor. Der „Klassengehalt" des Begriffs existiert nicht mehr, und der Sozialismus befaßt sich nicht mehr mit der Befreiung der industriellen Arbeiterklasse, sondern wird zur Taktik einer forcierten Wirtschaftsentwicklung unter Staatskontrolle: „sozialistisch" heißt jetzt „Staat", gleichgültig, wer den Staat in wessen Interesse leitet.

Diese Feststellung veranschaulicht ebenfalls einen politischen „Überbau", der die Macht hat, die wirtschaftliche „Basis" zu gestalten und auszuweiten, und der „klassenlos" ist. Die *Geschichte der KPdSU (B)*, 1938, von der behauptet wird, daß sie größtenteils von Stalin selbst verfaßt und viele Jahre lang als Standard-Leitfaden des Stalinismus benutzt worden sei, beschreibt die Kollektivierung der Landwirtschaft auf ähnliche Weise; sie war „... eine gründliche Revolution, ein Sprung ... in seinen Folgen gleichbedeutend mit der Oktoberrevolution von 1917. Unterscheidungsmerkmal dieser Revolution ist jedoch, daß sie *von oben* auf Initiative des Staates hin unternommen wurde und daß sie *von unten her* von den Millionen von Bauern unterstützt wurde, die kämpften, um die Kulaken-Leibeigenschaft abzuschütteln und auf den Kollektivfarmen in Freiheit zu leben."

Zweifellos hätte es die ukrainischen Bauern gewundert, zu erfahren, wie sie einen Prozeß unterstützten, der so viele von ihnen vernichtete, wo es doch für sie eindeutig um eine Unterdrückung von außen ging.

Im Gegensatz sowohl zu Marx als auch zu Lenin war für Stalin der Staat in der Sowjetunion weder die Verkörperung einer Klassendiktatur, noch zeitbedingter Ausdruck einer Übergangsphase, sondern ein klassenloses und schöpferisches Element. Sowohl Marx *(Der Achtzehnte Brumaire)* als auch Engels *(Der Ursprung der Familie, des Privateigentums und des Staates)* hatten darauf hingewiesen, daß der Staat nicht immer die Herrschaft einer dominierenden Klasse verkörpern müsse, da er auch eine vermittelnde, antreibende Wirkung haben könne, bei der die Klassen sich in ausgewogenem Gleichgewicht befinden. Diesen Standpunkt lehnte der Stalinismus unentwegt ab, da er Gründe für die Behauptung hätte liefern können, daß der Sowjetstaat nicht unbedingt die Triebkraft zu einer proletarischen Klassenherrschaft hätte.

2. Die Nation. Ein „klassenloser" Staat implizierte auch einen Wandel in der Vorstellung von Klassen, dem Begriff, der im Werk von Marx und Lenin vielleicht am wichtigsten ist. Langsam ersetzte Stalin diese Vorstellung durch die der Nation; denn war die „proletarische Klasse" identisch mit dem Sowjetstaat, so verkörperte der Sowjetstaat historisch gesehen auch die russische Nation, so daß die Rolle des Staates mit der Betonung eines Nationalismus übereinstimmte, eine Verbindung, die von Lenin an der Deutschen Sozialdemokratie bitter kritisiert worden war.

Immer stärker wurde anstatt einer Klassensolidarität eine *nationale* Solidarität betont, in der die notwendige Harmonie der sowjetischen Gesellschaft zum Ausdruck kam – eine Entwicklung, die während des Zweiten Weltkrieges ihren Höhepunkt erreichte. Diese Veränderung betraf rückwirkend die sowjetischen Darstellungen russischer Geschichte, auch um die Klassentrennungen der zaristischen Gesellschaft, die das Hauptanliegen von Lenins Werk gewesen waren, zu beseitigen. Ein Erlaß vom Mai 1934 verurteilte alle früheren Darstellungen der russischen Geschichte und rehabilitierte Worte wie „Heimat", „Patriotismus" und so weiter. Seit 1940 wurde die Rolle des russischen Volkes in der Geschichte zusehends glorifiziert; seine

Herkunft führte man auf die Zivilisationen der Chaldäer und Assyrer im zweiten und dritten vorchristlichen Jahrtausend zurück (auf ähnliche Weise leiten sich in England und Frankreich sogar noch die Familien des unbedeutenden Kleinadels von Karl dem Großen her), und alle bedeutenden Erfindungen schrieb man seiner historischen Erfindungsgabe zu. Da die grundlegende historische Einheit jetzt nicht durch seine Sozialstruktur bestimmt wurde, sondern durch seine ethnische Herkunft, tauchte unvermeidlich ein Rassismus auf, denn nur „das Blut“ durfte bestimmen, wer dem heroischen Volk angehörte.

Wie Stalin in der Partei und die Partei im russischen Volk die einzige aktive Kraft war, wurde das russische Volk zur einzigen aktiven Kraft in der Entwicklung der Menschheit; sie war eine Pyramide oder Hierarchie von Werten, die die Hierarchie in der sowjetischen Gesellschaft widerspiegelte. Die Sowjetunion blieb die Nation, „für die die Geschichte die große Mission der Befreiung der Menschheit vorbereitet hat“ (*Prawda*, 6. Juni 1949, zitiert nach Barghoorn, 1956, Seite 248–249). Sogar der Zwischenschicht, den nicht-russischen Bürgern in der Sowjetunion, wurde in der Hierarchie eine besondere Zwischenstellung zugewiesen. Das russische Volk war allen nicht-russischen Völkern in der Sowjetunion überlegen und sollte als solches sogar von Ausländern anerkannt werden: „Liebe zum russischen Volk ... ist nicht nur einer der wichtigsten Aspekte des Sowjetpatriotismus; sie ist, sogar in kapitalistischen Ländern, ein charakteristisches Merkmal jeder echten proletarischen Bewegung“ (*Probleme der Philosophie*, 1948).

3. Die Klasse. Die Sowjetunion war eine „klassenlose Gesellschaft“ oder vielmehr eine Gesellschaft, in der sich der Begriff „Klasse“ nur auf Einheiten bezog, die sich funktional ergänzten, also auf Bauern und Arbeiter in harmonischer Wechselwirkung innerhalb einer offenkundigen Arbeitsteilung, und auf keine konkurrierenden, ihrer Rivalität verhafteten Einheiten (wie es Lenin von den Bauern und Arbeitern nach der Revolution befürchtete). Ossowski (1963, Seite 115) bemerkt, daß dies eher eine Vorstellung von Adam Smith als von Marx sei, und daß Stalin in diesem Punkt eher einem Gradualismus nachkomme, wie er zum Beispiel in den Vereinigten Staaten gefördert wird,

als irgendeiner revolutionären Perspektive: „Wenn es um die Zukunft ihrer eigenen Gesellschaft geht, nehmen die herrschenden Gruppen sowohl in kapitalistischen als auch in sozialistischen Ländern immer eine auf Evolution bedachte Haltung ein". Natürlich wurden „Überreste der alten ausbeutenden Klassen" stets bereit gehalten, um für innenpolitische Konflikte Erklärungen zu liefern, als nützliche Sündenböcke im ständigen Bündnis mit ausländischen Mächten (wie sie es ja sein mußten, um die „nationale Einheit" zu bestätigen) – Sündenböcke, die die Partei periodisch und sogar in ihren höchsten Spitzen infiltrierten, wie sich in den Moskauer Prozessen der dreißiger Jahre dieses Jahrhunderts zeigte. Waren die „Überreste" jedoch ungeeignet oder fehlte es an Spionen, so konnte man den ethnischen Minderheiten, den Juden usw., immer noch den schwarzen Peter zuschieben. In jedem Fall spielten die Rebellen, wenn es sich überhaupt je tatsächlich um solche handelte, für die Stalinisten dieselbe Rolle, wie sie die entartete Aristokratie oder die „Faktion" wegen eines bloßen Teilinteresses für die Konservativen spielte. Die „Verführer" verschworen sich offensichtlich aus grundloser Bösartigkeit der Anarchie und den Katastrophen. Die Funktion der Sündenböcke wurde schon früher diskutiert. Sie tragen dazu bei, eine Solidarität zu untermauern, schützen dadurch die Orthodoxie, wodurch die Herrschaft der bestehenden Führung noch fester gegründet wird.

Doch die Hauptelemente des Konflikts, die bruchstückhaften Vorstellungen vom Klassenkampf, fanden ihre Anwendung nicht im innenpolitischen, sondern im außenpolitischen Bereich. Genauso wie bei manchen Konservativen die nationale Harmonie in scharfem Kontrast stand zu den realen Spaltungen im Ausland, wurden häusliche Belastungen auf den internationalen Schauplatz verlagert, wo außer den nationalen keine anderen Treuepflichten anerkannt wurden. Entsprechend der Haltung, die Gruppen oder Individuen anscheinend gegenüber der Sowjetunion einnahmen, wurde der Begriff „Klasse" großzügig auf sie angewandt: so konnte es zu ganzen Gruppen recht unglaubwürdiger Proletarier kommen, oder man ersetzte diesen Terminus durch „patriotisch", falls er wirklich unglaubhaft dünkte, wie bei den „patriotischen afrikanischen Stammeshäuptlingen", womit Häuptlinge gemeint waren, die sich, sagen wir auf einer Cocktail-Party der russischen Botschaft in Nairobi, begeistert gezeigt hatten.

Schließlich behauptete man, daß sich der Kampf zwischen „proletarischen Nationen“ und „bürgerlichen Nationen“ abspiele, eine Formulierung, die zum Beispiel auch von rechtsstehenden Nationalstaaten in Italien nach dem Ersten Weltkrieg bevorzugt wurde und sich dort auswirkte, wo die marxistische Terminologie Bedeutung hatte. Der Internationalismus von Marx und Lenin löste sich in Nationalismus auf, dessen Charakter unwichtig war, vorausgesetzt er beinhaltete eine wohlwollende Haltung gegenüber der Sowjetunion, denn die „proletarischen Nationen“ waren ganz und gar nicht proletarisch. Dieser Ausdruck besagte nichts hinsichtlich ihrer inneren Klassenstrukturen. Gewöhnlich differenzierten sie sich durch ihre Armut und den überwiegend bäuerlichen Charakter ihrer Gesellschaftsform. „Bürgerliche Nationen“ jedoch waren lediglich anti-sowjetisch eingestellte reiche Industrieländer. In der Tat standen die ersteren gewöhnlich in einem nationalistischen Kampf gegen den Imperialismus, während die zweiten mehr oder minder imperialistische Mächte waren. Doch sollte dieser Faktor nicht verschleiern, wie wenig sich Stalin ernsthaft für die wirkliche Sozialstruktur der betreffenden Länder interessierte. Sein Interesse galt internationalen Beziehungen zwischen souveränen Nationalstaaten, und keinem internationalen Klassenkampf, bei dem nationale Grenzen wenig Bedeutung hatten. Die geeignetsten Waffen waren für Stalin in erster Linie diplomatischer Art, oder es waren Waffen der professionellen Kriegführung, wobei Agitation, in die Sprache des Klassenkampfes gefaßt, gelegentlich zum geeigneten Hilfsmittel wurde; dasselbe traf oder trifft in starkem Maße auf die zaristischen agents provocateurs oder den CIA der USA zu. Auch in einigen Formulierungen des späten Lenin kann man wieder das „Hintertürchen“ entdecken; zwar sind sie im Zusammenhang äußerst brauchbar und verführerisch, doch offenbaren sie nichtsdestotrotz eine wesentliche Verschiebung. Im Brennpunkt des Interesses stand nicht mehr eine russische Revolution, die „das schwächste Glied in der kapitalistischen Kette“ zersprengen und so eine europäische Revolution auslösen sollte, sondern standen jetzt China oder Indien als die „schwächsten Glieder in der imperialistischen Kette“. Die Entwicklung fand ihr Ende, als die Komintern nicht zum Führer einer internationalen Arbeiterbewegung wurde, in der die Sowjetunion lediglich ein kleiner Bestandteil war, sondern vielmehr zu einer Hilfskraft der russischen Außenpolitik, in der die internationale Arbeiterbewegung nur einen kleinen Teil ausmachte. Ausländische kommunistische Parteien wurden zur Nachhut der Sowjetunion und nicht zur Vorhut der Weltrevolution; sie wurden, zumindest was ihre Führung anging, zu Hilfsmitteln der Subversion ihres jeweiligen Status quo im Interesse eines fremden Staates und nicht im Interesse des Proletariats. Das Übergangsstadium kostete die meisten alten Bolschewiken das Leben, da sie nicht „flexibel“ oder „pragmatisch“ genug waren, sich zu dem zu bekehren, wogegen sie sich so lange widersetzt hatten. Für Stalin warf der Übergang gelegentlich Probleme auf. Man betrachte nur folgende Haarspalterei: zu Recht werde der bürgerliche Nationalismus von den Marxisten verdammt, denn er habe „... das Ziel, die Massen mit dem Gift des Nationalismus zu durchsetzen und die Rolle der Bourgeoisie zu stärken. Was ist nationale Kultur unter der Diktatur des Proletariats? Sie ist Kultur, die ihrer Form nach national, ihrem Inhalt nach *sozialistisch* ist und zum Ziel die Erziehung der Massen im Geiste des Sozialismus und Internationalismus hat. Es wäre töricht anzunehmen, daß Lenin eine sozialistische Kultur als *nichtnational* betrachtete, daß sie keine besondere nationale Form kenne ... Die Periode der Diktatur des Proletariats und der Schaffung des Sozialismus in der UdSSR ist eine Blütezeit nationaler Kulturen, die ihrem Inhalt nach sozialistisch, ihrer Form nach national sind ... Man kann behaupten, daß eine solche Darstellung des Problems widersprüchlich sei, doch tritt nicht dieselbe Widersprüchlichkeit in unserer Darstellung der Staatsfrage zutage? Wir sind für das Absterben des Staates. Zugleich sind wir für die Stärkung der Diktatur des Proletariats, bei der wir es mit der gewaltigsten Staatsmacht zu tun haben, die je existierte ... Liegt hier ein Widerspruch? Ja, hier liegt ein Widerspruch. Doch dieser Widerspruch hängt engstens mit dem Leben zusammen und reflektiert ganz und gar Marx' Dialektik .. " (Stalin, Gesammelte Werke, Bd. 12, 1930)

Der Generalsekretär konnte sicher sein, daß unter seiner Zuhörerschaft niemand mutig genug war, um das Ganze laut als Gefasel zu bezeichnen.

Nach den einschneidenden traumatischen Erfahrungen der Kollektivierung, der Industrialisierung und des Weltkrieges, nach den gewaltigen Opfern, die der Sowjet gefordert hatte, wurde das Volk nicht mehr gebraucht, und der Stalinismus nahm etwas mildere Formen an, so daß nach dem früheren strengen Ritual jetzt ein ruhigerer Ton angeschlagen wurde, der in eine mehr orthodox-konservative Richtung zeigte. In seinen letzten beiden Werken *Marxismus und Fragen der Sprachwissenschaft* und *Ökonomische Probleme des Sozialismus in der UdSSR* faßte Stalin einige Ziele seiner Politik zusammen. Die erste Arbeit, offensichtlich bestimmt, gewisse Fragen auf dem beschränkten Gebiet der Linguistik zu beantworten, geht in Wirklichkeit insofern viel weiter, als sie eigentlich die gemeinsamen Elemente einer Nation und nicht ihre temporären Klassenelemente unterstreicht, die in der marxistischen Terminologie den Internationalismus untermauern. Das zweite Werk legt die wirtschaftlichen Vorbedingungen für das Vorspiel zum Kommunismus fest; es ist in einem vorsichtigen konservativen Ton gehalten und verrät ein fast unbegrenztes Verschieben dessen, was offensichtlich zu einem „utopischen" Ziel wurde.

Was Stalin von der Terminologie des Marxismus übrig ließ, war relativ nutzlos für irgendwelche besonderen Ziele seiner Nachfolger, was sie jedoch genauso wenig hinderte wie sich Stalin durch die Erklärungen seiner Vorgänger hemmen ließ. Stalins Praxis bestand nicht darin, sich in einer Reihe von Fällen pragmatisch anzupassen, war nicht jene „Logik der Macht", die von konservativen Kommentatoren sehr geschätzt wurde, sondern eigentlich die Verfolgung von Zielen, die mit jenen von Marx oder Lenin völlig unvereinbar waren – gegen ihren Internationalismus der Klassen setzte er einen russischen Nationalismus. Man kann eine allgemeine Theorie, dazu bestimmt, eine gewisse Art von Gesellschaft zu zerstören, nicht „pragmatisch" zum Zweck einer gewaltsam vorangetriebenen

Wirtschaftsentwicklung benutzen, genausowenig wie man zum Bau einer Fabrik ein Handbuch für Sprengarbeiten heranziehen kann. Natürlich bestand die Terminologie der Freiheit fort, doch lenkte sie jetzt den Blick der Menschen nicht mehr auf die unglaublichen, ihnen offenstehenden Möglichkeiten, sondern diente dazu, eine tyrannische Wirklichkeit zu verschleiern. Die Terminologie wurde zur Dekoration, war nicht mehr Führer zur Praxis, und die sophistischen Argumente sollten bewirken, daß Sklaven ihre Sklaverei nicht nur billigten, sondern auch noch ihre Ketten als Symbol ihrer „Freiheit" küßten. Genauso wie westliche Regierungen war das Regime seiner selbst nie sicher genug, um auf Polizei und Armee zu verzichten. Die Wirklichkeit war so geartet, daß die Terminologie, obgleich sie vieles verschleierte, zu gefälschter Münze, zur Zielscheibe der Zyniker wurde.

„Nach 1929", so argumentierte Jorawsky (1966) – „... tritt die im Geist der Führer tatsächlich wirksame Ideologie wesentlich mehr in ihrer intuitiven Beurteilung praktischer Fragen zutage als in den großenteils unbedeutenden Schriften theoretischer Ideologie ... Vieles, was in der Sowjetunion als theoretische Ideologie gilt, ist traditionelles Überbleibsel und erfüllt dieselben Funktionen wie korinthische Säulen an modernen Bauwerken oder die Anrufung des Namens Christi beim Stapellauf eines Atom-U-Bootes."

Ähnlich rufen westliche Premierminister und Regierungspräsidenten bei wichtigen Gelegenheiten Gott zu ihrer Unterstützung an.

Es wäre also falsch, anzunehmen, daß Stalins Nachfolger nach dessen Tod schwierige und kühne ideologische Neuerungen eingeführt hätten. In Wirklichkeit ließen sie lediglich einige Formulierungen fallen (Stalin selbst gab in den letzten Jahren seines Lebens einige Punkte der Doktrin auf). Der Stalinismus hielt an einigen Elementen eines Radikalismus fest. Sie waren keine leninistische Spielart – das heißt sie befaßten sich nicht mit der Befreiung der industriellen Arbeiterklasse – sondern eher der notwendige Radikalismus, um eine rückständige Gesellschaft zu industrialisieren, die Unbarmherzigkeit des Prozesses und die von der Masse der Bevölkerung geforderten

Opfer zu erklären und zu rechtfertigen. Als sich dieser Prozeß seinem Abschluß näherte, hielten der Zweite Weltkrieg und der folgende Kalte Krieg gewisse Elemente eines Kampfgeistes am Leben.

Doch machte sich die Logik der modernen Industriegesellschaft unvermeidbar in der Organisation der Sowjetunion bemerkbar, sowie diese Faktoren an Bedeutung abnahmen. Tatsächlich ist die Abschwächung des Kalten Krieges in Verbindung mit den außenpolitischen Zielen der USA teils Ursache, teils Wirkung dieser Logik. Stalins Tod war eher Vorwand als Ursache für die innenpolitische Entspannung in Rußland. Eine Nivellierung der Lohnskala, eine Anhebung der niedrigsten Lohntarife, eine leichte Verschiebung der industriellen Struktur von der Schwer- auf die Leichtindustrie, von der Industrie auf Dienstleistungen, eine stärkere Betonung von Konsumvorstellungen, die sich dem „Überfluß" nähern – all diese Dinge gehörten zu jener Logik der modernen Industriegesellschaft und wurden weder durch merkwürdige ideologische Glaubenssätze, noch durch die Launen eines übellaunigen alten Mannes aufgehalten.

Die Veränderungen in den Glaubenssätzen der neuen sowjetischen Führung sind also lediglich eine Abmilderung der konservativen Wesenszüge des Stalinismus. Das letzte Kapitel versuchte aufzuzeigen, daß ein Konservativismus keiner allgemeinen theoretischen Formulierung bedarf, wenn eine annehmbare Stabilität gegeben ist. Die unmittelbare Administration und nicht die Notwendigkeit einer strukturellen Wandlung steht im Mittelpunkt der Aufmerksamkeit. Aus diesem Grund wirkt sich die sowjetische Ideologie auf die Handlungen der sowjetischen Führung nicht als mächtiger und irrationaler Zwang aus. Ideologie steht nicht im Widerspruch zu den „Tatsachen", zur „Wirklichkeit". Die kürzlich erfolgten Anpassungen – zum Beispiel der Polyzentrismus in der Außenpolitik, der Libermann-Plan, der arbeitendes Kapital mit Zinsen belegt – sind keine verspätete Anpassung an die Wirklichkeit, es sei denn, man ist der Ansicht, daß das, was der Westen sagt, real ist, das Ideale ist.

Was eine doktrinäre Erneuerung in der Sowjetunion genauso

wie im Westen erschwert, ist keine *vorausgegangene* doktrinäre Position, sondern sind Leute, die zu Recht oder Unrecht glauben, daß sie durch die Erneuerung verlieren oder, falls sie sich ihr widersetzen, etwas gewinnen. Der Konflikt besteht zwischen den Menschen und nicht zwischen Ideen oder zwischen Ideen und Tatsachen. Stalins Nachfolger brauchten in einem andauernden Prozeß keine wesentlichen Veränderungen vorzunehmen – trotz Chruschtschows Rede vor dem XX. Parteikongreß im Jahre 1956, in der Stalin für die Irrtümer der Vergangenheit als passender Sündenbock diente, für Irrtümer, in die die damalige sowjetische Führung vielleicht ebenfalls verwickelt war; sie brauchten deshalb nichts zu ändern, weil auch sie sich zu einem grundlegenden Ziel der stalinistischen Ideologie bekennen, das besagt, daß die Verteilung der Macht in Rußland bestehen bleiben sollte. Eine bestehende Ideologie kennt keine großen Hindernisse. Von einem westlichen konservativen Standpunkt aus betrachtet scheint die Ideologie bloß zu verblassen oder trivialisiert zu werden, da sie zwischen den Zielen der Führer und den Wünschen der Geführten nicht länger auf vernünftige Weise vermittelt.

Erst wenn die alten Verfechter der stalinistischen Ideologie verschwunden sind, kann man die „Liberalisierung" der Sowjetunion als das ansehen, was sie wirklich ist. Die Anpassungen sind Teil der Anpassungen der sowjetischen Gesellschaft, möglicherweise auch Teil der Verlagerung der wachsenden Macht von der alten Partei auf eine neue „Managerelite", die neue Partei. Wenn dem so ist – doch das Beweismaterial erlaubt nur spekulatives Formulieren – erscheint die Parallele zum englischen Konservativismus sogar noch ausgeprägter. Während sich der Übergang in England als Übergang von einem individualistischen und unternehmenden Liberalismus zu einem etatistischen und pluralistischen Korporativismus vollzog, war es in der Sowjetunion ein Übergang von einem kollektivistischen und entwicklungsbedachten *étatisme* zu einem etatistischen Korporativismus. Die äußere Erscheinungsform weist zweifellos keine Unterschiede auf. Der russische Status quo erscheint als genauso voll entwickelte Klassengesellschaft, obgleich er auf dem Staatsbesitz basiert, auf unvermischtem privat-öffentlichem Eigentum unter Staatsführung. Die Glaubenssysteme beider Führungen betonen nachdrücklich einen Nationalismus, eine Harmonie der Klassen, das gemeinsame Interesse aller am bestehenden Status quo, modifiziert zwar durch eine Meritokratie und durch Wohlfahrtseinrichtungen, wobei jedoch gleichzeitig erhebliche soziale Ungleichheit besteht. Der Staat, ein *étatisme* und die Bürokratie gehen zusammen mit einem Nationalismus. In beiden Fällen sind die zentralen Ideale im allgemeinen unwirksam, das Ideale ist das Reale.

Dieser Vergleich darf jedoch nicht zu weit führen, denn die verschiedenen historischen Wurzeln beider Gruppen besagen, daß die ursprünglichen Ansichten sich voneinander unterscheiden, obgleich die Folgerungen in vieler Hinsicht dieselben sind. Marxisten-Leninisten ziehen sich nicht in eine Geheimlehre zurück, und mit der Vorstellung vom Wesen der menschlichen Natur können sie nichts anfangen. Der englische Konservativismus hält immer noch an Auffassungen fest, die sowohl mit dem niederen Landadel als auch dem „freien Unternehmertum" verknüpft sind, und Überlegungen hinsichtlich der Wahlen zwingen ihn, sich in einer Weise an die Mittelklassen zu wenden, die den Marxisten-Leninisten fremd ist.

Möglicherweise war dieses Kapitel mit relativ langweiligen Details überladen und richtete sich seine Aufmerksamkeit auf einen recht beschränkten Gegenstand, doch war es notwendig, diese begrenzten Fragen genau zu untersuchen. Zweck dabei war, die Verwandlung einer Gruppe radikaler Ideologien in ihr Gegenteil aufzuzeigen, und zu zeigen, wie dies mit Hilfe doktrinärer Begriffe erreicht wurde und welche Folgerungen sich ergaben. Lenin wurde auf eine Art und Weise als Erbe von Marx dargestellt, wie es für die deutsche Sozialdemokratie nicht zutraf. Er brach aus dem einengenden Konservativismus der Sozialdemokratie aus, verurteilte ihr Scheitern, um Verhalten und Theorie besser aufeinander abzustimmen, und versuchte, in dem Stadium der Geschichte, in dem er lebte, die Idee von der dynamischen Kraft der industriellen Arbeiterklasse zu erneuern. Er verteidigte das Ziel der Freiheit als die Essenz des Marxismus gegen die in der deutschen Sozialdemokratie herrschenden bürokratischen, etatistischen und nationalistischen Revisionsbestrebungen. Ironischerweise war es gerade diese Revision, die Stalin in dem neuen Bündnis zwischen russischem Staat und russischem Nationalismus neu belebte.

Das folgende Kapitel befaßt sich mit dem Thema Marxismus, jetzt allerdings in einem wirklich unterentwickelten Land unter fremder Herrschaft (Rußland war nur unter europäischem Gesichtspunkt unterentwickelt). Auch in diesem Falle war das Vermächtnis des Stalinismus wichtig. Allerdings schufen auch hier neue Ziele Doktrinen, die nicht rein stalinistisch sind.

# VI

## Der Nationalismus und der „Süden"

*Bismarcks „Staatssozialismus" war „die Wiedergeburt des Merkantilismus des siebzehnten Jahrhunderts, angepaßt dem wohlmeinenden und aufgeklärten Despotismus des achtzehnten Jahrhunderts und den Gegebenheiten eines militaristischen Staates, umgeformt durch den modernen Industrialismus".*

C. G. Robertson, *zitiert bei Issawi, Egypt in Revolution, an Economic Analysis*

Der unterentwickelte „Süden" (oder der „sich entwickelnde" oder „rückständige" Süden – genauso wie für die Armen gibt es viele Bezeichnungen dafür) umfaßt die Mehrheit der Weltbevölkerung und zeichnet sich durch eine wesentlich umfassendere kulturelle Vielfalt aus als sie den entwickelten Ländern eignet. Viele dieser Länder „im Süden" liegen entweder nicht wirklich im Süden oder sie sind längst nicht so „unterentwickelt". Folglich wird das, was hier generell gesagt werden kann, für zumindest einige der betreffenden Länder entweder oberflächlich oder falsch sein.

Meine Darstellung befaßt sich hauptsächlich mit dem modernen China und berührt kurz einige andere Länder Asiens, die ich besonders gut kenne. Zunächst beginne ich mit einer Untersuchung der Situation des Marxismus als er nach China gelangte, und anschließend stelle ich dar, wie er sich unter Mao Tse-tung veränderte. Dadurch gewinnen wir die Möglichkeit, für unsere Absichten einige der wichtigsten Merkmale der Unterentwicklung herauszuarbeiten und damit die Einwirkung der Unterentwicklung auf einige wichtige bisher westliche Standpunkte zu klären, wobei es nichts zur Sache tut, ob diese nun marxistisch sind oder nicht.

Einige Bewegungen in unterentwickelten Ländern gewannen

durch eine gewisse Zweideutigkeit in ihrer Zielsetzung die Möglichkeit, an politischen Ideen teilzuhaben, die den ursprünglichen Zielen dieser Bewegungen zu widersprechen schienen. Doch trotz des veränderten Inhalts blieben Elemente von Orthodoxien erhalten. Allerdings verwandelten äußere Ereignisse die praktische Bedeutung bekannter Ideologien auch so sehr, daß diese kaum mehr wiederzuerkennen waren. Die Anpassung von Bedeutungen – der Übergang vom Marxismus zum „Chinesischen Marxismus" ist dafür ein typisches Beispiel – veranschaulicht, wie weit Ideologien, die in einem bestimmten Zusammenhang formuliert wurden, in einem völlig anderen Zusammenhang angewandt werden können, und wie weit einander widersprechende Ziele sich auf eine gleichartige Terminologie berufen können.

### *Die Reise des Marxismus in den Osten*

Es wäre falsch anzunehmen, daß einige der charakteristischen Formen des Stalinismus ausschließlich von Stalin oder den besonderen Gegebenheiten der dreißiger Jahre in Rußland geschaffen worden wären, genauso wie es falsch wäre, alle Glaubenssysteme, die den stalinistischen Doktrinen auf die eine oder andere Weise ähnelten, als „stalinistisch" zu klassifizieren. Da der Stalinismus eine echte Reaktion auf einige Entwicklungsprobleme war, die Reaktion einer rücksichtslosen „Entwicklungselite", die mit einer halsstarrigen Umgebung fertigwerden mußte, glaubte man in Ländern, die unterentwickelt waren und behaupteten, an der marxistischen Tradition teilzuhaben, auf ähnliche Ideen zu stoßen – auf Ideen, die manchmal formuliert wurden, noch bevor die Leute, die sie formulierten, die Möglichkeit eines Kontakts mit dem Stalinismus hatten, oder bevor der Stalinismus überhaupt existierte. Ihrer Definition nach besitzen die unterentwickelten Länder nicht die Klassenstruktur, wie sie von Marx als für industrialisierte Länder typisch beschrieben wurde, so daß man erwarten darf, daß der Begriff „Klasse" hier ein schwieriger Punkt ist. Andererseits könnte allen Radikalen in rückständigen Ländern die Unterdrückung durch ausländische imperialistische Mächte als Argument dienen und könnte diese Unterdrückung angesichts der rassistischen Voreingenommenheit einiger imperialistischer Mächte leicht unter rassistischen Gesichtspunkten gedeutet werden. Ohne den geringsten Einfluß Stalins impliziert diese Lage also die Ersetzung von „Klasse" durch „Nation" (was vielleicht überhaupt nicht zu vermeiden ist) und vielleicht auch von „Nation" durch „Rasse". Billigerweise kann man erwarten, daß der soziale Gehalt marxistischer Kategorien getrübt wird, daß die politischen Implikationen unterstrichen werden – Antiimperialismus wird wesentlich wichtiger als Antikapitalismus; proletarische Bewegungen verlieren stark an Bedeutung im Unterschied zu „Volksbewegungen", bei denen die konstituierenden Elemente des Begriffes „Volk" unklar bleiben.

Doch reichen die Folgen tiefer, da die unterentwickelten Länder großenteils Agrarländer sind, so daß jede bedeutende Volksbewegung entweder viele Bauern umfassen oder eine starke Anziehungskraft auf sie ausüben muß. Die Marxisten jedoch betrachteten das industrielle Proletariat als einzige Triebkraft zur Vollendung des Sozialismus (und deshalb war der Sozialismus ein vertretbares Ziel nur in entwickelten Ländern, wo das Proletariat eine Mehrheit darstellte); dies aber nicht nur, weil es arm war, sondern auch aufgrund seiner Rolle in der Wirtschaft, weil es die industrielle Wirtschaft durch eigene Kraft erhielt und entwickelte, weil es sich in den wichtigsten Zentren konzentrierte und organisierte, Disziplin erlernte, die Vorteile wechselseitiger Abhängigkeit nutzte und durch seine Erfahrung befähigt war, die Wirtschaft zu lenken. Die Bauernschaft hingegen neigte dazu, sich an bestimmten Orten zu isolieren, da ihr Horizont eingeengt war; sie neigte eher dazu, sich vom eigenen Land abhängig zu machen, statt in einer umfassenden Teilung von Hilfsarbeit und Facharbeit in wechselseitiger Abhängigkeit zu leben. Gegenstand ihrer Feindschaft war der Gutsbesitzer am Ort, der Geldverleiher oder Polizist, aber keine herrschende, die ganze Gesellschaft regierende Klasse, von der sie keine Vorstellung haben konnte. Ihr radikalstes Ziel war eine gerechte Verteilung der allgemeinen Armut, und nicht die Erzeugung von Reichtum durch und für alle: schließlich besaß sie weder die Fähigkeit noch die Wachheit, eine Führung des Gesellschaftsganzen zu planen.

Dies besagt jedoch nicht, daß Marxisten in ihre Strategie der proletarischen Revolution nicht auch eine bäuerliche Revolution eingeschlossen hätten. So meinte zum Beispiel Marx in seinem *Achtzehnten Brumaire* (Auflage von 1852), daß eine etwaige Revolution der französischen Bauernschaft gegen Louis Napoleon eine proletarische Erhebung beschleunigen könne. Doch glaubte er auch, daß dieser Bauernaufstand letztlich von ebenfalls revoltierenden industriellen Arbeitern geführt werden müsse. In Gesellschaften mit dem Bauernstand als stärkstem Bevölkerungsanteil konnte eine proletarische Revolution nur dann erfolgreich verlaufen, wenn sich gleichzeitig die Bauern erheben würden, so daß in solchen Ländern die marxistische Strategie eine synchron laufende Bewegung sichern mußte, wenn nicht beide unabhängig voneinander scheitern sollten. Doch konnte die bäuerliche Revolution ihrer Natur nach kein Ersatz für die proletarische sein, konnte sie allein keinen Sozialismus im Sinne der Marxisten sichern.

Lenin, der in einem Land mit überwiegend bäuerlicher Bevölkerung wirkte, folgerte aus der zaristischen Landverteilung, daß die russische Bauernschaft sich revolutionär verhalten würde, um Land zu bekommen. Hätte sie das einmal erreicht, würde sie jedoch bei der Verteilung ihres neuen Landbesitzes konservativ werden und sich gegen das Proletariat wenden. Allerdings verstand er während keines Stadiums dieser Entwicklung die Bauernschaft als eine Klasse, die auf einer gesellschaftlich entscheidenden Ebene handeln könnte, es sei denn unter der „Führung" des städtischen Proletariats, und sogar dann nicht im Sinne einer „sozialistischen Revolution". Daraus könnte man billigerweise schließen, daß in Ländern, wo das städtische Proletariat im Verhältnis zur Bauernschaft sogar noch unbedeutender war als in Rußland und wo eine marxistische Tradition relativ schwach war, Radikale, die sich selbst als Marxisten bezeichneten, versuchen würden, die Bauernschaft als revolutionäre Ersatzkraft einzusetzen; sie könnten sich dann selbst – als außenstehende Intellektuelle – zum entscheidenden Bindeglied zwischen den sonst in verschiedenen ländlichen Gegenden isolierten Revolten machen. Die in Lenins frühen Organisationsvorschlägen enthaltenen Gefahren, auf die wir im letzten Kapitel hinwiesen, könnten in diesem Zusammenhang vollendete Tatsachen werden.

Eine solche Veränderung ist für den Marxismus entscheidend, da sie (sogar theoretisch) besagt, daß „Selbstemanzipation" unmöglich ist – die Intellektuellen befreien die Bauernschaft, denn die Bauern können sich nicht selbst befreien. Zusammenfassend könnte man also eine „Regression" vom Marxismus zu einem Populismus vermuten, selbst wenn dieser Populismus in marxistischer Terminologie ausgedrückt wurde – eine Rückkehr zu einigen der Thesen, die von Lenin und Plechanow angegriffen wurden, als ihre Narodnik-Vorgänger sie verfochten. In diesem Zusammenhang dürfte es interessant sein, einen erst kürzlich abgegebenen Kommentar über Li Ta-schao zu zitieren, einen der beiden Hauptbegründer der Chinesischen Kommunistischen Partei: „In Li Ta-schaos Auffassung von der bäuerlichen Revolution gab es jenen bezeichnenden populistischen Widerspruch zwischen einem leidenschaftlichen Glauben an die spontanen Energien des Volkes und der Überzeugung, daß die revolutionären Intellektuellen der Massenbewegung Aufklärung und Führung bringen müssen" (Meisner, 1967, Seite 251).

Was würde diese „Regression" nach sich ziehen? Die Überzeugung, daß Intelligentsia und Bauern zusammen eine Revolution machen könnten; daß diese Revolution den Sozialismus herbeiführen könne; daß „Nationalismus" den Sozialismus völlig in sich schlösse; daß das „Volk" das Proletariat umfasse, und daß der lokale nationale Kampf der Schlüssel zum Fortschritt der Menschheit sei; daß das betreffende Land sich ohne den Kapitalismus industrialisieren könne; daß der Sozialismus eher eine bäuerliche Lebensweise bedeute statt die einer emanzipierten Gesellschaft. In diesem Zusammenhang ist Li Ta-schao besonders wichtig, da er viele Ansichten vertrat, die im letzten Kapitel als stalinistisch erkannt wurden, allerdings lange ehe der Stalinismus überhaupt existierte, und da er viele Ideen vortrug, die in Rußland in den Schriften der Narodniks auftauchten und die später immer mehr mit dem Namen Mao Tse-tung identifiziert wurden.

Li neigte dazu, Studenten und Intellektuelle als die führende revolutionäre Kraft anzusehen, er trieb sie dazu an, auf die Dörfer zu gehen, um die Bauern zu unterrichten, Korruptionen aufzudecken und die Werte zu wecken, durch die ein großes China wiedererstehen könne (abgesehen von Parallelen mit dem Gedankengut der Narodniks kann man in den Werken so unterschiedlicher Denker wie Rousseau, Gandhi und sogar Che Guevara Spuren derselben Ideen entdecken). Li anerkannte die Notwendigkeit des Kampfes, den *Klassen*kampf jedoch umriß er nicht sonderlich prägnant – für ihn wurde der „Kampf" nicht unbedingt durch die Klassenstruktur ausgelöst, sondern er war eigentlich ein Feldzug, um Herzen und Gesinnungen zu verändern, um das moralische Bewußtsein zu stärken. Li war vor allem Nationalist – Meisner sagt, es sei pure Ironie, daß „der erste chinesische Verfechter dieses stark internationalistischen Glaubensbekenntnisses (des Marxismus) ein junger Intellektueller war, der, sogar innerhalb einer äußerst nationalistisch gesinnten Umgebung, für seine offenkundigen nationalistischen, ja sogar chauvinistischen Neigungen bekannt war" (l.c., S. 177). Die Identifizierung des Klassenkampfes mit dem nationalen Kampf gegen Fremdherrschaft weckte im Jahre 1930 die Vorstellung von China als der „proletarischen Nation" (ein Begriff, der in der letzten Phase des Stalinismus und im Jahre 1920 im italienischen Nationalismus auftauchte), so daß durch Definition der nationale Standpunkt zum proletarischen, nationale Unabhängigkeit zum Zeichen der Befreiung der Menschheit wurde.

Ziel des Kampfes war nicht mehr, das schwächste Glied in der imperialistischen Kette zu sprengen, um so in den entwickelten Ländern eine Revolution auszulösen (ohne die ein Sozialismus unmöglich war). In China konnten die Chinesen selbst einen Sozialismus durchsetzen. Meisner (Seite 145) und Brandt (1958, Seite 57) erwähnen in diesem Zusammenhang auch Tai Schi-t'ao, einen hervorragenden Kuomintang-Ideologen der Rechten, der den Klassenkampf als einen Kampf zwischen Nationen definierte, obgleich er diese Idee dazu benutzte, die Möglichkeit eines Klassenkampfes innerhalb Chinas abzulehnen. Ziemlich folgewidrig schloß Li von der „Nation" stets die größten Landbesitzer und jene Chinesen aus, die ausländisches

Kapital vermittelten. Diese Doppeldeutigkeit veranschaulicht die Ambivalenz von Doktrinen im allgemeinen – die meisten Ideen könnten in verschiedenen Situationen oder von verschiedenen Menschen für entgegengesetzte Ziele eingesetzt werden, und eine Doktrin zu kennen, garantiert noch nicht, daß man auch ihre Bedeutung in der Praxis kennt.

Historisch gesehen zeigten ethnische Definitionen die Tendenz, einer strengen nationalen Definition zu folgen. Die eigene ethnische Verschiedenartigkeit wird zweckdienlich vergessen, um die Nation von einer grundlegenden biologischen Einheit zu überzeugen, um den Kontrast zum einzelnen Feind, zum Ausländer, herauszustellen. Im Jahre 1924 folgert Li, daß „die Rassenfrage zur Klassenfrage wurde, und daß die Rassen jetzt auf weltweiter Ebene einander als Klassen gegenüberstehen“ (Meisner, 1967, Seite 191).

Von Lis allgemeinen Ansichten kann man nicht behaupten, daß sie Lenins Werk kopierten, denn nach Meisner scheint Li mit dem Werk Lenins recht unvollkommen vertraut gewesen zu sein. Sein Marxismus stützte sich verständlicherweise unmittelbar auf Marx und Engels. Obgleich Li ein freundlicher und liebenswürdiger Mann gewesen zu sein scheint, erinnert einiges in seinem Werk ironischerweise sehr stark an den Faschismus, auch wenn der soziale Gehalt dessen, was er zu sagen hatte, ein völlig anderer war. Gelegentlich entdeckten und kritisierten die russischen bolschewistischen Führer diese Divergenz. Trotzki warnte einmal vor „dieser nationalen, revolutionären, messianischen Stimmung, die einen zu der Annahme verleitet, daß der eigene Nationalstaat dazu bestimmt sei, die Menschheit zum Sozialismus zu führen“ (zitiert nach Deutscher, 1954, Seite 238). Doch Ermahnungen können keine Gesellschaft verändern, und obgleich Lis intellektuelle Entwicklung nicht unvermeidlich war (Sch'en Tu-siu, der andere Hauptbegründer der Chinesischen Kommunistischen Partei, blieb Internationalist und dem industriellen Proletariat verpflichtet), kann man doch begreifen, wie diese Entwicklung zustande kam, und man kann sehen, wie dieselben Ideen durch Mao Tse-tung wirksam wurden.

## *Der Marxismus Mao Tse-tungs*

Im letzten Kapitel wurde darauf hingewiesen, daß der Stalinismus wieder jenen Dogmatismus belebte, der populäre revolutionäre Aktionen ausschloß und der von Lenin andauernd an der deutschen Sozialdemokratie kritisiert worden war. Für *jede* revolutionäre Bewegung war es also notwendig, den Stalinismus zu revidieren und sich mit der sowjetischen Führung zu entzweien oder unabhängig zu operieren, um eine Revolution zustande zu bringen. Die sowjetische Sicht von der Stabilität, von unveränderlichen Grenzen im Kalten Krieg und einer friedlichen Koexistenz zwischen Ost und West bedeutete in der Nachkriegswelt, daß jede revolutionäre Bewegung der Sowjetunion *zum Trotz* handeln mußte, gleichgültig, ob die Bewegung nun von Tito, Mao oder Castro geführt wurde. Im besten Fall bestand eine stillschweigende Übereinkunft, nach der die Sowjetunion formal als Führer anerkannt wurde, doch wurden – wie zum Beispiel in China – ihre Vorschläge großenteils ignoriert. Auf Kuba ging die kommunistische Partei erst dann zu Castro über, als dessen Sieg im wesentlichen gewiß schien.

So ist es also noch einmal fast zu einer Spaltung der Arbeiterbewegung gekommen. Wie wir sahen, trennte diese Spaltung vor 1914 ganz offensichtlich die revolutionäre Theorie der sozialdemokratischen Führer von der revolutionären Praxis der Anarcho-Syndikalisten. In der Nachkriegswelt glaubte man, daß die revolutionäre Theorie in Moskau beheimatet sei, die Praxis aber, die kaum einen klaren theoretischen Rahmen besitzt, in der Dritten Welt. Natürlich war Moskaus revolutionäre Theorie nur in ihrer Rhetorik revolutionär: In Wirklichkeit baute die Sowjetunion auf orthodoxe politische Beziehungen, auf Unterstützungen und Handel, um ihre außenpolitischen Ziele zu erreichen. Andererseits hatte der „Aktivismus" in den unterentwickelten Ländern theoretische Folgen, obgleich die wichtigsten nicht formuliert wurden – zum Beispiel Probleme wie diese: was für eine Art Revolution erreicht worden war oder werden sollte, welchen Anteil das Klassenbewußtsein an solchen Revolutionen hatte, und so weiter.

Der Beitrag Mao Tse-tungs zur formalen marxistischen Theorie war relativ gering und, gemessen an früheren Maßstäben, recht primitiv. Es handelte sich dabei höchstens um die Auflockerung einiger Leitgedanken, um die Auslassung einiger wesentlicher stalinistischer Gesichtspunkte. Trotzdem zeigen sich in Maos Praxis beträchtliche Abweichungen von dem, was Stalin für einen Revolutionär als angemessen bezeichnet hatte. Die lockere Verbindung eines ländlichen Populismus mit einem radikalen Nationalismus, die den Maoismus in der Praxis ausmacht, weist enge Parallelen nicht so sehr mit der Ideologie der Sowjetunion als mit jenen Doktrinen auf, die von nicht-kommunistischen Führern in anderen unterentwickelten Ländern entwickelt wurden.

Im Gegensatz zur Sowjetunion besaß China weder ein proletarisches, noch ein liberales Erbe, mit dem es fertigwerden mußte. Entsprechend dem Fehlen der von Marx in seinen Schriften postulierten Klassenstruktur und gemäß der Rolle der Intelligentsia, frei von der Loyalität gegenüber einer bestimmten Klasse, mit der sich unvermeidlich eine besondere Sozialstruktur verbindet, ist der Maoismus im wesentlichen „voluntaristisch“: das bedeutet, daß die Ziele der Führung als durchführbar betrachtet werden, wobei nicht so sehr vorausgesetzt wird, daß die objektive Lage dafür spricht, sondern daß jeder hart arbeitet. Die Rolle der Theorie ist also nicht mehr dieselbe wie bei Marx; für Mao ist Theorie eher ein Bestandteil der Öffentlichkeitsarbeit bei der zur Bewußtseinsveränderung notwendigen Propaganda, als eine mehr oder weniger genaue Analyse der Wirklichkeit um die Praxis zu beeinflussen. Natürlich änderte sich diese Rolle: nicht immer war Theorie das, wozu sie sich nach 1948 entwickeln sollte, nämlich eine Doktrin mit mystisch-magischen Qualitäten, mit Formeln, mit denen die Führung hantierte, um wunderbare Ergebnisse zu erzielen (wie sie eben in den *Gedanken Mao Tse-tungs* zum Ausdruck kam). In Maos 1942 gehaltener Rede *Reform im Lernen, in der Partei und in der Literatur* (zitiert nach Schram, 1963, S. 120), warnt er seine Zuhörer besonders vor der Gefahr, Theorie als Magie zu betrachten. „Es scheint, daß bis in die unmittelbare Gegenwart der Marxismus-Leninismus von ziemlich vielen als gebrauchsfertiges Allheilmittel betrachtet wird: sowie du einmal in seinem Besitz bist, kannst du all deine Leiden fast mühelos heilen." Schram vermerkt, daß in der letzten Ausgabe dieser Rede der Wortlaut abgeändert wurde, so daß es sich nur mehr um „isolierte Formeln aus marxistisch-leninistischer Literatur" handelt, die insofern gefährlich sind, als sie implizieren, daß der Marxismus-Leninismus insgesamt tatsächlich ein „gebrauchsfertiges Allheilmittel" ist. Gewiß werden die vernünftigen Aphorismen des „Kleinen Roten Buches" lediglich als Zauber zur Abwehr von Unheil oder zur Beschwörung von Erfolg betrachtet.

In allgemeinen theoretischen Begriffen impliziert diese Haltung jedoch, daß Mao darauf verzichtete, wie Stalin die historische Notwendigkeit und die autonome ökonomische Basis überzubetonen – daß er dem ganzen Voluntarismus des „Volkes", der Partei und ihrer Führung also, freien Lauf ließ: der Aktivismus in der Nation eliminierte die Notwendigkeit einer Theorie überhaupt. „Freiheit" bedeutet jetzt frei sein von einem Bündnis mit einer besonderen Klasse, bedeutet völlige Handlungsfreiheit für die Führung. Im Gegensatz zu Stalin bleibt für Mao in der Freiheit kein Raum für eine Identifizierung mit der industriellen Arbeiterklasse. Nach dem vernichtenden Schlag der Kuomintang gegen die Kommunistische Partei Chinas (KPC) im Jahre 1927 bedeutete in kommunistischen Schriften das „Proletariat" kaum mehr als die Partei selbst. Nach 1927 gehörten zur KPC kaum irgendwelche städtischen Klassen, und unter Maos Führung von 1948 belief sich die tatsächliche Mitgliedschaft der Proletarier auf weniger als ein Prozent. Im allgemeinen wurden die Großstädte zur Nachhut und nicht zur Vorhut der Revolution.

Doch das war nicht alles, denn die wirkliche Vorhut war großenteils eine *militärische* Kraft und keine in die Sozialstruktur eingebettete Klasse; sie war eine aus heterogenen Elementen zusammengesetzte Armee aus den Überresten der Partei von 1927 (die ihre Arbeitsplätze aufgaben und mit der Partei ins Exil gingen), aus enteigneten Bauern und Arbeitern, Berufssoldaten, meuternden Einheiten der Kuomintang, oder auch aus den Armeen des Krieges, ja sogar aus Banditenbanden (vgl. Isaacs, 1961, Anhang). Sie alle wurden von Mitgliedern der Intelligentsia zu einer wirksamen Kampftruppe zusammengeschlossen. Die Armee, die während des langen Zeitabschnitts, als sie nicht an der Macht war, zwangsläufig von ihren Klassenursprüngen abgeschnitten wurde, stellte eher eine eigene Kraft dar, als daß sie eine Klasse, sei sie nun proletarisch oder bäuerlich, vertreten hätte. Dies war in einem solchen Ausmaß der Fall, daß Schwartz argumentierte, die Erfahrung des chinesischen Kommunismus ließe die ganze organische Vorstellung von einer Beziehung zwischen Partei und Klasse zweifelhaft werden (1958, S. 191); denn es wurde klar, daß die voluntaristische Intelligentsia im Chaos zwischen den beiden Kriegen ihren Anhängern ihren Willen aufzwingen konnte, indem sie das, was die Führung „proletarische Einstellung zu den Klassen“ nannte, umgestaltete oder völlig neu schuf, ungeachtet dessen, was tatsächlich an „Einstellung zu den Klassen“ existierte. Diese Haltung war gerade deshalb möglich, weil das Bewußtsein, also eigentlich die moralische Haltung und nicht die objektive Lage, das „Grundelement“ war, eine Haltung, die die Menschen sich zu eigen machten aufgrund ihrer besonderen Rolle in der Sozialstruktur. So lag also dort, wo „nicht-proletarische“ Haltungen fortbestanden (genauer wären sie als Opposition gegen die Führung zu bezeichnen), das Heilverfahren weniger darin, die soziologische Zusammensetzung der Armee zu verändern, als vielmehr in einer intensivierten Erziehung, in ernster Unterweisung. Für Überläufer von der Gegenseite ist „die Rote Armee wie ein Schmelzofen, in dem alle gefangengenommenen Soldaten eingeschmolzen und in dem Augenblick verändert werden, in dem sie hineinkommen“ (Mao, 1945, S. 83).

Auch wurde die Partei durch ihre Erfahrungen nicht veranlaßt, sich in der Klassenstruktur zu verankern. Die Partei mußte sich einer Vielzahl verschiedener administrativer Gegebenheiten anpassen, und nicht einem einzigen dominierenden sozialen Konflikt. Das Produktions- und Kulturniveau der Gebiete, die von der neuen Streitmacht beherrscht wurden, gestattete nur geringe radikale Veränderungen der Sozialstruktur – die Partei mußte fortwährend zwischen verschiedenen sozialen Gruppen lavieren, zu denen Landbesitzer, reiche Bauern und Kaufleute gehörten, damit sie überhaupt überleben konnte, denn die Primitivität jener Gebiete ließ nur wenig Spielraum, außer man vertraute auf den bestehenden Status quo. So beklagte sich Mao im Jahre 1934, also nach vier Jahren Kontrolle durch die Partei, daß reiche Bauern 80 Prozent des Zentraldistrikts der Sowjetrepublik Hunan-Kiangsi kontrollierten (vgl. Isaacs, 1961, Seite 344).

Vor dem Zweiten Weltkrieg stellt sich die Partei also als fluktuierende politische Kraft dar, die mit der chinesischen Sozialstruktur kaum etwas verband und die in den Gebieten, wo sie operierte, eher herrschte als daß sie die Wünsche der Beherrschten verkörpert hätte. Ihre Macht lag nicht darin, inwieweit sie in ihren Gebieten die Gefühle des Volkes verkörperte, sondern in ihrer Befehlsgewalt über militärische Streitkräfte, so daß ihr politisches Verhalten für ihre allgemeine Lage nicht so wichtig war; ihre Politik konnte sehr verschieden ausfallen und tat das auch, den lokalen Umständen entsprechend, wobei sie zu verschiedenen Zeiten ein ganzes Spektrum umfaßte – von radikaler Landkonfiszierung zur gelinden Verbesserung der Verhältnisse. Da die Armee die Vorhut war, wurde sie zum Kern der Revolution und nachher zum beherrschenden Ideal, zum Ersatz für ein eigentliches Proletariat. Das unterscheidet sich wesentlich von früheren Vorstellungen vom Klassenkampf. Tatsächlich kann man hier vernünftigerweise gar nicht von einem „*Klassen*-Kampf“ sprechen. Es war ein Kampf zwischen verschiedenen territorialen politischen Einheiten und kein Kampf, der sich unumgänglich aus der Natur der Sozialstruktur herleitete, es war ein Kampf militärischer und nicht sozialer Art.

Wo immer möglich, versuchte die Partei die Bauernschaft durch passende Vorschläge zur Agrarreform, die sich gegen die Großgrundbesitzer richteten, an sich zu binden. Und da die Kuomintang unter anderem auch den Interessen der Großgrundbesitzer recht geneigt war, blieben die politischen Unterschiede unverwechselbar. Doch die *raison d'être* der Partei war weniger eine Bodenreform als eine Bauernpartei; eigentlich diente die Bodenreform als nützliches Mittel dazu, für die Partei Unterstützung zu gewinnen. Sollte die Bodenreform bedeutende Unterstützung verlieren, konnte die Partei ihr Programm auf das zentrale Ziel beschränken.

Das eigentliche Proletariat spielte eine unbedeutende Rolle, außer daß es im militärischen Kampf eine agitatorische Nebenfunktion erfüllte (die Analogie in der Beziehung zwischen Moskau und ausländischen kommunistischen Parteien dürfte klar sein). Tatsächlich stellte das Proletariat im eigentlichen Prozeß der Revolution immer eine potentielle Gefahr dar, da es dazu neigte, von den Zielen der Partei abzuweichen und den militärischen Impetus zu hemmen. Und sowie die Partei einmal an die Macht gelangt war, mußte es einer ständigen Überwachung unterworfen werden. Es ist interessant, hier festzustellen, daß sich die eigentlichen Kommunisten trotz ihrer Tradition nicht derart hochmütig verhielten, zu behaupten, das Proletariat sei ihnen bei der Verwirklichung der Revolution im Wege gestanden, daß jedoch weniger traditionsbewußte Kommunisten diese Behauptung aufstellen konnten. So erblickte zum Beispiel Che Guevara im Proletariat einen hemmenden Faktor. Er argumentiert: „Es ist schwieriger, in jenen Ländern Guerillabanden auszubilden, in denen eine Bevölkerungskonzentration in großen Städten stattgefunden hat, und die eine entwickeltere leichte und mittlere Industrie, wenn auch noch keine Vollindustrie besitzen. Der ideologische Einfluß der Großstädte hemmt den Guerillakampf" (1961, S. 65 f.).

In China fand eine sorgfältige Aufteilung der Kontrollen statt: Arbeitern wurde befohlen, im Verlauf der Revolution nicht ihre eigenen Fabriken zu übernehmen. Stattdessen sollten sie ihre Manager unterstützen und warten, bis die Partei ihre Macht gefestigt hätte. Und die Arbeiterausschüsse der Fabriken – geschaffen, um die Arbeiter zu vertreten – wurden stets dem Leiter der Fabrik unterstellt. Nach der Revolution wurden die neuen Staatsgewerkschaften nicht als defensive Repräsentativorganisationen geschaffen, sondern als besonders disziplinierte Propagandastellen des Managements; die Gewerkschaften existieren, „um die Einheit der Arbeiterklasse zu stärken, das Bündnis von Arbeitern und Bauern zu festigen, die Arbeiter so zu erziehen, daß sie die Gesetze und Erlasse des Staates und die Arbeitsdisziplin gewissenhaft einhalten, daß sie sich um das Wachstum der Produktion bemühen, um eine Steigerung der Arbeitsproduktivität, um die Erfüllung und Überfüllung der Produktionspläne des Staates" (Verfassung, 1953, in den *Arbeitergesetzen,* Seite 17). Sondertribunale sorgten dafür, daß diejenigen mit harten Strafen belegt wurden, die sich nicht an den Buchstaben des Gesetzes hielten, indem sie sich gleichgültig verhielten oder mit Material oder Werkzeugen nachlässig umgingen.

Die Folgen, die sich daraus ergaben, daß man die Vorstellung vom Proletariat in der Praxis aufgab, sind für den Marxismus entscheidend. Indem eine kommunistische Partei sich nicht mehr um den Konflikt innerhalb einer besonderen Sozialstruktur kümmert, gibt sie die einzige (marxistische) theoretische Rechtfertigung für ihre Existenz auf und nimmt sie den „Elitismus" der Narodniks an. Außerdem wird ein Internationalismus zugunsten eines Nationalismus über Bord geworfen. Für Mao wie für Li Ta-schao war der Feind Nummer Eins eine ausländische Besatzungsmacht, und er ging aus vom gemeinsamen Interesse der chinesischen Nation, wenn er gegen diese Ausländer argumentierte, nicht aber vom gemeinsamen Interesse der chinesischen Arbeiterklasse und der ausländischen Arbeiterklassen, das sich gegen die herrschenden Klassen richtete. Der Begriff „Nation" wird zum wichtigsten Begriff beim Streben nach einer *nationalen* Revolution (deren Klassennatur nicht spezifiziert wird), während „Klasse" nur mehr in einem anerkennenden oder abwertenden Sinne auf Freunde oder Feinde angewandt wird. Genauso wie Stalin mit Form und Inhalt Haarspalterei trieb, argumentiert Mao:

„Ein Kommunist ist ein marxistischer Internationalist, doch muß der Marxismus, bevor er anwendbar ist, eine nationale Form annehmen. Es gibt keinen abstrakten Marxismus, sondern nur einen konkreten. Was wir Marxismus nennen, ist ein Marxismus, der eine nationale Form angenommen hat, das heißt ein Marxismus, angewandt auf den konkreten Kampf unter den konkreten, in China vorherrschenden Bedingungen" (1938, S. 209).

Wirksamer Klasseninternationalismus erwächst nicht aus der Organisation eines internationalen Kapitalismus; er wird ins Reich der Sympathie verbannt und besitzt in einem bäuerlichen und nicht-kapitalistischen China nicht den geringsten Kampfwert. Jede herrschende Klasse stellt lediglich für die *von ihr*

Beherrschten ein Problem dar; der historische Zufall der Grenzen eines jeden Nationalstaates liefert den Radius, innerhalb dessen der Mensch bewußt operieren kann.

Natürlich gibt es in einem nationalen Kampf keine Klasse, die befreit werden müßte. Die Hauptziele der Revolution werden „klassenlos": Antiimperialismus im Ausland und Industrialisierung im eigenen Land, wobei sich diese beiden Ziele innerhalb eines nationalistischen Rahmens im wesentlichen nicht von denen irgendeiner anderen nationalistischen Bewegung in einem unterentwickelten Land unterscheiden. Wie beim Stalinismus gilt der Begriff „proletarisch" im eigenen Land für Freunde, während er im Ausland dazu neigt, alle gegen den Imperialismus gerichteten Kräfte zu bezeichnen – Kräfte, die jedoch in erster Linie in imperialistischen oder ex-imperialistischen Ländern existieren, das heißt in den unterentwickelten Ländern. Folglich hat Mao den Völkern der entwickelten Länder nichts anzubieten. Sie können lediglich die Dritte Welt unterstützen. Das entspricht genau jenem Mangel einer Funktion für die Stadtbevölkerung im China während der Revolution; tatsächlich wurde diese Analogie, wie wenn es sich dabei um eine originelle Idee handelte, ausdrücklich von Mao selbst aufgestellt, obgleich sie schon viel früher aufgetaucht war. Das Komintern-Programm von 1928 enthielt die Beobachtung, daß „Kolonien und Halbkolonien ... den *ländlichen Teil der Welt* vertreten, verglichen mit den industriellen Ländern, die für die *Städte der Welt* stehen".

Wenn die Ziele „klassenlos" sind, weil der Träger der Revolution „klassenlos" ist, dann sind alle sozialen Kräfte, die zur Anerkennung der KPC bereit sind, gleich wichtig. Mao wiederbelebte die Strategie eines „Vierklassenblocks", ursprünglich von Stalin formuliert als die nationale Koalition von Kräften, die zur Durchsetzung einer *bürgerlichen* Revolution in China erforderlich ist (Träger dieser Revolution sollte die bürgerliche nationalistische Kraft, die Kuomintang sein, unterstützt von der KPC). Dies hatte 1926/27 verheerende Folgen, als die Kuomintang ihren Verbündeten, die KPC, fast zerstörte, doch eignete sich diese Strategie für Maos eigene Sicht, vorausgesetzt, daß es die KPC und nicht die Kuomintang war, die die Koalition anzuführen vermochte, und vorausgesetzt, daß es sich dabei um eine „nicht-bürgerliche, nationale Revolution“ handelte. Aber mehr noch, Mao versuchte auch das Bündnis mit der Kuomintang selbst neu zu beleben, bevor die Komintern eine Einheitsfront erstrebten, der alle ihre Mitgliedsorganisationen unterstanden, und das trotz des entsetzlichen Kommunistenmassakers im Jahre 1927. Mao ging beim Verfolg dieses Zieles ohne Bedenken vor und verließ tatsächlich seinen Weg, um den Kuomintang und Tschiang Kai-schek persönlich als einer der beiden nationalen Kräfte zu schmeicheln (*Report*, 1938).

Der Kapitalismus selbst als soziales System war nicht der hauptsächliche Angriffspunkt, und Maos Arbeit *Über Koalitionsregierung* aus dem Jahre 1945 erklärte tatsächlich, daß die „Aufgabe unseres neuen demokratischen Systems darin besteht ... die freie Entwicklung einer privatkapitalistischen Wirtschaft zu unterstützen, die den Lebensunterhalt des Volkes fördert, anstatt ihn zu kontrollieren, und alles ehrlich erworbene Privateigentum zu schützen“ (1945, S. 281). Das erinnert an sozialdemokratische Versuche, zugunsten einer nationalen Einheit eine „antikapitalistische“ Position zu umgehen. In der aus dem Jahre 1949 stammenden Verfassung der „Demokratischen Diktatur des Volkes“ (Klasseninhalt bleibt unbestimmt) ist die „nationale Bourgeoisie“ Teil des „Volkes“, doch die „bürokratischen Kapitalisten“ sind es nicht, da sie im Bund stehen mit dem Imperialismus. Doch erkennt man „bürokratische Kapitalisten“ nicht an der Rolle, die sie in der Gesellschafts- oder Wirtschaftsstruktur spielen, sondern daran, ob sie die KPC unterstützen. In der Praxis und im Laufe der Zeit gehörten zur „nationalen Bourgeoisie“ auch viele der größten Kapitalisten (die, wenn es für ihre Ziele von Vorteil war, genauso mit den Imperialisten im Bunde standen), unter ihnen die „vier Familien“ der Kuomintang-Periode. Doch der allmähliche Eingriff in die Vorrechte der Privatindustrie wurde nicht als zentrale politische Verpflichtung durchgeführt, unterstützt von den antikapitalistischen Gefühlen eines echten Proletariats; er bildete vielmehr in der Staatsplanung eher ein untergeordnetes Element, ganz ähnlich wie es die Ausweitung des öffentlichen Sektors in anderen nichtkommunistischen unterentwickelten Ländern gewesen ist: die KPC widersetzte sich weniger dem Profitmotiv an sich, sondern opponierte dagegen, daß man den Staat der Mittel beraubte, Kapital zu akkumulieren.

Maos Denken betont also auf wirksame Weise fast ausschließlich gemeinsame nationale Elemente und lehnt die Vorstellung eines zwangsläufig trennenden Klassensystems innerhalb Chinas ab: China ist wirklich eine „proletarische Nation". Natürlich verändert sich dieser Akzent vor und nach der Revolution in Verbindung mit verschiedenen Krisen, doch im großen und ganzen funktioniert die noch benutzte Klassenterminologie für nationalistische Ziele, indem sie jene, die Nicht-Chinesen sind oder als Gegner des „echten chinesischen Volkes" mit Ausländern in Verbindung stehen, als eine besondere ethnische Gruppe mit einer besonderen Einstellung zur KPC bezeichnet. Dazu gehört, daß der Maoismus, genauso wie der Stalinismus, ein allgemeines nationales Erbe übernimmt, benutzt und sich mit diesem identifiziert, nämlich mit den Leistungen der Kaiser vor 1911. Dabei wird impliziert, daß eine gemeinsame nationale Kultur Vergangenheit und Gegenwart miteinander verbindet und gewichtiger ist als zeitweise Zwietracht. Die Verschmelzung dieser kulturellen Tradition mit dem „ausländischen" Marxismus verkörpert sich in dem Anspruch, Mao hätte eine „Sinifizierung des Marxismus", einen chinesischen oder asiatischen Marxismus geschaffen. Natürlich ist eine Definition dessen, was echte „chinesische Kultur" oder Sinifizierung ist, ein Vorrecht der Partei, und zeitbedingten politischen Erfordernissen gemäß eignen sich dazu zu verschiedenen Zeiten verschiedene Elemente.

Die nationalistische Überbetonung ist es, die die KPC veranlaßt, ihre Erfahrung als das *einzige* Modell für zukünftige Revolutionen zu verallgemeinern (und da die grundlegenden Vorbedingungen für diese Erfahrung in entwickelten Länder fehlen, kann es in ihnen keine Revolution geben), sowie als inhaltsschwere „Entdeckung", wie wenn Revolution die Frage einer Technik wäre. „Die Taktiken, die wir aus dem Kampf der letzten drei Jahre gewannen", erklärte Mao 1930, „unterscheiden sich in der Tat von allen anderen Taktiken, seien sie nun alt oder neu, chinesisch oder ausländisch", und Li Li-san behauptete 1949 noch entschlossener: „Die Arbeiterklasse kann ihren Status und ihr Einkommen bestimmt nicht grundlegend verbessern, ganz zu schweigen von der Erringung eines revolutionären Sieges, der größer wäre als der jetzige, wenn sie nicht unter ihrer eigenen Führung eine revolutionäre Armee aufbaut, wenn sie nicht mit der umfassenden Unterstützung der breiten Volksmassen einen revolutionären Krieg gegen die Herrschaft des Imperialismus und seine Lakaien führt".

Es ist unwahrscheinlich, daß die Vorstellung der KPC von einem Guerillakrieg so neu war, zumal das Guerillakriegswesen, historisch gesehen, nichts Außergewöhnliches war; es erstreckte sich vom reinen Banditenwesen zu Bauernaufständen oder terroristischen Feldzügen um politischer Ziele willen. Wenn man allein seine Technik betont, nimmt man sich die Möglichkeit, den Sieg der KPC in einem realistischen Licht zu sehen, man macht es sich unmöglich, sich die Zufälle und das Glück vor Augen zu führen, die zu diesem Sieg wesentlich beitrugen und ohne die sich ein noch so großes Ausmaß an Technik als erfolglos erwiesen hätte. Jener Anspruch ist Ergebnis eines nationalistischen Egoismus. Er wird stets dort wiederholt, wo, entgegen den Vorhersagen, unorthodoxe Gegebenheiten Erfolge bewirkten. Die vietnamesischen Guerillakämpfer erheben heute ähnliche Ansprüche (und weisen die Vorstellung, daß sie lediglich die Chinesen kopierten, entschieden zurück, wie wenn Imitation einem Guerillakrieg dienlich sein könnte, der doch so wesentlich von einem einmaligen Zusammentreffen von Ereignissen abhängt). Die Korrespondenz zwischen dem jugoslawischen und dem sowjetischen Zentralkomitee im Jahre 1948 zeigt, wie die Russen den jugoslawischen Anspruch, eine besondere Form des Partisanenkrieges entwickelt zu haben, lächerlich machten – eine Art des Partisanenkrieges nämlich, von der Belgrad behauptete, daß sie ein wichtiger Beitrag zum europäischen Sieg der Alliierten im Jahre 1945 gewesen sei. In China neigt man natürlich aufgrund der nationalen revolutionären Autonomie (verkörpert in der Behauptung, einen „chinesischen Marxismus" im Gegensatz zu Moskaus vermutlich „russischem Marxismus" geschaffen zu haben) dazu, mit jenem Anspruch in

Konflikt zu geraten, daß andere Länder dem Revolutionsmodell Chinas folgen müßten; der Unterschied erklärt sich einerseits aus einer Partei, die noch nicht an der Macht ist und versucht, ihre Unabhängigkeit von der russischen Hegemonie zu etablieren, und andererseits einer Partei, die an der Macht ist und eine gleichwertige Stellung mit der russischen Partei fordert, dazu auch die Loyalität anderer weniger erfolgreicher kommunistischer Parteien.

Doch wenn für die KPC in China auch Klassen im eigentlichen Sinne nicht existieren (obgleich Stalins „Überreste der alten ausbeutenden Klassen“ für besondere Feldzüge parat gehalten werden, wie zum Beispiel in den frühen Phasen der derzeitigen „Kulturrevolution“), so kommt es trotzdem zu Meinungsverschiedenheiten. Parteipropaganda und Erziehung sind die Mittel, um Meinungsverschiedenheiten zu überwinden, ja um Einwände gegen die Führung zu unterdrücken. In der Praxis kann die Partei auch ihre eigene Position korrigieren; sie reagiert auf eine Vielfalt sozialen Drucks. Jede Zwietracht im eigenen Land kann (im Gegensatz zu der durch den Imperialismus verursachten Zwietracht) überwunden werden, vorausgesetzt, der Wille dazu ist vorhanden, denn die Gesellschaft weist keine Struktur auf, die zwangsläufig gewisse Konflikte erzeugt. Konflikte sind bedingt durch die *moralische* Natur des Gegners der Partei. Diese Natur aber ist wie sie ist, da sie von der Partei nicht anerzogen (oder indoktriniert) wurde. Im Prinzip ist sie keine spezifische materielle Realität, die gewisse Bewußtseinsformen gestaltet, sondern ist eigentlich moralische Unwissenheit, Dummheit und – auf traditionelle, religiöse Weise ausgedrückt – Abtrünnigkeit.

In einem so entsetzlich armen Land wie China kann die materielle Realität nicht kurzfristig geändert werden, so daß eine Bewußtseinsveränderung als verkürzter Weg zur Sicherheit in Betracht kommt, weil ja die Doktrin von der Führung geändert werden kann. Englische Konservative waren sich über die Wichtigkeit, „Ideen“ zu manipulieren, einig. Fidel Castro, der weniger als die KPC in die Orthodoxien des Marxismus-Leninismus verstrickt war, formulierte diesen Standpunkt auf kühnere Weise, als er behauptete, daß es in einem revolutionären Kampf keine Ideologie gibt, sondern nur einen Weg zur Macht, auf dem verschiedene ideologische Glaubenssätze „übernommen" werden (die den unmittelbaren Forderungen des Kampfes um die Macht entsprechend gewählt oder aufgegeben werden). Theorie spielt überhaupt keine Rolle. Che Guevara bestätigte dies, als er von den kubanischen Revolutionsführern sagte, sie seien „nur eine Gruppe vom Kämpfern mit hohen Idealen und wenig Vorbereitung" (*Hoy*, 16. Juli 1963). Das Anliegen sollte der Weg zur Macht sein und nicht das Trachten nach den richtigen politischen Zielen (für die Macht benutzt werden muß), auch nicht das Bestreben, diese Ziele in einer angemessenen Analyse der Lage zu lokalisieren. Die Gewährleistung eines Erfolgs liegt nicht in einer Bewertung der objektiven Situation, sondern im Geist, in der Moral, im Willen und in der Energie der Gruppe. Der Einfluß eines Sorel oder eines theorielosen, anarcho-syndikalistischen Aktivismus vor dem Ersten Weltkrieg ist hier sehr stark.

Im Gegensatz dazu wollte die eigentliche marxistische Position, daß die Analyse der objektiven Gegebenheiten aufzeigen sollte, wie der Kampf zu führen ist. „Bewaffneter Kampf" ist nur eines von vielen möglichen Mitteln, ist nicht das „höchste" oder „reale" Mittel. Tatsächlich war impliziert, daß die Anwendung offener oder militärischer Gewalt (sei sie nun traditioneller Art oder die der Guerillas) wenn möglich nur das allerletzte Stadium sein sollte, wenn die meisten Ergebnisse bereits erreicht waren, nicht aber das erste; das Guerillakriegswesen geht zurück auf das Gedankengut der Narodniks, der revolutionären Minderheit, die im Namen und trotz des Volkes die Macht ergreift, es geht eher auf den traditionellen Staatsstreich als auf die soziale Revolution zurück. Anhaltender Guerillakrieg bedeutet, daß militärische Taktiken die revolutionäre Theorie, daß Berufssoldaten den Klassenkampf ersetzen, der in einer realen Sozialstruktur wurzelt, und daß die Macht sich unvermeidlich in den Händen von Generälen konzentriert, wobei das Massenbewußtsein lediglich ein Nebenfaktor der Moral und nicht die Dynamik des Ganzen ist. Es ist notwendig, die Magie des Guerillakriegs zu unterstreichen, wenn keine populäre Massenbewegung existiert, da dann die Minderheit nur eine Aktion dieser Art unternehmen kann. Einige Narodniks, die sogar noch weniger unterstützt wurden, mußten sich aus denselben Gründen auf individuellen Terror beschränken. Das erklärt nicht die vielen Mißerfolge – erklärt nicht, warum die KPC so unglaublich lange brauchte, um an die Macht zu gelangen, warum die malaysischen, philippinischen und burmesischen Kommunisten nicht siegten; warum die Bauern von Telengana, die Nagas und Mizos in Indien scheiterten, warum in der Tat die Khampa-Rebellen in Tibet gegen China keinen Sieg davontragen. Und wenn die KPC auf diese Frage antwortet, „Ideologie“ sei das Unterscheidungsmerkmal erfolgreicher Bewegungen, wie konnte dann Castro in Kuba gewinnen, als ein – grob gesehen – Liberaler, gewiß aber kein Marxist-Leninist?

Vom bewaffneten Kampf wird angenommen, daß er die objektiven Gegebenheiten zur Machtübernahme schafft, und diese Gegebenheiten können (in Castros eigenen Worten) in der „gewaltigen Mehrheit lateinamerikanischer Länder“ geschaffen werden, wenn man vier oder fünf hingabebereite Männer findet, die diese Aufgabe übernehmen (Rede vom 16. Januar 1963, vgl. Guevaras *Guerilla Warfare*, S. 11). Die KPC behandelt die Rolle der Theorie nicht so rücksichtslos wie die Kubaner, doch erblickt sie in ihr trotzdem kaum mehr als eine Waffe, um sich Gehorsam zu verschaffen und damit die Handlungsfreiheit der Führung zu gewährleisten. „Die sozialistische Ideologie wird Waffe zur Mobilisierung und Organisierung der Massen ... sie hilft, eine sozialistische wirtschaftliche Basis zu schaffen, indem man politische Macht gewinnt und mit dieser Macht die kapitalistische wirtschaftliche Basis zerstört“ (Hsu I-jang und Li Sching-yao, 1959, zitiert nach Meisner, 1965, S. 168). Ein anderer Autor unterstreicht das noch stärker: „Menschen sind nicht die Sklaven objektiver Realität. Lediglich vorausgesetzt, daß das Bewußtsein des Menschen mit den objektiven Gesetzen der Entwicklung der Dinge im Einklang steht, kann sich die subjektive Aktivität der Volksmassen in vollem Maße manifestieren, alle Schwierigkeiten überwinden, die notwendigen Gegebenheiten schaffen und die Revolution vorantreiben. In diesem Sinne schafft das

Subjektive das Objektive“ (Wu Schiang, zitiert nach Schram, 1963, S. 80). Zusammen mit einem bäuerlichen Aberglauben und dem Glauben an die Macht der Magie, an die Magie der Formel, der Schrift und des Aphorismus überrascht es kaum, daß die Werke Maos zu Teilen einer Volksreligion werden, daß sie als Kur für jedes Problem verwendet werden, angefangen bei der Behandlung von Brandwunden über den Verkauf von Wassermelonen bis hin zum Sieg im Tischtennis (einige der wenigen, erst kürzlich berichteten Beispiele). Wir befinden uns hier eindeutig in einer Welt, die dem mittelalterlichen Christentum näher steht als der Welt des Marxismus.

Die Ausschaltung eines spezifischen Klasseninhalts, die Betonung eines Voluntarismus und die Rolle einer Elite – alle diese Dinge verwischen automatisch Unterschiede, die von früheren Marxisten betont wurden, und machen es unmöglich, zwischen verschiedenen Ländern nach sozialen Begriffen zu unterscheiden – zum Beispiel zwischen Ägypten, das auf einem Staatsstreich radikaler Armeeoffiziere basiert, Algerien, mit einer militärischen, aber nicht-kommunistischen Bewegung, und China selbst. Die Klassifizierung solcher Länder wird aus ihrer außenpolitischen Haltung, jedoch nicht aus ihrer inneren Klassenstruktur ersichtlich, obgleich eine Außenpolitik auf recht zufälligen oder opportunistischen Faktoren basieren kann. Die KPC mißt eine revolutionäre Politik eines Landes an seiner Haltung gegenüber den Vereinigten Staaten, und jede Art kritischer Einstellung bewirkt brüderliche Gefühle, sogar gegenüber einem so konservativ-autoritären Land mit Privatunternehmern wie es Pakistan ist (Mitglied von US-Bündnissen und Empfänger von US-Unterstützungen).

Wenn die Revolution im Ausland Opposition gegen die Vereinigten Staaten und ein wenig mehr bedeutet, so macht andererseits dei Aufbau der nationalen Wirtschaft im eigenen Land zum Zweck der nationalen Macht aus der Notwendigkeit der Armut eine Tugend. Die Wirtschaft „im Ausnahmezustand“ fordert, daß der Überfluß von morgen vergessen werde, und daß der Kommunismus heute „allgemeine Enthaltsamkeit“ bedeute. Hobsbawm vermerkt in einem anderen Zusammenhang: „Die vor-industriellen Armen stellen sich die gute Gesellschaftsordnung eher als gerechte Verteilung der Lasten denn als Traum vom Reichtum für alle vor" (1959, S. 82). Im folgenden, von der *China Jugend* (31. Oktober 1964) erteilten Verweis scheint diese Vorstellung der hervorstechendste Wesenszug zu sein: „Die Lebensweise, die von unserem Kameraden Feng Ting befürwortet wird, und die uns mit guten Dingen zum Essen und zum Anziehen versorgen würde, mit guten Wohnmöglichkeiten und freundlichen Beziehungen zwischen Ehemann und -frau, zwischen Eltern und Kindern – diese Lebensweise stimmt mit dem kommunistischen Ideal nicht überein." Selbstverständlich scheint sich in allen Gesellschaften in den frühen Phasen der Industrialisierung dieselbe Tendenz zu einem Puritanismus zu wiederholen. Produktion wird Selbstzweck. In China erfährt die Apotheose des Marxismus als Instrument primitiver Akkumulation ihre ironische Schlußfolgerung. Der bescheidene Überfluß der Sowjetunion ist eine fortwährende Bedrohung der Notwendigkeit allgemeiner Armut, und periodisch stattfindende Feldzüge sind eine Möglichkeit, den Geist der Selbstzüchtigung wiederzubeleben. Mao dürfte einige Sympathie für John Wesley empfinden, als sich dieser beklagte: „... Ich fürchte: wo immer der Reichtum sich vermehrt hat, da hat der Gehalt an Religion in gleichem Maße abgenommen. ... Denn Religion *muß notwendig* sowohl Arbeitsamkeit (industry) als Sparsamkeit (frugality) erzeugen, und diese können nichts anderes als Reichtum hervorbringen. Aber wenn Reichtum zunimmt, so nimmt Stolz, Leidenschaft und Weltliebe in all ihren Formen zu" (zit. nach Weber, 1934, S. 196 f.).

So hat Mao den Marxismus schließlich in einem solchen Maße revidiert, daß man ihn nicht mehr ernsthaft als bloß lokale „Anwendung" betrachten kann: seine Substanz ist geschwunden. Die Revolution wird nicht von den am meisten fortgeschrittenen städtischen Massen gemacht, die sich durch eigene Anstrengung befreien, sondern mit einem Guerillakrieg der am wenigsten entwickelten ländlichen Gruppen, die viele Jahre lang außerhalb der bestehenden Sozialstruktur operieren, um an die Macht zu gelangen und die Industrialisierung zu beginnen. Eine enteignete und dem Status quo entfremdete Elite in einer zerfallenden, agrarbestimmten Sozialstruktur, die gerne herrschen möchte, fügt sich ganz natürlich in den Maoismus ein, allerdings noch natürlicher in den Castroismus, der in seiner revolutionären Phase in Kuba kein Bestandteil des Marxismus-Leninismus war. Aktivismus und Populismus liefern die beherrschenden Themen. Außerhalb der unterentwickelten Welt mögen Radikale den wichtigen Aktivismus des Maoismus (besonders gegen den Konservativismus Moskaus) nachahmen, doch können seine wesentlichen Prinzipien nur geringe Bedeutung haben, oder besser ausgedrückt: die Bedeutung, die sie haben, führt zur Tatenlosigkeit, zum Warten auf die Befreiung durch die Bauernarmeen der Dritten Welt. Die stärkste Parallele zur „nationalen Revolution" in Marx' Begriffen würde die bürgerliche Revolution sein, doch ist das auch nicht ganz richtig, da die bürgerliche Revolution einen etablierten Kapitalismus voraussetzt, eine Privatwirtschaft, deren Geschäftsleute ihre Macht lediglich dadurch vervollständigen, daß sie den politischen Bereich in Besitz nehmen. Im Gegensatz dazu findet die nationale Revolution nicht in einer vorherrschend privat industrialisierten Wirtschaft statt, und die gewonnene politische Macht wird direkt dazu verwandt, eine rückständige Wirtschaft zu *entwickeln*. Das Besitzproblem hat die Bedeutung der nationalen Revolution verschleiert: da man im Staatsbesitz eines der vorherrschenden Merkmale des neuen Regimes erblickt, wird jene Revolution als sozialistisch bezeichnet, was immer auch ihr spezifischer Gehalt, was immer auch die verschiedenen Gründe sein mögen für die Verstaatlichung.

Dieses Teilkapitel hat also versucht, im chinesischen Kontext die andauernde Verwandlung grundlegender marxistischer Themen – Klasse, Internationalismus und proletarische Revolution – zu erläutern. Die Begriffe verloren ihre ursprüngliche Bedeutung und andere gegensätzliche Termini wie Nation, Nationalismus und Bauernrevolution wurden wesentlich wichtiger. Nach der Machtergreifung haben die Imperative der Entwicklung – erst vor kurzem noch verschärft durch die andauernde Bedrohung durch die USA, diese mächtigste Nation der Welt – die dominierenden Glaubenssätze der chinesischen Führung sogar noch mehr verändert. Sowohl die internen als auch die externen Gegebenheiten sind so geartet, daß die KPC in ideologischen Begriffen nicht denselben Entwicklungsprozeß verfolgen kann wie die nachstalinistische Führung. China wird noch lange Zeit unterentwickelt bleiben, und in der Tat ist an seiner Entwicklung nichts unvermeidlich. Seine Situation zwingt seine Führung, im eigenen Land und im Ausland eine radikale Politik zu betreiben, und indem es diese Politik verfolgt, löst sich der noch bestehende Marxismus noch mehr im Nationalismus auf.

Die Gegebenheiten in China bestimmten die Verwandlung des Marxismus, wie sie von der KPC unternommen wurden. Doch war es eine Verwandlung, wie sie für die meisten Doktrinen in Verbindung mit der Unterentwicklung charakteristisch ist. Für alle anti-imperialistischen Kämpfe war der Nationalismus wesentlicher Brennpunkt, innenpolitische Klassenprobleme aber waren diesem Kampf untergeordnet. Es hätte nur dann anders sein können, wenn es zu Ereignissen in Übereinstimmung mit der leninistischen Sicht gekommen wäre, – wenn die Industrieproletariate des Westens eine sozialistische Revolution verfolgt hätten, und wenn sie dadurch die unterentwickelten Länder mit ihrer Kraft und dem angesammelten Wissen und Wohlstand ihrer Gesellschaft unterstützt hätten. Auf diese Weise gestaltete vor den verschiedensten Hintergründen (von denen einige in einer spezifischen, westlichen Tradition wurzeln und einige nicht) die allgemeine Logik des Antiimperialismus und der Entwicklung die Ideologien der Dritten Welt auf besondere Weise, obgleich jede nationale Führung behauptete, genauso originell oder in der Tat noch origineller zu sein als die Chinesische Kommunistische Partei. Die Einzigartigkeit galt vielleicht für ihre eigene Gesellschaft, nicht aber auf Weltebene.

## *Das Wesen der Unterentwicklung*

Eine bedeutende Anzahl unterentwickelter Länder ist in den letzten Jahren nach der Unabhängigkeitserklärung zu einer neuen Politik gelangt. Diese neue politische Richtung scheint gekennzeichnet zu sein durch einen unwiderstehlichen Drang zur zentralisierten Staatsautokratie, verkörpert in einem nationalen Diktator oder in einer Partei, die alle politische Initiative (sei sie nun militärischer, nationalistischer oder kommunistischer

Art) monopolisiert, und die eine Staatsplanung, eine ständige Erweiterung des öffentlichen Sektors und ein wesentliches Eingreifen des Staates in die Wirtschaft befürwortet. Die allgemeine Ideologie ist ultra-nationalistisch, anti-imperialistisch; provisorisch könnten wir sie als „etatistischen Nationalismus" bezeichnen. Sogar jene Länder, die keine radikale soziale Wandlung durchmachen, finden es nützlich, Aspekte des etatistischen Nationalismus zu imitieren, den sie oft sogar mit Unterstützung ihrer Herrscher realisieren – Nepal, Bhutan, Afghanistan sind zwar Monarchien, doch besitzen sie alle Staatspläne, die unter anderem eine Erweiterung der öffentlichen Initiative zum Ziel haben und einen öffentlichen Sektor umschließen. Sogar relativ konservative Regime tun das – zum Beispiel Pakistan oder Südvietnam.

Historisch gesehen kann man einige Aspekte eines ähnlichen Prozesses auch in der Entwicklung europäischer Länder entdekken. Ein gemilderter autarker Nationalismus war in England zu bemerken, seine etwas radikalere Version – zu der eine extensive Staatsinitiative gehörte – trat im Frankreich Ludwigs XIII. und Ludwigs XIV. auf. Bismarcks „Staatssozialismus" ist bekannt; der Kommentar eines Historikers dazu steht am Anfang dieses Kapitels.

In dieser Hinsicht ist Mehmet Ali (1805–42) ein interessantes Beispiel, da er versuchte (übrigens aus denselben hervorstechenden militärischen Beweggründen, wie sie die europäische Ära der „aufgeklärten Despoten" beseelten), Ägyptens Wirtschaft, die gerade sich selbst genügte, in eine moderne Ökonomie zu verwandeln (d. h. „modern" für damalige Verhältnisse). Er reformierte den Grundbesitz, baute den Verkehr aus, errichtete Staatsmonopole, die für die Ernten verantwortlich waren, und nahm einige industrielle Projekte in Angriff – all das unter einem Zollschutz und mit Hilfe einer umfangreicheren Beamtenschaft. Dieser Prozeß wurde 1841 durch eine Intervention von außen aufgehalten. Danach errang Ägypten nicht genügend politische Autonomie, so daß es erst nach dem Zweiten Weltkrieg in bezug auf einen etatistischen Nationalismus einen weiteren Versuch unternehmen konnte. Militärische und außenpolitische Ziele waren es, die für den heutigen zweiten Versuch

Ägyptens den wesentlichen Anreiz lieferten – vor allem nach der Suezaffäre von 1956. Allerdings bewirkte jetzt die Art der modernen Industrialisierung selbst einen mächtigen Drang zur Staatskontrolle, und die Konzentration jetzt erforderlicher Hilfsmittel und Fachkräfte ist wesentlich stärker als je zuvor (vgl. Issawi, 1963, S. 21).

Im Gegensatz zu den zahlreichen früheren Versuchen (von Bismarck einmal abgesehen) werden heutige Bemühungen gewöhnlich als „sozialistisch“ etikettiert. Zu diesen Bemühungen gehört in der Regel, daß man sich dem Volkswohl stärker verpflichtet fühlt. Abgesehen vom chinesischen Marxismus, den wir bereits untersuchten, stellen diese „Sozialismen“ eine üppige Vielfalt dar – angefangen beim ägyptischen oder arabischen Sozialismus über den burmesischen, indonesischen, ugandischen Sozialismus bis hin sogar zu einem kambodschanischen „buddhistischen Sozialismus in nationalistischem Rahmen“. Manchmal machen sich dabei entscheidende europäische Einflüsse bemerkbar – zum Beispiel der Stalinismus und Fabianismus, um nur zwei zu nennen –, doch sind diese Glaubenssysteme oft wesentlich lokalen Ursprungs, sogar dann, wenn sie in eine „ausländische“ Terminologie gekleidet sind. Dies bedeutet weniger, daß sie eigentlicher Ausdruck einer eingeborenen Kultur sind, die eine Entwicklung vorherbestimmt, als daß hier gemeinsame Probleme der Entwicklung und Unabhängigkeit existieren, die zu den einzelnen Ideologien zu „passen“ scheinen. Einige Elemente des Stalinismus „paßten“ zum Beispiel zu den Problemen Chinas.

Doch die meisten und fruchtbarsten Parallelen zu politischen Ideen in modernen unterentwickelten Ländern finden sich schon im Gedankengut der Narodniks der sechziger und siebziger Jahre des neunzehnten Jahrhunderts. Die terroristische Überlieferung der Narodniks beeinflußte sowohl chinesische Intellektuelle unmittelbar vor dem Sturz der Sch’ing Dynastie im Jahre 1911 als auch die aristokratische Jugend Bengalens zu Beginn unseres Jahrhunderts. Gandhi entdeckte im Werk Tolstois und Li Ta-schao in dem Kropotkins eine wesentliche Quelle der Inspiration. Die „Auf-zum-Volk“-Bewegung der Narodniks, die die städtischen Intellektuellen anging, fand ihre

Parallelen in dem Appell Li Ta-schaos an die chinesischen Studenten, auf die Dörfer zu gehen und die Bauern aufzuklären, in Gandhis ähnlichem Aufruf an die Inder der Großstädte, und in der japanischen *atarashika mura*-Bewegung (was man mit „Neue-Dorf-Bewegung" übersetzen könnte), wodurch die Dorfgemeinschaften bewogen werden sollten, einen ländlichen Kommunismus zu praktizieren (hier war Kropotkins Werk von direktem Einfluß). In gewissem Maße glaubten sie alle, daß Großstädte korrupt seien und selbst korrumpierten – unter dem rauhen Äußeren des „einfachen" Bauern suchten sie den reinen Rousseau-Menschen.

Auch die Lage der Intellektuellen selbst, ihre Bereitschaft, sich aus der unruhigen Welt „zurückzuziehen", wenn sie sich starken politischen Hindernissen konfrontiert sahen, weist enge Parallelen auf. (Während einer gewissen Zeit im Jahre 1913 erwog Li Ta-schao, sich in eine buddhistische klösterliche Sekte zurückzuziehen.) Frölich (1940, S. 20) zitiert Rosa Luxemburgs Bericht über die russische Intelligentsia in den achtziger Jahren des letzten Jahrhunderts, als wesentliche zaristische Reformen zurückgenommen wurden:

„In dieser Atmosphäre der Apathie und Mutlosigkeit begannen in der russischen Intelligentsia metaphysische und mystische Tendenzen um sich zu greifen ... Die Propaganda, ‚dem Bösen keinen Widerstand zu leisten', die Verurteilung jeglicher Gewalttat im Kampf gegen die dominierende Reaktion, der man sich nur durch ‚die innere Läuterung' des Individuums widersetzen sollte, und die allgemeine Theorie sozialer Passivität entwickelten sich ..."

Es gab einen anarchischen Zug in den Narodniks, den Lenin mittels seiner organisatorischen Vorschläge zu disziplinieren versuchte und den man in modernen unterentwickelten Ländern ebenfalls unter Kontrolle zu bringen versuchte: durch militärische Disziplin, durch einen Ein-Parteien-Staat, durch eine fortlaufende Beschneidung der Rechte des Individuums, durch Gesetze über Schutzhaft und durch Hinrichtungen. Diejenigen, die solche Wege einschlagen, um ihre Gegner zu „disziplinieren", „kopieren" weder Lenin (genauso wenig wie sich Stalin auf Lenin zu berufen brauchte, wenn er seine Gegner verhaften oder hinrichten ließ), noch sind sie wahrscheinlich von ihm beeinflußt. Vielmehr zeigen gemeinsame Probleme die Tendenz zu ähnlichen Lösungen, der Unterschied dabei ist nur, daß Lenin nicht die Staatsmacht hinter sich hatte, als er seine organisatorischen Vorschläge formulierte.

Für ein unterentwickeltes Land ist heute eine Entwicklung erheblich schwieriger als früher. Dafür gibt es viele Gründe, die mit der relativen (materiellen und technologischen) Kluft zwischen entwickelten und rückständigen Ländern zu tun haben: der Andrang auf vorhandene Rohstoff- und andere Hilfsquellen in dicht besiedelten armen Ländern, die Kapitalknappheit im Verhältnis zum Bedarf, die Tatsache, daß die entwikkelten Länder (die von den Produkten der rückständigen immer weniger benötigen) die wertvollen Gebiete der Welt besetzt halten und alle Märkte beherrschen. Mit Wachstumsmöglichkeiten sieht es schlecht aus, und es scheint nur wenig schlagendes Beweismaterial zu geben, das jenen in entwickelten Ländern oft vorherrschenden Optimismus gegenüber der Entwicklung rechtfertigen kann – einen Optimismus, der glaubt, daß Entwicklung bei genügend Zeit unaufhaltsam sei.

Armut und relativ geringe Zukunftsaussichten in Verbindung mit dem Drang zur Entwicklung – das alles formt auf gewisse Weise die ererbten Wesenszüge um. Jener weitgespannte soziale Konflikt zum Beispiel, dessen Problematik keinen Kompromiß erlaubt, verstärkt sich in dem Maße, in dem die Alternativen geringer werden. Wenn die Überlebenschancen gering sind, bedeutet jede Entscheidung entweder Überleben oder Tod. Kompromißmöglichkeiten, die sogar in anderen Gesellschaften oft beschränkter sind als man gemeinhin annimmt, sind von der Existenz anderer Wahlmöglichkeiten als der beiden eben genannten abhängig. Fehlen jedoch derartige Alternativen, so ist es weder eine besondere Psychologie, ein Mangel an Erziehung, noch eine Unvertrautheit mit den Vorbedingungen für eine parlamentarische Regierungsform, sondern der reine Wunsch zu überleben, der die Menschen zum Kampf treibt. Dieses Klima der Ungesichertheit und Unsicherheit ist so geartet, daß es alle beeinflußt: nicht nur die Armen, die weniger zu Kompromissen neigen, sondern auch jene, deren Abstieg in der sozialen Hierarchie noch nicht zu Ende ist. Gewalt ist *eine* Möglichkeit, den Kampf ums Überleben zu unterdrücken.

Wir vergessen gern die entscheidenden Voraussetzungen für den Liberalismus in Europa (wie auch, in welchem Maß der Liberalismus in der Praxis mehr oder weniger qualifiziert war). Sein Ansehen beim Volk beruhte auf ziemlich konstanten Aussichten auf eine Aufwärtsentwicklung, so daß Wirtschaftskrisen und Rezessionen eine stete Quelle antiliberaler Doktrinen waren. Das opfervolle Heute wurde mit der Hoffnung auf ein Morgen versüßt, wodurch Kompromisse um so leichter möglich wurden. Doch ohne Hoffnung und nach einer langen Vorgeschichte von Armut, Verzweiflung und Unsicherheit, sowie im Falle eines unbarmherzigen Existenzkampfes, ist es unmöglich, die Unterschiede zwischen Heute und Morgen völlig außer acht zu lassen: denn gerade diese Unterschiede betreffen den eigenen Lebensunterhalt und den der Familie.

Die unglaublich starke Rolle, die der Staat in unterentwikkelten Gesellschaftssystemen spielt, bedarf einer Erklärung. Unter imperialistischer Herrschaft war es der Militärstaat, der das Regiment führte, und nicht die „Logik des Marktes“ oder der Wahlkampf; dabei berücksichtigte er kaum die Grundsätze des Liberalismus. Dieser Staat war es, an dem jede Unabhängigkeitsbewegung ihre Kräfte maß und den sie, wenn sie siegte, übernahm – ein Staat, in dem sich politische, wirtschaftliche und militärische Macht miteinander verquickten und die Gesellschaft überschatteten. Es überrascht kaum, daß es keine sozialen Klassen gab, die, wie die englischen Unternehmer Anfang des neunzehnten Jahrhunderts, fähig gewesen wären, sich dem Staat zu widersetzen. Die neue unabhängige Regierung wurde sowohl zum Hauptträger von Handel und Gewerbe (um selbst schnell voranzukommen) als auch zu ihrem Regulator (wobei beides ihre wirtschaftlichen Aktivitäten untermauern und in einem gewissen Maße den Schutz ihrer realen oder potentiellen Parteigänger sichern sollte); manchmal war und ist sie sowohl Arbeitgeber als auch Gewerkschaft und schlichtet in sich selbst zwischen diesen beiden.

Der Drang, sich zu entwickeln, um in der Welt von heute zu überleben, erzeugt, kombiniert mit den Notwendigkeiten der Verteidigung und der Logik der modernen Industrie, einen starken Drang zu einem Etatismus, wobei entgegenwirkende Faktoren nicht vorhanden sind. Einheimisches Kapital ist viel zu schwach, um diesem Prozeß zu widerstehen, so daß es den Schutz des Staates benötigt, wenn ausländisches Kapital auch weiterhin in der jetzt unabhängigen Wirtschaft operiert. Diese Notwendigkeit wird oft teuer bezahlt, denn zwischen „Indisierung“ (oder „Ceylonisierung“ oder „Ägyptisierung“ usw.) des Geschäftslebens einerseits und dessen Verstaatlichung andererseits besteht kaum ein Unterschied.

Abgesehen von einigen bemerkenswerten Ausnahmen war der Kampf um die Unabhängigkeit ein großenteils städtisches Phänomen, oder er spielte sich zumindest hauptsächlich unter städtischer Führung ab. Wo es der Stadtbevölkerung gelang, das alte Regime zu stürzen, mußte der neue Staat sich ganz besonders um die Erhaltung ihrer Loyalität bemühen. Ein größerer Teil der nationalen Produktion mußte dem Konsum der städtischen Arbeiterklasse zugeteilt werden oder zumindest dem Konsum besonders wichtiger Arbeitergruppen, wodurch der zur Investition bestimmte Überschuß vermindert wurde. Im großen und ganzen sind die Städte die Träger eines Nationalgefühls. In unserer Erörterung des Falles China versuchten wir zu erklären, warum es unwahrscheinlich war, daß die Bauern zu Nationalisten wurden; Meisner argumentiert, daß in China „der ‚Massennationalismus‘ nicht den elementaren Kräften des Landes entsprang, um schließlich Mao Tse-tung und seine Verbündeten zu erreichen. Historisch gesehen ist es richtiger, zu sagen, daß der Nationalismus den Bauern von einer leidenschaftlich nationalistischen Elite von außen gebracht wurde, die die Geschichte unbedingt in Übereinstimmung mit ihren Idealen gestalten wollte“ (1957, S. 266). Für Indien meint Bailey, daß in Orissa der Kongreß der Unabhängigkeitsbewegung unter den Bauern relativ wenig Einfluß hatte, bis man darauf hinwies, daß eine Bodenreform Ergebnis der Vertreibung der Engländer sein würde, da viele Landbesitzer von den Engländern unterstützt wurden. Darauf wurden sehr viele Bauern „Nationalisten“ (Bailey, 1963, S. 172–73). Die Großstädte bestimmen die „Grenzen“ der Nation, denn sie wissen um den geographischen

Rahmen, in den sie gestellt sind, um die sich verflechtenden Transaktionen, die sich unter ihnen abspielen, und sie wissen auch um die Notwendigkeit, die zwischen den Großstädten liegenden Gebiete zu kontrollieren und zu verwalten. „Zufällige" geographische Gebiete erfahren nicht einfach durch militärische Eroberung und noch viel weniger durch die Vorstellung von einer „ethnischen Identität" eine Zentralisierung, sondern durch die Wechselwirkung zwischen Kaufleuten, Händlern, die einen ganzen Markt versorgen, Bankiers, Geldverleihern, die den für den Handel notwendigen Kredit liefern, und schließlich den großen Industrien, die zur Versorgung der Märkte nötig sind. Doch wenn die Wirtschaft relativ rückständig ist oder vom Ausland beherrscht wird, dann heißt es gegen diese Rückständigkeit (die natürlich Schwäche bedeutet) oder gegen die Kontrolle von außen eine nationalistische Kraft finden, und zwar in der städtischen Mittelklasse, der Intelligentsia, den Staatsbeamten, die alle den Imperialismus möglich machen.

In erst seit kurzem unabhängigen Ländern ist der Staat folglich die größte einzelne Institution, gegen die meistens keine andere organisierte nationale Gruppe ankommt. Der Staat und der Nationalismus sind Kinder der Großstädte, doch sowie der Staat einmal unabhängig ist, werden ihm die Städte zur Bedrohung, und in manchen unterentwickelten Ländern kam es vor, daß die politische Partei, die die Regierung bildete, ihre Anhänger jetzt statt in den Großstädten auf dem Lande suchte, um so ihre Macht weniger von einer städtischen Opposition abhängig zu machen. Wenn die KPC als Gruppe städtischer Intellektueller begann, die die bäuerliche Macht zur Eroberung der Städte benutzte, zeigte es sich andererseits, daß der Indische Kongreß seit der Unabhängigkeit ständig Gefahr lief, die Kontrolle in den Städten zu verlieren. Trotzdem liegt die entscheidende öffentliche politische Arena in der Großstadt; sie wird großenteils von der gebildeten, nationalen Mittelklasse beherrscht, die sich im großen und ganzen immer noch um den Staat als Arbeitgeber oder potentiellen Arbeitgeber gruppiert, – eine mächtige Attraktion dort, wo unter dem Druck der Mittelklasse höhere Bildungsmöglichkeiten in einem Maße geschaffen wurden, das in keinem Verhältnis steht zu den verfügbaren

Arbeitsstellen. In der Mittelklasse ist sowohl das am meisten entwickelte Nationalgefühl anzutreffen als auch das größte Interesse an der Expansion des Staates: Staat und Nation sind eins.

Das Bedürfnis nach einer starken nationalen Loyalität scheint um so größer zu sein, wenn es sich um Länder mit bloßer Mischung verschiedener Stämme und Völker handelt, die historisch, abgesehen von einem ausländischen Eindringling, keine gemeinsamen Grundzüge aufweisen. Doch sogar in Ländern mit einem relativ hohen Grad kultureller oder ethnischer Einheitlichkeit und einer gemeinsamen einheitlichen Geschichte können Tendenzen zur Spaltung sehr stark sein. Solche Spaltungen leiten sich von dem her, was Geertz „ursprüngliche“ Gegebenheiten nennt, „die ‚Bedingungen‘ ... der sozialen Existenz: vor allem unmittelbare Nachbarschaft und Verwandtschaftsverhältnisse, doch darüber hinaus die besondere religiöse Gemeinschaft, in die man hineingeboren wird, eine besondere Sprache oder sogar der Dialekt und besondere gesellschaftliche Bräuche“ (1963, S. 109). Gruppen können auf vielfältige Weise zu gemeinsamen Interessen gelangen, und einige der „ursprünglichen“ Bindungen werden durch eine neue politische Lage erfunden oder zumindest „wiederentdeckt“. Ob nun erfunden oder nicht, das Klima großer Ungesichertheit und Unsicherheit erzeugt gewaltige Spannungen, die am Ende durch das rohe und willkürliche Eingreifen des Staates „beigelegt“ werden. Da die Tendenzen zur Auflösung so stark sind, müssen Staat und nationale Mittelklasse ein Nationalbewußtsein sogar erzwingen.

So stark und so weit verbreitet ist dieses Bedürfnis nach nationaler Loyalität, und so niedrig ist das kulturelle Niveau, daß Elemente eines „Modernismus“ (zu dem auch der Nationalismus gehört), die von der nationalen Mittelklasse erstrebt werden, dazu neigen, magische Form zu gewinnen; Erziehung, Nationalismus oder Marxismus können die Merkmale einer starken Religion, eines Allheilmittels annehmen. Diese Tendenz ist nur ein Aspekt des Fortlebens einiger Elemente ländlichen Lebens in einem städtischen Rahmen; die Werte der bäuerlichen Bevölkerung, die immer noch die stärkste Klasse ist und in der die städtische Zivilisation wurzelt, bestimmen die Atmosphäre. Eine traditionelle bäuerliche Gesellschaft umfaßt oft sehr stark ausgeprägte Verwandtschaftsgruppen, die den unmittelbaren Rahmen liefern für alle Aktivitäten der betreffenden Familienverbände. In den Großstädten kann im Gegensatz dazu eine Vielfalt alternativer Verbindungen existieren, und die damit verbundene Loyalität kann unausgeprägt und beschränkt sein. Hier gibt es viele Menschen, von denen man weniger stark abhängt, und zwischenmenschliche Beziehungen sind meistens mehr aufs Funktionale beschränkt. Der neue Immigrant vom Lande, gewöhnt an starke und enge persönliche Beziehungen, die sich auf sein ganzes Tun erstreckten, fühlt sich oft vereinsamt und entfremdet.

Wenn viele Leute vom Dorf in die Großstadt ziehen, ist es wahrscheinlich, daß die „modernen" Bevölkerungsteile der Großstadt durch das Bauerntum umgeprägt werden, und dies nicht nur durch die Immigranten vom Lande. Der Romantizismus, die Sehnsucht nach einem vergangenen Zeitalter, nach dem mittelalterlichen Dorf in Europa, wurden bereits erwähnt. Konkreter ausgedrückt heißt das, daß sich Arbeiter weniger mit ihren Kollegen aus demselben Arbeitsbereich oder derselben Fabrik identifizieren als mit ihrer Verwandtschaftsgruppe, ihrer Kaste, mit dem Landstrich, aus dem sie kommen. Neue Immigranten vom Lande neigen dazu, sich in Stadtteilen niederzulassen, wo bereits andere Leute aus ihrem Dorf arbeiten, und innerhalb derselben Gruppe Freunde zu haben und zu heiraten. Auf diese Weise gelten die Grenzen einer *Klasse* nur beschränkt, konzentriert sich die Loyalität auf eine Gruppe, zu der mehrere Mitglieder verschiedener Klassen gehören können, oder sie bezieht sich nur auf die Staatsobrigkeit.

Dadurch und durch das Treueverhältnis der Mittelklasse zur Staatsautorität wird das Auftreten einer klaren, verbreiteten liberalen Kritik an der Autorität gehemmt, einer Kritik, ohne die die Rechte des Einzelnen, die zivilen Freiheiten nur mehr auf dem Papier stehen, nur mehr ein Achtungsbeweis gegenüber politischen Traditionen sind. Die Opposition schwankt hin und her zwischen Nachgiebigkeit, die oft durch Bestechung oder relativ vage Versprechungen unterstützt wird, und offener Gegnerschaft, die möglicherweise mit Bürgerkrieg enden kann. Wenn sich für Arbeiter der harte Konflikt mit einem Arbeitgeber ergibt, so wird er durch Zersplitterung, mangels richtiger Organisation zu etwas Sporadischem, Gewalttätigem, Anarchischem, – eher zu einem plötzlichen Wutausbruch und zur Frustration als zu einem rationell disziplinierten Kampf um spezifische Ziele. Hier könnte man kurz Hobsbawms Interpretation des Luddismus, der Maschinenzerstörung durch Arbeiter in England, erwähnen, da er ihn als eine „primitive Form kollektiven Feilschens“ bezeichnet. In den unterentwickelten Ländern bestätigt sich immer wieder das Gefühl der Abhängigkeit, manchmal sogar im Akt der Opposition selbst – Streikende fordern weniger ihre Rechte als die Befriedigung ihrer Bedürfnisse. Diese Forderung wird stillschweigend so mächtig wie ein *deus ex machina,* der die Verantwortung auf sich lädt und es den Arbeitern erlaubt, sich der Verantwortung, ihre Forderungen durch eigene Bemühungen durchzusetzen, zu entziehen. Dies ist ein Element in jener absurden Rolle, die einzelne Führer erhalten. Ob es nun Stalin, Mao, Gandhi oder Nasser sind, sie alle spielen in ihren religiösen und vorherrschend bäuerlichen Gesellschaftssystemen schließlich die Rolle von Göttern, die in ihrer Allmacht zugunsten der Unterdrückten eingreifen, um ihnen Unabhängigkeit oder wirtschaftliche Weiterentwicklung zu bringen. In einem früheren Kapitel sprachen wir bereits von der Rolle des Messias, der eine sonst isolierte Feindseligkeit koordinierte und ihr ein kollektives Bewußtsein verlieh, und es dürfte kaum überraschen, wenn dasselbe Merkmal in diesem säkularen Zusammenhang auftaucht. Trotzdem sollte einen das Auftauchen der gottgleichen Gestalt nicht zu dem Glauben verführen, daß das Volk sich in seinem Handeln immer unbedingt für eben diese Persönlichkeit engagiert: die Tatsache, daß das Glück Sukarno oder Nkrumah den Rücken kehrte, weist darauf hin, was für ein Kartenhaus dieses Charisma in der Praxis sein kann, wenn es bedroht wird.

Manche Leute der gebildeten städtischen Mittelklasse setzen die Identifizierung mit dem Staat (als Teil eines Nationalismus) einer Neigung zum Autoritären gleich; sie kann Teil einer umfassenderen romantischen Rekonstruktion einer ländlichen Gesellschaft sein, die dazu dient, sowohl den Verlust einer vermeintlichen Sicherheit und Integration in der Dorfgemeinschaft zu kompensieren, als auch eine wirksame Rechtfertigung für ihre eigene Position zu liefern. Wenn der Schwerpunkt auf dem Staat liegt, muß die Gesellschaft gleich einem Dorf integriert sein. Natürlich entsprechen wirkliche Dörfer dieser romantischen Vorstellung recht wenig; sie können in Faktionen oder Verwandtschaftsgruppen zerfallen, die in fast ständige Kämpfe verwickelt sind. Identifizierung mit der Verwandtschaftsgruppe auf Dorfebene wird auf nationaler Ebene zur Identifizierung mit einer ethnischen Gruppe und verkörpert sich in bestimmten Führern, von denen man abhängig ist. Wichtig ist weniger, was der Führer im einzelnen tut oder tun will, sondern seine bloße Existenz als Symbol der Einheit.

Genau wie das Dorf (oder eine Einzelgruppe des Dorfes) in seiner Einheit von einer gemeinsamen Feindseligkeit gegenüber Außenstehenden abhängig ist, die von allen Mitgliedern gemeinsame Opfer erzwingt, so stützt sich der neue Nationalismus auf eine scharfe Trennung von Gruppen, die „pro" oder „contra" sind.

Wir wiesen bereits darauf hin, daß die durch gemeinsamen Haß erzwungene Solidarität die Stellung der Führung stärkt (obgleich dies nicht heißen soll, daß der Haß von der Führung allein zu dem Zweck erzeugt wird, die eigene Position zu sichern). Die imperialistische Macht, die zuvor herrschte, ist eine der Zielscheiben dieses Hasses, die sich historisch wesentlich eher rechtfertigen läßt als viele andere; doch mit der Zeit verliert diese Zielscheibe an Bedeutung, und sie muß durch leichter erkennbare Feinde ersetzt werden; das sind die Israelis für die Araber, die Inder für die Pakistani, die Äthiopier für die Somali, die Chinesen für die Indonesier und umgekehrt. Der Sinn für „Gruppenehre" ist ein Symptom des Gruppenlebens im Dorf; entsprechend wird die „Ehre der Nation" jetzt zu einem praktischen politischen Begriff. Die Leute reagieren mit äußerster Empfindlichkeit auf eine angebliche Verleumdung ihrer nationalen Integrität, und die USA werden in einer Personifizierung ihrer internationalen Beziehungen als alter böser Mann dargestellt, der mit fast grundloser Bösartigkeit die Zerstörung dieses reinen Wesens, der Nation, plant.

Der vermeintliche Charakter der Armee entspricht einigen

der angestrebten ethischen Grundsätze: Ordnung, Sicherheit, Hierarchie (wo jeder selbstverständlich und fraglos seine jeweilige Stellung anerkennt), und jeder Platz in der Gesellschaft bringt unvermeidlich Rechte und Pflichten mit sich, die weder nach Debatte noch nach Veränderung verlangen, da das Ganze kohärent auf ein zentrales Ziel ausgerichtet ist. In China, Ägypten, Pakistan, Algerien usw. weist die Aufgabe der Armee, die Zivilbevölkerung mit gewissen Idealen zu versorgen, solche Ähnlichkeiten auf, daß man einige der gewaltigen Gegensätze zwischen ihnen fast übersieht. Natürlich werden die Armeen wahrscheinlich von den gleichen Spaltungen betroffen wie die Gesellschaft als Ganzes, werden Soldaten wie alle anderen versuchen, das, was sie leisten, so minimal wie möglich zu halten und das, was sie dafür erhalten wollen, so maximal wie möglich anzusetzen, mit dem Unterschied, daß ihr Handeln stärker von einem System reiner Gewalt geprägt ist. In ihrer inneren Organisation verkörpert die Armee jenen Zwang, den sie außerhalb der Armee auf andere ausübt. Der ländliche Mythos impliziert, daß Einmütigkeit und Harmonie unter Dorfbewohnern spontan entstehen, während Armeen dem direkten Befehl von Generälen unterstehen. Ein Anschein von Ungezwungenheit wird vorsichtig deshalb erweckt, um die Anwendung von Gewalt zu verschleiern. Die Armeen selbst (oder besser ihre Offiziere) stärken die Illusion einer vollkommenen Einheit (die Teil jener Furcht ist, die sie in ihren Gegnern zu wecken suchen), und sie möchten gerne den Anschein erwecken, daß sie über dem kleinlichen Gezänk bloßer Politiker stehen. Sie haben keine Marktinteressen (mit einigen Ausnahmen, wie zum Beispiel in Thailand), da sie nicht von Geschäften, sondern von Steuern leben, so daß sie einen ehrlichen und selbstlosen Eindruck machen. In ihren verständlichen Versuchen, den eigenen Zahlmeister zu kontrollieren und damit ihre eigene Existenz zu sichern, kann eine Machtergreifung oder zumindest Kontrolle des Staates eine Vielfalt von Bedürfnissen erfüllen.

Diese Darstellung versuchte einige der Merkmale aufzuzeigen, die dem Wesen der Unterentwicklung, oder besser frühen Phasen der Entwicklung im heutigen Sinne, gemeinsam sind. Dies ist insofern ein gewagtes Unternehmen, als man eine lokale Besonderheit irrtümlicherweise verallgemeinern kann, und als die Diskussion dadurch von der Wirklichkeit abweicht, die doch entscheidend ist. Doch ist hier aus Raumgründen nur eine allgemeine Darstellung möglich, die zeigen soll, daß westliche und sowjetische Darstellungen, die zwischen „kommunistisch" und „nichtkommunistisch" oder zwischen „kommunistisch", „neutral" und „westlich orientiert" unterscheiden, einige grundlegende Ähnlichkeiten aufweisen. Hier handelt es sich um Probleme, die die Ideologie erklären muß. Viele der sowohl in kommunistischen als auch in nichtkommunistischen Ländern als wesentlich sozialistisch erkannten Merkmale sind nicht mehr als die historischen Begleitumstände einer Entwicklung – die Verwandlung harter und unliebsamer Notwendigkeiten in etwas attraktivere Tugenden.

Nationalismus, der Glaube an die Bevölkerung bestimmter, politisch definierter Gebiete als Operationsbasis des Bewußtseins, als Quelle aller Tugenden und aller Legitimität – das ist der Leitfaden; und der Nationalismus der unterentwickelten Länder weist unvermeidlich große Ähnlichkeit mit dem Nationalismus in Europa auf. „Und das Blut hat sich erhoben gegen die formale Vernunft, die Rasse gegen die zweckmäßige Rationalität, die Ehre gegen Profit, die Einheit gegen individualistische Auflösung, kriegerische Tugend gegen bürgerliche Sicherheit, das Volk gegen das Individuum und die Masse" (Ernst Krieck, führender nationalsozialistischer Philosoph in Heidelberg). Für manche Leute kann der Nationalsozialismus eine kohärente Doktrin bedeuten, auch wenn seine Erscheinung in Deutschland und Italien während der beiden Kriege den Eindruck erweckt, er sei ein sorgsam ausgearbeitetes Trugbild, das eine persönliche Diktatur verschleiern sollte. Natürlich wäre es falsch, so verschiedenartige Glaubenssysteme als „faschistisch" zu betrachten, doch kann die starke Unsicherheit der städtischen Mittelklasse in einer feindlich eingestellten internationalen Umgebung unheimliche Echos auslösen. Ähnlich weckt die Verbindung zwischen sozialistischer oder marxistischer Kampfauffassung und Nationalismus gelegentlich alte Erinnerungen. Ein Nationalismus ist unvermeidlich der Kult einer Minderheit. Deshalb ist es irreführend, aus dem Verhalten eines Mitglieds der städtischen Mittelklasse oder eines wichtigen Führers der Gesellschaft eine Reaktion des Volkes ablesen zu wollen. Geertz kommentiert den Nationalismus einer indonesischen Zeitung als „eine Art stark empfundene, aber seltsam abstrakte ideologische Ausdrucksweise, Teil einer symbolischen Maskierung wirklicher Wertkonflikte innerhalb der Gesellschaft, eines zu starken kulturellen Protests, wodurch Konflikte, die das soziale Gleichgewicht zu stören drohen, der bewußten Erkenntnis oder zumindest offenen Formulierung in gewissem Grad ferngehalten werden“ (1960, S. 370).

Die soziologische Seichtheit der Gefühle erzeugt eine ähnliche ideologische Seichtheit (was nicht implizieren soll, daß die ausgedrückten Gefühle seicht sind). Die Doktrinen sind locker definiert und relativ inkohärent, entstammen offensichtlich widersprüchlichen Quellen, die nur im leidenschaftlichen Glauben des Gläubigen zur Einheit werden. Die Beispiele eines Synkretismus sind vielfältig: die Beschreibung Burmas als einer „Nation, die sich auf eine Verbindung gründet aus burmesischem Nationalbewußtsein, buddhistischer Philosophie, englischer politischer Organisation und sozialistischen, marxistischen und nicht-sozialistischen Wirtschaftstheorien“; Nassers Behauptung, das „Reich des Islam“ sei „in seinen frühen Tagen der erste sozialistische Staat gewesen“; Ben Bellas „islamischer Sozialismus“; Nkrumahs Bemerkung, er sei ein „nichtkonfessioneller Christ und marxistischer Sozialist“ und zwischen beiden hätte er „keinen Widerspruch entdeckt“; Sukarnos indonesischer Sozialismus und der indonesische Marxismus-Leninismus der dortigen kommunistischen Partei; die Verquickung der marxistischen historischen Analyse der indischen Praja-Sozialisten mit der Ethik der Veden. Auch handelt es sich hier nicht bloß um Wortspiele, denn schon Lewis Feuer erzählt, daß Burmas U Nu und Chinas Tschou En-lai einen Vertrag im Namen ihrer Länder unterzeichnet hätten, und zwar am 1. Oktober 1960 um 5 Uhr 50 nachmittags, das heißt zu dem Zeitpunkt, den die Astrologen als den günstigsten bezeichnet hatten. Stark (1966, S. 175) zitiert das etwas tragische Beispiel einer Verschmelzung von Vergangenheit und Gegenwart im

„Katechismus“ einiger italienischer republikanischer Bauern:

„*Frage:* Welches sind die drei Einzelwesen in Garibaldi?

*Antwort:* Der Vater der Nation, der Sohn des Volkes und der Heilige Geist der Freiheit.

*Frage:* Wie ist er Mensch geworden?

*Antwort:* Genau wie wir nahm er einen Körper und eine Seele an im gesegneten Leib einer Frau aus dem Volke.“

Ein charakteristischer Zug bei der Anwendung einer Doktrin an einem anderen Ort als dem, an dem sie formuliert wurde, besteht darin, offensichtlich recht widersprüchliche Argumente miteinander zu verbinden. Einige der oben angeführten Beispiele ähneln jenen unserer Untersuchung über religiöse Glaubenshaltungen. Wirtschaftliche Entwicklung ist ein „westlicher Prozeß“, und die bisher mit einer Entwicklung verbundenen Kulturformen sind westlichen Ursprungs. Zwar ist daran nichts ungewöhnlich, doch historische Tatsache ist, daß der Entwicklungsprozeß des Westens (einschließlich der Erfahrungen der Sowjetunion) das Feld behauptet hat. Zumindest im Augenblick noch profitieren Entwicklungsanstrengungen von diesem kulturellen Erbe, und die Führer der Dritten Welt versuchen, dieses Erbe mit sorgfältig ausgewählten Elementen einheimischer Kultur, ererbten „Wesenszügen“, in Einklang zu bringen. Nach westlichen Maßstäben ist diese Verquickung nur unvollkommen vollzogen, da die Doktrinen unvereinbaren Wurzeln entstammen, und um überhaupt einen Einklang zu erreichen, muß man beide Elemente im großen oder im kleinen neu definieren, so daß am Schluß oft nur noch ein Wortspiel bleibt. Soll also „Demokratie“ etwas Eindeutiges bezeichnen, so muß sie gewisse Begriffsinhalte aufweisen, und der Begriff darf nicht lediglich dazu verwandt werden, irgendeine Form der Organisation zu beschreiben, was bei einem Außenstehenden den Eindruck erweckt, als sei der Begriff allgemeingültig. Traditionelle Praktiken und „fremde“ Doktrinen miteinander zu verbinden ist ein Teil des Versuches, gegensätzliche Gruppen (den ortsansässigen Bauern und die vom Westen „beeinflußte“ Elite) zu gewinnen.

Hier handelt es sich auch um eine Form besonderer Sophisterei, denn in den „fremden“ Doktrinen gibt es oft Kriterien, die beurteilt werden, gleichgültig ob man die Worte einigermaßen richtig versteht oder nicht. Einer solchen Beurteilung seitens der Öffentlichkeit wird jedoch der „ländliche Sozialismus" sorgfältig entzogen, denn jede Kritik wird mit der Begründung verworfen, daß sie von einer Person geübt werde, die über die Besonderheiten der lokalen Lage nicht „wirklich" informiert sei. Manchmal trifft dies zu, manchmal vermeidet man dadurch lediglich eine ungelegene Kritik. Doch bei einer Überprüfung der neuen Orthodoxie muß man auch jene Mitglieder der einheimischen Gesellschaft um ihre Meinung fragen, die im Gefängnis sitzen.

Synkretismus ist ein wichtiges Hauptmerkmal politischer Ideen in unterentwickelten Ländern. Tatsächlich haben nur sehr wenig Leute mit jenen politischen Auseinandersetzungen zu tun, bei denen „fremde" Doktrinen entlehnt werden, so daß die politischen Folgen eines Synkretismus vielleicht weniger stark sind als man annehmen möchte. Oft werden die synkretistischen Formulierungen ganz bewußt für das Ausland geschaffen, oder sie werden lediglich bei Diskussionen zwischen Mitgliedern der Elite benutzt. Dem Durchschnittsbauern steht der Marxismus verständlicherweise genauso fern wie die Gesellschaft, in der er ursprünglich formuliert wurde. Und dasselbe gilt für den Bauernstaat in den größeren Ländern der Dritten Welt. Folglich muß man einen Blick für die Proportionen haben, wenn man versucht, die neuen Orthodoxien einzuschätzen, denn vielleicht reichen sie nicht sehr tief, und sogar wenn sie tiefer reichen, werden sie fast immer in gänzlich traditionellen Begriffen neu formuliert. Wahrscheinlich ist Mao in den Augen eines chinesischen Durchschnittsbauern weniger ein Verfechter des Marxismus-Leninismus als ein Kaiser und Prophet.

Auch sollte man nicht den tastenden Pragmatismus unterschätzen, den die neuen Orthodoxien lediglich verspätet zu rationalisieren versuchen. Wir haben bereits darauf hingewiesen, wie Fidel Castro erst dann zum „Marxisten-Leninisten" wurde, als er an die Macht gelangt war; sein Marxismus-Leninismus bedeutete weniger eine Unterstützung der Revolution als das Merkmal einer gewissen außenpolitischen Richtung. In der Tat unterstützten die kubanischen Marxisten-Leninisten Castro erst dann, als sein Erfolg fast feststand. In Ägypten besaßen die

Armeeoffiziere, die im Jahre 1952 die Macht ergriffen, keine ausgeprägte Anschauung, kein klares Programm darüber, was sie nach der „Säuberung" unternehmen wollten. Zu Beginn waren sie ziemlich konservativ, und eigentlich waren es erst die Ereignisse von 1956, die sie veranlaßten, eine wesentlich radikalere Wandlung der Wirtschaft und Gesellschaft Ägyptens zu befürworten. Der „ägyptische Sozialismus" entwickelte sich also aus einer Reihe ganz bestimmter Probleme und Herausforderungen und weniger aus eigener Kraft. Die Verbindung der Elemente, die wir als „etatistischen Nationalismus" bezeichneten, ist nicht einfach Ausdruck einer nationalen Gesinnung; eher handelt es sich dabei um die umstandsbedingten Anpassungsversuche von Völkern, die sich bemühen, in einer Welt zu überleben, die von den am stärksten entwickelten Ländern beherrscht und ausgebeutet wird.

Dieses Kapitel versuchte einige der früher zur Diskussion gestellten Themen weiter auszuarbeiten. Gemeinsame Probleme der Dritten Welt erzeugen ähnliche Reaktionen. Allerdings wurden die Unterschiede, die sowohl die Probleme als auch die Reaktionen aufweisen, hier außer acht gelassen, um einige der gemeinsamen Elemente hervorzuheben. Die Terminologie wurde vielen verschiedenen Quellen entlehnt, so daß die Unterschiede – allein schon hinsichtlich der Sprache – zwischen dem „freien Unternehmertum" in jenen Ländern, die direkter amerikanischer Vorherrschaft unterworfen sind, der Fabianischen „gemischten Wirtschaft" Indiens und dem Marxismus-Leninismus Chinas, Nordvietnams und Nordkoreas sehr groß zu sein scheinen. Doch verbergen sich hinter diesen Etiketten ähnliche Prozesse, dieselbe (wenn auch jeweils stärker oder schwächer ausgeprägte) Kombination von Etatismus, Nationalismus und Voluntarismus. Die engsten effektiven Parallelen mit der europäischen Geschichte findet man eher bei Volksregierungen und nationalistischen Regimes als bei den Fabianischen oder marxistischen Traditionen selbst. Die Länder der Dritten Welt müssen um ihre Existenz unter Bedingungen kämpfen, die weitaus härter sind als jene, die die Entwicklung der westlichen Länder bestimmten; in der Tat sind die westlichen Länder das Haupthindernis für die Entwicklung der unterentwickelten Länder.

Dieser Existenzkampf aber verleiht ihren Orthodoxien einen Radikalismus, der mit dem Konservativismus des kapitalistischen und „sozialistischen“ Westens kontrastiert.

Zum Abschluß dieses Kapitels dürfen wir uns fragen, ob Doktrinen je von einer Gesellschaft auf die andere transponiert werden können, ohne daß sie sich grundlegend ändern. Wo verläuft die Grenze zwischen dem Besonderen und dem Allgemeinen? Wie wir bereits im zweiten Kapitel bemerkten, wirft der Begriff „Gesellschaft“ in diesem Zusammenhang Schwierigkeiten auf. Denn die Beantwortung der Frage wird stark durch das bedingt, was wir unter „Gesellschaft“ verstehen. Wenn wir mit diesem Begriff Nationalstaat meinen, können Doktrinen natürlich ohne Schaden transponiert werden. Die Umgestaltung des Marxismus durch Mitgliederorganisationen der Zweiten Internationale in verschiedenen Ländern Europas war keine Verwandlung des Marxismus; die gegebenen Kategorien wurden lediglich mit „lokalem“ Sinngehalt aufgefüllt. Die „industrielle Arbeiterklasse“ bestand nicht aus Bauern oder Berufsrevolutionären, sondern aus wirklichen deutschen beziehungsweise französischen Arbeitern. Wenn wir jedoch unter „Gesellschaft“ große kulturelle Zonen verstehen, die charakterisiert sind durch grundlegende Gegebenheiten, wie zum Beispiel die „westliche Gesellschaft“, dann wird die Transponierung den spezifizierten Bedingungen entsprechend um einiges schwieriger. Wenn wir zum Beispiel die „entwickelte Industriegesellschaft“ durch die Tatsache charakterisieren, daß industrielle Aktivität die beherrschende Rolle spielt und daß die industrielle Arbeiterklasse in dieser Gesellschaft eine Mehrheit oder fast eine Mehrheit der Bevölkerung ausmacht, so liegt es auf der Hand, daß politische Ideologien, die auf die mögliche Beherrschung der Gesellschaft durch jene industrielle Arbeiterklasse hinzielen, in einer Gesellschaft ungeeignet sind, in der die Mehrheit der Bevölkerung Ackerbau treibt und die Industriearbeit Nebensache ist. Fast alle modernen westlichen politischen Ideen setzen „westliche Gesellschaft“ und grundlegende strukturelle Bedingungen voraus, die als Ganzes nur in Gesellschaftssystemen des Westens anzutreffen sind, so daß eine Transponierung nur auf solche Gesellschaftssysteme stattfinden kann, wo jene Bedingungen nicht auf Kosten der Ideen selbst existieren. Das aber heißt, sie werden neu definiert und bedeuten etwas anderes.

Bei einer Transponierung zwischen zwei recht verschiedenartigen Systemen findet folgendes statt: Die Doktrin bedarf einer zusätzlichen Unterstützung durch andere Doktrinen (Marxismus und Islam in Indonesien) und verwandelt sich gleichzeitig in eine überzeitliche Doktrin, da sie ihrer spezifischen wertgebenden Bedingungen verlustig geht. Allmählich bezieht sie sich eher auf „die Natur des Menschen“ (eine der soliden sozialen Vorstellungen, die wir besitzen, auch wenn sie so gut wie nichts bedeutet) als auf die Natur einer spezifischen Gesellschaft. Es ist interessant, zu sehen wie dieser Prozeß sich besonders klar in China entwickelt hat, wo es dem Marxismus weniger darum geht, wie die Gesellschaft organisiert werden sollte, als um die Rettung der Seelen. Zum „Sozialisten“ wird eher jemand mit einer besonderen ethischen Überzeugung (was für die Sozialisten „den Wünschen des Volkes gegenüber freundlich und aufgeschlossen“ bedeutet, bei ihren Feinden jedoch „böse“ und „elitär“) als jemand, der sich für eine spezifische Analyse einer spezifischen Gesellschaft oder einer spezifischen Sicht der zukünftigen Organisation der Gesellschaft engagiert. Die Gesellschaftsanalyse wird immer unwichtiger, der Voluntarismus des Sozialisten immer wichtiger. Doch ist der Voluntarismus der politischen Führer durch die Gegebenheiten ihres Amtes, durch die Kräfte im In- und Ausland, die gewisse Aktionen erfordern, gebunden (es sei denn, der Politiker besitzt sein eigenes und ganz besonderes Mittel, um sich eine überwältigende und hingebungsvolle Anhängerschaft zu sichern). Es ist der Weg, den die Befreiten zu gehen gezwungen sind, der die Hauptmerkmale eines „etatistischen Nationalismus“ aufweist.

# VII

## Die Logik von Dichotomien

*Verfechter des Status quo „neigen dazu, die Struktur ihrer eigenen Gesellschaft in Begriffen eines Funktionsschemas oder einer nicht egalitären Klassenlosigkeit darzustellen. Revolutionäre zeigen andererseits die Tendenz, die Welt als Dichotomie mit gegensätzlichen Merkmalen zu sehen. Doch kann es auch vorkommen, daß dasselbe Schema von zwei gegensätzlichen sozialen Strömungen benutzt wird.“*

Ossowski, *Class Structure and Social Consciousness*

In unserer Darstellung tauchten bis jetzt eine Reihe miteinander verbundener Dichotomien auf. Es lohnt sich, einige dieser Dichotomien für sich und ganz allgemein ins Auge zu fassen, obgleich es dadurch zu einer Vermischung kommen kann zwischen wesentlichen Teilen der Struktur einer besonderen Weltansicht einerseits, und andererseits dem, was lediglich historischer oder nebensächlicher Zufall ist. Die Vorstellung, bestimmte Standpunkte müßten unbedingt zusammenhängen, kann in die Irre führen. Merton (1957, S. 501 f.) bemerkt, man hätte glauben können, daß sich die Bewegung der Sklavengegner notwendigerweise mit dem Pazifismus verbündet hätte, und das bis zu jenem Zeitpunkt, als der Krieg – in dem einer der Kriegführenden die Abschaffung der Sklaverei forderte – jene, die beide Ziele befürworteten, in zwei Parteien spaltete: in „Sklavengegner und Nichtpazifisten“ und in einfache Pazifisten, die die Abschaffung der Sklaverei nur unter gewissen Bedingungen befürworteten. Ähnlich kann man sagen, daß die russischen Führer entweder keine Marxisten sind, oder daß ein Marxist ein Gewinnstreben nicht unbedingt ablehnen muß, falls nämlich die Profite in Form von Libermann-Plänen vom Staat gemacht werden. (Das in sowjetischen Unternehmen arbeitende Kapital wird dann mit Zinsen belegt.)

Aus den bisherigen Kapiteln ist abzuleiten, daß man die Implikation gegebener Doktrinen, die Richtung einer Perspektive nicht erkennen kann, wenn man nur um die formale Aussage der betreffenden Doktrinen weiß. Man muß auch den Rahmen kennen, in dem die Doktrin formuliert wurde oder in dem man sie für wesentlich hält, man muß wissen, was die Leute, die sich zu ihr bekannten, unter ihr verstanden, was sie taten und welche Ziele sie verfolgten. In der Entwicklung des englischen Konservativismus verbarg sich praktisch unter dem Begriff der „Führung" eine Zeit lang eine Reihe widersprüchlicher Dinge. Ähnlich umfaßte auch der Marxismus-Leninismus mit seinem Begriff „Proletariat" eine Anzahl unvereinbarer Elemente. Bei der Wiedervereinigung Italiens zählte man den „Nationalismus" zu einer gewissen Reihe anderer radikaler Programme, zu denen auch der Republikanismus gehörte. Bei der Einigung Deutschlands unter Bismarck jedoch verband sich mit Nationalismus eine Reihe konservativer Positionen. In Japan war der Nationalismus eines der Merkmale einer militärischen Elite, die versuchte, sowohl Japans Ancien Régime zu erhalten als auch im Ausland an Einfluß zu gewinnen. In China war der Nationalismus zunächst eine radikale, das heißt republikanische und liberale Kraft, bevor sie sich in radikale und konservative Parteien spaltete.

Einer der Leitfäden in dieser Darstellung war die Dichotomie Herrscher und Beherrschte, die, wie wir sahen, der ideologischen Dichotomie (konservativ und radikal) entsprach. Historisch gesehen ist diese Abgrenzung nicht völlig richtig, da es sich gewiß nicht widerspricht, von konservativen Beherrschten und radikalen Herrschern zu sprechen. Doch hilft uns diese Entsprechung, Ideologien provisorisch zu ordnen, und wir dürfen folgern, daß es schwierig ist, radikal zu sein, wenn sich einer Veränderung keine Hindernisse in den Weg stellen. Diese Hindernisse aber sind oft das, was den Status quo ausmacht. Was nun jedoch den Status quo ausmacht, variiert nach Inhalt und Ziel, die man dabei im Sinn hat. Der Gesichtspunkt der Dichotomie ist nicht nur fruchtbar bei der Betrachtung der Gesellschaft als ganzer, sondern auch einzelner Gesellschaftssysteme und einzelner Sektionen der Gesellschaft. So benutzten wir dieses Prinzip schon oben, um auf verschiedene Gruppen *innerhalb* der englischen konservativen Partei aufmerksam zu machen, wobei der Status quo die Parteiführung und -organisation war. Am anderen Ende des Spektrums ist es die Opposition der Länder der Dritten Welt gegen den Status quo der anderen Welt, gegen die Herrschaft der entwickelten Länder, von denen sie als „radikal“ qualifiziert werden. Die Begriffe, genauso wie die Ideologien und Doktrinen, die wir diskutierten, sind nur in einem bestimmten Zusammenhang klar definiert.

Die Sicht der Welt und der Gesellschaft unterscheidet sich je nach Herrschern und Beherrschten, denn deren Vorstellungen entspringen verschiedenen Zielen und Standpunkten. Die Menschen sehen die Welt in Verbindung mit ihren eigenen Zielen, und sie lernen begreifen, was diese sind oder sein sollten, indem sie die Welt studieren; indem sie bei ihrem Versuch, etwas zu tun, Erfahrungen machen; indem sie das, was sie für wesentlich halten, von dem trennen, was ihnen weniger wesentlich erscheint. Diese unterschiedliche Vorstellung ist kein Unterschied in der wahrgenommenen Welt selbst, sondern ein Unterschied der Voraussetzungen, unter denen man dieselben Dinge beurteilt. So sind es zum Beispiel die unteren Klassen, denen die Existenz von Klassen scharf und lebendig vor Augen steht, da sie der Klassenunterscheidung unterworfen sind. Es sind die Schwarzen, die die Diskriminierung durch die Weißen klar erkennen. Die oberen Klassen oder die Weißen nehmen entweder ihr eigenes diskriminierendes Verhalten überhaupt nicht wahr, oder sie nehmen es als selbstverständlich hin, als Teil einer natürlichen Ordnung der Dinge. Die Behauptung, daß Klassen existieren, wird dann nur als Folge persönlicher Abneigung behandelt, und Lösungsvorschläge gehen genauso am Problem vorbei wie Marie Antoinettes Rat an die Sansculotten, Kuchen zu essen, wenn es kein Brot gäbe. Die bestehende Klassenordnung als selbstverständlich hinnehmen, heißt, sie unterstützen und trägt dazu bei, die gefährliche Idee, daß die Dinge auch anders sein könnten, einzudämmen. Wird jedoch die Vorstellung, daß Klassen existieren, formuliert, so kann das als positiv nützlich hingestellt werden. Ossowski zitiert die köstliche Feststellung Theodorets von Cyrus, in der sich dieser selbst beglückwünscht: „Man muß Gott bewundern, daß er die Dinge so weise geordnet hat, indem er den einen Reichtum und den anderen Fleiß verlieh" (1963, S. 91). Die Wechselwirkung zwischen Herrschern und Beherrschten, zwischen konservativen und radikalen Glaubensüberzeugungen war in allem bisher Diskutierten nur zufällig impliziert. In vielen Fällen wurden die angestrebten Ziele nicht beschrieben, obgleich ihre wichtigste Form herausgearbeitet werden konnte. Die aufeinanderfolgenden und unterschiedlichen Schwierigkeiten, mit denen der englische Konservativismus konfrontiert war, ließen einen unterschiedlichen Status quo erkennen und bewirkten bei den Konservativen unterschiedliche Reaktionen. An die Stelle des Angriffs gegen die Aristokratie und Monarchie trat ein Angriff auf „etablierte Institutionen" (vor allem die Monarchie und das Oberhaus), der seinerseits mit einem Angriff gegen den Privatbesitz zusammenfiel. Noch früher hatten Nonkonformisten die monopolistische Stellung der Anglikanischen Kirche bedroht. Jede Bedrohung aber fügte diesem konservativen Organismus ein neues Element hinzu, wenn auch späterhin die Verteidigung *aller* Elemente nicht immer nötig war. Schließlich war es eine konservative Regierung, die vor kurzem das überlieferte Fundament des Oberhauses zu zerstören begann, indem sie die Aufnahme Englands in die EWG beantragte (dadurch würden auf lange Sicht „etablierte Institutionen" in England gefährdet, indem man die englische Souveränität einer übernationalen Autorität unterordnet).

Verwendet man jedoch die Dichotomie, so darf man daraus nicht fälschlich eine Symmetrie der Glaubensüberzeugungen von Herrschern und Beherrschten ableiten, denn die Taktiken der Verteidigung sind andere als die des Angriffs, vor allem wo die Verteidigung im Rahmen einer etablierten Gesellschaft stattfindet, einer Gesellschaft, zu der gegebene Institutionen gehören, deren Symbolismus stark mit der übernommenen Kultur der Menschen verflochten ist. Converse vermerkt in diesem Zusammenhang die Asymmetrie von Parteien der Rechten und der Linken. Die oberen Schichten der Gesellschaft sind in ihrer Unterstützung der Rechten konsequenter als die unteren Schichten in ihrer Unterstützung der Linken; die Linke besitzt eine „natürliche“ Mehrheit, die jedoch weniger loyal und auf die weniger Verlaß ist. Folglich sind asymmetrische Strategien notwendig, und folglich liegt der Akzent desto stärker auf einer Gruppenloyalität, je weiter man sich im politischen Spektrum nach links bewegt. Die Rechte unterstreicht eine nichtpolitische Unabhängigkeit des persönlichen Urteils, doch für die Linke ist die „Übermittlung grober, einfacher, gruppenorientierter Stichworte ein notwendiger Imperativ. Für rechtsgerichtete Parteien ist durch solche Propaganda viel zu verlieren und nichts zu gewinnen, denn auf die treue Unterstützung der wesentlichen Anhängerschaft können sie ohne dick aufgetragene Propagandasprüche zählen, während es taktisch notwendig ist, sich die potentiell starke, ‚zufällige‘ Unterstützung der Wählerschaft der unteren Klassen zu erhalten“ (1964, S. 249).

Die Unterscheidung zwischen passiven oder „nichtpraktizierten“ und praktizierten Ideologien meint teilweise „konservativ“ und „radikal“. In der Praxis gibt es mindestens drei Ebenen individueller Glaubensüberzeugungen – Dinge, von denen wir behaupten, daß wir an sie glauben, für die wir uns jedoch wahrscheinlich nicht einsetzen; Dinge, an die wir glauben und für die wir uns wirklich einsetzen; und Dinge, an die wir glauben, für die wir auch etwas tun, an die aber auch viele andere Leute glauben, so daß soziales oder politisches Handeln möglich wird. Außerdem gibt es noch Dinge, für die wir in der Tat etwas tun würden, obwohl wir uns im vorhinein nicht bewußt sind, daß wir an sie glauben. Die ersten beiden Kategorien entsprechen einerseits passiven und andererseits aktiven Glaubensüberzeugungen, doch ist die dritte im Zusammenhang mit Ideologien, die gemeinsame Glaubensüberzeugungen einer sozialen Gruppe voraussetzen, die wichtigere.

Tatsächlich ist es unmöglich, „passiv“ und „aktiv“ klar voneinander zu trennen, da die Menschen gewöhnlich selbst nicht genau wissen, was sie unter nicht näher bezeichneten Umständen tun würden. Wenn jemand zum Beispiel in einer Meinungsumfrage die Frage „Glauben Sie an Gott?“ stellt und jemanden findet, der mit „Ja“ antwortet, so müssen wir herausfinden, was das zur Folge hat. Bedeutet es etwa, daß er seinen Nachbarn ermordet, wenn dieser die Frage mit „Nein“ beantwortet, –

oder bedeutet es, daß er nicht mehr mit ihm spricht, daß er ihm den Rasenmäher nicht mehr leiht oder sich keinen Tee mehr von ihm borgt? Bedeutet es, daß er sein Kind aus der Schule nimmt, die auch vom Kind jenes Nachbarn besucht wird oder einen Agnostiker zum Rektor hat? Oder bedeutet es, daß er sich völlig konventionell verhält, so daß sein Glaube an Gott sein Verhalten nicht merklich zu beeinflussen scheint? Im letzten Fall könnte man billigerweise sagen, sein Glaube sei passiv, er habe auf sein Tun keinen Einfluß, er sei lediglich ein Überbleibsel aus der Vergangenheit, vergleichbar dem, was für viele von uns das Weihnachtsfest bedeutet – nachdem die Voraussetzungen des Glaubens geschwunden sind. Natürlich könnten wir unrecht haben, und unter gewissen Umständen könnte der Glaube dieses Mannes an Gott Wegweiser seines Handelns sein. doch angesichts des verfügbaren Beweismaterials besitzen wir keine Möglichkeit, dies zu entscheiden.

Die Unterscheidung zwischen nichtpraktizierten und praktizierten Glaubensüberzeugungen ist für unsere Diskussion hier vor allem deshalb wichtig, weil konservative Doktrinen besonders viele nichtpraktizierte Glaubensüberzeugungen aufweisen, „Überbleibsel" aus der Vergangenheit, die für die unmittelbare Praxis wenig oder gar nicht relevant sind. Radikale Theorien weisen andererseits viele praktizierte Glaubensüberzeugungen auf, die ein Handeln in der Welt bewirken, um vorgegebene Ziele zu verwirklichen. Radikale müssen eine ungefähre Vorstellung von einer Gesellschaft haben, die sich, zumindest im Prinzip, von jener unterscheidet, in der sie im Augenblick leben; sie müssen eine Sicht des Möglichen haben. Für Konservative ist das unnötig, da sie die Gesellschaft, in der sie leben, als selbstverständlich voraussetzen und da für sie das Reale, dem sie konfrontiert sind, im großen und ganzen ideal ist. In der Tat sind Konservative sogar positiv daran interessiert, ein allgemeines Nachdenken über die Gesellschaft zu verhindern, da ihnen dadurch eine allgemeine Antwort abverlangt würde, eine Antwort, die sie zwänge, nicht jede Frage für sich und isoliert zu betrachten. Wenn jedoch Radikale derartige Theorien vorbringen, müssen ihnen Konservative genauso mit allgemeinen Theorien antworten, so daß eine konservative, allgemeine, soziale Theorie möglich ist, auch wenn sie kein wesentlicher Teil des Konservativismus ist. Einfach ausgedrückt heißt das, daß die „Theorie" (also die kohärente Darlegung spezifischer Ziele in Verbindung mit der allgemeinen Analyse der Gesellschaft) als ärgerliche Ablenkung von den alltäglichen Geschäften zurückgewiesen wird. Der praktische, mit beiden Füßen auf der Erde stehende Geschäftsmann steht hier im Gegensatz zu dem spekulativen Intellektuellen, dem Dogmatiker oder Theoretiker, der in einem Elfenbeinturm sitzt. An die Stelle der Theorie treten merkwürdige „Überbleibsel" der Vergangenheit, Namen und Phrasen, die keinen allgemeinen Bezug zueinander haben, sondern sich auf das beziehen, was den Konservativen und seine nicht analysierte Wirklichkeit unmittelbar betrifft.

Jene „Überbleibsel" werden verkörpert vom Ritual, von liebevoll konservierten Details, die aus ihrem ursprünglichen Zusammenhang gerissen sind, von prunkvollem Aufzug und Zeremonien, die zum Gehalt der offensichtlich dargestellten Gegenstände keinen Bezug mehr haben. Der Konservative verteidigt die historische Mythologie der Institutionen, ohne unbedingt allgemeingültig erklären zu können, warum man Institutionen treu sein soll. Doch wenn Konservative unter gefestigten Umständen (d. h. Umständen, unter denen der Status quo nicht bedroht ist) nur die *Form* von Institutionen sehen, so sehen Radikale andererseits nur den Sinngehalt, die Bedeutung von Institutionen für die Praxis. Bedarf man der Institutionen nicht – oder bedarf man ihrer, ohne klar spezifizieren zu können warum – so sollten die Institution, das Ritual, jene Überbleibsel also, abgeschafft werden. Der konservativen Betonung des Besonderen, Eigenartigen steht die radikale Betonung des Universalen, stehen die Bedürfnisse aller Menschen gegenüber. Auf diese Zweiteilung – Betonung der Form, der Existenz des Besonderen einerseits, des Inhalts und universaler Bedeutung andererseits – wurde bereits in unserer Diskussion über Religion hingewiesen, wo wir in der Verbindung zwischen der Autorität, der Rolle des Herrschenden und einer Doktrin einen Prozeß erblickten, durch den die Doktrin in den Augen des Volkes seiner Bedeutung beraubt und auf ein Ritual reduziert wird.

Unter Druck können Konservative auch den „universalistischen" Standpunkt ihrer Gegner einnehmen, wenngleich in einer äußerst abgeschwächten Form. So argumentierte zum Beispiel Lord Randolph Churchill, in dem wir früher einen radikalen Vertreter des englischen Konservativismus erkannten (doch in der englischen Gesellschaft als Ganzes betrachtet war er eine konservative Erscheinung), daß man für die britische Monarchie eine utilitaristische Rechtfertigung finden könne und müsse – die Monarchie war also nützlich. Dies war insofern eine gefährliche Position, als sie stillschweigend das radikale, methodologische Prinzip anerkannte und die Monarchie weniger zum Gegenstand der Anerkennung als zum Streitobjekt machte. Burke, der sich viel früher einem weniger direkten und weniger kohärenten Problem konfrontiert sah, begnügte sich damit zu sagen, daß das, was existiert, nützlich sein müsse, da es existiert; was immer der Zeit standgehalten hatte, mußte einer Funktion dienen und war gerechtfertigt. Doch unterließ er es zu erklären, welcher Funktion hier gedient wurde oder zu wessen Vorteil, denn hätte er dies getan, so hätte er das Argument noch einmal rationaler und universalistischer Kritik ausgesetzt. Er zog es vor, anzunehmen, daß die bestehende Gesellschaft im Grunde gut ist, so daß alle existierenden „Funktionen" ebenfalls gut sind; das Reale war das Ideale, auch wenn die Leute nicht immer wußten warum.

Die Spaltung in Form und Inhalt beschäftigte uns bereits bei der Untersuchung des Stalinismus, da viele der Formen unversehrt blieben, während ihr Inhalt sich änderte, ihre Bedeutung sich verlagerte. Freiheit wurde als das definiert, was in der Sowjetunion, in ihren „etablierten Institutionen" existierte; dabei handelte es sich um kein universales Kriterium, durch das die Institutionen der Sowjetunion kritisch hätten betrachtet werden können. Dieselbe Verschiebung fand im Westen statt, da hier „Demokratie" eher als existierende parlamentarische Institution erkannt wird, als daß man sie als Begriff nehmen würde, an dem man jene Institutionen mißt. Der Wandel im Stalinismus wurde stark verallgemeinert. Ossowski bemerkt: „Wie die französische revolutionäre Ideologie der Menschenrechte, wie die mittelalterliche Auslegung des Evangeliums, genauso spaltete sich auch der Marxismus in jener Zeit, die als ‚stalinistische Periode' bezeichnet werden sollte, in eine revolutionäre Ideologie und eine offizielle Doktrin, ihrem intellektuellen Sinngehalt nach zwar erstarrt, als Verteidigung für die augenblickliche Politik jedoch flexibel" (1963, S. 189).

Im Brennpunkt des konservativen Interesses stehen eher die unmittelbare Wirklichkeit, die unmittelbar anfallenden Verwaltungsprobleme, als die Reflexion über die allgemeine Lage der Gesellschaft, wodurch die Wirklichkeit verbessert werden könnte (das Reale unterscheidet sich vom Idealen und muß deshalb verändert werden); dadurch wird die politische Diskussionsbasis zum großen Vorteil der Konservativen eingeschränkt. Diese begrenzte Sicht wird oft als „Pragmatismus" bezeichnet, was allerdings insofern irreführt, als darin impliziert ist, daß der Konservative für ein gegebenes isoliertes Problem *jedes* Mittel verwendet. Das Gegenteil ist der Fall: Konservative handeln nach impliziten Richtlinien oder Prioritäten, durch die die möglichen Alternativen stark reduziert werden. Diese Richtlinien können nicht spezifiziert werden (tatsächlich ist es möglich, daß Konservative erst dann wissen, welcher Art diese Richtlinien sind, wenn sie wirklich mit einem gegebenen Problem kämpfen); denn wenn man sie spezifizierte, wäre das ein Zeichen dafür, daß es neben dem eingeschlagenen Weg noch andere Möglichkeiten gäbe; man würde Diskussion, Debatte und Kontroverse herausfordern und eine Reihe von Zielen umreißen, die innerhalb eines allgemeinen, theoretischen Rahmens interpretiert werden könnten. Vielmehr versuchen die Konservativen zu implizieren, daß der von ihnen eingeschlagene Weg, welcher Art er auch immer sei, „unvermeidlich" ist, diktiert von den Ereignissen und rein „praktisch". Doch die Richtlinien bestehen trotzdem. So standen der englischen (Labour-)Regierung während der Wirtschaftskrisen der sechziger Jahre zum Beispiel verschiedene Möglichkeiten zu handeln offen, doch nichtsdestoweniger versuchte die Regierung den Eindruck zu erwecken (was ihr auch bestens gelang), daß ihr nur eine, eine einzige Möglichkeit zu handeln blieb. Andererseits kann man sich nicht den Pragmatismus einer englischen Regierung vorstellen, der sie dazu treiben würde, auf einen Schlag alle Privatunternehmen zu verstaatlichen, obgleich in Verbindung mit einem oder mehreren Problemen ein solcher Fall vorstellbar wäre. Keine noch so große Anhäufung von Beweismaterial wird ein solches Resultat ergeben, da dieses mit der implizierten Richtlinie im Konflikt steht. Die Aktionen, die von Konservativen als „pragmatisch" bezeichnet werden, werden durch die unausgesprochenen Richtlinien zur Erhaltung des Status quo definiert; was mit jenen Richtlinien in Konflikt gerät, wird als „doktrinär", „dogmatisch" usw. bezeichnet. Natürlich war Lenin, wenn auch in einem anderen Sinn, seinem Verhalten nach recht pragmatisch; dies bedeutet, daß er es sich leisten konnte, weniger wichtige Richtlinien zu ändern oder aufzugeben, als er seine wesentlichen Ziele ziemlich klar umrissen hatte.

Für Konservative bedeutet Administration, Probleme in Teile zu zerlegen, die unabhängig voneinander behandelt werden können, und weniger, Probleme zusammenzufügen, so daß man sie als kohärent aufeinander bezogen sehen kann, um eine einzige Lösung für sie zu finden. Dieser Punkt ist nicht nur für die Politik relevant, da er ein allgemeines methodologisches Prinzip verkörpert – das Besondere ist alles, das Universale ist unreal. Ein Konservativer könnte argumentieren, daß jedes Problem auf das reduziert werden sollte, was er als seine grundlegenden Elemente erkennt, und daß es isoliert behandelt werden sollte. So ist zum Beispiel die Neurose dieses Mannes sein eigenes Problem oder höchstens ein Problem, das durch seine Familie oder unmittelbare Umgebung entstand. Im Gegensatz dazu ist der Radikale aufgeschlossen nach außen und verallgemeinert schnell, so daß sein Problem lediglich zu einem Symptom einer allgemeinen Gesellschaftskrise werden kann, deren Überwindung nur in einer allgemeinen Lösung zu finden ist. Es genügt nicht zu sagen, der Konservative sei „realistisch", weil er Lösungen formulieren kann, die auf das Problem unmittelbar anwendbar sind, denn vielleicht sind seine Lösungen gar keine; der Radikale kann tatsächlich recht haben. Ob man glaubt oder nicht glaubt, daß er recht hat, hängt teilweise von der allgemeinen Vorstellung ab, die man sich von der Gesellschaft als Ganzem macht. Wenn man zum Beispiel glaubt, daß die Gesellschaft prinzipiell harmonisch ist (oder zumindest nicht problematisch), dann können Probleme auf die Weise des Konservativen isoliert werden; und wenn sich die erste Lösung als unwirksam herausstellt, können andere auf dieselbe Weise formuliert werden. Die meisten Gesellschaftssysteme behandeln so ihre Armen, denn die Armen werden als Nebenproblem betrachtet, das man isoliert und das direkt gelöst werden kann, und nicht als unvermeidliches Ergebnis der Beschaffenheit einer Gesellschaft. Verschiedene Regierungen in England haben ein Hindernis für die Verbesserung der Lage der Armen darin erblickt, daß dem Namen verschiedener Wohlfahrtsunterstützungen ein gewisses Stigma anhaftet. So wurden die Namen geändert – aus „National Assistance" wurde vor kurzem „Social Security" –, doch jedem neuen Namen prägte sich alsbald das Stigma des alten auf. In diesem Fall das Problem als Namensproblem zu isolieren, hilft so gut wie nichts, da es Teil der Sozialstruktur des Ganzen ist; das Problem läßt sich nur für kurze Zeit mit Worten verschleiern. Ein Radikaler dürfte vermuten, daß das Wohlfahrtssystem für die Armen und das Bildungssystem einem gewissen Klassensystem entsprechen und es verewigen sollen; dann aber wäre Namensänderung weder ein Ersatz für die Änderung des Klassensystems noch ein Mittel zu diesem Ziel.

Bereits bei Burke und im englischen Konservativismus entdeckten wir die Auffassung, daß es in der Gesellschaft immer nur eine einzige richtige Lösung für ein bestimmtes soziales Problem gibt. Der Stalinismus wiederholt denselben methodologischen Grundsatz, und dieselbe Vorstellung wirkt innerhalb der etablierten Machtbereiche größerer religiöser Orthodoxien. Die einzige Wahrheit ist das kollektive Urteil der herrschenden Gruppe, des Herrschers, und was der Herrscher sagt, ist die Wahrheit. Für die Beherrschten jedoch ist die soziale Relativität von „Wahrheiten" augenscheinlicher. Es existieren unvermeidlich viele Antworten, die davon abhängig sind, wer man ist, wann und wo man ist. Denn die Wahrheit der Geführten, ihre Erfahrung, unterscheidet sich von der Wahrheit der Führung, der administrativen Autorität. Im Gegensatz zum Konservativen, der vom Gipfel der sozialen Pyramide aus ein integriertes, harmonisches Ganzes erblickt, läßt der Radikale seinen Blick sozusagen über die flache Ebene seiner Gesellschaft schweifen, auf der kriegführende Stämme einander befehden. Für den Radikalen ist die Gesellschaft nicht integriert; sie ist disharmonisch. Die untergeordneten Gruppen betrachtet er als gleichberechtigt mit der herrschenden Gruppe, mit dem gleichen Recht wie sie, von der Welt eine gültige Vorstellung zu gewinnen. Für den Radikalen sind Klassen konkurrierende Kollektive. Für den Konservativen existieren Klassen entweder nicht, oder sie sind lediglich funktionale Organe eines einzigen Körpers, die harmonisch aufeinander bezogenen Teile einer wechselseitig vorteilhaften Arbeitsteilung. Sowohl der britische Konservativismus als auch der Stalinismus benutzen Formen der Umgehung der Vorstellung „Klasse". Wo Disharmonie existiert, muß es natürlich irgendeine soziale Ursache dafür geben, doch kann diese Ursache weder eine Klasse noch die Nation sein. Die Konservativen stellen fest, daß die Bedrohung von einer unzufriedenen und eigennützigen Faktion kommt, gewöhnlich von entfremdeten Angehörigen einer Oberklasse (die Legende von Satans Vertreibung aus dem Paradies illustriert besonders deutlich dieses Gefühl). So ist Revolte kein grundlegender und integraler Teil der Gesellschaft, sondern ein schädlicher Auswuchs. Dasselbe Gefühl brachte Stalin in den Worten „Überbleibsel der alten ausbeutenden Klassen" zum Ausdruck, und er fand deshalb in der Parteiführung – dieser sowjetischen Version jener konservativen Oberklasse – die Hauptopfer für seine Ketzerjagden.

So steht der konservativen Auffassung von einer im Grunde harmonischen Gesellschaft der Glaube des Radikalen an eine disharmonische Gesellschaft gegenüber, oder besser: der Glaube an das gemeinsame Interesse der Menschheit. Gewiß mag der Konservative zugeben, daß es Konflikte gibt, doch beeinträchtigen diese nicht die grundlegende Harmonie. Wie aber sieht die „Gesellschaft" aus, die der Konservative meint? Er meint damit das von der herrschenden Gruppe kontrollierte und verwaltete Territorium, den von der Elite (sei sie nun Aristokratie, König oder Kommunistische Partei) verteidigten Bereich – einer Elite, deren Sprecher der Konservative ist. So ist der Nationalstaat also „Gesellschaft"; eine konservative Kontrolle des Staates gibt dem Konservativen das Gefühl, die Gesellschaft sei harmonisch. Wenn eine neue Gruppe den Staat übernimmt, zieht sich der Konservative verletzt ins Exil zurück, verfällt in Apathie, oder er entfaltet eine militante gegenrevolutionäre Aktivität.

Im Gegensatz dazu hat der Radikale, da er nicht Mitglied der herrschenden Elite ist, kein eingefleischtes Interesse am bestehenden territorialen Gebiet, und wahrscheinlich existiert in seinen Augen eine Vielfalt von Gruppen und Verbänden, die nicht national sind. Die unteren Klassen sind deshalb nicht durch das Interesse an einer Mitbestimmung im Nationalstaat beengt, ein Ziel, das der Macht des Herrschers entspricht. Die Beziehung zwischen Herrscher und Beherrschten kann bei den unteren Klassen entweder Gleichgültigkeit gegenüber einer praktischen nationalen Loyalität hervorrufen oder einen positiven Internationalismus, der die Institutionen des Nationalstaates lediglich als altmodische „Überbleibsel" der Vergangenheit, als Ritual ohne universale Bedeutung betrachtet. Auch in diesem Fall steht der Nachdruck, den der Konservative auf das Besondere legt, im Kontrast zu der Akzentuierung des Allgemeinen durch den Radikalen. So ist es besonders bedeutsam, wenn man im Stalinismus die Verschiebung des Schwergewichts entdeckt, das zuerst auf einer besonderen unteren Klasse, den Arbeitern, lag (wobei internationale Implikationen im Spiel waren) und dann später entweder auf die russische Nation oder die klassenlose Vorstellung von „allen Produzierenden" verlagert wurde, welcher Begriff aus dem Russischen etwas unglücklich übersetzt wurde als „die arbeitenden Massen".

Wenn Konservative von dem ausgehen, was bereits existiert, und Radikale von dem, was sein könnte, ist es für die Konservativen unnötig, über ihre Lage zu argumentieren, es sei denn angesichts einer ernsthaften Bedrohung. Radikale jedoch müssen ihre Lage immer diskutieren, müssen eine kohärente Theorie oder ein kohärentes Programm unterbreiten, dessen Fundament eher universaler als partikularer Art ist. Sind sie bedroht, so sehen sich natürlich auch die Konservativen unvermeidlich gezwungen, für das, was existiert, eine Rechtfertigung zu suchen. Doch wie früher schon bemerkt, flüchtet sich diese Rechtfertigung oft ins Geheimnis; die letzte Rechtfertigung ist nicht wißbar. Hinter der äußeren Erscheinung der Wirklichkeit schimmern göttliches Geheimnis, Erbsünde und göttliche Gnade, Erbe oder Rasse, Charismata ethnischer Art, Volksgeist oder Schicksal. Vielleicht spielen Lenins Schriften im Stalinismus dieselbe Rolle. Radikale jedoch müssen bei ihrer Argumentation von Grundsätzen ausgehen, wobei sie sich auf Logik und eine genaue Analyse der Umwelt stützen und sich selbst diesen Kriterien einer Beurteilung unterwerfen. Für den Radikalen ist das Geheimnis des Konservativen eine Illusion oder ein Mythos, dazu bestimmt, konservative Macht zu verschleiern. Denn die „Natur des Menschen", an der der Konservative als an einem großen Hindernis für jeden Fortschritt festhält, ist für den Radikalen nur eines der Elemente, das sich historisch wandelt. Der Radikale ist optimistisch, denn Geschichte gleicht einer aufsteigenden Linie; sie ist eine Saga des Fortschritts und der Verbesserung des Menschen durch sich selbst. Der Konservative behauptet, durch seine Lebenserfahrung belehrt, daß Ideale nur Phantome sind, die die ungezügelte Vorstellungskraft der Jugend heimsuchen. Jenseits dessen, was bereits erreicht wurde oder erreicht wird, ist kein Fortschritt möglich, denn der Herrscher ist in dem Maße progressiv wie es die „Wirklichkeit" zuläßt, und der Versuch, den Fortschritt schneller voranzutreiben, kann das, was man bereits versucht hat, in Gefahr bringen. Geschichte ist ein Zyklus, keine aufsteigende Linie, und auch wenn sich in der Aufwärtsbewegung dieses Zyklus manchmal ein Fortschritt einstellt, wird dieser unvermeidlich durch den Mangel an moralischem Fortschritt des Menschen zerstört, denn die menschliche Natur hat ihr eigenes unwandelbares Gesetz, und im Grunde ist sie barbarisch. Die Vergangenheit beweist dem Konservativen die Barbarei, deren die menschliche Natur fähig ist, und folglich auch das, was in Zukunft unvermeidlich ist.

Diese verschiedenen Gesichtspunkte sollen nicht den Eindruck erwecken, daß es sich bei dieser Einteilung um autonome, persönliche Unterscheidungsmerkmale, um psychologische Haltungen handelt. Denn auch die individuelle Psychologie ist veränderlich und wird teilweise vom jeweiligen Standpunkt geformt. Politische Unterscheidungen auf gewisse Haltungen zurückzuführen, ist ein Mittel, das Konservative manchmal anwenden, um einen Radikalismus zu isolieren und abzutun – so daß sie zum Beispiel behaupten können, Radikalismus sei die Haltung unerfahrener Jugend oder „bloßer Intellektualismus". Diese Haltungen sind eher verschiedenen sozialen Gruppen zugehörig, die zur restlichen Gesellschaft unterschiedliche Beziehungen unterhalten, wobei die eine den Status quo konstituiert, die andere von diesem her kontrolliert wird. Die Einstellung jeder Gruppe zur anderen klärt ihre eigene Perspektive. Für den Konservativen sind wünschenswerte Eigenschaften der Beherrschten Bescheidenheit, Gehorsam, gebilligte Abhängigkeit, Anerkennung der Dinge wie sie sind, Respekt und Zuneigung für den Herrscher, soziale Passivität; er selbst sieht sich belastet mit Pflichten, mit schwerer Verantwortung, mit einem nicht gewollten Monopol, weil der Mensch im allgemeinen geringen Unternehmungsgeist besitzt. Der Radikale erwartet von den Beherrschten Zorn, Aktion, Initiative, systematisches Denken, Unabhängigkeit von anderen, eine Ablehnung des Zustandes wie er ist zugunsten dessen, wie er sein könnte; er sieht nur, daß die Herrscher gewaltige Vorrechte genießen, die, ohne Kontrolle, dahin tendieren, sich immer weiter auszuwachsen, und daß sie trotz dieser Vorrechte die letzten sind, die, wenn nötig, etwas opfern würden, und selbst dann noch am wenigsten opfern. Der Konservative argumentiert, daß die Leute Führung brauchen (wie die Welt zum Beispiel englische Führung „braucht"), denn sonst sind die Beherrschten verwirrt, bestürzt, anarchisch und untüchtig; die wichtigsten Richtlinien für den Konservativen sind Ordnung (also Stabilität des Status quo) und Disziplin, beide fest verankert; und obgleich nicht immer angenehm, ist dies alles doch lebensnotwendig, wenn die Zivilisation – das heißt die Dinge wie sie unter konservativer Herrschaft sind – weiterhin bestehen soll. Der Radikale argumentiert, daß die Herrscher selbst Ursache der gegenwärtigen Konfliktslage sind, da sie eine unerwünschte Last sind, die den Menschen sowohl seines Unterhalts als auch seiner Freiheit beraubt; die Menschen *brauchen* Freiheit, so wie die Menschheit Freiheit braucht, da sonst die Tyrannei die Probleme des Überlebens und des Fortschritts nur miteinander verquickt. Die Dichotomie Ordnung und Freiheit ist ein soziales Gegenstück zu der philosophischen Einteilung in Notwendigkeit und Freiheit. In Vietnam sind die Vereinigten Staaten gezwungen, den Status quo – die Ordnung – zu bewahren gegen die Herausforderung des Radikalismus – die Freiheit; und wenn erstere gleichgesetzt wird mit der Sache des Friedens, widerspiegelt die zweite die Sache der Gerechtigkeit. So steht „Friede“ (verkörpert in dem ausnehmend konservativen Ziel einer „friedlichen Koexistenz“) der Gerechtigkeit gegenüber, die den Konservativen weniger interessiert.

Der Anspruch des Konservativen auf Führung wird letztlich geheimnisvoll verschleiert, und in der Praxis wird nur das als richtig erkannt, was bereits existiert, also die bestehende Hierarchie. Der Radikale entgegnet, daß die Macht durch ihre bloße Existenz nicht gerechtfertigt wird, und daß eine Rechtfertigung nur gewährleistet ist, wenn man die Macht an den Bedürfnissen aller Menschen gleichermaßen mißt. So ergibt sich schließlich ein Universalismus: die Demokratie. Es sind nicht die Rechte der etablierten Interessen, die die Politik bestimmen sollten, sondern das, was mit den Bedürfnissen der Mehrheit, dem Kollektiv, der Gemeinschaft, übereinstimmt. Der Konservative erkennt in der bestehenden Gesellschaft verschiedene Entitäten, verschiedene Qualitäten; der Radikale argumentiert, daß die Macht der Zahl, die Herrschaft der Mehrheit die Gesellschaft bestimmen sollte – Gerechtigkeit und nicht Friede sollte das Hauptziel sein.

Diese Darstellung hat auf extreme Weise zur Sprache gebracht, was nur halbwegs ausgeprägte oder zaghafte Tendenzen sind. Sie hat übertrieben, um einen scharfen Kontrast herauszustellen, obgleich es unseren imaginären Konservativen und Radikalen in der Praxis gar nicht gibt. Es wäre falsch, irgendwelche Ideologien als unumstößlich definiert anzusehen, denn Doktrinen können auf widersprüchliche Weise benutzt werden, wie in den vorhergehenden Kapiteln bereits aufgezeigt wurde. Außerdem hat es diese Darstellung unterlassen, Reformer zu behandeln, das heißt jene Gruppen, die die Kluft zwischen den beiden zu überbrücken suchen. Englische Konservative neigen heute dazu, in der Geschichte die Verkörperung eines gewissen Fortschritts zu sehen, die Zukunft als verheißungsvoll zu betrachten, als eine Aussicht auf Fortschritt, der durch Bemühungen hier und jetzt gesichert werden kann. In der Praxis eigneten sich die englischen Konservativen einige radikale Positionen an, obgleich dadurch oft die betreffende Position verwässert wurde. Aber die Dichotomie hilft trotzdem den Diskussionsbereich und den Zusammenhang zu definieren sowie die Verbindungen zwischen verschiedenen Parteien der Kontroverse abzugrenzen. Die Lebensfähigkeit eines Reformismus hängt historisch gesehen von kurzfristigen Faktoren ab, während die beiden Extreme konstanterer Art sind und den Bereich abstecken, in dem ein Reformismus sinnvoll wird. Ebenfalls übergangen wurden Versuche, wie der von Marx, einige dieser eben behandelten Dichotomien abzuschaffen – zum Beispiel Freiheit und Ordnung, Freiheit und Notwendigkeit, das Universale und das Partikulare –, um eine endgültige radikale Vision zu verkünden.

Die Untersuchung der behandelten Dichotomien ist also denkbar geeignet, die jeweiligen Ziele aufzuzeigen, die in dieser oder jener Akzentuierung entdeckt werden können, sowie die verschiedenen Ideologien, die mit jenen Zielen verbunden sind. Ursprünglich stehen Ideologien in Verbindung mit bestimmten Problemen; sie sind weder bloß zufällige Phänomene noch die Früchte einer willkürlichen Psychologie. Daß Menschen den Ursprung ihrer Überzeugungen vergessen, beeinträchtigt nicht die Folgen, denn die Menschen wählen immer noch unter einer gewaltigen Vielfalt des Überkommenen das aus, was sie benutzen werden. Im Zusammentreffen von Problem und aktivem, zielgerichtetem Bewußtsein wird auf besondere Weise aussortiert, das Relevante wird gewählt, das Ungewisse definiert. Wo wir die Ursprünge unserer Überzeugungen nicht kennen, fordert uns unsere Unwissenheit auf, zu klären, was für Ziele sie verkörpern, so daß das Wesentliche vom Unwesentlichen getrennt werden kann.

## VIII

## Was tun?

*Wer die Welt vernünftig ansieht, den sieht sie wieder vernünftig an.* Hegel

*Die Philosophen haben die Welt nur verschieden interpretiert; es kömmt darauf an, sie zu verändern.* Marx

Wir müssen uns folgende Frage stellen: Wenn alle Überzeugungen lediglich durch eine spezifische soziale Lage bedingt sind, wenn sie nur die Teilsicht einer Gruppe verkörpern, wie können wir dann je ein verläßliches Urteil abgeben, wie können wir dann so fest glauben, recht zu haben, daß wir uns Meinungen bilden und entsprechend handeln können? Wenn jeder „auf Gewinn aus" ist, kann man sich wohl nur mit einem rein negativen Zynismus, mit der spöttischen Überlegenheit des unbeteiligten Zuschauers verteidigen. Und wenn die zersetzenden Einflüsse der Welt so unterschiedslos und umfassend sind, so fordert das eigene Seelenheil, daß man sich in eine Einsiedelei oder in ein Kloster zurückzieht.

Doch auch das genügt nicht, da wir uns dadurch unserer Verantwortung entziehen; wenn Menschen auf ungerechte Weise ums Leben kommen und wir uns nicht darum kümmern, sind auch wir schuldig. Ziemlich unvernünftig fordert die Logik unserer Moral, daß wir uns für alle Menschen verantwortlich fühlen, und selbst wenn wir Unwissenheit vorschützen, fühlen wir, daß wir etwas gegen unsere Unwissenheit hätten unternehmen sollen: das Leiden eines jeden Menschen sollte auch unser Leiden sein. Aufgrund dieser Logik sind die Dorfbewohner, die im Dritten Reich in der Nähe von Konzentrationslagern lebten, moralisch von dem, was sich in jenen Lagern abspielte, mitbetroffen, obgleich sie nichts unternehmen konnten, es sei denn, sie hätten sich durch Widerstand selbst vernichtet: So unvernünftig ist also unsere Moral, die Geschichten von Helden kennt, welche für das, was sie glaubten, wissend ins Verderben gingen. Sich zurückzuziehen ist also nicht im geringsten eine Gewähr für unsere Tugend, genausowenig wie Zynismus ein Ausweg ist. Vielmehr kann man sowohl in der Weltflucht als auch im Zynismus Beispiele moralischer Feigheit erblicken, eines Umgehens jener Verantwortung, die in der moralischen Tradition impliziert ist, einer Tradition, die allein sowohl der Weltflucht als auch dem Zynismus einen Sinn geben kann.

Doch kann eine ideologische Analyse in gewissem Maße nicht vermeiden, die Gültigkeit aller Urteile zu „entlarven", sie zu entwerten, ähnlich wie die Psychoanalyse unsere Gefühle entlarvt – „ich liebe meine Tochter nur, weil ich insgeheim mit ihr schlafen möchte". Wenn „Freiheit" das ist, was der Kolonialwarenhändler darunter versteht, wenn er gegen die Abschaffung eines Gesetzes über Preisbindungen im Zwischenhandel ist, oder das, was der weiße Südafrikaner meint, wenn er anderen seine *apartheid* aufzwingt, ist dann dieses Wort für uns (die wir ja keine Kolonialhändler oder weiße Südafrikaner sind) nicht bedeutungslos, ein rein „emotioneller" Begriff, der zwar heftige Gefühle auslöst, im wesentlichen jedoch undefinierbar und unbrauchbar ist? Doch wollen wir hier nicht unbedingt Verzweiflung oder Nihilismus suggerieren. MacIntyre (1967, S. 204) verweist auf die analytische Lösung, die von Hegel und später von Marx vorgeschlagen wurde:

„Was Freiheit wo und wann immer bedeutet, wird durch die spezifischen Begrenzungen der jeweiligen Zeit, des jeweiligen Raumes definiert, sowie durch die charakteristischen Ziele dieser Zeit und dieses Raumes. Es ist also richtig, wenn man im Hegelschen Sinne sagt, daß sie alle, die Levellers, die amerikanischen Siedler, John Brown in Harpers Ferry und die südafrikanischen Bantus, Freiheit fordern, obgleich das, was sie fordern, jeweils etwas wesentlich Anderes ist. Anders ausgedrückt heißt das: Wenn wir von Menschen behaupten, daß sie unfrei sind, so ist das, was wir meinen, immer bedingt durch eine implizierte normative Vorstellung vom menschlichen Leben, durch die wir bestimmen, was Unterdrückung des Menschen ist."

So hängt also das, was wir unter „Freiheit" verstehen, davon ab, wie unfrei wir sind. Doch wenn das auch zu unserem Verständnis anderer beiträgt: die Richtigkeit unseres eigenen Standpunkts, das, was wir unter „Freiheit" hier und jetzt verstehen, wird dadurch nicht unbedingt bestätigt. Außerdem können wir so auch nicht unbedingt erfahren, wer nun in einer spezifischen Debatte recht hat und wie man in einer verwikkelten Diskussion die Wahrheit im Auge behält.

Nehmen wir zum Beispiel das Argument, daß die englische Wirtschaft eine höhere Wachstumsrate zu verzeichnen hätte, wenn die Manager an der Spitze mehr bezahlt bekämen, und wenn der Staat weniger Steuern forderte. Einfach ausgedrückt behauptet dieses Argument, daß die englischen Industriekapitäne sich durch eine bessere Bezahlung angespornt fühlen würden, und daß höhere Gehälter stärkeren Arbeitseinsatz bedeuten. Eine detailliertere Version könnte noch zusätzlich behaupten, daß ein höheres Einkommen der Reichen mehr Staatsreserven zur Investition schaffen würde, da die Reichen, verglichen mit anderen Bevölkerungsschichten, einen größeren Teil ihres Einkommens in Ersparnissen anlegen; andererseits würde mehr Geld auch stärkeren Konsum bedeuten, so daß Geschäftsleute dadurch angespornt werden würden, neue Fabriken zu bauen, um die gesteigerte Nachfrage an Gütern zu befriedigen. Folglich würde die Wirtschaft schneller wachsen, es würde mehr Exportgüter geben, und auch das Einkommen der weniger Reichen würde steigen. Es ist keine gültige Antwort, einfach zu behaupten, daß die Person, die so argumentiert, bewußt oder unbewußt für die Reichen argumentiert (obgleich das natürlich auch zutrifft), denn wir können die Gültigkeit des Falles nur beurteilen, wenn wir die ganze Struktur ins Auge fassen. Durch eine Randbemerkung über die Soziologie der Argumentation wird diese nicht unbedingt widerlegt. Eine andere Person könnte der Argumentation widersprechen und behaupten, daß reiche Leute härter arbeiten würden, wenn sie *weniger* bezahlt bekämen, oder anders ausgedrückt: wenn sie sich mehr anstrengen müßten, um ihre Position zu halten. Außerdem, so könnte er fortfahren, wird ein gesteigertes Wachstum der Wirtschaft einsetzen, wenn die Reichen stärker besteuert werden, wenn hierauf das höhere Staatseinkommen an die Armen verteilt wird, wodurch der allgemeine Konsum in die Höhe getrieben wird und die Geschäftsleute in noch stärkerem Maße veranlaßt werden, ihre Produktion zu erweitern, in neuen Anlagen zu investieren und so die Wachstumsrate anzuheben. Auch dann hätten wir es nicht mit einer kritischen Gegenargumentation zu tun, wenn diese behauptete, unser zweiter Mann würde „lediglich" die Interessen der Armen verfechten, denn wie unser erster Mann (vorausgesetzt, daß beide einigermaßen ehrlich sind) wird auch er folgern, daß man ihn persönlicher Korruption beschuldigt. Die Tatsache, daß der eine oder andere gewinnt (falls er tatsächlich gewinnen sollte), wenn seine Argumentation von der Regierung angenommen wird, steht in keinem *logischen* Bezug zum Wert der angeführten Argumente. Aus dieser brutalen Vereinfachung folgt ebensowenig, daß sozialer Stand und Handlungsanweisungen zusammenpassen, da es immer einige Leute gibt, die aus diesem oder jenem Grund die Ansichten ihrer sozialen Gruppe transzendieren und sich selbst zu Ansichten bekennen, die normalerweise die einer anderen Gruppe sind. Wie wir bereits sahen, sind einige der ersten Vertreter der Ideologie einer Gruppe in der Tat „Außenseiter": der Jude Disraeli, der Jude Marx; Philippe Egalité des Revolutionären Frankreich, einst Duc d'Orléans des Ancien régime; Edmund Burke gehörte nicht zur Aristokratie, noch war Lenin ein russischer Industriearbeiter.

Es liegt auf der Hand, daß wir versuchen müssen, logische und soziologische oder historische Fragen so weit wie möglich auseinanderzuhalten, doch genauso liegt auf der Hand, daß der historische Bezugspunkt ein wichtiger Anhaltspunkt dafür ist, wie lange wir Dinge als wahr betrachten dürfen. Aus dem Fluß der Zeit tauchen so merkwürdige Fragen auf wie: War die Erde rund, bevor die Menschen erklärten, daß sie rund sei? Ist es möglich, daß etwas wahr ist, wenn keiner davon weiß? In Begriffen der Logik ist es natürlich offensichtlich, daß die Erde rund war, bevor die Menschen daran glaubten, doch in Begriffen der Geschichte bleibt uns nur die Tautologie: Die Menschen glaubten, die Erde sei nicht rund, bevor sie erklärten, sie sei rund. In Begriffen der Logik waren die Wahrheiten von Naturphänomenen immer gültig, obgleich sie für

Menschen zu verschiedenen Zeitpunkten keine Wahrheiten waren.

Doch in Verbindung mit historischen Urteilen haben wir den Vorteil des Rückblicks, der Retrospektive: wir wissen, daß die Rundheit der Erde allgemein als wahr angenommen wird (obgleich die *Flat Earth Society* das Gegenteil behauptet). Wir wissen nicht, welche unter den Dingen, von denen wir glauben, daß sie wahr sind, künftig von Menschen als falsch betrachtet werden, und zwar als so falsch, daß fast keiner sich die Mühe machen wird, diese Falschheit überhaupt nur in Frage zu stellen. Wir wissen nicht, wieviele Astrologen sich hinter unseren Wissenschaften verbergen, wieviele Hexen und Geister unseren gesunden Menschenverstand bevölkern. Doch die meisten von uns handeln trotzdem. Wir handeln guten Glaubens, da unser Leben zu kurz ist, als daß wir auf Vollkommenheit warten könnten, und in der Tat, wahrscheinlich ist die ganze Vorstellung von „Vollkommenheit“ verfänglich. Genauso sind in der heutigen Gesellschaft die verschiedenen Haken, an denen die verschiedenen Ideologien aufgehängt sind, nicht mehr von relativer Bedeutung, sobald wir uns entscheiden und nach dieser Entscheidung guten Glaubens handeln.

Doch gibt es irgendeine Sicht, die unsere Wahl so lenken kann, daß wir ziemlich sicher sein können, mit unseren Urteilen recht zu haben? Das Problem der Relativität dessen, was wir als Wahrheit betrachten, war ein Hauptanliegen fast aller Theoretiker, die sich mit der Soziologie des Wissens befaßten. Denn wenn wir mit Wirth (Einleitung zu Mannheim, 1965) sagen, es gebe keinen Wert unabhängig von Interesse und keine Objektivität unabhängig von Verständigung, – verdammen wir damit nicht das, was wir selbst sagen, geraten wir dann nicht in die Lage jenes Kreters, der sagt: „Alle Kreter sind Lügner“? Mannheims Paradoxon scheint (wie bekannt) unüberwindbar und auch durch Mannheims eigene Lösung nicht gelöst, denn er argumentiert, jeder Ideologie sei, obgleich sie einen absoluten Wertanspruch erhebt, nachzuweisen, daß sie mit einer spezifischen Position verbunden und nur dieser adäquat sei. „Nur wenn das suchende Individuum alle entscheidend wichtigen Motivationsreihen in sich aufgenommen hat, die historisch-sozial geworden sind und in ihrer realen Spannung die Gegenwartslage charakterisieren, – nur dann kann es überhaupt daran denken, eine der heutigen Seinslage angemessene Lösung zu finden" (1965, S. 86f.).

Die sozial nicht gebundene Intelligentsia hat nach Mannheim im Prinzip die beste Möglichkeit, die Synthese zu formulieren. Diese These Mannheims wurde sehr lange von Intellektuellen verfochten – vielleicht kann man Spuren dieser Idee in Coleridges *Clerisy* oder Platons Wächtern finden (die die Macht mit dem Wissen der Wahrheit verbinden), oder in jener „Gemeinschaft von Gelehrten" in Berles *Lords Spiritual*, die in den Vereinigten Staaten als anerkannte Autorität so beliebt ist; auch marxistische Intellektuelle zeigten sich nicht abgeneigt, ähnliche Dinge zu verfechten, angefangen beim offenkundigen intellektuellen Elitismus Kautskys (kopiert vom frühen Lenin in seiner Arbeit *Was tun?*) bis hin zu einer ähnlichen Tendenz, die das Werk Gramscis durchzieht, und zum starken Interesse, das die englische *New Left Review* der „Rolle des Intellektuellen" zumißt.

Das Argument ist trotzdem problematisch, weil „Intellektuelle" im großen und ganzen keine kohärente soziale Gruppe bilden. Ein „Intellektueller" sein besagt allenfalls etwas über die Themen, an denen man interessiert ist, und die Art, in der man daran interessiert ist, läßt aber noch keine besondere Perspektive erkennen. Wie bereits früher im Zusammenhang mit der Arbeit von Sozialwissenschaftlern aufgezeigt, sind Intellektuelle in einer großen Anzahl verschiedener sozialer Gruppen anzutreffen, die in der Gesellschaft die Standpunkte verschiedener Klassen vertreten. Nun haben sich zwar Intellektuelle selbst als Klasse über anderen Klassen proklamiert, doch scheint mir dies kein Programm zu sein, das auf die Dauer zu verwirklichen wäre. Zumeist erweist sich dieser Plan als leicht verwässerte Version irgendwelcher anderer Motive – zugunsten eines Konservativismus oder einer sozialen Demokratie. Andere Intellektuelle bieten Erziehung als Mittel zur Emanzipation an und fordern, daß die Sozialstruktur allen Talenten offenstehen solle, denn die Intellektuellen sind vor allen anderen talentiert. Doch die Argumentation des Meritokraten für eine

Meritokratie steht im Prinzip nicht über der Argumentation des Kapitalisten für einen Kapitalismus oder des Aristokraten für eine aristokratische Gesellschaft. Gewiß, man könnte vorschlagen, daß zum Beispiel die Information und die Anregungen, über die die Sozialwissenschaftler einer bestimmten Gesellschaft verfügen werden, wenn sie hinsichtlich der Hauptprobleme ihrer Gesellschaft gute Arbeit geleistet haben, die Diskussion beseelen und auf eine höhere Ebene führen sollten, indem sie sich stärker auf die eigentlichen Streitpunkte konzentrieren. Doch die Ansichten solcher Sozialwissenschaftler über die zentralen politischen Entschlüsse, die gefaßt werden sollen, gehören nicht zur selben Kategorie, da es sich hier um ganz andere Probleme handelt. Ein Sozialwissenschaftler ist seiner Position nach keineswegs überlegen genug, als daß er sagen könnte, wer gewinnen und wer verlieren sollte, und die Theorien, die er darüber besitzen mag, sind oft nur neue Formulierungen einer verbreiteten Meinung.

Dies wird klar am vorher angeführten Beispiel von der englischen Regierung, die die Besteuerung höherer Einkommensgruppen erhöhen oder nicht erhöhen sollte; denn die Theorie, die Beziehung zwischen den gegebenen, angewandten Vorstellungen, kann von beiden Seiten her angegangen werden und kann dann widersprüchliche Ergebnisse zeitigen. Die Reichen werden härter arbeiten, wenn sie dadurch mehr Geld verdienen können; die Reichen werden härter arbeiten, wenn sie stärker besteuert werden, denn dann sind sie dazu gezwungen, um ihre Position zu halten. Historisch gesehen kann Beweismaterial zur Unterstützung beider Argumente angeführt werden. Dies bedeutet nicht, daß die Sozialwissenschaften sinnlos sind, sondern daß sich die Leute nicht der Verantwortung für politische Entscheidungen entziehen können, indem sie die allmächtige Gottheit „Wissenschaft“ erfinden: die reinen „Fakten“, die als Antwort „richtig“ sind. Was die richtige Antwort ist, hängt davon ab, wer man ist, zum Beispiel ob man arm oder reich ist.

In der Praxis ist es natürlich kaum vorstellbar, daß gelehrte Orthodoxie sehr stark von einer gewöhnlichen sozialen Orthodoxie abweichen kann. Eine unentwickelte Ideologie neigt (und das ist in den meisten Berufsgruppen der Fall) dazu, sich zu entwickeln, was jedoch glücklicherweise nicht sehr weit geht, da die restliche Gesellschaft für die Gesamtheit ihrer Wissenschaftler aufkommt und da es letzten Endes im Interesse der Wissenschaftler als Gruppe liegt (was immer auch einzelne und besondere Wissenschaftler unternehmen mögen), sich das Gefühl zu erhalten, daß sie sich mit der Gesellschaft, in der sie leben, und mit der in ihr vorherrschenden Orthodoxie eins fühlen.

Eine der Hauptschwierigkeiten dieses ganzen Problems – und zugleich eine Hauptsorge sowohl der politischen Theorie als auch der Sozialwissenschaft – ist das Wesen der „richtigen" Antwort. Das Wort „richtig" ist vieldeutig, denn es kann „genau", „passend", „ehrlich" oder „zuverlässig" bedeuten. Wir wissen daß Zwei und Zwei genau Vier ist, daß die Antwort Vier „richtig" ist. Wir wissen, daß die Aussage einer Person „richtig" ist, wenn diese Person behauptet: „Die Katze sitzt auf der Fußmatte", und wenn wir sie tatsächlich dort sitzen sehen. In beiden Fällen könnten wir ohne Minderung des Sinngehalts anstatt „richtig" „genau" verwenden, und beide Feststellungen könnten wir mit den Worten „Es ist wahr, daß ..." einleiten.

Doch helfen uns diese einfachen Beispiele fast nicht weiter, wenn wir allgemeine soziale und politische Fragen ins Auge fassen, da es sich dann nicht mehr um irgendeinen einzelnen passiven Zuschauer handelt, sondern um viele Leute, deren Lebensunterhalt auf dem Spiel steht, deren Aussicht auf einen schönen Lebensabend oder auf ein angenehmes Leben für ihre Kinder von der beiläufigen Unterschrift eines Politikers abhängt. Diese Unterschrift verfügt über Millionen von Mark, über Gelder, die durch die Mühsal (oder vorgebliche Mühsal) von uns allen geschaffen wurden, und mit denen die Mittel gekauft werden können, Tausende von Menschen zu vernichten oder für die Ärmsten ein Existenzminimum zu sichern. Hier dreht es sich nicht um müßige Kalkulationen, die von „desinteressierten" Parteien unter „Ausschluß der Öffentlichkeit" angestellt werden sollten, denn die desinteressierten Parteien sind es gerade, die die Rechnung nicht bezahlen müssen. Die Arbeitsteilung sieht dann so aus: die einen entscheiden, wer die Rechnung bezahlt, und die anderen bezahlen sie; die einen entscheiden, wer in den Krieg muß, und die anderen fallen im Krieg. Die Entscheidungen können nicht die Form einfacher mathematischer Gleichungen annehmen, es sei denn der tatsächliche Kampf um die Definition der variablen Größen findet im vorhinein statt. (Ist man selbst die variable Größe, zu der das eine addiert oder von der das andere subtrahiert wird?) Genausowenig darf es sich dabei um einfache Auffassungen handeln, da die Auffassung relativ zu dem variiert, was man ist. Objektivität in sozialen Fragen kann nicht mehr als eine gewisse Aufgeschlossenheit bedeuten, eine Bereitschaft, anzuerkennen, daß man selbst eine Partei ist oder zumindest Vorzüge genießt – eine Bereitschaft, alle verfügbaren Informationen, alle Argumente zu überprüfen und auf sie einzugehen. Objektiv kann keine Antwort sein, die sich über die Antworten der bestehenden Parteien erhebt; sie darf nicht die Position Gottes einnehmen, der alles so sieht, wie es „wirklich ist". Natürlich sind Vermittlung oder Schiedsgericht in der Praxis manchmal recht nützlich, doch handelt es sich dabei um ein *ad hoc*-Verfahren, durch das sich die Parteien entweder auf halbem Wege entgegenkommen oder durch das eine der Parteien gestärkt wird: Vermittlung oder Schiedsgericht erhellen nicht die wahre Natur der Wirklichkeit, die durch parteiisches Vorurteil verschleiert wird, denn wir sind alle voreingenommen.

So können wir unsere anfängliche Frage „Wie kann ich wissen, daß ich recht habe?" einfacher formulieren: „Was für Ziele soll ich verfolgen?" Diese neue Formulierung verweist auf den Fehler in der Argumentation über die Relativität aller Urteilsfindungen: alle Urteile sind relativ, und dafür gibt es keine Alternative, denn falsch ist dabei die Auffassung, ein Urteil sei immer und überall absolut richtig. Zwar besitzen wir Maßstäbe, doch handelt es sich dabei eher um Faustregeln, um Richtlinien, als um absolute Verpflichtungen, die überall gültig sind. Aus diesem Grunde glauben wir in unserer Gesellschaft allgemein, daß es absolut falsch ist, andere Leute zu töten, und trotzdem ziehen alle paar Jahre viele von uns, unterstützt von allen anderen, mit dem einzigen Ziel ins Feld, eine große Anzahl anderer Leute systematisch zu töten – Massenmord zu begehen, der als Krieg bezeichnet wird. Natürlich gibt jeder zu, daß es

„im Prinzip" falsch ist, das zu tun, und behauptet, daß der Gegner schuld ist. Allerdings kommen Kriege zu oft vor, als daß es plausibel sein könnte, es gäbe ein ausschließlich tugendhaftes und passives Volk, nämlich unser eigenes, und eine Menge widerlicher, aktiver Leute, die uns bedrohen. Doch sind in Friedenszeiten nur wenige daran interessiert, aus dieser Faustregel ein regelrechtes Absolutum zu machen; das würde „Pazifismus" bedeuten, und der ist zu mißbilligen – so oder ähnlich läuft die Argumentation.

So wie die Vorstellung eines Absoluten bei der Diskussion darüber, wie wir zur „richtigen" Philosophie gelangen können, zur Falle werden kann, so ist auch die Vorstellung von einer allgemeinen Philosophie, die wir wählen, verdächtig. Die Leute oder zumindest einige unter ihnen behaupten, daß sie nach einer „Lebensphilosophie" suchen, obgleich eine solche Philosophie in der Praxis von ihnen überhaupt nicht gewählt wird, sondern eigentlich aus ihrem eigenen Leben erwächst als Summe vieler Teilerfahrungen und *ad hoc*-Entscheidungen, von denen jede möglicherweise ohne Bezug zur anderen getroffen wurde. Rückblickend erscheint das Ganze als ein Gewebe aus Folgerichtigkeit und Kohärenz, oder man entdeckt die zugrundeliegenden Motive, die sich immer wieder bestätigten.

Mit einer Ideologie kann es anders sein. Wenn eine soziale Gruppe ihren Standpunkt formuliert hat und man ihn dadurch erkennen kann, daß man Angehörige dieser Gruppe danach befragt oder die Arbeiten ihrer wichtigsten Schriftsteller und Publizisten liest, und wenn er vom Üblichen abweicht (das heißt, daß es verschiedene Ideologien gibt), dann kann man einige seiner Elemente wählen. Trotzdem wird man wahrscheinlich nicht in der Lage sein, eine Ideologie als umfassendes Schema zu wählen – tut man das doch, so wird sie lediglich zum Aufhänger für die eigenen Vorurteile. Man muß schon von den Zielen der betreffenden sozialen Gruppen überzeugt sein, damit ihre Ideologie wirklich eine Sicht der Welt bietet, die in Verbindung mit jenen Zielen sinnvoll ist.

Deshalb fallen die Angriffe gegen die Ideologien anderer Leute oft so schwach aus, da sie sich gegen deren allgemeines Schema wenden, gegen das, was sie glauben, daß es vorstellt und nicht gegen die Ziele der betreffenden Gruppe. Die Argumentation darf nicht sein, was die Menschen glauben, sondern was sie tun sollten, und nur in Verbindung mit dem, was sie tun, wird das, was sie glauben, relevant. Die Diskussion über Ideensysteme ist oft nur ein Ausweichen, ein Versuch, sich der Konfrontation mit der Existenz widersprüchlicher Ziele zu entziehen; ganz ähnlich ist es, wenn Konservative dazu neigen, die wesentlichen Streitpunkte in einer – sagen wir industriellen – Debatte zu ignorieren (Streitpunkte, die eine Entscheidung darüber fordern, welche Seite mit ihren Forderungen dem eigenen Standpunkt näher steht) und nur über ein „Scheitern der Kommunikation" sprechen, über den „Mangel an Verständnis", den beide Seiten an den Tag legen. Das aber heißt dem Problem ausweichen, auch insofern als es oft in die Prätentionen einer pseudowissenschaftlichen Sprache gekleidet wird; so bezeichnete man zum Beispiel den Leninismus als ein im Grunde psychisches Leiden. Die Analogie mit dem Mediziner in der Praxis wird hier recht einsichtig, denn der Arzt argumentiert mit dem Patienten nicht über seine Geisteskrankheit, sondern sperrt ihn einfach ein. Die zur Frage stehenden Probleme werden lediglich ignoriert – und zwar mit Gewalt. Bei der Behandlung von Ideologien anderer Leute ist diese Einstellung der heimliche Versuch, die rationalen Beweggründe der eigenen Gegner außergerichtlich zu definieren, weil einem ihre Ziele nicht zusagen; „vernünftig" ist, was der Redner selbst glaubt, und der Redner ist der Universalarzt der Menschheit.

So sollte denn die Diskussion über Ziele geführt werden und nicht über Ideologien, und wenn über Ziele, dann über die wirkliche Lage, in der die Leute handeln, über die Realität des Geschehens, über die Probleme, mit denen die Leute konfrontiert sind und mit denen sie fertig werden müssen. Ohne diese Grundlage erweckt eine Untersuchung von Ideen den Eindruck eines recht isolierten Universums von Ideen, das eine Art Parallele zur wirklichen Erfahrung ist. Das aber führt zu dem unlösbaren Problem, eine Beziehung zwischen zwei Parallelen herzustellen, nämlich zwischen Ideen und Ereignissen. Beeinflußt das eine das andere, kommt das eine logisch oder praktisch vor dem anderen? Doch, wie bereits festgestellt, handelt es sich dabei um eine unsinnige Frage – die Menschen sind das, was sie tun und denken; es gibt keine zwei getrennten Welten, sondern nur eine.

Eine allzu starke Konzentration auf Ideen kann auch dazu führen, daß man die Existenz *jeder* alltäglichen Wirklichkeit anzweifelt. Die verschiedenen Auffassungen der Menschen gehören dann verschiedenen Welten an, und jedes Individuum (oder jede Gruppe) lebt im eigenen Universum, kollidiert wie in undurchdringlichem Dunkel mit anderen Individuen oder Gruppen, unfähig einer Kommunikation oder gegenseitigen Verständnisses. Das heißt, das Gegenextrem aufsuchen, heißt behaupten, daß zwei Männer zwei völlig verschiedene Dinge betrachten, weil der eine beim Anblick einer runden flachen Scheibe erklärt, sie sei rund, während der andere, der sie von der Seite betrachtet, meint, sie sei ein dünner langer Streifen. Doch ob wir es nun glauben oder nicht: als „Gift" klassifizierte Substanzen töten; Regen macht naß, gleichgültig, ob man diese Tatsache bejaht oder verneint; und wenn man vom Eiffelturm springt, so zieht das ganz gewisse Folgen nach sich (auch wenn diese jeweils anders ausfallen können). Es gibt eine Reihe möglicher Erfahrungen, doch eben nur eine Reihe; sie ist determiniert, und ihre Determination ist, was wir zum Teil als „Wirklichkeit" bezeichnen.

Der Fehler liegt darin, an ein „Universum von Ideen" zu glauben, denn alle Ideen haben Menschen zu Anhängern, die in einer realen Welt leben. Die Menschen partizipieren nicht an einer autonomen Welt von Ideen, in der die Ideen selbsttätige, von den Menschen unabhängige Kräfte sind. Die Menschen sind als solche mit gewissen Problemen konfrontiert und stehen in gewissen Beziehungen zueinander, die Ideen sind ein notwendiger, integraler Teil davon. Wenn eine Gesellschaft komplexer und ihre Analyse komplizierter wird, neigen ihre Vorstellungen dazu, ein Eigenleben anzunehmen, so daß wir vergessen, daß Begriffe wie „Gesellschaft", das heißt Wirtschaft, Bürokratie, industrielle Organisation, Regierung usw., nicht mehr bedeuten als „Leute": eine besondere Gruppe von Menschen, determiniert durch die Beziehung, in der sie zu uns anderen steht. Die Versachlichung, wie Marx das nannte, das heißt die Verwandlung eines Begriffs oder einer Beziehung in etwas Neues und Isoliertes, ist Teil eines Universums von Ideen, das die Menschen zu tyrannisieren scheint – das zu behaupten scheint, daß Menschen für ihre eigenen Handlungen und Entscheidungen nicht verantwortlich sind, daß Freiheit unmöglich ist, und daß wir alle unsere Entscheidungsfreiheit an eine andere, externe, ehrfurchteinflößende Autorität abtreten müssen.

Marx bezeichnete diese „Tyrannei der Vorstellungen“ als „falsches Bewußtsein“. Der Terminus „falsches Bewußtsein“ ist problematisch, weil er eine Reihe sehr verschiedener Dinge impliziert, die alle für eine radikale Erkenntnis der Gesellschaft wichtig sind. Die „Tyrannei der Vorstellungen“ verweist auf eine bedeutsame Gruppe von Kategorien zur Analyse, auf eine Reihe deskriptiver Formen; „Gesellschaft“ ist kein Begriff, mit dem man ein System von Beziehungen zwischen Menschen bestimmt, sondern etwas, das über den Menschen zu stehen scheint, das mehr ist als sie, das sie „tyrannisiert“. Tatsächlich handelt es sich jedoch dabei nur um eine andere Gruppe von Menschen, die sich „Gesellschaft“ nennen, und die auf diese Weise selbst tyrannisieren können. In einem späteren Stadium kann die Versachlichung von Vorstellungen zum bloßen Ritual, zum Hersagen von Begriffen führen, deren Rhythmus und Anordnung künstlerischen Zielen dienen, kann sie zum Selbstzweck werden, statt den Ereignissen einen Sinn zu geben; so kann man zum Beispiel das Vaterunser entweder nur rhythmisch hersagen (wodurch vielleicht Gemeinsamkeits- und Solidaritätsgefühle wiederbelebt werden) oder man kann es als tatsächliches Gebet, als eine an Gott gerichtete Bitte sprechen, in der sowohl die *condition humaine* als auch die Bedeutung der göttlichen Gnade zum Ausdruck kommt. Bei der zweiten Interpretation ist der Wortlaut von keiner entscheidenden Bedeutung – man kann denselben Gedanken auf verschiedene Weise ausdrücken; und in der Tat kann man die Sprache des Vaterunsers als ein Hindernis für das moderne Verständnis begreifen. Bei der ersten Interpretation ist es jedoch gerade der Ton gewisser Worte, auf den es ankommt, und weniger der Sinngehalt.

Es ist das Ziel des „Dogmatikers“, die wichtigsten Symbole,

an die er glaubt, auf eine Ebene zu verlagern, wo sie gedankenlos angenommen werden. Doch da die Begriffe sich unglücklicherweise immer weniger für eine sinnvolle Beschreibung eignen, auch wenn sie kurzfristig allgemein gebilligt werden, sterben sie im alltäglichen Gebrauch aus; die Menschen schaffen sich neue Begriffe, um damit ihre Erfahrung zu beschreiben, und unter dem starken Einfluß neuer Probleme, denen die überlieferten Verständnismöglichkeiten nicht mehr gerecht werden, versagt das Ritual früher oder später. Trotzdem können die Glaubensfragmente, wenn sie nicht bedroht werden, noch sehr lange Zeit fortbestehen; Weber verweist auf das puritanische Pflichtgefühl in der heutigen Zeit, das Berufsethos, die völlige Hingabe an den eigenen Beruf, und zwar ungeachtet irgendeines direkten finanziellen Vorteils – und das trotz der Tatsache, daß das Wirtschaftssystem einer solchen Hingabe gar nicht mehr bedarf, ja daß es angesichts der Umstände, unter denen die in den verschiedenen Berufszweigen geforderten Qualifikationen einem derart rapiden Wandel unterworfen sind, eine solche Hingabe gar nicht mehr assimilieren kann.

„Indem die Askese die Welt umzubauen und in der Welt sich auszuwirken unternahm, gewannen die äußeren Güter dieser Welt zunehmende und schließlich unentrinnbare Macht über den Menschen, wie niemals zuvor in der Geschichte ... Der siegreiche Kapitalismus jedenfalls bedarf, seit er auf mechanischer Grundlage ruht, dieser Stütze nicht mehr. Auch die rosige Stimmung ihrer lachenden Erbin: der Aufklärung, scheint endgültig im Verbleichen und als ein Gespenst ehemals religiöser Glaubensinhalte geht der Gedanke der ‚Berufspflicht' in unserem Leben um" (1934, S. 203 f.).

Doch ist dies anscheinend nur ein Symptom eines umfassenderen Phänomens, eines „falschen Bewußtseins" oder (bei Marx) der Ideologie. In einem Brief an Mehring vom 14. Juli 1893 argumentiert Engels, Ideologie sei ein Prozeß, der vom sogenannten Denker bewußt, doch mit einem falschen Bewußtsein vollzogen werde. Die wirklichen Motive, die ihn treiben, blieben ihm unbekannt, sonst wäre es überhaupt kein ideologischer Prozeß. Von da an glaube er an falsche oder scheinbare Motive. Wenn natürlich jemand die Existenz von Dingen postuliert, von denen man beweisen kann, daß sie nicht existieren oder nicht auf die Weise existieren wie der Sprechende von ihnen behauptet, oder wenn sein Schema nicht alle Elemente der Situation einordnen kann, dann haben wir es mit dem ziemlich klaren, offenkundigen Kriterium eines „falschen Bewußtseins" zu tun. Doch gibt es wahrscheinlich komplexere Fälle. Ausgehend vom klaren und spezifischen Standpunkt, von dem aus Engels die Lage betrachtet, besitzt er vielleicht ein eindeutiges Kriterium, obgleich es sich wahrscheinlich nur auf eine herrschende Klasse bezieht, die, wenn sie nach gewissen Richtlinien handelt, diesen Handlungen Motive zuerteilt, die sie jedoch in den Augen der Beherrschten nicht angemessen zu erklären scheinen. Doch um gültig zu sein, fordert der Standpunkt vom Betrachter ein rückhaltloses Engagement: Es gibt keinen einzigen, der im allgemeinen ohne dieses Engagement aufrechterhalten werden kann. Denn wenn man den implizierten Standpunkt aufgibt, besitzt man kein Kriterium, um echtes Bewußtsein von falschem unterscheiden zu können, das heißt falls man sein Engagement nicht genauso unbedingt definiert wie Engels. Der in diesem Zusammenhang verwandte Begriff „falsches Bewußtsein" ist sowohl einfache Beschreibung als auch Beschreibung von einem relativen Standpunkt aus und schließt deshalb eine politische Stellungnahme ein. Theoretiker, die versuchten, den Begriff unabhängig von jedem Standpunkt zu benutzen, können das nur, wenn sie irgendeine Position implizieren oder zumindest behaupten, daß es eine Wahrheit über und jenseits von den Wahrheiten gibt, an die die Menschen glauben; das wäre eine Wahrheit, die für sie gültig ist, wobei sie insgeheim eine Position rechtfertigen, die sie nicht klar und bestimmt umreißen wollen.

Dieser Begriff hat jedoch noch eine zweite Bedeutung. Insofern die Beherrschten die Herrscher anerkennen, sind sie ebenfalls einem falschen Bewußtsein unterworfen. Merton formuliert das folgendermaßen: Insofern die beherrschten Klassen glauben, daß das, was die herrschende Klasse tut, eigentlich in ihrem und weniger in deren Interesse ist, verhalten sie sich „ideologisch". Die Schwierigkeit liegt hier darin, daß es so viele verschiedene Situationen und so viele Gründe gibt, warum die

Menschen etablierte Autorität anerkennen, sei sie nun eine Last oder nicht. Wir vermerkten bereits früher, daß sogar der Begriff „anerkennen" verdächtig ist, da die meisten Menschen die Regierung nicht als einen der Faktoren betrachten, die man ändern kann. Sie ist ähnlich dem Wetter, das man weder anerkennen noch ablehnen kann, da es nicht unserem Willen unterworfen ist. Die Untersuchung *The American Voter* (1960) erklärt dazu, daß die den Leuten zugängliche Information über *nationale* Politik eine Teilnahme ziemlich bedeutungslos mache; das aber ist „politische Verarmung".

Anerkennung dürfte also nicht gleichbedeutend sein damit, daß man sich ideologisch zugehörig fühlt; sie ist eher ein Fehlen jener Vorstellungen und Informationen, die das aktive, doch isolierte Individuum mit den nationalen oder internationalen Kräften verbinden. Doch ist dies wahrscheinlich nur die halbe Wahrheit, denn woran es vielleicht fehlt, ist der Ansporn, jene Bindeglieder zu schaffen; dieses Fehlen eines Ansporns ist (im marxistischen Sinn) nicht so stark „ideologisch" bedingt, als daß es eine vielleicht realistische Einschätzung der Veränderungsmöglichkeiten verkörpern könnte. Natürlich könnte man hier einwenden, daß ich in diesem Fall gerade jene Information voraussetze, die eine „realistische Einschätzung" erst ermöglichen würde. Die Menschen entschließen sich nicht, nur deshalb Wissen zu erwerben, weil sie es angeblich nicht haben und erwerben sollten. Aber dieser Einwand stimmt nicht, denn Lernen und Begreifen sind keine Erfahrungen. Die Erfahrung eines Kindes in der Schule, inwieweit das Wissen, das es erwerben soll, nützlich ist, inwieweit es mit diesem Wissen etwas anfangen kann, wird zuweilen seine zukünftige Lernbereitschaft prägen. Es wird mehr Jungen geben, die sich auch für ihr restliches Leben für Autos interessieren, wenn sie lernten, wie ein Motor funktioniert, als zum Beispiel Jungen, die sich auch später noch für die Probleme des Römischen Imperiums interessieren, nur deshalb weil sie Latein lernten. Hierbei handelt es sich um eine triviale Beobachtung, und zwar ganz einfach deshalb, weil Autos in unserem Leben eine wesentlich wichtigere Rolle spielen, weil die Leute so über sie Bescheid wissen müssen wie niemand über Rom Bescheid zu wissen *braucht*.

Ich plädiere damit nicht für ein Philistertum, für eine „praktische" Erziehung aller, geschweige denn für eine „Technologie des Autos" für die Massen und Latein nur für die Elite. Dieses Argument soll lediglich veranschaulichen, daß unsere Bedürfnisse teilweise das bedingen, was wir lernen, und daß Bedürfnisse im Bereich politischer und sozialer Erkenntnis dem Prozeß einer allgemeinen Erziehung unterliegen. Wenn die Leute von einer „Apathie" des Volkes sprechen, so meinen sie Herrscher genauso wie Beherrschte, da die Herrscher keine realistischen Alternativen unterbreiten, die die Leute aktivieren können, die sie dazu treiben würden, ernsthaft zu versuchen, eine eigene Entscheidung zu treffen. Die Apathischen wissen, daß es sich um ein Spiel von Publizisten, Werbeleuten und ebenso von Politikern handelt, das kaum eine ernste und anhaltende Aufmerksamkeit verdient. Doch könnte man darauf antworten, daß, wenn es ein Spiel ist, man es nur dann ändern kann, wenn sich die Leute wirklich selbst behaupten – die Freiheit der Herrscher dauert nur so lange, wie sie von den Beherrschten gebilligt wird, nur so lange, wie sie es unterlassen, Richtlinien festzulegen, nach denen die Herrscher handeln müssen.

Hier kommen wir auf einen früheren Punkt zurück, denn was den isolierten Menschen zum Handeln treibt, ist die Notwendigkeit zu überleben und die Hoffnung auf Veränderung. Beide Faktoren sind jedoch nur dort sinnvoll, wo viele Leute auf kollektives Handeln vorbereitet sind – es ist das Kollektiv allein, das realistische Hoffnungen wecken kann. So ist es für einen Menschen durchaus möglich, die eigene Lage in realistischem Licht zu sehen und trotzdem nichts zu unternehmen, da er als isoliertes Individuum nichts tun kann. Eine praktische Meinung ist nicht unbedingt eine politisch wichtige Meinung. Die Hoffnung steigt und fällt von Tag zu Tag. Es handelt sich hier um keine einmalige, krampfartige Anstrengung, sondern vielmehr um ein fortwährendes tastendes Suchen, das sich bei seltenen Gelegenheiten, wenn die Menschen von der Notwendigkeit unmittelbarer Ereignisse getrieben werden, zu einer ganzen Bewegung auswachsen kann, die die Probleme des isolierten Individuums verdrängt auf der Suche nach einer allgemeinen sozialen Lösung. Was bleibt, ist etwas wie der Refrain jener Hymne: „Glaube nur und du wirst sehen“: Denn der Glaubensakt ist Grund der Hoffnung, von dem letztlich alles Handeln abhängt. „Apathie“ ist ein Mangel an sozial bedeutsamer Hoffnung und kein positives Engagement für den Status quo.

Genau wie Erziehung kein Geschehen ein für allemal ist, so wächst auch die Hoffnung langsam mit Teilerfolgen, Erfolgen und Mißerfolgen, die aufzeigen, was als Versuch realistisch erscheint, was die Trennlinie ist zwischen dem, was zum Gelingen führen kann und dem, was notwendigerweise anerkannt werden muß. Die einzige Möglichkeit, das Sinken und Steigen der Hoffnung zu erkennen, besteht tatsächlich darin, die Leute dabei zu beobachten, wie sie mit bescheidenen Mitteln begrenzte Ziele zu erreichen versuchen. Wenn es natürlich jemand wirklich ablehnt, auch nur ein bißchen Hoffnung zu riskieren, kann nichts unternommen werden. Der unwandelbare Akt des Glaubens ist gescheitert und kann sogar trotz größter Mühsal dort scheitern, wo Lösungen als ganz einfach vorstellbar sind. Der Akt des Glaubens, für die meisten Leute so alltäglich, daß er gar nicht wahrgenommen wird, ist nichtsdestotrotz das Bindeglied zwischen dem Menschen als Teil seiner Umwelt und dem Menschen als Schöpfer dieser Umwelt, das Bindeglied zwischen unserer Vorstellung von der objektiven Realität und den Zielen, die wir zu verwirklichen suchen. Dieses unsichere Paradoxon ist es – „jener Mensch“, so drückt es Meisner aus, „der Gestalter der Geschichte, ist auch das Objekt, durch das sich die objektiven Gesetze der Geschichte ausdrücken“ (1967, S. 136) –, das sich als roter Faden durch den größten Teil dieser Darstellung zog. Denn jedes Menschen Urteil verkörpert seinen Akt des Glaubens in seiner Echtheit und verlangt von ihm, nach diesem Urteil so zu handeln, als wäre es absolut richtig – jeder Relativismus ist ein Absolutum. Was immer wir auch an Dementi und Einschränkungen hinsichtlich unserer eigenen Fehlbarkeit, hinsichtlich der tastenden Natur unserer groben Annäherungsversuche anführen mögen, wir können nicht umhin, bei jeder klaren Meinung vorauszusetzen, daß andere Menschen unsere Meinung als die Wahrheit anerkennen sollten, und uns zu bemühen, andere zu überzeugen.

Also ist es erst dann möglich, die zu Beginn gestellte Frage „Wie können wir zu den richtigen Antworten gelangen?“ zu beantworten, wenn wir annehmen können, daß wir an der Gesellschaft aktiv teilnehmen, daß wir deshalb einen besonderen Standpunkt besitzen, eine besondere Erfahrung, bereits mit ein wenig Hoffnung, daß unsere Existenz nicht sinnlos ist. Wir können nicht annehmen, daß es eine gottgegebene Antwort von außen gibt: Es gibt nur die Antworten der Menschen, und die wesentliche Frage ist die, welche dieser Antworten für uns die zutreffendste ist, wobei wir alle anderen Antworten als falsch verwerfen. Goldmann (1964, S. 301) beschreibt gemäß Pascal diesen ursprünglichen Akt des Glaubens als eine Art Wette, indem er sagt:

„... sowie eine praktische Philosophie nicht mehr das Ideal individueller Weisheit zum Mittelpunkt hat, sondern anfängt, sich vor allem mit der äußeren Wirklichkeit zu befassen, nimmt das Leben des Menschen den Aspekt einer Wette an, um den Erfolg seines eigenen Handelns und folglich um die Existenz einer Kraft, die das Individuum transzendiert. Diese Kraft muß die Anstrengungen, die das Individuum unternimmt, begleiten oder zu ihnen beitragen, so daß sein Leben zur Wette darum wird, ob Gott, die Menschheit oder das Proletariat existieren und siegen werden.“

Hier verkörpert die Wette ein wesentliches Engagement, eine wesentliche Geste der Hoffnung, auch wenn die meisten Menschen eine solche Geste nicht benötigen, da eine Erziehung nur langsam und Schritt für Schritt fortschreitet; das letzte Engagement ist lediglich die letzte Phase einer langen kumulativen Erfahrung, in der alle kleinen Glaubensakte von der beschränkten, örtlich begrenzten Sicht zu den letzten, allgemeinen Wahrheiten der Menschheit und der Weltgeschichte führten. Der Prozeß der Verallgemeinerung ist zugleich der Prozeß der Schaffung einer Begriffssprache, mit der man die betreffenden Ideen ausdrücken und in die man immer mehr Elemente einbeziehen kann: allgemeine radikale, soziale Ideen verkörpern die Hoffnung auf kollektives Handeln, und diese Hoffnung ist eine Vorbedingung für das endgültige Engagement.

So kann das Problem nicht vom Versuch zu handeln isoliert

werden – ein Standpunkt, der äußerst bündig formuliert erscheint in Marx' *Thesen über Feuerbach*, wovon wir die berühmteste als Zitat am Anfang dieses Kapitels wiedergegeben haben. Praxis ist das einzige verfügbare Mittel, das es uns erlaubt, nicht nur unseren ursprünglichen Akt des Glaubens, sondern auch die Theorien zu bewerten, die wir schaffen, um die in diesem Glauben verkörperten Ziele mit einer objektiven, von uns erkannten Realität zu verbinden. Und in der Praxis trennen wir auch die Grundprobleme von den bloßen Überbleibseln der Vergangenheit, gehen Realität und Bewußtsein wieder eine natürliche, wechselseitig aktive Beziehung miteinander ein. In einer etwas dunklen Sprache drückt Georg Lukács diesen Gedanken folgendermaßen aus: Das Problem der Beziehung zwischen Sein und Bewußtsein muß „über das bloß Theoretische hinaus- und ins Problem der Praxis übergehen. Denn nur hier, wo sich der Kern des Seins als der soziale Prozeß offenbart, kann Sein als das zuvor noch unbewußte Produkt menschlichen Handelns erscheinen und dieses Handeln seinerseits als das entscheidende Element bei der Umgestaltung des Seins" (1966). Was wir als bestehende menschliche Natur ansehen, sind lediglich die überholten Grenzen menschlichen Handelns, und wenn wir diese überholten Grenzen einmal wahrnehmen, dann fangen wir an zu erkennen, wie sie überschritten werden können – wie unser „Sein" selbst vermittels unseres „Bewußtseins" verändert werden kann.

So besitzen wir keine Garantie der vollkommenen Richtigkeit. Wir können nur unser Bestes tun und uns bemühen. Unser Bestes zu tun impliziert eine lange Reihe von Spezifikationen der Objektivität und auch, daß man fähig ist, im Prinzip zu beweisen, daß die Moral, die wir anbieten, eine universale ist, und keine, die auf Kosten der Mehrheit eine Lösung für eine Minderheit sucht. Die Vorbedingung für eine aufrichtige Konfrontation von Meinungen besteht darin, daß sich die Protagonisten über das, was sie glauben, völlig im klaren sind, und daß wir es mit einer Demokratie zu tun haben, die die Meinungsfreiheit billigt. Das Argument, das in irgendeiner Debatte den Sieg davonträgt, kann dadurch nicht als universell gültig bewiesen werden, noch kann es vor der Debatte ermittelt werden. Doch wenn die Debatte tatsächlich Meinungsfreiheit für alle gleichermaßen zuläßt, so ist das alles, was wir uns erhoffen können. In der Praxis finden sehr wenige „freie und gleichberechtigte Debatten" statt, denn wenn der zur Diskussion stehende Streitpunkt für eine etablierte Autorität wichtig ist, werden die Grenzen der Debatte zugunsten dieser Autorität abgesteckt. Im House of Commons werden die wichtigen Streitpunkte sorgfältig arrangiert, so daß die Regierung die Abstimmung gewinnt. Und jene Streitpunkte, bei denen eine „freie Abstimmung" gestattet wird, sind von nebensächlicher Bedeutung. Schon der Ausdruck „eine freie Abstimmung *gestatten*" zeigt, wo die Macht liegt, denn in einer „freien und gleichberechtigten" Debatte sollte kein Teilnehmer die Teilnahme anderer erlauben oder einschränken können. Außerhalb des Parlaments besitzt die etablierte Macht als Waffe einen Großteil von Rundfunk, Presse, Film und Fernsehen. Ihr Standpunkt bestimmt die möglichen Bezugspunkte einer Diskussion. Ein Beispiel sind die Reportagen der Presse über Debatten, die die Industrie angehen. In den meisten Berichten sind es die Auswirkungen von Streiks auf die Produktion, die am stärksten betont werden, also eher die Auswirkungen von Streiks auf den Status quo, als die tatsächlichen Probleme, um die es geht, gleichgültig, ob nun die eine oder andere Seite recht hat. In solchen Reportagen ist vorausgesetzt, daß das Problem der Gerechtigkeit weniger wichtig ist als das des Friedens, als das Problem, die Produktion – ungeachtet des dabei implizierten Problems der Gerechtigkeit – in Gang zu halten. Doch ist es nicht äußerst merkwürdig, daß die Form der Diskussion für wesentlich wichtiger gelten soll als ihr Inhalt, ihre Bedeutung? Die Konzentration auf die Form treibt die Leute eher dazu, eine Lösung durch Gewalt zu suchen – soll doch die Polizei, die Armee oder das Gesetz den Streit schlichten! –, statt herauszufinden, warum es zu diesem Konflikt kam, und sich zu bemühen, die Forderungen der Streitenden zu erfüllen. Im wesentlichen schützt diese Betonung der Form den Status quo vor der Forderung nach Rechtfertigung und Gerechtigkeit, schützt die Autorität vor der Notwendigkeit, ihre Standpunkte vor denen der übrigen Gesellschaft zu rechtfertigen.

In einer „freien und gleichberechtigten“ Debatte ist also die Position des Gewinners das Beste, was wir uns erhoffen können, und seine Vorschläge können wir lediglich in der Praxis erproben. So ist Objektivität eher eine Geisteshaltung als ein System methodologischer Kniffe, das es einem ermöglicht, die Verantwortung für eine klare Entscheidung zu umgehen, sich hinter der Autorität irgendeines Fachurteils zu verschanzen, die sich nicht öffentlich zu stellen wagt, damit sie nicht als volksfeindlich erkannt wird – ein System also, das sich selbst hinter einer bewußt undurchsichtigen Sprache verbergen muß. Wir wissen, daß nicht jeder von der Richtigkeit derselben Antwort überzeugt sein kann, es sei denn Gewalt oder Unehrlichkeit sind im Spiel, doch müssen wir die Forderung annehmen, zu versuchen oder zu überzeugen, denn dies ist einer der Tests der Praxis, einer der zur Korrektur unserer eigenen Ansichten lebenswichtig ist.

Man könnte billigerweise einwenden, daß ich versuchte, einige Bedingungen, die für eine „richtige Urteilsfällung“ gelten, so zu beschreiben, als gäbe es für das Problem eine generelle Lösung, während die eigentlichen Vorschläge, die ich machte, implizit radikaler, ja in der Tat marxistischer Art sind. Dies wäre eine völlig berechtigte Kritik, da die in diesem Buch enthaltenen Urteile einer bestimmten Sicht entstammen; und bei der Kritik am Glauben anderer sind sowohl ein positiver politischer Gesichtspunkt, ein ethischer Kodex und moralische Richtlinien, als auch eine Strategie des Handelns impliziert. Es wäre äußerst unaufrichtig, wollte ich das in Abrede stellen. Zu Beginn des Buches wurde willkürlich eine spezifische Sicht der „Wirklichkeit“ vorgestellt. Zu dieser Sicht gehört eine Darstellung dessen, was wünschenswert ist. Es ist genau die ambivalente Natur des Begriffs „Wirklichkeit“, die den Begriff „Ideologie“ selbst ambivalent macht. „Ideologie“ kann sowohl die Gesichtspunkte einiger und aller sozialen Gruppen bedeuten als auch die Gesichtspunkte einer anderen sozialen Gruppe als der meinigen. Aufmerksame Leser haben in diesem Buch zweifellos mein Zögern bemerkt, meine eigenen Gesichtspunkte als „Ideologie“ zu bezeichnen – einfach deshalb, weil es sich hier um einen abwertenden Begriff handelt. Weder die sowjetische Revision der Konzeption von Marx, die den Russen gestattete, von ihrer „eigenen Ideologie" zu sprechen, noch die seltenen Fälle, wo im Westen von einer „westlichen" Ideologie gesprochen wurde, vermochten den grundlegend abwertenden Klang des Wortes zu ändern. Denn für die meisten Leute ist die eigene Ideologie „gesunder Menschenverstand", ganz einfach offenkundige Wahrheit, so daß es unnötig ist, sie näher zu beschreiben. Es sind immer nur die anderen Leute, die unvernünftig, ideologisch sind. Die beiden Bedeutungen von Ideologie haben also einen Versuch zu objektiver Beschreibung (die „Gesichtspunkte irgendeiner sozialen Gruppe") und ein subjektives und rein relatives Urteil (die „Gesichtspunkte von sozialen Gruppen, zu denen ich nicht gehöre") gemeinsam. Die Ambivalenz kann nicht beseitigt werden, es sei denn auch hier wieder durch die Praxis, durch den Versuch zu beweisen, daß das, was man glaubt, tatsächlich im Interesse aller ist. Kommt es zum Handeln, so anerkennt man die Forderung zu beweisen, daß man recht hat, zu beweisen, daß das, woran man glaubt, das Beste ist, an das man glauben kann, und daß Glaubensüberzeugungen, die der eigenen widersprechen, falsch, „ideologisch" sind. So muß auch die Ideologie im Kreise einander definierender Begriffe wie Ziel, Interesse, Überleben, Wirklichkeit ihren Platz haben. Sie kann erst dann definiert werden, wenn wir festgestellt haben, für wen sie definiert werden soll, was dieser Jemand in der Zeit und in der Gesellschaft für eine Position einnimmt.

Welche Strategie war nun in dieser Darstellung impliziert? In der Darstellung der Religion war es die Rolle der Religion als Mittel für den Klassenkampf, die eingehend behandelt wurde, da die Religion des Volkes im Kontrast zur Religion der Herrscher steht. Aus meiner Darstellung des Marxismus-Leninismus geht klar hervor, daß für mich Freiheit das wichtigste Ideal ist, und daß das Rußland von heute in keiner Weise auch nur annähernd einer Vorstellung von Freiheit entspricht. Will man jedoch Freiheit mit der „Freien Welt" identifizieren, so dürfte aus meiner Darstellung des westlichen Konservativismus klar ersichtlich sein, daß ich nicht daran glaube, daß Freiheit im Westen existiert. Und aus der Darstellung des Nationalismus in den Entwicklungsländern schließlich ist klar zu ersehen, daß ich Freiheit nicht mit den Volksregierungen und autoritären Regimen in manchen Entwicklungsländern identifiziere. Die umfassende Erörterung des Marxismus weist weiterhin darauf hin, daß ich Freiheit nicht mit den historischen Zielen der industriellen Arbeiterklasse der Entwicklungsländer gleichsetze.

Doch obgleich es sich hier um kein Manifest handelt, und obgleich wir nicht auf Themen eingehen sollten, die in Veröffentlichungen der politischen Linken wesentlich detaillierter abgehandelt werden, ist es notwendig, den ganzen Komplex konkret zu behandeln. Vages Gerede von den „industriellen Arbeiterklassen" liefert uns hinsichtlich unseres Handelns überhaupt keine Richtlinien, dürfte also auch nur eine Form „falschen Bewußtseins" sein, das als Ritual leere Begriffe verwendet, die für die Welt, in der alltägliche Menschen in alltäglicher Weise leben, keinen tieferen Sinn aufweisen. Man muß diese Vorstellungen mit dem verbinden, was die Menschen tatsächlich tun, aber nicht nur in den schon entwickelten Ländern, die ja nicht isoliert existieren, und genauso wenig nur in den Entwicklungsländern. Außerdem muß man eine richtige Sicht davon gewinnen, was heute geschieht. Denn Geschichte ist unter anderem die Darstellung von Versuchen des Volkes, sich einen größeren Grad an Freiheit zu sichern gegen die mehr oder weniger offenkundigen Versuche von Herrschern, diese Freiheit im eigenen Interesse zu zerstören. Nur sporadische Revolten haben diesen Angriff abgeschlagen und so zeitweise der Freiheit wieder einen Fußbreit Boden zurückerobert. Die Brutalisierung des Lebens der Mehrheit ist ein Kennzeichen von Klassengesellschaften, gleichgültig ob die Mehrheit an das Land oder an die Werkbank gebunden ist, ob sie in Dorfhütten oder in den Mietskasernen der Großstädte haust. Die Organisation einer Gesellschaft dieser Art zielt darauf ab, den Reichtum und die Macht der Herrschenden zu vergrößern, indem die Mehrheit die Peitsche zu spüren bekommt oder manipuliert wird, damit sie Maximales bei minimalen Kosten leistet.

Doch Emanzipation wäre ein verlogener Begriff, wenn er lediglich bedeutete, daß die Macht von den alten Herrschern auf neue übergeht, wenn er lediglich eine Verlagerung der Macht von der Privatwirtschaft auf den Staat bedeutete, wie es heute das Ziel der Sozialdemokraten und Kommunisten ist. Denn das bedeutet Emanzipation ja nur für jene, die den Staat regieren, und in dem Maße, in dem der Staat an Wichtigkeit gewinnt, werden die Regierenden versuchen, ihn von den Wünschen des Volkes zu isolieren, Beschlüsse in Schreibtischschubladen verschwinden zu lassen und sogar auf die begrenzte Bedeutung von Formen der „Volksvertretung" zu verzichten. Emanzipation kann eigentlich nur die Sicherung einer Lage bedeuten, in der die Mehrheit tatsächlich entscheidet, was getan werden muß, in der die Macht die Apathie der Ohnmacht eliminiert und die Forderung nach Kontrolle aufrecht erhält. Aus diesem Grunde wird die Forderung nach „Mitbestimmung" so wichtig, wobei es sich nicht um eine Forderung nach Partizipation der Arbeiter handelt, nicht um ein Management der Arbeiter, sondern um eine Forderung nach tatsächlicher Kontrolle der Industrie und Gesellschaft durch die Mehrheit.

Die Arbeitermitbestimmung ist die schleichende Gefahr für die entwickelte Gesellschaft, denn unablässiger Kampf ist Gesetz am Arbeitsplatz. In einer Vielzahl von Entscheidungsfragen drängen gewöhnliche Arbeiter nach größerem Machteinfluß, und Gewerkschaftsfunktionäre kämpfen um ein höheres Maß an Kontrolle. Natürlich neigen sowohl Arbeitgeber als auch etablierte Gewerkschaften dazu, in solchen Übergriffen den Beginn einer Anarchie zu erblicken, eine von unten ansteigende Flut einer Barbarei, ganz ähnlich wie früher Burke und De Maistre gegen den Status quo gerichtete Gefahren gesehen hatten. Doch gilt auch hier, daß solch unkoordinierter und sporadischer Kleinkrieg keinen Erfolg haben kann, wenn er nicht die Grenzen der Privatwirtschaft oder -industrie überschreitet, wenn er nicht „politisch" wird und eine koordinierte politische Bewegung schafft.

Doch jeden Tag geht der Kampf in zahllosen Fabriken weiter – ein Kampf, der dazu beiträgt, den Glauben an die mögliche Freiheit eines Volkes zu stärken. Derselbe Kampf wird in anderen Bereichen geführt als Versuch einiger Gewerkschaften, eine Politik der Einkommenskontrolle zu zerschlagen, weil sie droht, den Status quo durch Gesetz zu verewigen, oder als Versuch von Mietern, sich den steigenden Mieten zu widersetzen, die durch steigende Zinssätze bewirkt werden. Diese steigenden Zinssätze verkörpern noch einen weiteren Versuch, das Gleichgewicht der Macht der Klassen zu verändern und den Anteil am Volkseinkommen von einer Klasse auf eine andere zu verschieben. Auf dramatischere Weise setzt sich der Kampf in Vietnam oder in den Gettos der amerikanischen Großstädte fort, in den Aktivitäten bolivianischer Zinnbergleute oder südafrikanischer Guerillas.

Das Manipulieren mit Begriffen birgt die Gefahr, daß man in der wirklichen Welt nicht mehr lokalisieren kann, wo und wie der unablässige Kampf um die Freiheit ausgetragen wird. Doch bisher gelang es dem Establishment nicht, die Beherrschten gegen die Auswirkungen der Ausbeutung empfindungslos zu machen. Zwar darf die Wichtigkeit des Kampfes nicht überbewertet werden – die meisten der Kampfhandlungen sind isoliert, fragmentarisch, rudimentär und werden oft niedergeschlagen –, doch der Kampf geht weiter. Und die eigene Einstellung zu diesem Kampf, die eigene Bereitwilligkeit, ganz an ihm teilzunehmen, bestimmt teilweise das, was man unter Welt, unter „Wirklichkeit" versteht.

Wir wiesen bereits darauf hin, daß Konservative, die das Reale im großen und ganzen als ideal betrachten, die die Gerechtigkeit oder die Freiheit anderer dem eigenen Frieden, der Stabilität des Status quo opfern, kein Bedürfnis haben, zu handeln, um irgendeiner Sache zur Wirkung zu verhelfen. Sie stekken sich kein zukünftiges Ziel, das sich von der bestehenden Lage unterscheidet. Die *Praxis* erschöpft sich in unmittelbaren Verwaltungsgeschäften. Erst dort, wo Menschen aufgrund ihrer besonderen Lage mehr benötigen als unmittelbar Gegebenes, wird der radikale Standpunkt aktuell – der Standpunkt, daß wir Wege zur Durchsetzung dessen finden müssen, was wir erstreben. Das aber heißt: weiter suchen.

# Bibliographie der zitierten Werke


Apter, David (Hsg.), *Ideology and Discontent* (New York, 1964)

Bailey, F. G., *Politics and Social Change, Orissa in 1959* (Berkeley, Kalifornien und Oxford University Press 1963)

Barghoorn, F. C., *Soviet Russian Nationalism* (New York, 1956)

Bell, Daniel, *The End of Ideology, On the Exhaustion of Political Ideas in the Fifties* (New York, 1965)

–, *Soviet Ideology,* Slavic Review, XXIV, 4 (New York, Dezember 1965)

Bendix, Reinhard, *Work and Authority in Industry: Ideologies of Management in the Course of Industrialization* (New York, 1965)

–, *Max Weber: An Intellectual Portrait* (London, 1960)

–, *The Age of Ideology: Persistent and Changing* in Apter, D. op. cit., S. 294

–, *A Case Study in Cultural and Educational Mobility: Japan and the Protestant Ethic,* bei Smelser, N. J. und Lipset, S. M. (Herausgeber): *Social Structure and Mobility in Economic Development* (London, 1966)

Berle, A. A., *The Twentieth Century Capitalist Revolution* (New York, 1954)

Brandt, Conrad, *Stalins Failure in China,* 1924–1927 (Cambridge, Mass., 1958)

Buchanan, Scott (Hsg.), *The Corporation in Modern Society* (Cambridge, Mass., 1959)

Burke, Edmund (1790), *Reflections on the French Revolution* (London, 1955)

Burke, Kenneth, *The Philosophy of Literary Form: Studies in Symbolic Action* (New York, 1941, Vintage Ausgabe, 1957)

Cambpell, A., Converse, P. E., Miller, W. E. und Stokes, D. E., *The American Voter* (New York, 1960)

Carr, E. H., *The Bolshevik Revolution, 1917–23,* I (London, 1950)

Churchill, Lord Randolph, *The Speeches of 1880–1889* (Herausgegeben von Louis J. Jennings), London, 1889

Cohn, Norman, *The Pursuit of the Millennium* (London, 1957)

*Constitution of the Trade Unions of the People's Republic of China* (angenommen beim 7. Gesamtchinesischen Kongreß der Gewerkschaften, 10. Mai 1953), S. 16 in: *Labour Laws and Regulations of the People's Republic of China* (Peking, Foreign Language Press, 1956)

Converse, P. E. (1964), *The Nature of Belief Systems in Mass Publics,* bei Apter, D., op. cit. S. 206

Crosland, C. A. R., *The Future Socialism* (London, 1956)

Deutscher, Isaac, *The Prophet Armed, Trotsky 1879–1921* (London, 1954)

Dubois, Cora, *Social Forces in South East Asia* (St. Paul, 1949)

Engels, F. (1850), *Der deutsche Bauernkrieg* (Düsseldorf, 1947)

Erikson, E. H., *Young Man Luther: A Study in Psycho-analysis and History* (London 1958)

Freud, S., *Introductory Lectures* (New York, 1933)

Friedrich, Carl J., *Ideology in Politics* (Kommentar zu Bell), *Slavic Review, XXIV*, 4, S. 612 (1965)

Frölich, P., *Rosa Luxemburg* (London, 1940)

Galbraith, J. K., *The Affluent Society* (London, 1958)

Geertz, Clifford, *The Religion of Java* (New York, 1960)

–, *Old Societies and New States* (New York, 1963)

–, *Ideology as a Cultural System,* bei Apter, D., op. cit., S. 47 (1964)

Goldmann, Lucien, *The Hidden God, A Study of the Tragic Vision in the Pensées of Pascal and the Tragedies of Racine (Le Dieu Caché),* (London, 1964)

–, *Ideology and Writing.* The Times Literary Supplement (28. September 1967, S. 203)

Gollin, G. L., *The Religious Factor in Social Change: Max Weber and the Moravian Paradox,* eine dem Sechsten Weltkongreß der Soziologie in Evian vorgelegte Arbeit (1966)

Gould, Julius, *Ideology,* in: *A Dictionary of the Social Sciences,* herausgegeben von Gould, J. und Kolb, W. L. (London, 1964)

Gramsci, Antonio, *The Modern Prince and Other Writings* (London, 1957)

Guevara, Ernesto (1960), *Guerilla Warfare,* übersetzt von J. P. Morray, New York, Monthly Review Press, 1961

–, *Cuba: Exceptional Case?* in: *Monthly Review,* New York, Juli/August 1961

Harris, N. (1963), *Conservatism: the State and Society,* unveröffentlichte Doktorarbeit der Philosophie (Universität von London)

Hobsbawm, E. J., *Primitive Rebels, Studies in Archaic Forms of Social Movement in the 19th and 20th Centuries* (Manchester, 1959)

Isaacs, R. Harold, *The Tragedy of the Chinese Revolution* (Stanford, zweite revidierte Ausgabe 1961)

Issawi, Charles, *Egypt in Revolution, An Economic Analysis* (London, 1963)

Joravsky, D., *Soviet Ideology*, Soviet Studies (Oxford, 1966)

Keynes, J. M. (1924), *The End of Laissez-Faire*, neu aufgelegt in *Essays in Persuasion* (London, 1931)

–, *General Theory of Employment, Interest and Money* (London, 1936)

Lanternari, V. (1960), *The Religions of the Oppressed, A Study of Modern Messianic Cults* (Englische Übersetzung, 1963, Mentor Edition, London, 1965)

Lenin, V. I. (1902), *What is to be done?*, Ausgewählte Werke, I, S. 149 (London, 1937)

–, (1905), *Two Tactics of Social Democracy in the Democratic Revolution*, Ausgewählte Werke, I. S. 351

–, *State and Revolution* (London, 1933)

–, *Above the Control of Nature*, Ausgewählte Werke (London 1937)

–, (1960,*a*), *How we should reorganize the Workers' and Peasants' Inspectorate*, Gesammelte Werke, 9

–, (1960,*b*), *Two Methods of Fighting and Disputing*, Gesammelte Werke, 17

–, (1960,*c*), *Some Theses*, Gesammelte Werke 18 (Moskau, Verlag für ausländische Sprachen)

–, (1960,*d*), *Rede vom 11. November 1917*, Gesammelte Werke 22

Lévi-Strauss, Claude, *The Savage Mind (La Pensée Sauvage)*, englische Übersetzung (London, 1962, 1966)

Li Li-san, *Trade Union Work and Movement in China, China Digest* (Peking 1949)

Lukács, Georg (1966), *What is Orthodox Marxism?*, I und II, übersetzt von Mary Philipps aus dem ersten Kapitel von *Geschichte und Klassenbewußtsein* (Berlin, 1923) in: *International Socialism*, 24, Frühling 1966, S. 6 und 25, Sommer 1966, S. 24

MacIntyre, Alasdair, *A Short History of Ethics* (London, 1967)

MacMillan, Harold, *The Middle Way: A Study of the Problem of Economic and Social Progress in a Free and Democratic Society* (London, 1938)

Maistre, Joseph de, *The Generative Principles of Political Constitutions*, S. 147, in: *The Works of Joseph de Maistre*, ausgewählt, übersetzt und herausgegeben von Jack Lively (London, 1965)

Mannheim, Karl (1936), *Ideologie und Utopie*, (Frankfurt, 1965)

Mao Tse-tung, *A Single Spark can Light a Prairie Fire*, Ausgewählte Werke, I, S. 117 (New York und Peking, 1930)

–, *Re-examination of Land Distribution in the Soviet Districts is the Central Task,* Red Flag, 31. August 1933
–, *Report,* 6. Plenum, 6. Zentralkomitee, Chinesische Kommunistische Partei, Oktober 1938. Versionen davon tauchen in den *Ausgewählten Werken 2* auf: Rolle der Chinesischen Kommunistischen Partei (S. 195); Die Frage der Unabhängigkeit und Handlungsfreiheit innerhalb der Einheitsfront; Probleme von Krieg und Strategie
–, (1945), *On Coalition Government,* 24. April 1945, *Ausgewählte Werke 3,* S. 255 (New York)
–, (1954), *Ausgewählte Werke, 1–4* (New York)
–, (1965), *Ausgewählte Werke, 1–4* (Peking)
MARX, KARL (1845–7), *Die deutsche Ideologie,* in *Frühschriften* (Stuttgart 1953)
–, (1852), *Der 18. Brumaire des Louis Bonaparte* (Sammlung Insel, Frankfurt 1965)
MARX, K. UND ENGELS, F., *Ausgewählter Briefwechsel* (Moskau 1953)
MEISNER, MAURICE, *Li Ta-schao and the Chinese Communist Treatment of the Materialist Conception of History,* China Quarterly Nr. 24, Oktober/Dezember 1965, S. 141
–, *Li Ta-schao and the Origins of Chinese Marxism* (Cambridge, Mass., 1967)
MERTON, R. K., *Social Theory and Social Structure,* durchgesehene Auflage (New York, 1957)
NAESS, ARNE, u. a. *Democracy, Ideology and Objectivity* (Oxford und Oslo, 1956)
NEUMANN, FRANZ, *Behemoth* (London, 1942)
NOLTE, ERNST (1963), *Three Faces of Fascism,* (London, 1965)
OSSOWSKI, S., *Class Structure and Social Consciousness* (London, 1963)
PARSONS, TALCOTT, *The Social System* (London, 1951)
–, *The Role of Ideas in Social Action,* neu erschienen in: *Essays in Sociological Theory* (New York, 1954)
–, (1959), *An Approach to the Sociology of Knowledge,* Transactions, 4. Weltkongreß der Soziologie
REDFIELD, ROBERT, *The Primitive World and Its Transformations* (Ithaca, 1953)
SCHRAM, S. R., *The Political Thought of Mao Tse-tung* (London, 1963)
SCHWARTZ, B. I., *Chinese Communism and the Rise of Mao* (Cambridge, Mass., 1958)
SHILS, EDWARD (1958), *Ideology and Civility,* Sewanee Review 66
STALIN, J. D., *On the Problems of Leninism* (Moskau, 1926)
–, (1930), Rede vor dem XVI. Kongreß der Kommunistischen Partei der Sowjetunion, Gesammelte Werke 12 (Moskau)

–, Bericht von der Plenarsitzung des Zentralkomitees der Kommunistischen Partei der Sowjetunion, übersetzt als *Mastering Bolshevism* (London 1937)

–, (1938), *History of the C.P.S.U. (B.)* Moskau (Verlag für Ausländische Sprachen)

–, (1950), *Concerning Marxism in Linguistics* (Moskau, Verlag für Ausländische Sprachen)

–, (1952), *Economic Problems of Socialism in the U.S.S.R.* (Moskau, Verlag für Ausländische Sprachen)

Stark, Werner, *The Sociology of Knowledge* (London, 1958)

–, *The Sociology of Religion,* I (London, 1966)

Stouffer, S. A., *Communism, Conformity and Civil Liberties; A Cross-section of the Nation Speaks Its Mind* (New York, 1955)

Sutton, F. X., u. a., *The American Business Creed* (Cambridge, Mass., 1956)

Thakur, B. S., Allen, Bradford und Thirta, N. V. (1963), *Villagers and the News,* Indian Institute of Public Administration (Andhra Pradesh Regional Branch) und Department of Journalism, Osmania University, Hyderabad

Thompson, E. P. (1957), *Socialist Humanism, New Reasoner* I, 1, Sommer 1957

–, *The Making of the English Working Class* (London, 1963)

Trotzky, L. D., *My Life* (Berlin, 1930; London, 1930)

–, *Stalinism and Bolshevism* (Glasgow, 1937)

–, *Results and Prospects,* Petersburg, 1906, übersetzt zusammen mit *Permanent Revolution* von Brian Pierce (London, 1962)

Walzer, M., *Puritanism as a Revolutionary Ideology, History and Theory III,* 1961, neu veröffentlicht in Shklars *Political Theory and Ideology* (New York, 1966)

Weber, Max, *Die protestantische Ethik und der Geist des Kapitalismus* (Tübingen, 1934)

–, *Religionssoziologie,* in *Wirtschaft und Gesellschaft* (Köln, 1964)

Wetter, G. A., *Der dialektische Materialismus* (Freiburg, 1960)

Williams, George H., *The Radical Reformation* (Philadelphia/London, 1962)

neuen Naturwissenschaft, Literatur, Kunst und Philosophie. 2. A. 162 S. DM 8.80

39 *Einwände gegen den Katholizismus.* 8 Beiträge. Hrsg. M. de la Bedoyere. 213 S. DM 9.80

40 T. B. Bottomore, *Elite und Gesellschaft.* 2. A. 178 S. DM 9.80

41 *Arzt und Recht.* Medizinisch-juristische Grenzprobleme unserer Zeit. Hrsg. H. Göppinger. 209 S. DM 9.80

42 G. Barraclough, *Tendenzen der Geschichte im 20. Jahrhundert.* 295 S. DM 11.80

43 *Perspektiven Teilhard de Chardins.* Acht Beiträge zu seiner Weltanschauung und Evolutionslehre. 216 S. DM 9.80

44 *Die Gesellschaft der nächsten Generation.* 6 Beiträge. Hrsg. H.-J. Netzer. 2. A. 173 S. DM 9.80

45 Ch. Perelman. *Über die Gerechtigkeit.* 168 S. DM 9.80

46 L. Diez del Carral, *Asiatische Reise.* Kulturgeschichtliche Betrachtungen über den Fernen Osten. 264 S. DM 11.80

47 *Die deutsche Strafrechtsreform.* 10 Beiträge. Hrsg. L. Reinisch. 196 S. DM 10.80

48 H. Coing, *Epochen der Rechtsgeschichte in Deutschland.* 140 S. DM 7.80

49 A. Buchan, *Der Krieg in unserer Zeit.* Wandlungen und Perspektiven – Politik, Strategie und Technik – Gefahren und Kontrolle. 228 S. DM 10.80

50 L. Janvier, *Literatur als Herausforderung.* Die neue Welt des Nouveau Roman. 173 S. DM 10.80

51 E. Preiser, *Wirtschaftspolitik heute.* Grundprobleme der Marktwirtschaft. 2. A. 221 S. DM 9.80

52 Han Suyin, *Das China Mao Tsetungs.* 2. A. 274 S. DM 12.80

53 W. Strombach, *Natur und Ordnung.* Eine naturphilosophische Deutung des wissenschaftlichen Welt- u. Menschenbildes unserer Zeit. 208 S. DM 10.80

54 A. Gosztonyi, *Der Mensch und die Evolution.* Teilhard de Chardins philosophische Anthropologie. 264 S. DM 12.80

55 *Goethe und seine großen Zeitgenossen.* Hrsg. A. Schaefer. 203 S. DM 9.80

56 H. Seiffert, *Information über die Information.* 2. A. 196 S. DM 10.80

57 M. Butor, *Probleme des Romans.* 158 S. DM 7.80

58 F. G. Friedmann, *Politik und Kultur.* 186 S. DM 11.80

59 N. Harris, *Die Ideologien in der Gesellschaft.* 289 S. DM 12.80

60 H. Seiffert, *Einführung in die Wissenschaftstheorie 1.* Sprachanalyse – Deduktion – Induktion in Natur- und Sozialwissenschaften. 2. A. 291 S. DM 12.80

61 H. Seiffert, *Einführung in die Wissenschaftstheorie 2.* Geisteswissenschaftliche Methoden: Phänomenologie – Hermeneutik und historische Methode – Dialektik. DM 12.80

62 Ph. Lersch, *Der Mensch als Schnittpunkt.* Fragen der Psychologie und Anthropologie der Gegenwart. 176 S. DM 11.80

63 *Menschenzüchtung.* Das Problem der genetischen Manipulierung des Menschen. Acht Beiträge hrsg. v. F. Wagner. 2. A. 255 S. DM 12.80

64 R. Neustadt. *Die Macht des amerikanischen Präsidenten*

65 W. Strombach, *Die Gesetze unseres Denkens*

66 *Ironie und Dichtung.* 6 Essays hrsg. v. A. Schaefer

67 F. Wagner, *Weg und Abweg der Naturwissenschaft*

68 *Vom Sinn der Tradition.* 10 Beiträge hrsg. v. L. Reinisch

69 E. Preiser, *Politische Ökonomie im 20. Jh.*

70 A. Gosztonyi, *Der Mensch i. d. modernen Malerei*

*Ein Sonderprospekt liegt vor*